현대입지론

박 종 화 지음

도서출판 대영문화사

머리말

입지이론은 도시 및 지역경제, 그리고 개발행정 영역에서 가장 역사가 오래된 학문 분야에 속한다. 사람 및 경제적 활동이 어디로 가고, 왜 가며, 그리고 그 결과가 어떻게 되는가 하는 문제는 개별적인 의사결정에서는 물론이고 정책적인 결정에서도 가장 기본적인 자료가 되기 때문이다.

사람 및 경제적 활동의 입지 결정 행태를 설명하는 여러 가지 이론들이 가능하지만, 입지 결정은 기본적으로 입지 결정 주체의 내적 변수와 외적 환경 변수와의 종합적인 상호 작용의 결과로 볼 수 있다. 따라서 산업혁명 이후 대략 200년간의 비교적 안정적이고 점진적인 외적 변화 흐름과 최근 20~30년간의 상당히 불안정하고 급속한 변화 흐름은 입지 결정 및 입지 결정 이론에 큰 차이를 가져올 수 있다. 그런데 입지이론은 긴 연륜 속에서 그 논의의 상당 부분이 외부적인 환경 변수가 급변하기 이전의 내적 변수 위주의 논의에 치우쳐 있는 것으로 보인다. 특히 관련 저서의 경우는 국내외를 막론하고 정치한 비용분석 모형이나 산업별 경제성 분석, 즉 내적 변수 위주의 논의에 치우쳐 있는 것으로 보인다.

세계화와 지방화의 동시적인 진행, 지식기반 사회 내지 지식사회로의 이행, 정보통신 기술의 발전 등에 따른 정보화의 진전, 신기술과 지역구조의 변형, 새로운 생산 방식의 유행과 지역 경쟁력 제고 요청 등은 새로운 외적 흐름과 연관된 입지 논의를 종합적으로 정리 분석해 기존 논의에 보완할 필요성을 강조하고 있다.

최근까지 출판된 입지 관련 저서들은 거의 대부분의 논의를 산업별 (예컨대 1차 산업부터 4차 산업까지) 입지 패턴 또는 개별 생산자의 입지 결정 행태 위주의 기술에 치우쳐 있다. 이와 같은 논의들은 비용과 수익에 관련해서 경제적으로 합리적인 선택 행위를 묘사하는 데는 효과적이겠지만 공간구조의 변형 문제를 다루는 데는 상당 부분 한계를 드러내게 된다. 특히 최근에는 생산성이나 경쟁성이라는 이슈와 관련해서 체계적인 차원에서 입지 문제를 바라보는 새로운 접근 방법들이 주목받고 있는데, 이런 문제는 더더욱 기존 입지 논의에서 소홀하게 다루어져 왔던 것으로 보인다.

이 책은 전통적 입지이론에 대한 개괄적인 검토에서 출발해 입지와 경쟁력 측면, 그리고 입지 현상과 분석 측면 등을 관련 연구 결과를 토대로 크게 세 개의 편으로 나누어 작성한 것이다.

제1편 전통적 입지이론에서는 우선 전통적인 산업 분류 방식을 토대로 제1차 산업에서 제4차 산업까지 산업별 입지 요인과 토지 이용 형태를 서술했다. 그리고 공간상의 흐름과 그 배경을 개괄적으로 서술하기 위해 지역 간 거래와 요소 이동을 제2장에서 다루었다.

제2편에서는 현대적 입지이론에서 새롭게 주목받고 있는 경쟁력 측면을 입지이론과 연계하기 위해 제3장에서 지식기반 산업의 입지, 제4장에서 산-학-관 협력의 쟁점, 제5장에서 산업 클러스터 논의의 쟁점, 제6장에서 벤처기업의 입지, 제7장에서 지역혁신 체계상의 중개모형 등을 살펴보았다. 입지 논의에서 경쟁력이 부각되고 있는 것은 클러스터, 혁신 환경, 지역혁신 체계 논의 등이 선진 산업사회이든 개발도상 국가이든 공통적으로 유행하고 있는 데서 잘 드러난다.

제3편에서는 관련 논의들을 해당 자료를 사용해 분석하고 정책적 시사점을 도출한 연구 결과들을 정리해 보았다. 제8장에서는 테크노파크의 활성화 과정에서 지방정부의 역할과 한계를 살펴보았다. 제9장에서는 테크노파크의 성과 영향 요인을 집적과 네트워크를 중심으로 분석했다. 제10장에서는 산업 클러스터 발전의 결정 요인을 두 개의 사례 도시를 이용해 분석했

다. 제11장에서는 벤처기업의 집적지 입지 요인과 기술혁신 성과를 분석했다. 그리고 끝으로 제12장에서는 도심공단 산업 입지 특성을 대구 3공단 사례를 통해 분석했다.

최근 글로벌 경제 흐름 속에 다국적 기업들의 입지와 함께 글로벌 R&D 센터의 입지 문제가 새롭게 주목받고 있다. 도시, 지역, 국가 등 공간 단위를 불문하고 경쟁력 제고 과정에서 글로벌 R&D 센터의 역할이 주목받고 있으며, 가치 사슬에서 R&D, 생산 및 응용, 유통 및 거래 흐름을 살펴볼 때 지식기반 산업일수록 R&D 부분의 영향이 두드러지기 때문일 것이다. 개정판을 내는 기회가 있으면 관련 주제 역시 포함시킬 예정임을 독자들에게 밝혀 둔다.

이 책은 일반인이 교양으로 읽어 보기에는 지루하고 난해할 수 있을 것으로 판단된다. 하지만 우리 생활 영역에서 정말 '입지' 아닌 것이 없을 정도로 입지 논의는 중요한 주제가 되고 있다. 일반인의 경우에도 커피점인 스타벅스의 입지 패턴이나 유통 업체인 롯데백화점의 입지 패턴에는 어떤 경향이 내재하고 있다는 것을 알아차리기 어렵지 않다. 소매점이든 도매점이든 성공한 서비스 업체의 입지 패턴에는 중요한 공통점이 있는 것이다. 언제 이런 부분들 역시 간명하게 다룰 수 있는 기회가 있었으면 하는 것이 저자의 또 다른 바람이다. 현재 상태에서는 지역경제, 도시경제, 도시계획, 그리고 경영 및 행정 분야 중 전략경영이나 개발행정을 연구하는 학자들 및 실무가들에게 이 연구가 다소나마 도움이 되었으면 싶다.

이 책이 나올 수 있도록 여러 분들의 도움이 있었다. 우선 제2편과 제3편의 개별 장들 중 부분적으로 저자와 공동으로 연구한 여러 동료 교수들과 연구원의 도움이 있었다. 싱가포르 국립대 부동산학부 Han Sun Sheng 교수, 부산대학교 국제학부 김창수 교수, 동아대학교 도시계획조경학부 이기철 교수, 영남대학교 도시공학과 윤대식 교수, 그리고 대구전략산업기획단 황우익 박사의 도움이 컸다. 원고의 편집 과정에서는 경북대 대학원 박사과정 김동진 군의 도움이 적지 않았다. 그리고 경북대학교에서는 저술지원비를 지원해 이 연구를 간접적으로 도왔다. 경북대학교 2005년 저술연구비

지원에 대해 다시 한 번 감사를 표한다.

학술 서적의 경우 시장성이 그렇게 높지 않을 수도 있는데, 이 책의 출간을 처음부터 흔쾌히 맡아 주신 대영문화사 임춘환 사장님, 편집부의 여러 분들에게도 감사를 표한다.

2006년 겨울
복현동 연구실에서
저자 씀

차 례

PART_3 입지 현상과 분석

제 1 편

전통적 입지론

제 1 장 산업의 입지

제 1 절 머리말

전통적 입지이론은 산업입지이론으로 파악할 수 있다. 전통적·고전적 입지이론은 독일의 사회·경제학자 베버(A. Weber, 1868-1958)의 연구와 신고전경제학에 그 뿌리를 두고 있다. 베버리안(Weberian) 이론은 한 기업의 최적 입지가 유도될 수 있다는 것으로 산업 입지 결정 과정에서 비용최소화 및 이윤극대화를 추구하는 것이다.

산업(industry)이라는 용어를 사전에서 찾아보면 "물적 재화나 서비스를 생산하는 경제 활동의 단위, 사람들이 생계를 유지하기 위해 종사하는 생산적 활동으로 농림·어업·광업·제조업·공익사업·운수·통신·창고업·건설업·상업·금융·보험·부동산업, 이 밖의 서비스업 등 일체의 경제 활동을 포함한다"고 규정하고 있다.

산업이라는 것이 아주 다양하고 포괄적이므로 그 다양한 실체의 입지 결정 요인과 유형을 밝히기 위해서는 어떤 형태로든 산업을 분류할 필요가 있다. 여기서는 산업의 전통적인 분류 방식에 따라 전체 산업을 1차 산업에서 4차 산업까지 나누고, 그 각각의 산업군의 입지 결정 요인과 유형들을 상세하게 살펴보게 될 것이다.

1차 산업과 2차 산업의 경우는 대략 19세기부터 다양한 형태로 입지 연구가 진전되어 왔다. 즉 관련 연구들이 오랜 연원을 가지고 있고, 따라서 관련 산업 입지의 중요 요소에 대해서도 많은 선행 연구들이 존재한다. 따라서 여기서는 일반적으로 산업 입지 결정 과정에서 중요 요소로 간주되고 있는 사항들을 우선적으로 검토한다. 그 검토 결과를 토대로 산업별 입지 결정 요인과 유형들을 논의한다.

1차 산업의 입지 분석에서는 튀넨 모형을 이용하고, 2차 산업의 입지 분석에서는 베버 모형을 이용한다. 3차 산업의 입지 분석에서는 중심지이론을 이용하며, 4차 산업의 입지 분석에서는 대도시 입지의 이유와 사무시설의 관리적 측면에 대해 자산관리와 포트폴리오, 그리고 공공 부문 활동의 입지 선택 측면을 통해 살펴보고자 한다.

제 2 절 산업 입지의 중요 요소

산업 입지의 중요 요소에 대한 학자들의 주장에 다소 차이가 있지만 기본적으로는 자본, 토지, 노동력, 기업가적 능력, 시장, 교통 및 통신, 정부의 산업정책, 집적경제, 그리고 환경적인 요소 등으로 정리할 수 있다.

물론 시간과 장소, 그리고 기업의 규모나 특성 등에 따라서 이들 요소들의 중요도는 양적인 면에서뿐만 아니라 질적인 면에서도 큰 차이를 나타낼 수 있을 것이다.

1 자 본

자본이란 크게 나누면 고정자본과 운영자본으로 나눌 수 있다. 기업의 고정자본(fixed capital)은 공장, 기타 건물, 기계류 등의 장소에 대한 특정성이 높은 자본으로서 쉽게 감가 상각되지 않기 때문에 집적 효과를 희망하는 관련 산업의 입지에 상당한 영향을 미칠 수 있다. 특히 특정 기업의 고정자본이 기타 중요 사회간접자본(예: 도로, 교량, 항만시설 등)과 연계되어 있을 때에는 관련 산업의 입지를 촉진시키고, 경우에 따라서는 관련 산업의 입지를 영속화시키는 경향이 있다. 고정자본의 소유주는 매매 등으로 언제든 바뀔 수 있지만, 고정자본 그 자체는 특정 장소에 계속해서 존재한다는 측면에서 산업의 입지 관성(location inertia)을 초래하는 중요 요인이 된다.

운영자본(operating capital)은 임금, 재료비, 연료비, 그리고 홍보비 등으로 사용할 수 있는 자본으로서, 장소에 대한 특정성이 고정자본에 비해서 현저히 낮은 자본이다. 운영자본의 비용이라 할 수 있는 이자율은 지역에 따라서 큰 차이를 나타낼 것으로 보이지는 않는다. 하지만 운영자본이라는 것이 대개 지역의 금융시장에서 상당 부분 획득된다고 볼 때, 지역 금융시장에서 개인적인 신용이 높고 평판이 좋은 기업가인지의 여부는 운영자본의 이용 가능성에 상당한 영향을 미친다. 따라서 운영자본의 획득 가능성 여부는 산업의 입지에 영향을 미칠 수 있다.

2 토 지

자연자원 또는 자연환경의 대표적인 실체가 토지(land)이다. 토지는 토양, 광물, 그리고 기후와 연계되어 있으며, 현실 공간에서 관찰해 보면 아주 다양한 형태와 질적 수준으로 이루어져 있다. 따라서 토지의 단위 면적당 가치나 생산력은 공간상에 다양하게 나타나게 된다. 결과적으로 토지는 입지 결정 과정에서 중요한 영향력을 행사한다. 물론 산업의 종류에 따라 토지의 사용량이 얼마 되지 않는 것도 있고, 기본적으로 아주 많은 양의 토지가 필요한 경우도 있다. 기술 수준의 발달로 인해 산업의 입지 요인으로서의 토지의 중요성이 현저히 줄어들었지만 아직도 중요한 요인 중의 하나임에는 틀림이 없다.

베일(Bale, 1981: 27-34)은 토지의 중요성을 다음과 같이 지적한다.

- 산업시설의 입지 장소이다.
- 쾌적성을 결정해 주는 실체이다.
- 석유 · 석탄 · 광물의 부존처로서 부(富, wealth)를 제공하는 실체이다.
- 생산과 수송에 필요한 에너지원(물, 석유, 석탄 등)의 제공처이다.
- 생산 현장의 기후를 결정해 주는 실체이다.

3 노동력

지역에 따라 노동력(labor)의 질과 양이 아주 다양하게 나타나지만 노동력은 토지와는 달리 이동성(mobility)을 상당 부분 가지고 있다. 예컨대 침체하고 있는 오래된 산업도시에서 전통적인 형태의 노동력은 수요 감퇴로 인해 새로운 일자리를 찾아 이동하게 된다. 그와 같은 이동성은 물론 일자리 간의 이동성(economic mobility)과 일터 간의 이동성(spatial mobility) 모두를 포함하게 될 것이다.

이용 가능한 노동력이라는 측면에서 노동력의 양과 질이 중요함은 두말할 필요가 없다. 부지런하고 숙련도가 높은 노동력이 풍부함은 산업을 유치하는 데 중요한 역할을 한다. 산업 간의 연계성이 높은 업종일수록 양질의 풍부한 노동력은 매력적인 유인(誘因)이 된다. 지식산업이라 불리는 제4차 산업에서는 특히 노동력의 질적 수준이 입지 결정 과정에서 중요한 요인으로 작용할 것이다.

노동력과 관련해서 빼놓을 수 없는 논의가 임금 수준의 문제이다. 임금 수준이 노동생산성을 제대로 반영하지 못하고, 노동조합 등 다른 제도적 요인에 의해 경직적으로 결정될 경우 새로운 산업의 유치는 심각한 타격을 받을 것으로 보인다. 지역경제의 개방성이 높으면 높을수록 이와 같은 경향은 더욱 현저하게 표출될 것이다.

4 기업가적 능력

산업 활동은 조경이 잘된 공원에서 주말 피크닉을 하는 것과는 성격상 큰 차이가 있다. 도처에 위험이 도사리고 있고, 어제의 비즈니스 기회는 오늘 파국의 전주일 수 있다. 결국 위험을 무릅쓰고 새로운 투자 결정과 쇄신을 주도하는 기업가적 능력(entrepreneurial ability)은 어느 날 갑자기 '하늘에서 뚝 떨어지는 열매'로 보기는 어렵다. 수많은 생산 요소를 적절하게 통제 관리하며 조정해 가는 능력은 농촌 사회에서 탄생하기 어려운 자질이다.

따라서 기업가적 능력 역시 공간상에서 다양하게 나타난다고 볼 수 있다. 경쟁적인 산업구조를 가지고 있는 지역은 그렇지 않은 지역에 비해 '기업가'를 탄생시킬 양질의 토양이 된다. 다만, 경우에 따라서는 제한적으로 디트로이트 시의 포드(H. Ford)와 같이 혁신자의 출생지가 큰 의미를 가지는 경우도 있다(Bale, 1981: 37-39). 그리고 개별 기업가들은 입지 요인별 특성을 동일하게 인지하는 것이 아니라 각각의 경험이나 상황, 그리고 기업의 특성에 따라 다양하게 인지하고 있는 것으로 나타나고 있다(Britton, 1967: 134).

5 시 장

시장(market)은 기본적으로 최종 생산품이 거래되는 장소이다. 따라서 전통적으로 시장이라 하면 원료 공급지와 대비되는 개념으로서 흔히 사용되어 왔다. 생산 과정에서 원자재나 원료의 상대적인 중요성이 시간의 흐름에 따라 점점 감소함에 따라, 반사적으로 소비지로서의 시장의 중요성이 최근 더욱 강조되는 경향이 있다. 산업의 특성에 따라 다르겠지만 잠재적 구매자 가까이 입지하여 구매자가 원하는 상품을 신속하고 저렴하게 공급할 수 있다는 사실은 현대 사회에서 무시할 수 없는 중요한 요소임에 틀림이 없다.

이에 더해, 서비스 산업인 3차 산업과 지식산업인 4차 산업의 경우에는 소비자 가까이 입지하여 소비자의 기호(嗜好)의 변화를 누구보다 빨리 감지하고 신속하게 대처할 수 있는 능력이 기업의 사활을 가늠할 만큼 중요한 요소가 되고 있다. 결과적으로 현대 산업 사회에서 소비지에 대한 근접성(proximity)은 그 중요성이 점점 더 강화되고 있다.

그리고 시장력은 공간상에서 아주 다양한 강도로 나타나는데, 흔히 구매력이나 인구 수 내지 인구밀도를 이용해 측정 가능하다.

6 교통 및 통신

공간경제에서 가장 중시하는 개념 중의 하나가 바로 거리이다. 생산 요소와 공장, 그리고 시장 사이에는 물리적 장벽으로서의 거리가 엄연히 존재한다. 지역경제학자들이 전통경제학자들을 비판하는 핵심적인 논거가 바로 전통경제학자들이 '거리'라는 개념을 무시하고 이른바 '점의 경제학'에 빠져 있다는 것이다.

거리라는 물리적 장벽을 완화시켜서 생산 요소와 공장, 그리고 시장 간을 원활하게 연결시킬 수 있는지의 여부가 바로 교통 및 통신(transport and communication)에 달려 있다. 교통 및 통신 기술의 지속적인 발전은 현대 산업 사회에서 기존의 거리 개념을 상당 부분 변화시켜 가고 있다. 좀더 신속하고 저렴한 교통 및 통신 수단의 보급은 산업의 입지 유형뿐만 아니라 생산 형태에도 근본적인 변화를 초래하고 있다.

7 정부의 산업정책

규모의 경제가 큰 산업 부문이나 산업의 전후방 연계성이 높은 산업 부문은 국가경제 전체의 성장률을 제고하기 위해 정부가 개입하는 경우가 적지 않다. 자유방임형으로 시장경제 질서에 그대로 맡겨두는 것보다, 정부가 개입해서 바람직한 산업 부문을 인위적으로 육성하는 경우이다. 이와 같은 경우 흔히 국토의 균형적 발전을 고려해서 특정 산업공단을 조성하고 그 장소에 산업시설을 집중 유치하는 경향이 있다.

정부가 공단 등을 조성해서 관련 산업을 유치하는 경우 해당 산업의 입지 결정은 정부의 산업정책에 영향을 받지 않을 수 없다. 최근 지방화 흐름과 함께 지방자치단체들도 지역경제를 활성화시킬 수 있는 기업들을 지역 내로 유치하고자 기업유치지구(enterprise zone)의 조성 등 인위적인 유도 방안이 제시되고 있다. 거꾸로 환경오염성이 높은 공해 업종을 도시 지역에서 주변 지역으로 이전시키기 위해 지방자치단체가 취하는 온갖 비유인 정책(disincentive policies) 등도 동일한 맥락에서 파악할 수 있다.

8 집적경제

특정한 장소에 기업들이 모여 있는 것이 따로따로 산재해서 입지하고 있는 경우에 비해 개별 기업에 여러 가지로 도움이 되는 경우가 많다. 이와 같은 도움 내지 혜택을 집적경제(agglomeration economies)라고 하며, 대개 두 가지 형태로 나타난다.

우선 유사 업종 내지 연계성이 높은 기업들이 한 곳에 모여 있음으로써 발생하는 집적경제(localization economies)를 생각할 수 있다. 그 기업에 특수한 기술을 소유한 노동 인력의 확보가 용이하고, 대량 구매 형태를 취할 수 있기 때문에 원료 역시 싼 값에 구할 수 있으며, 그 업종에 고유한 관련 서비스를 더욱 용이하게 공급받을 수 있다. 그리고 그 제품 내지 서비스를 구매하는 사람들 역시 한 곳에서 자신들이 원하는 것에 대한 다양한 선택 기회가 주어짐으로써 구매 과정에서의 경제성을 얻을 수 있다.

두 번째로 서로 다른 종류의 기업들 내지 연계성이 낮은 기업들이 특정 장소에 모여 있음으로써 발생하는 집적경제(urbanization economies)를 생각할 수 있다. 이와 같은 경우에는 유사 업종 내지 연계성이 높은 기업들이 한 장소에 모여 있음으로써만 발생하는 집적경제 효과는 나타나지 않는다. 업종이 다르기 때문에 관련 노동 인력의 확보, 공통 원료의 대량 구매, 공통 서비스에 대한 저렴한 이용, 그리고 동일 업종에 대한 판매 기회의 확대 등이 제한적으로 나타날 수밖에 없기 때문이다. 그러나 이질 업종 내지 연계성이 낮은 기업들이라고 하더라도 완전히 별개의 기업 활동이 현실적으로 존재하는 경우는 거의 없다고 보아야 한다. 노동 인력은 상당 부분 대체성이 높기 때문에 취업 기회가 많은 쪽으로 노동력이 움직인다고 볼 수 있고, 행정 서비스 등 지원 활동에서도 이질적인 업종에 대한 공통 부분이 나타날 수밖에 없으며, 심지어 판매라는 측면에서도 구매자가 언제나 단일한 목적만으로 구매 활동을 하는 것은 아니다. 따라서 이질적인 업종 내지 연계성이 낮은 기업들이 몰려 있는 경우에도 집적경제는 발생하게 된다. 그 밖에도 이질적인 업종들 내지 연계성이 낮은 기업들이 몰려 있는 장소는 대개 대도시나 또는 공업도시들이다. 이와 같은 장소에서는 대개 기업 활동에 편리한 사회간접자본이 많이 갖추어져 있고 기업 활동에 필수적인 각종 행정 서비스도 용이하게 획득할 수 있다. 따라서 집적이 상승적으로 이루어질 가능성이 높다.

9 환 경

환경은 크게 자연적 환경과 사회적 환경으로 나눌 수 있다. 깨끗하고 청정한 자연적 환경에서 살고 싶은 소망은 인류의 보편적인 욕구로 볼 수 있다. 최근 소득 수준의 향상과 함께 쾌적한 자연환경에 대한 욕구가 더욱 강조되고 있다. 따라서 다른 조건이 동일하다면 쾌적한 자연환경을 갖추고 있는 지역이 그렇지 못한 지역에 비해서 산업 유인력이 높을 것이 자명하다. 지식산업과 같은 고급산업의 경우에는 특히 필요한 인력을 용이하게 확보할 수 있다는 차원에서 쾌적한 자연환경이 강조된다.

그리고 사회적 환경으로서의 지역문화나 관습, 그리고 노동 관행 등도 현대 산업 사회에서 중요한 입지 결정 요인이 될 수 있다. 전반적인 문화적 속성이나 관습이 노동의 생산성에 영향을 미치게 되기 때문이다. 세계화(globalization) 흐름과 함께 산업의 입지 결정이 전 세계를 대상으로 하는 경향을 나타내고 있는데, 그 과정에서 상대적으로 근면함과 규율성이 떨어지는 지역문화나 관습을 가지고 있는 곳은 비록 풍부한 인적 자원을 가지고 있다고 하더라도 새로운 산업을 유치하기가 쉽지 않을 것이기 때문이다. 또한 노동조합의 힘이 강력한 전통적인 산업도시들은 첨단산업과 같이 비교적 자유스럽게 입지를 선택하는 산업으로부터 외면을 받게 될 가능성이 높다.

제 3 절 1차 산업의 입지

1 1차 산업의 의미

1차 산업(primary industries)은 지표면이나 바다에서 원자재를 직접적으로 추출하거나 경작하는 것을 말한다. 완성품으로의 가공이나 처리를 하는 것은 2차 산업으로 분류되고 1차 산업에 포함되지 않는다. 따라서 그 정의상 1차 산업의 경제적 활동은 그 원자재가 있는 곳에 입지하게 되고 다른 곳에 입지할 수가 없게 된다. 석탄은 석탄 광산에서 추출될 수 있고, 목재는 산림에서 얻어지는 것이기 때문이다. 다만 광산 중의 어디 그리고 산림 중의 어디에 입지하는가는 또 다른 문제이다(Bale, 1981: 9).

그런데 1차 산업 중에서도 농업과 같은 경우에는 농토가 광산과는 달리 대개 어느 곳에서도 존재하고 또한 한 농토에 여러 작물이 재배 가능하다. 따라서 1차 산업 중에서도 농업의 토지 이용 내지 입지 패턴은 오래 전부터 사람들의 관심의 대상이 되어 왔다. 왜 이 땅에서는 채소가 경작되고, 저기서는 젖소를 키우고, 그리고 또 다른 장소에서는 곡물을 재배하는가

하는 의문점이 생기게 된다. 우연의 일치인가, 아니면 또 다른 어떤 법칙이 내재하는가 하는 점이 고려될 수 있다. 또 다른 측면에서 지주라면 자신의 땅을 가장 효율적으로 사용하는 방법은 없을까 하는 의문이 생길 수 있다. 이와 같은 의문점을 비교적 명료하게 밝혀 주는 이론적 모형이 바로 독일의 농업 경제학자 튀넨(Thünen, 1826)이 고안한 튀넨 모형(Thünen model)이다.

튀넨(Johann Heinrich von Thünen, 1783-1850)은 완전히 동질적인 고립 지역에서 순수입(총수입-생산비)과 수송 비용을 이용해 도시로부터의 작물별 경작 한계와 입지 패턴을 설명한다.

2 튀넨 모형

대표적인 1차 산업인 농업 토지 이용을 설명하는 데 우선 비옥도, 토질, 지형, 기후 등이 중요한 변수로 작용할 것이다. 우선 기후와 지형과 토질에 맞는 경작물이 선택될 것이고, 비옥도에 따라서 생산성이 달라질 것이므로 지대 역시 차이가 날 것이기 때문이다. 그런데 비옥도 등 자연 조건이 동일하더라도 시장과의 거리에 따라 농촌의 토지 이용 형태가 달라지는 경우를 튀넨 모형은 비교적 명료하게 제시하고 있다(O'Sullivan, 1993: 183-209).

튀넨 모형의 기본 가정은 다음과 같다.

- 다른 지역과의 교역이 존재하지 않는 완전히 고립된 지역이다.
- 하나의 점으로 존재하는 도시는 그 주변 지역으로부터 농산물을 공급받으며, 그 주변 지역이 농산물을 판매하기 위한 유일한 장소는 그 도시이다.
- 이 지역의 모든 토지는 비옥도가 동일하고 지형적인 차이도 없다.
- 농산물의 수송 비용은 거리와 중량에 비례한다.
- 농부는 이윤극대화를 추구한다.

[그림 1-1] 총수입, 총비용, 그리고 지대선

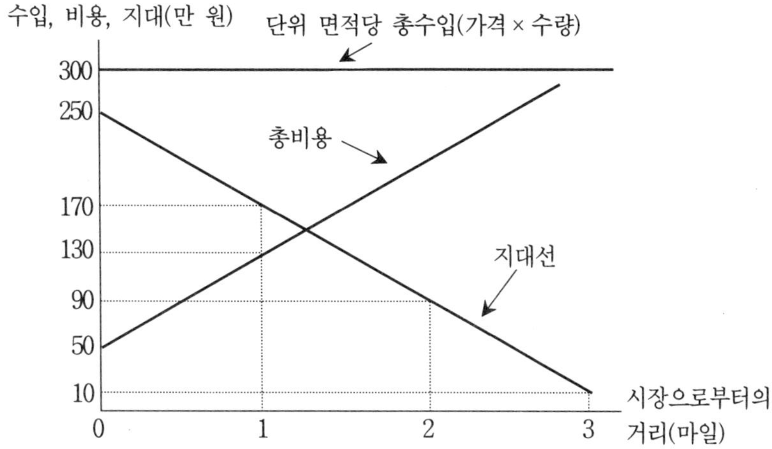

자료: O'Sullivan(1993: 185).

1) 농업토지 이용모형 I : 단일작물 생산, 생산 요소 투입에서의 비대체성

한 가지 작물만 생산하고 토지, 노동, 자본 등 생산 요소의 상대 가격에 변화가 있다고 하더라도 생산 요소 투입시에 상호 대체가 일어나지 않는다면, 지대선은 [그림 1-1]과 같이 직선형으로 나타나게 된다.[1)]

지대는 총수입 중에서 비토지적 비용과 수송 비용을 차감한 것과 동일하다. 단위 면적당 농부의 총수입은 300만 원이고, 비토지적 비용은 50만 원이다. 수송비는 시장으로부터 단위 마일당 80만 원씩 증가하고 있다.

지대는 시장으로부터의 거리가 멀어짐에 따라 떨어지게 된다. 왜냐하면 시장 가까이에 있는 토지는 수송비가 저렴하기 때문에 농부는 이 땅에 대해 더 높은 지대를 지불할 용의가 있기 때문이다. 그리고 지대의 하락폭은

1) 여기서 지대선(land-rent curve)이라 표현한 용어는 좀더 엄격하게 말하면 단위 면적당 지대로 지불하고자 하는 최대 금액, 즉 지불용의 지대선(bid-rent curve)이다. 그런데 지주가 최대 이윤을 향해 움직이는 '합리적인 경제인'이라고 보면 지불용의 지대선과 실제 지대선 사이에 큰 차이가 발생하기 어렵다.

[그림 1-2] 두 개의 지대선: 생산 요소의 대체 투입으로 탄력적인 경영을 하는 경우와 그렇지 않은 경우

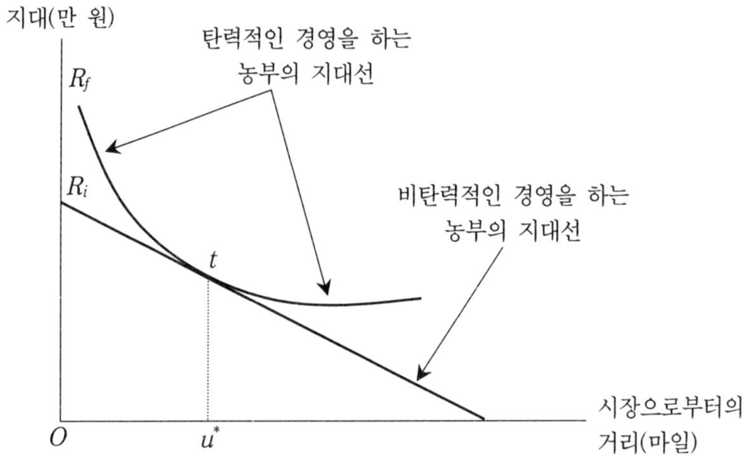

자료: O'Sullivan(1993: 188).

수송비의 증가폭과 동일해질 것이다. 진입이 자유로운 경쟁적인 조건하에서 정상 이윤 이상을 획득하고자 하는 농부는 토지를 획득할 수 없을 것이기 때문이다. 단위 면적당 총수입은 동일하다. 왜냐하면 어느 곳이나 생산비가 동일하고 작물의 가격 역시 동일하기 때문이다. 그런데 우리는 여기서 처음에 설정한 조건 중 하나를 풀어서 좀더 현실성이 있는 논의를 전개해 보자.

2) 농업토지 이용모형 II : 단일작물 생산, 생산 요소 투입에서의 대체성

앞에서는 토지의 상대 가격이 변화해도 생산 요소 투입 비율이 동일하다고 보았으나, 실제로는 토지의 상대적인 가격이 상승하면 농부는 동일한 양의 작물을 생산하더라도 더 작은 면적의 토지에서 생산하고자 할 것이다. 즉 비토지적인 생산 요소 투입량을 늘려갈 것이다. 이와같이 탄력적으로 대처하는 농부는 그렇지 않은 농부에 비해서 더욱 능률적인 경영을 할 것이므로 그 때의 지대선은 [그림 1-2]와 같이 나타나게 될 것이다.

탄력적인 경영을 하는 농부는 그렇지 않은 농부에 비해서 더욱 능률적이다. 따라서 지대를 더 많이 지불할 수 있다. 그런데 마침 u^* 지점에서와 같이 비탄력적인 경영을 하는 농부의 생산 요소의 투입 결합 상태가 능률적인 결합 상태와 일치한다면 그 때 두 개의 지대선은 [그림 1-2]의 t점에서 접하게 될 것이다.

다음에는 작물을 한 가지 종류만 생산할 것이 아니라 여러 가지를 생산하는 경우를 생각해 보자.

3) 농업토지 이용모형 III : 다양한 작물 생산, 생산 요소의 투입에서의 대체성

다양한 작물을 생산하는 경우에는 개별 작물마다 생산원가, 시장가격, 그리고 수송비 등이 다르기 때문에, 지대선 역시 각각 다르게 나타난다. 이와 같은 상황을 [그림 1-3]과 같이 나타낼 수 있다.

시장으로부터 가장 가까운 곳은 시장에 근접함으로써 가장 큰 이익을 얻을 수 있는 작물인, 가령 예를 들자면 [그림 1-3]과 같이 채소가 선택될 것이다. 그런데 만일 해외로부터의 수입 수요의 증가 등으로 과일의 수요가 급격히 증가해 R_2의 지대선이 오른쪽으로 평행 이동하게 된다면 과일의 경작지가 그만큼 팽창하게 되고 채소와 쌀의 경작지는 줄어들게 된다. 구체적인 면적은 새로운 접점의 위치에 따라 상이할 것이다.[2] [그림 1-3]의 두 개의 동심원은 시장의 입지점인 D_0를 중심으로 채소와 과일의 경작지를 360도 회전시킨 것이다. 바로 이것이 도시 주변부 농촌의 토지 이용 형태이다.

[그림 1-3]에서 명확하게 나타나는 것처럼 채소와 과일 그리고 쌀의 토

---

2) 주어진 값을 갖는 것으로 가정한 외생변수의 값이 모형 외부적인 요인에 의해서 변화할 때 그 때 생긴 새로운 균형점을 원래의 균형 상태와 비교 분석하는 것을 비교정태분석이라고 한다. 과일의 수요 변화로 인한 과일값의 상승은 튀넨 모형 안에서 결정되는 변수(내생변수)가 아니고 외부적인 요인으로 인한 것이다. 따라서 비교정태분석의 예가 되는데 새로운 균형점이 어디가 될 것인지는 독자 여러분이 한번 생각해 보기를 권한다. 거꾸로 해외로부터 동질재의 과일이 대량 수입되어 과일 가격이 폭락한다면 그 때의 새로운 균형점은 어디가 될 것인지도 생각해 볼 수 있다.

[그림 1-3] 다양한 작물 생산으로 인한 다양한 지대선

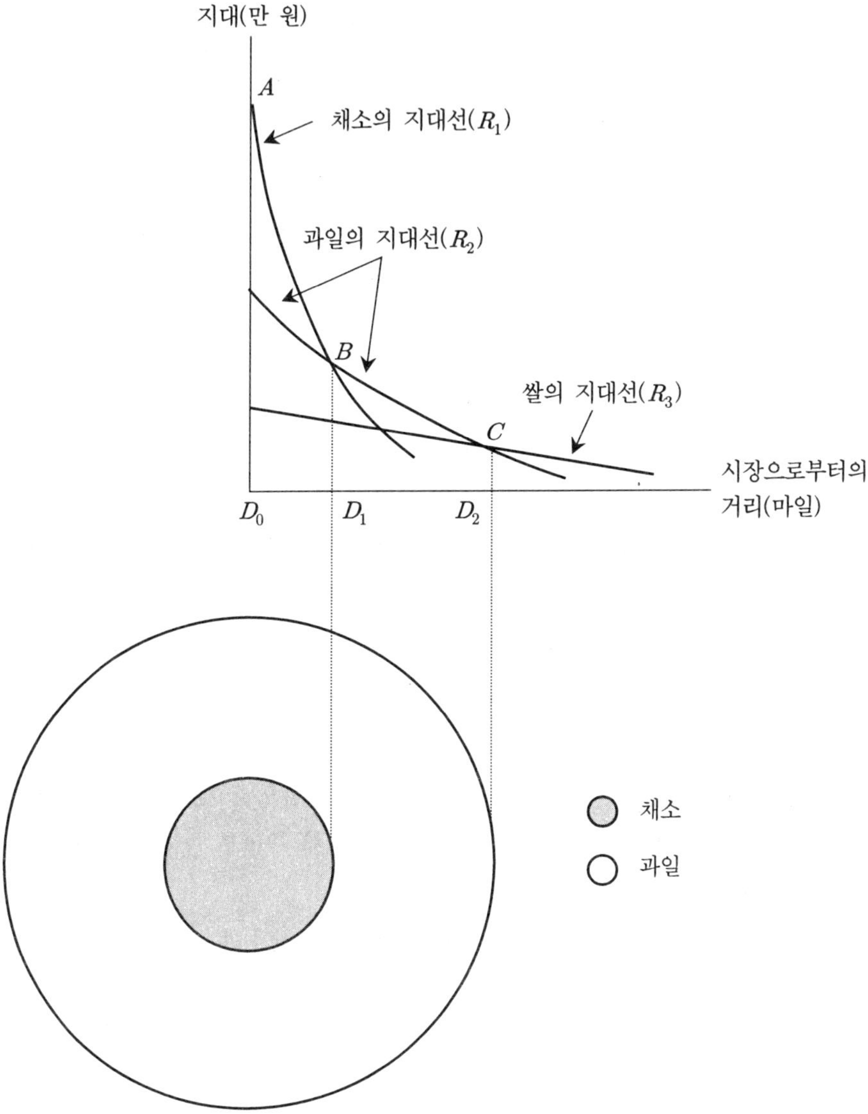

자료: O'Sullivan(1993: 208).

지 이용 행태는 동심원 형태로 표시 가능하고 그 작물들 간에 경작 지역은 중첩되지 않는다. 이를 흔히 비혼재성(sorting outcome)이라 부른다. 여기서 토지는 가장 지대를 많이 지불할 용의가 있는 농부에게 돌아갈 것이므로 시장에서의 균형지대곡선(equilibrium rent curve)은 여러 지불용의 지대곡선 중 맨 위의 부분만을 연결한 곡선, 즉 포락선(envelope)이 된다. 여기서의 시장균형 지대곡선은 ABC로 표시된다(김경환·서승환, 1994: 96-97).

4) 지대와 경작 한계

튀넨의 논의에서 우리는 경제 지대(economic rent) 또는 토지 지대(land rent)의 개념을 도출할 수 있다. 농부는 가장 높은 토지 지대를 창출하는 작물을 생산하게 될 것이다. 토지지대(R)는 산출물 단위당 생산비(a), 산출물 단위당 시장가격(p), 산출물 단위당·단위 거리당 수송비(f), 토지 면적당 산출량(E), 그리고 농장에서 시장까지의 거리(k)의 함수이다. 즉,

$$R = E(p - a) - Efk$$

튀넨의 가정하에서 E, p, a 그리고 f는 상수이다. 그리고 시장으로부터의 거리가 증가하게 되면 수송비는 점점 더 증가하게 되고 순수입은 점점 더 낮아지게 된다. 그래서 결국 순수입과 수송비가 같아져서 토지 지대가 영이 되는 지점까지 경작이 이루어지게 될 것이다. 바로 그 점이 경작의 한계가 되는 것이다. 여기서 튀넨의 가정을 토대로 농업용 토지 이용과 입지 패턴이 어떻게 형성되는지를 간단한 수치와 방정식을 이용해서 검토해 보자. 우선 이 지역에서는 채소, 과일, 쌀이라는 세 가지 종류의 농산물만 산출된다고 보자. 이 세 가지 활동의 입지 패턴 내지 토지 이용에 따르는 수입과 비용 등의 자료가 <표 1-1>과 같이 주어졌다고 하자.

농산물의 단위 면적당 총수입은 단위 가격과 단위 면적당 산출량을 곱하게 되면 구할 수 있다. 따라서 단위 면적당 총수입에서 단위 면적당 생산비를 제하고 나면 일단 농부가 수송비가 영인 상태에서 얻을 수 있는 단위 면

〈표 1-1〉 가설적인 지역의 농업용 토지 이용 자료

(단위: 만 원, km)

토지 이용	총수입 (단위 면적당) ①	생산비 (단위 면적당) ②	수송비 (생산물 단위당·단위 거리당) ③	경작 한계 (도시로부터의 거리) (①-②)/③
채소	100	30	10	7
과일	65	20	3	15
쌀	45	15	1	30

적당 순수입을 얻을 수 있다. 그 순수입을 생산물 단위당·단위 거리당 수송비로 나누게 되면 도시(시장)로부터의 경작 한계를 쉽게 도출할 수 있다. 즉 채소의 경작 한계는 시장으로부터 7km까지가 되고, 과일의 경작 한계는 7km부터 15km까지가 되며, 그리고 쌀의 경작 한계는 15km부터 30km까지가 되는 것이다.

5) 튀넨 모형의 평가

생산원가, 작물의 가격, 그리고 수송비의 변동 등은 토지 이용의 변화를 초래하게 된다. 이와 같은 논의는 지대 대신 임대료라는 개념을 이용하면, 왜 도심부에 가장 가까운 곳에 사무실이 입지하고, 그 다음 제조 업체나 주거용지가 들어서는가 하는 도심지의 토지 이용 행태를 설명하는 데도 쉽게 응용될 수 있다.[3]

튀넨 모형이 가지고 있는 현실적인 한계점으로서는 다음과 같은 점들이 지적될 수 있다.

- 수송비는 거리와 중량에 단순 비례하는 것은 아니다. 지형에 따라서도 다르고 수송 수단에 따라서도 다르다.

3) 튀넨의 농업용 토지 이용과 지대 결정의 기본 모형은 도시에서 토지 이용과 지대 결정이 어떻게 이루어지는가를 설명하는 데도 유용하게 원용될 수 있다. 예컨대 도심부 인근의 토지는 흔히 주로 상업용지, 그 다음 영역은 주거용지, 그리고 그 다음 영역은 공장용지로 이용되는 등의 토지 이용 패턴을 설명하는 데 유용하다. 다만 현실 도시는 복수의 도심부를 가지는 경우가 적지 않기 때문에 가시적인 측면에서는 분명한 유형화를 기대하기가 어려울 것으로 보인다.

- 비옥도가 동일해서 생산비 차이가 없다는 가정도 현실성이 약하다.
- 농업에서의 규모 문제를 고려하고 있지 않다.
- 무엇보다도 사람들의 행태적인 요인에 대한 설명이 결여되어 있으며 정태적인 모형이다.

제 4 절 2차 산업의 입지

1 2차 산업의 의미

제조업 관련 업종, 예컨대 음료, 담배, 식품에서부터 석유화학 제품, 금속 제품, 가죽 제품, 신발, 의류, 시멘트, 벽돌 등에 이르기까지 다양한 업종들이 2차 산업(secondary industries)에 속한다. 2차 산업 중 일부는 제품의 원료 산지 가까이 입지하고 있고, 또 일부는 제품의 구매자들이 다수 거주하는 시장 가까이에 입지하고 있으며, 그리고 나머지는 원료 산지와 시장 그 중간에 입지하고 있다. 제조업은 아주 다양한 업종으로 이루어졌기 때문에 이 부문의 입지 행태의 철저한 파악은 산업의 전반적인 입지 행태의 원리를 파악하는 데 도움이 된다.

2차 산업의 입지 원리를 이해하는 데 베버 모형(Weber model)이 중요하다. 따라서 여기서는 베버 모형의 기본적인 가정에서 시작해 2차 산업의 입지와 비용 요소, 그리고 베버 모형의 평가까지 다루고자 한다. 다만 여기서 살펴보고자 하는 베버 모형은 특정 가정에 입각해서 산업이 어디에 입지해야 하는가를 밝히고자 하는 규범적인 모형이다. 따라서 이 모형은 현실 세계를 그대로 기술하고자 하는 것은 아니다. 오히려 2차 산업의 최적 입지점이 어디인가를 밝혀서 불완전한 현실 세계에 대한 이해를 높여 가고자 하는 것임을 이해할 필요가 있다.

2 베버 모형의 기본 가정

베버(Weber, 1926)는 현실 세계를 모형화하기 위해서 다음과 같은 몇 가지의 기본 가정을 제시한다(Bale, 1981: 46-47).

- 대부분의 원자재는 철광석이나 석유와 같이 특정 장소에서만 구할 수 있는 지역재이다.
- 일부 원자재는 물이나 공기같이 어디서든지 쉽게 구할 수 있는 것들이다.
- 점으로 나타나는 상품 시장들은 일정한 장소에 고정적이다. 즉 시장 자체는 일정한 영역을 차지하고 있지 않다.
- 수송비는 원자재 또는 상품의 중량과 수송 거리에 따라서 결정된다.
- 완전경쟁 상태이기 때문에 개별 생산자 또는 구매자의 활동은 판매 가격에 영향을 미치지 아니한다. 따라서 판매량이 일정하다면 그에 따른 수입(판매량×가격)도 어디에 있든지 차이가 나지 않는다. 따라서 수입이 모든 곳에서 똑같다면 '최상의' 입지는 생산비가 최소가 되는 장소가 될 것이다. 여기서 베버의 모형은 최소비용 모형(least-cost model)으로 불리고 있는 것이다.
- 개별 생산자는 특정 산업에 대한 모든 정보와 지식을 보유한 합리적인 인간, 즉 소위 '경제인(economic man)'으로서 이윤을 극대화하기 위해 합리적인 선택을 하기 때문에 비용이 최소가 되는 지점에 입지한다.

3 2차 산업의 입지와 비용 요소

베버(A. Weber)의 가정 중 여섯 번째 가정은 개별 생산자를 경제인으로 보는 것이다. 그 경제인은 비용이 최소가 되는 지점에 입지하게 될 것이다. 그렇다면 그 산업 입지에 영향을 미치는 비용 요소가 무엇인가가 문제가

[그림 1-4] 입지 삼각형

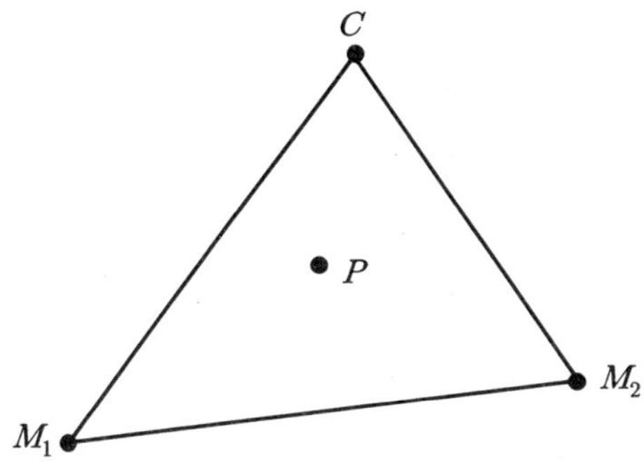

C: 시장
M_1 : 원료 1의 산지
M_2 : 원료 2의 산지
P: 최적 입지점

자료: Bale(1981: 47).

된다. 베버는 비용 요소로서 수송비, 노동비(임금), 그리고 집적 또는 분산 요인을 지적했다. 이하에서 이들 비용 요소를 살펴보고자 한다(Bale, 1981: 47-55).

1) 수송비

수송비(transport costs) 때문에 산업은 원료 산지, 시장, 또는 그 중간 지점 어디에 입지하게 될 것이다. 이와 같은 현상을 설명해 주는 가장 단순한 도식적 모형이 [그림 1-4]와 같은 입지 삼각형이다. 최적 입지점을 P라고 하면 그 입지점은 입지 삼각형 선상 또는 그 안 어느 곳이 될 것이다. 좀더 구체적인 점이 어디인가가 문제되는데, 이것을 밝혀 주는 유용한 모형이 [그림 1-5]의 바리그논 프레임(Varignon frame)이다. 이 바리그논 프레임에서 균형을 이루는 P점이 바로 최적 입지점이 된다.

가상적인 최적 입지점인 P가 균형을 이룬다는 것은 세 개의 모서리 각각의 견인력이 동일하게 되는 지점이 바로 P점이 된다는 것이다. 결과적으로 그 지점이 최소 수송비점이 되고 동시에 최적 입지점이 된다. [그림 1-5]에서 P점은 M_1점 쪽으로 치우쳐 있는 것을 알 수 있고, 따라서 이 경

[그림 1-5] 바리그논 프레임

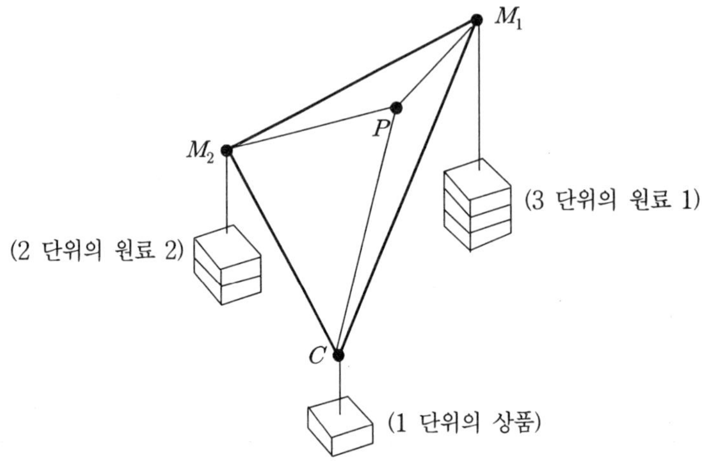

자료: Bale(1981: 48).

우에 그 산업은 원료 지향적인 산업이 되는 것이다.

이 문제를 좀더 단순하게 해결하기 위해서 베버는 다음과 같은 원료 지수(material index)의 개념을 고안했다. 만일 어떤 산업의 원료 지수가 1 이상이면 그 산업은 원료 지향적인 입지 성향을 나타낼 것이고, 1 이하이면 시장 지향적이 될 것이고, 그리고 1이면 입지 무차별의 경우로서 중간 지점 또는 양 극단(시장 또는 원료 산지) 입지 형태를 나타내게 될 것이다.

원료 지수=지역재인 원자재 투입물의 중량/완성 상품의 중량

철광석과 석탄을 사용하는 제련업의 경우와 같이 생산 과정에서 지역재인 원자재의 중량이 줄게 되는 경우는 원료 지수가 1보다 크게 되지만, 맥주나 콜라와 같이 대개 어디나 존재하는 물을 많이 사용하는 경우에는 원료 지수가 1 이하로 나타난다.

2) 노동비, 집적과 분산

베버는 노동비(labour costs), 즉 임금이 싼 지역은 최소 수송비가 가지고 있는 이점을 능가할 수 있다는 점에 착안해서 노동비를 새로운 중요 비용 요소로 도입하고 있다. 그리고 비용은 집적(agglomeration)이나 분산(deglomeration)에 의해서도 감소될 수 있다. 집적을 통한 비용 감소는 산업이 한 곳에 모임으로써 발생하는 비용상의 이점을 말하고, 분산을 통한 비용 감소는 산업이 밀집해 있는 것을 완화시킴으로써 발생하게 되는 비용상의 이점을 말한다. 이와 같은 점을 고려해서 베버는 임계 등수송비선(critical isodapane)의 개념을 사용한다.

최소 수송비 입지점 주변에 더 높은 수준의 일정 수송비를 나타내는 궤적을 표시해 가면 어떤 등수송비선을 도출할 수 있다. 만일 평탄한 공간에서 수송률이 어느 방향으로나 동일하다면 등수송비선은 원이 된다. 결과적으로 최소 수송비점 주변에 수송비의 많고 적음에 따라 여러 개의 등수송비선을 도출할 수 있다. 그런데 현재의 최소 수송비점 외의 어떤 장소가 수송비 외의 다른 어떤 요소(예: 노동비, 집적 효과 등)가 유리해 입지적 장점을 갖고 있다면 그 효과는 입지 선택 과정에서 고려되는 것이 바람직하다. 따라서 최소 수송비점과 비교되는 대안적인 입지점의 입지편익 효과를 가미해 작성된 등수송비선이 바로 임계 등수송비선이고, 대안적인 입지점이 이 임계 등수송비선 내부에 위치하고 있으면 이 새로운 장소가 최소 수송비점보다 더 능률적인 장소가 된다.

이와 같은 논의를 좀더 명료하게 하기 위해, 세 개의 기업 A, B, 그리고 C가 [그림 1-6]과 같이 그 각각의 최소 수송비점에 입지해 있다고 가정하고, 그 세 개 기업들이 어떤 대안적인 장소에 입지함으로써 집적경제가 획득된다고 가정하자. 이 세 개 기업들이 집적 효과를 고려해서 개별적인 최소 수송비점들을 이탈해 새로운 어떤 장소로 옮겨가는 것이 바람직한가의 여부와, 만약 바람직해서 옮겨간다면 구체적인 입지 장소는 어디가 될 것인가에 대해서 리처드슨(Richardson, 1979: 56-58)은 다음과 같이 설명하고 있다.

[그림 1-6] 임계 등수송비선과 집적

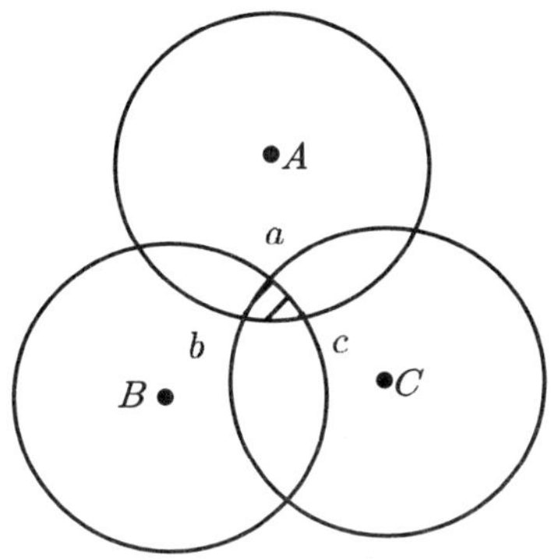

첫째, 일단 [그림 1-6]과 같이 세 개의 임계 등수송비선들이 교차하면 집적경제가 충분히 커서 이 세 개 기업들이 최소 수송비점에서 새로운 지점으로 이동할 유인이 있다. 집적경제로부터 발생하는 이익이 최소 수송비점으로부터 떠남으로써 초래되는 부가적인 수송비보다 크기 때문이다.

둘째, 새로운 입지 장소는 [그림 1-6]에서 빗금친 부분 내가 되어야 하는데 문제는 구체적으로 그 장소가 어디냐 하는 것이 불분명하다.

셋째, 빗금친 부분 내에서 구체적인 입지 장소의 결정은 단순히 비용상의 문제만은 아니고, 다른 요인 예컨대 협상력 등도 중요한 요인이 되는 입지 게임 상황을 초래할 수 있다.

A, B, C 세 기업들은 각각 a, b, c 점들의 근처를 선호할 것이다. 따라서 베버는 빗금친 부분 내의 모든 기업의 총 수송비를 최소로 하는 점, 즉 가장 큰 기업의 최소 수송비점에 더욱 가까운 장소로의 입지를 예상했다. 하지만 실제로는 상호간의 협력을 필요로 하는 입지 게임 상황을 초래해 리처드슨(H. Richardson)의 주장처럼 구체적인 입지 결정점은 불확정적일 것으로 보인다.

4 베버 모형의 평가

베버는 입지이론을 전개하면서 무엇보다도 개별 생산자가 입지를 결정할 때 가장 중요하게 고려하는 점은 무엇일까 하는 점에 초점을 두었다. 그는 기본적으로 비용이 최소가 되는 곳이 바로 개별 생산자의 입지 결정점이 된다고 보았다. 베버는 수송비, 임금, 그리고 집적 또는 분산 등의 세 가지 요인들이 산업 입지에 영향을 미친다고 보았다. 따라서 개별 기업가는 입지를 결정할 때 이들 세 가지 요인들 간의 최적 조합을 도출해서 총비용을 최소화할 것이라고 베버는 보았다. 그는 주된 입지 결정인자로서의 수송비의 영향을 고려해서 비용 최소화 장소를 모색하고, 그 다음 다른 두 요소가 그 최소 비용 입지점에 어떤 영향을 미치는가를 분석하고자 했다.

베버 모형은 중공업의 입지를 설명하는 데 상당히 유용할 것으로 판단된다. 케넬리(R. A. Kennelly)는 변형된 베버 모형을 이용한 사례 연구에서 멕시코의 철강산업의 입지를 예측하는 데 이 모형의 정확도가 높다는 것을 보여 주었다(Bale, 1981: 55-58).

베버 모형의 약점으로서 다음과 같은 사항들이 지적된다(Bale, 1981: 60-63).

- 수송비는 거리에 정비례한다고 보기 어렵다. 일정한 거리에 대한 수송비는 어떤 수송 형태를 이용하는가에 따라서도 달라진다.
- 완전경쟁이란 현실 세계에서 존재하기 어렵다.
- 수송비는 산업의 총비용 중 일부에 불과하고 그 중요도도 점차 떨어지고 있다.
- 베버는 상품에 대한 수요 측면 내지 시장 영역에 대한 분석을 간과했다.

제 5 절 3차 산업의 입지

1 3차 산업의 의미

각종 서비스 산업이 일단 3차 산업(tertiary industries)으로 분류될 수 있다. 서비스 산업 중 지식산업 형태는 정보나 전문지식의 취급, 처리, 그리고 전달에 종사하는 활동 영역으로서 가장 앞선 산업군이고, 또한 현대 사회에서 차지하는 비중이 엄청나게 확대됨에 따라 4차 산업으로 따로 분류되고 있다.

3차 산업의 입지 원리를 간명하게 설명해 주는 이론으로서 크리스탈러(Christaller, 1966)가 전개한 중심지이론(central place theory)이 있다. 중심지이론은 도·소매업은 물론이고 금융업 등 각종 서비스업이 공간상에서 어떤 형태로 분포되어 있는지에 관한 원리를 밝혀 준다. 또한 중심지이론은 중심지 활동을 토대로 한 도시 체계의 형성 원리를 밝히는 데도 유용하게 사용되고 있다.

2 중심지이론의 의의

왜 사람들은 주어진 토지 위에 고루 흩어져 살지 않고 어떤 곳에는 많이 모여 살고 어떤 곳에는 적게 살게 되는 것일까? 여러 가지 원인 중 우선 자연 조건이나 부존 자원에서의 차이가 그 의문에 대한 해답을 상당 부분 제공해 줄 수 있다. 강이 있고 기름진 넓은 평야가 있고 값비싼 광물이 많이 매장되어 있는 곳에 사람들이 많이 모여 사는 것은 하등 이상할 것이 없다. 그러나 1930년대에 크리스탈러(W. Christaller)나 그 이후의 뢰쉬(A. Lösch)에 의해 더욱 체계화된 중심지이론은 자연 조건이나 부존 자원에서의 차이가 없는 동질적인 공간(unbounded homogeneous plain)에서도 규모의 경제나 수송비 등에 의해 공간상에 인구밀도의 차이가 나타나게 된다는 것을 이론적으로 밝혀 주고 있다 (Heilbrun, 1981: 87-89; 황명찬, 1989: 48-51).

중심지이론은 이론의 전개를 위해 다음의 세 가지 가정을 전제로 한다.

- 평탄한 공간에 자연자원의 부존 상태가 동일하다.
- 인구 분포가 균일하고 농가의 규모도 동일하다.
- 수송 비용은 거리에 비례하고 방향과는 무관하다.

이와 같은 가정하에, 중심지이론은 우선, 이들 농가 간에 거래가 발생하게 될 것인가 또는 거래 조건은 어떠한가? 둘째, 만일 거래를 한다면 시장의 공간적 범역은 어디까지인가? 셋째, 그 시장의 중심에 중심지란 도시가 형성되는 과정이 어떠한가를 밝혀 준다.

어떤 농부가 버터를 많이 생산해 규모의 경제가 발생하면, 그는 다른 농부에 비해 훨씬 저렴한 비용으로 버터를 생산할 수 있다. 그런데 버터를 대량으로 생산했기 때문에 단위당 가격은 낮아졌지만 그 버터를 자기 가족만이 소비하기에는 양이 과다하게 된다. 따라서 자기들이 소비하고 남는 버터는 다른 사람에게 팔아야 하는데 이 때 그 버터를 사는 사람이 있으면 그 사이에 거래가 형성되는 것이다. 그런데 거래가 형성되기 위해서는 무엇보다도 그 버터의 배달 가격(delivered price)이 소비자가 있는 곳에서의 농부가 생산한 버터의 원가보다 값이 싸거나 적어도 동일해야 한다. 버터의 배달 가격이 소비지에서의 생산 원가보다 상대적으로 저렴한지 하는 것은 규모의 경제에 비례하고 수송비에 반비례하게 될 것이다. 따라서 거래의 공간적 범역은 대규모 생산지의 생산원가에 수송비를 합한 배달 가격이 일반 소비지의 생산 원가와 같은 지점 이내가 된다.[4]

[그림 1-7]에서 O 지점에 입지하고 있는 농부가 버터를 대량으로 생산해 다른 지점에서 버터를 생산하는 다른 농부보다 싼 생산 원가인 P_0로 생산 가능하다면 거래가 성립 가능한 필요 조건이 충족된다. 시장권의 범역이 어디까지인가는 배달 가격과 대량 생산하지 않는 농가의 버터 생산 원가와

4) 여기서의 생산원가란 생산자의 정상 이윤(normal profit)을 포함한 개념이다.

[그림 1-7] 버터의 배달 가격과 거래의 공간적 범역

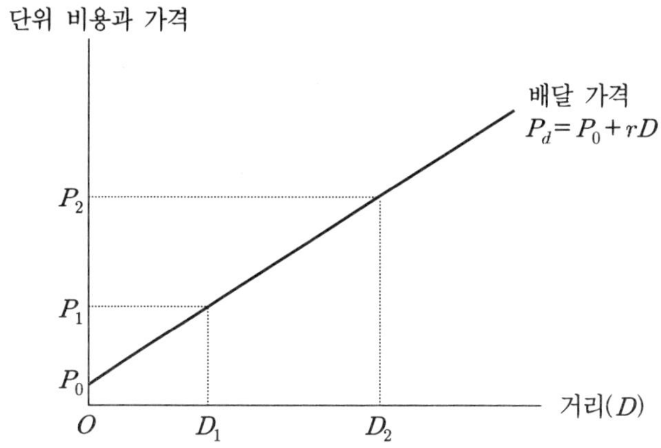

자료: Heilbrun(1981: 89).

일치하는 지점 이내가 될 것이다. 만일 대량 생산하지 않는 다른 농가의 버터 생산 원가가 P_2라면 O 지점에 입지하고 있는 농부의 시장권은 OD_2를 반경으로 하는 원이 될 것이다.

그런데 버터를 대량 생산해서 갑(甲)이라는 농부가 돈을 벌고 있다는 소문이 퍼지면 조만간 또 다른 농부인 을(乙)도 버터를 대량 생산해서 돈을 벌고자 할 것이다. 갑과 을이 버터를 대량 생산해서 돈을 벌고 있다는 소문이 퍼지면 이제는 병(丙)과 정(丁)이라는 농부들도 그 시장에 진입해서 돈을 벌고자 할 것이다. 결국 자유스러운 진입이 가능하다고 볼 때, 버터를 대량 생산하는 농부들이 정상 이윤(normal profit)이 아닌 한푼의 초과 이윤도 벌지 못한다는 인식이 확대될 때까지 버터 생산을 희망하는 농부들이 나타날 것이다. 더 이상의 버터 생산 희망 농가가 없는 경우란 바로 버터를 생산하는 농가가 각자 최소 자립 규모(minimum threshold size)를 이루고 있는 상태를 말하며, 경제학적인 용어로는 평균비용과 평균수입이 일치하는 경우를 말한다.

만약 교통 및 통신 수단이 개선되어 소비자들이 좀더 원거리로 이동 가

능하게 되거나 버터의 생산 기술이 향상되어 버터 가격이 떨어지게 되면 각 중심지들의 시장 영역은 [그림 1-8]의 (c)와 같이 반경이 b로 확대된다. 그러나 아직도 이들 중심지로부터 서비스를 받지 못하는 소비자들이 존재하게 되고 시장의 반경은 더욱 확대되어 c로 되면서 [그림 1-8]의 (d)와 같이 시장들이 서로 겹치게 된다. 이 겹치는 부분의 소비자들은 당연히 자신

[그림 1-8] 중심지의 형성과 중심 도시들 간의 계층

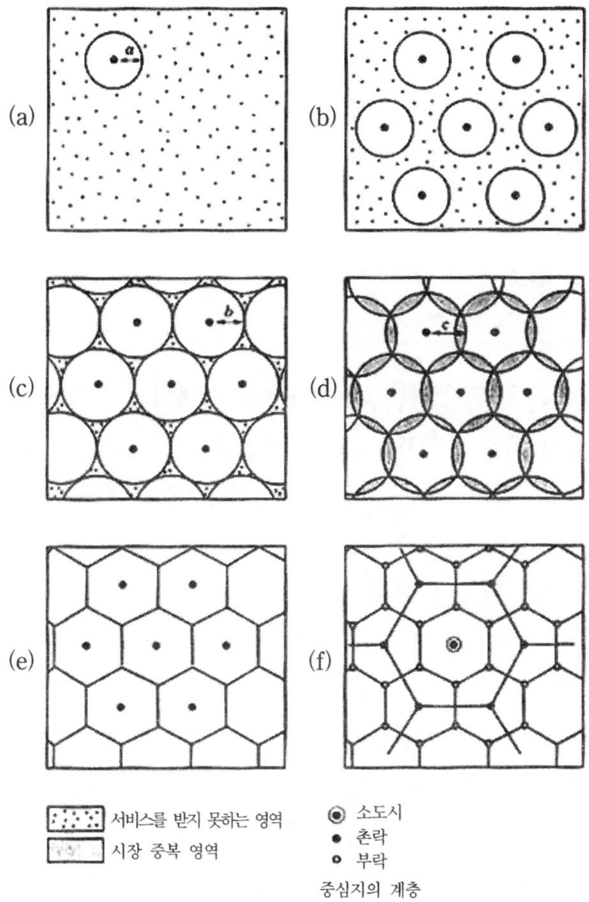

자료: Glasson(1978: 130).

에게 가장 가까이 있는 중심지를 찾게 될 것이기 때문에 그 경계는 양분되어 [그림 1-8]의 (e)와 같이 육각형의 시장 공간이 형성될 것이라는 사실을 알 수 있다.

그런데 사람은 살아가는 데 버터만 필요로 하는 것은 아니다. 옷, 주택, 학교, 은행, 방송, 신문 등 셀 수도 없을 만큼 많은 재화와 서비스를 필요로 한다. 다른 재화와 서비스는 각각 다른 규모의 시장권을 가지게 될 것이고, 중심지이론의 기본 가정을 버리게 되면 시장권의 모양도 천차만별이 될 수 있다. 그런데 현실적으로 다양한 종류의 수많은 시장권의 중심이 어느 한 곳에 겹칠 수가 있고, 한 곳에 여러 종류의 시장권의 중심이 겹치게 되면 바로 그곳이 집적 효과가 큰 중심지가 된다. 얼마나 많은 시장권, 또 얼마나 큰 시장권의 중심을 가지고 있는가에 따라 그 중심지의 규모나 영향력이 결정될 것이다.

3 중심지이론의 평가

중심지이론은 도시 간에 상하 계층이 형성되는 원리를 아주 쉽게 그리고 설득력 있게 제시해 준다. 그러나 다음과 같은 점들이 중심지이론의 한계점으로 지적된다(Glasson, 1978: 160-162; 김윤상, 1986: 116-117).

첫째, 중심지이론에서는 중심지의 기능을 상품의 생산 및 공급이라는 측면에서 다루고 있으나 현실적으로는 중심지 내지 도시는 경제적인 기능만을 수행하는 실체가 아니다. 오히려 중심지는 정치 행정적 기능 및 사회문화적 기능을 수행하는 실체로서 파악되어야 한다는 측면에서 한계가 있다.

둘째, 중심지의 가정 중 하나가 바로 균질적인 토지이다. 따라서 그 균질한 토지에서 형성되는 중심지의 발생 및 계층화 과정을 밝혀 줄 수 있지만 구체적인 중심지의 위치에 대해서는 설명력이 없다. 현실적으로 토지는 균질적인 것이 아니고 토지의 이용은 그 토지의 지리적·지형적인 특색에 의해 결정적인 영향을 받게 된다. 따라서 생산 과정에서 규모의 경제가 발생하기 때문에 중심지가 발생한다고 보기보다는 오히려 중심지는 지리적·지형적인 특색에 의해 먼저 형성되고, 규모의 경제는 그 형성된 중심지의 중심성을 가속화 내지 강화하는 부차적인 요인으로 볼 수 있다.

셋째, 중심지를 실제로 서열화하는 데 기술적인 어려움이 있다. 도시가 확산되고 있을 때 어디까지를 중심지로 할 것이냐의 문제와 중심지를 서열화할 때 기준 선정이 쉽지 않다. 중심지이론은 중심지 간에 계층이 형성되는 이유 중 하나로서 상품의 종류에 따라서 각각 다른 크기의 중심지권을 형성하기 때문에 그러하다고 보고 있으나 현실적으로는 중심지들 간의 계층 역시 토지의 지리적·지형적 특색 및 정치적·역사적 배경에 따라서 크게 좌우될 것으로 보인다.

넷째, 중심지이론은 정태적이고 기술적인 분석 방식에 치우쳐 있다. 중심지와 배후지 간의 관계를 정태적인 것으로 파악했으나 실제로는 계속적으로 변화하고 있는 것이다. 따라서 한 중심지의 서비스 활동이 활발해지면 그 영향은 경쟁 관계에 있는 다른 중심지의 서비스 활동에 영향을 미치게 되는 것이다. 게다가 이 이론은 이와 같은 변화에 대한 깊이 있는 동태적 분석을 제시하지 못하고 있다.

제6절 4차 산업의 입지

정보나 전문 지식의 취급, 처리, 그리고 전달에 종사하는 활동 영역을 가장 앞선 산업군이라는 의미에서 4차 산업(quaternary industries)이라고 부른다(Bale, 1981: 12). 대학이나 연구소, 그리고 사무 활동 등이 전형적인 예이다. 이와 같은 활동에 종사하는 인력이 전체 노동 공급에서 차지하는 비중이 높지 않았던 전기 산업 사회에서는 4차 산업이 별도의 위치를 확보하지 못하고 3차 산업의 범주로 분류되어 왔으나, 사회가 발전해 나감에 따라서 전체 노동시장에서 이들의 점유비가 계속 확대되고 있고 경제 성장에의 기여도 역시 점점 더 확대되고 있다.

4차 산업의 상품이 되는 지식과 정보는 전자 매체를 통해 어디든 전달될 수 있기 때문에 입지 장소의 제약이 없이 어디든 입지할 수 있을 것으로 보이지만, 현실적으로는 시장 지향성이 강하고 대도시 위주로 입지하고 있는 것으로 나타나고 있다. 따라서 여기서는 먼저 왜 4차 산업이 대도시 위주로 입지하고 있는지를 살펴보고, 이어서 4차 산업의 대표적인 형태 중의 하나이면서 지역경제에 미치는 영향이 큰 사무 시설의 입지 문제를 좀더 상세하게 살펴보고자 한다.

1 대도시 입지의 이유

4차 산업의 입지 결정에 영향을 미치는 제약 조건으로 권위의 제약(authority constraints), 능력의 제약(capability constraints), 그리고 연계성의 제약(coupling constraints) 등이 설득력 있게 제시되고 있다(김형국, 1991: 141-148; Hägerstrand, 1975: 3-12).

1) 권위의 제약

4차 산업의 입지 결정은 정부나 기타 공공기관이 행사하는 권위의 영향을 받게 된다. 대기업의 본사나 연구소는 사실상 중앙정부기관에 종속적인 입장에 있기 때문에 최대한 권력기관과 가까이 입지하고자 하게 된다. 특히 한국과 같은 개발도상 국가에서는 민간기업과 정부기관 간에 비대칭적 권력 구조를 이루고 있기 때문에, 민간기업에서는 비공식적인 중요 정보를 즉시에 그리고 비공식적으로 확보할 수 있는 채널 확보가 무엇보다도 중요하다. 또한 유교문화의 영향으로 대면 접촉(face-to-face contacts)이 핵심 정보 획득 과정에서 아주 중요하게 작용하는 현실에서는 지식과 정보 관련 산업이 대도시, 그 중에서도 수도에 입지하게 되는 강력한 유인이 존재하는 것이다.

2) 능력의 제약

지식 및 정보산업은 무엇보다도 지식 및 정보를 원활하게 처리 · 유통 ·

전파할 수 있는 교통·통신망의 확보가 긴요하다. 국내외의 대도시를 거미줄처럼 이어줄 수 있는 고도의 접근성이 필요한데, 그와 같은 능력을 갖춘 곳은 대도시밖에 없기 때문이다.

3) 연계성의 제약

지식 및 정보를 가장 효율적으로 처리·유통·전파시키기 위해서는 가치 있는 정보원(情報源)은 물론이고 관련 산업 간의 연계성의 제고가 필수적이다. '대면 접촉'이 중요한 사회일수록 연계성의 제약을 벗어나기 위해서는 가치 있는 정보원과 관련 산업이 많이 입지해 있는 곳, 즉 대도시에 입지하여 연계성의 제약을 최소화하는 것이 바람직하다.

2 사무 시설의 입지

사무 시설 역시 앞에서 논의했듯이 주로 대도시 위주로 입지하고 있다.[5] 하지만 지역경제에 대한 그 중요성에 비추어 따로 상세하게 살펴보고자 한다. 4차 산업에서 주목하고 있는 사무 시설은 주로 기업의 본사 업무와 같이 지식과 정보 처리, 그리고 전달이 중요한 기능을 차지하는 사무 활동과 그 관련 시설을 말한다.

최근 선진 산업 사회의 경제가 경험하고 있는 서비스 부문의 고용 팽창은 사무 관련 직업들의 팽창에 기인하는 바가 크다. 이와 같은 나라들에서 회계, 광고, 그리고 마케팅 같은 사무 활동 기능들은 원래 소속 회사가 어디든 특정 장소에서 그와 같은 활동들의 전체 규모가 커지면 자체 비용과 상관 없이 편익이 발생하는 규모의 외부경제(external economies of scale)가 발생하는 경향이 있다. 따라서 그와 같은 활동들은 하나의 도시에서도 거의 비슷한 장소에 몰려 입지하고, 그러다 보니 그 기업 내의 다른 주요 생산 과정과는 물리적으로 따로 떨어져서 입지하게 되는 경향이 나타나고

5) 사무 기능 중 제조업 활동에 부수되어 이루어지는 사무 활동은 주로 제조 공장에서 이루어지고 있기 때문에 반드시 대도시에 입지하고 있다고 보기는 어렵다.

있다. 이와 같은 외부경제가 사무 시설 입지의 주요한 결정 요인으로 작용하게 되는 것이다(Temple, 1994: 146-148).

이와 같은 사무 활동들이 그들 서비스들끼리 모여 입지하는 경향은 1990년대에 생산자 서비스(producer service)들을 따로따로 나누어 독립시키는 조직들이 늘어났기 때문에 더욱 강화되었을 것이다.[6] 그리고 일부 업체들은 생산자 서비스 중의 일부를 외부로부터 구매해서 사용하고 있다. 문제는 이와 같은 경향들이 상승적으로 사무시설의 입지를 정치적·경제적 중심지인 수도로 몰리도록 한다는 것이다. 특히 대기업 본사는 정치적 접촉의 용이성과 전국적인 언론 매체에 대한 접근 용이성을 쉽게 포기하기가 어렵다.

그리고 사무 시설의 입지와 관련된 비용이 총운영 비용에서 차지하는 비중이 그렇게 높지 않은 기업들이 적지 않다. 이와 같은 업체들의 경우 사무 시설의 입지 관련 비용을 어떻게 줄일 것인가 하는 문제는 기업의 전체 관리 과정에서 그렇게 중요한 부분이 아닐 수도 있다. 따라서 이 경우 비교적 자유스러운 입지 행태를 보일 수가 있게 되고, 이와 같은 점들은 사무 시설 개발업자들에게 사무 시설에 대한 기존 시장 상황에 그렇게 얽매일 필요가 없다는 신호가 될 수 있다(Temple, 1994: 146-148).

따라서 사무 시설이 어디서 개발되는가 하는 문제는 기존 시장 상황의 문제라기보다는 베이트먼(Bateman, 1985: 3)의 주장처럼 부동산 개발업자들의 장기 투자 결정의 결과라는 측면에서 접근해 볼 수 있다. 부동산 개발업자들은 투자 수익률을 극대화하는 것이 주목적이고 사무 시설 입주자들의 효용극대화는 부차적인 목적에 속한다. 결국 1990년대 초반에 런던 도

---

6) 생산자 서비스란 다양한 산업 부문의 재화나 서비스의 생산 과정에서 투입되는 중간재적 성격을 띠는 전문적인 서비스를 의미한다. 이와 같은 생산자 서비스 중에서 연구 및 개발, 디자인, 컨설팅, 전문 인력 확보·훈련, 마케팅 및 정보 처리 등 지식 집약적인 고차 생산자 서비스는 다른 업체의 생산성이나 효율성 등에 미치는 영향이나 새로운 부가가치 및 고용 창출 차원에서 핵심적인 기능을 수행한다. 그러나 생산자 서비스는 대도시 지향적인 입지 특성으로 인해 공간적인 집중 경향이 높아 지역간 격차를 심화 또는 고착시킬 위험성을 지니고 있어 산업 및 지역개발 정책 차원에서 적절한 대응이 필요한 것으로 알려져 있다(김용웅·차미숙, 1997: 43).

클랜즈(London Docklands)에 세워진 수많은 오피스 건물들에서 분명히 드러나는 것처럼 많은 사무 시설들의 개발이 투기적인 관점에서 이루어진다. 다시 말하면, 많은 사무 시설들이 그 장소의 사무시설에 대한 기존 수요에 대한 반응이라기보다는 부동산 개발업자들에게 돈을 대는 금융자본 공급자들의 예상 입지 선호에 대한 반응으로 세워질지 모른다는 점이다. 결국 미래에 대한 예상 수요가 현실적으로 발생하지 않게 되면 사무 시설은 공급 과잉 상태를 초래하게 되고 투기적인 개발업자들은 금융 손실을 입게 되는 것이다. 전통적인 경제이론에서 이야기하는 단기 이윤극대화 조건들은 이와 같은 기업들의 사무 시설 입지 분석에는 거의 설명력을 상실하게 된다(Temple, 1994: 146-148).

제 7 절 입지 결정상의 관리적 측면

1 자산관리와 포트폴리오

전통적으로 토지, 노동, 자본 등은 생산 과정에서 필수적인 투입 요소로서 주로 논의되어 왔다. 여기서는 초점을 바꾸어서 자산관리의 형태가 공간상에 어떤 영향을 미치는가 하는 자산 이용의 공간적인 함의를 검토하고자 한다.

자산이라는 것을 더욱 구체화시켜 보면 실제 생산·유통·판매 과정에 필수적인 운영 시설로서의 자산과 유가증권·예금과 같은 동산 형태의 운영 자산, 그리고 부동산 투자의 결과로서 부동산 형태로 존재하는 투자 스톡 등으로 파악해 볼 수 있다. 이 중에서 우리가 여기서 논의의 초점으로 삼고 있는 것은 바로 세 번째로 언급된 부동산 형태로 존재하는 투자 자본의 스톡(stock of capital representing investment)이다.

기업의 입지 행태를 분석하는 데 자산관리로서의 투자 자본의 스톡의 개념이 최근 더욱 중요해지고 있다. 특히 대도시의 사무용 빌딩들과 같이 자산 가치의 변동이 큰 폭으로 나타나고 있는 경우에, 그와 같은 자산을 단순히 생산 과정에 필요한 운영 시설로서만 파악하는 것은 현실성이 없는 것으로 보인다. 즉 기업체들은 자산을 단순히 운영 과정에서 필요한 투입물로서만 보는 것이 아니라 투자의 기회로 파악하고 있다고 보아야 한다. 결과적으로 기업들은 자산관리에서 수동적인 입장을 벗어나 더욱 적극성을 띠어가고 있다.

한 업체가 여러 곳에 입지하고 있을 경우 그 자산으로부터 얻게 되는 수입을 극대화하고자 할 것이다. 이것을 효과적으로 하기 위해 그 업체는 그 자산의 구성 목록 내지 포트폴리오(property portfolio)에 대한 적극적인 관리 전략이 필요하게 된다.[7] 이와 같은 전략은 물론 그 기업의 전반적인 비즈니스 계획과 일치해야 한다. 포트폴리오 전략은 적절한 입지를 찾아내기 위한 시장 상황에 대한 분석 등을 통해서 개발될 수 있다.

잠재적인 입지 예정지들에 대해서 기업들이 평가 과정에서 사용할 수 있는 구체적인 기준들로서 다음과 같은 사항들이 제시되고 있다(Temple, 1994: 152-153).

- 그 예정 장소가 벤치마크 기준(benchmark criteria)을 충족시키는가?[8]
- 예상되는 총수입과 총비용을 평가해 그것을 현재 가치로 환산한 후에도 그 장소가 세부적인 투자 기준에 부합되는가?
- 새로운 입지가 그 기업의 전반적인 비즈니스 계획과 부합되는가? 즉 새로운 입지 장소가 조직 활동의 전반적인 입지 패턴과 관련지어 검토

7) 자산 포트폴리오는 미국의 경제학자 토빈(J. Tobin, 1958)이 조세의 부과가 사람들이 축적하는 부(富)의 총량뿐만 아니라 부가 유지되는 자산의 구성에도 영향을 미친다는 자산선택론을 제시함으로써 그 이후 널리 사용되게 된 용어이다. 다른 조건이 똑같을 때 기업주들은 비용은 적게 들고 이윤이 많이 창출될 수 있는 장소를 선호하게 될 것이다. 그리고 그것을 더 확장하면 기업주들은 현재의 입지 비용 내지 입지에 따른 손실 위험, 그리고 입지에 따른 영업수입 이외에 장래에 예상되는 자산가치의 상승분을 고려하게 될 것이다. 결과적으로 그 모든 요소들을 종합한 상태에서 최적의 입지 선택이 이루어질 것을 짐작할 수 있다.

8) 벤치마크 기준은 여러 예정 입지의 장·단점을 비교 평가하기 위해서 사용되는 표준적인 점검 기준(예: 예상 이윤율)을 말한다. 이와 같은 벤치마크는 새로운 입지 후보들의 과거 이윤 실적과 기타 비교할 만한 자료들을 분석함으로써 만들어진다.

할 때 적합한가?

• 새로운 입지 장소로 입지를 바꾸는 데 따르는 비용은 받아들일 만한 가?

정교한 자산 관리 전략을 가지고 있는 조직체에서는 입지 관련 제반 활동이 무작위적으로 이루어지는 경우는 없다. 실물 자산은 단순히 '비즈니스의 장소' 이상의 의미를 가지게 되는 것이다. 실물 자산이 임대 형태가 아니라 투자된 자산의 형태로 존재하는 경우에는 운영 비용의 의미가 현저하게 희석되게 마련이다. 다시 말하면, 운영 비용이 저렴한 곳으로 실물 자산이 항상 움직이는 것은 아니라는 것이다. 자산 가치에서의 지역적인 차이는 자산의 포트폴리오 투자 전략을 수립하는 과정에서 중요한 영향을 미치게 되는 것이다.

2 공공 부문 활동의 입지 선택

정부나 기타 관련 공공 부문들이 진공 상태에서 존재하는 것이 아니므로, 공공 부문의 자산이나 새로운 투자 결정이 어디에 이루어지는가 하는 문제는 나름대로 지역경제에 다양한 파장을 초래할 수밖에 없다. 공공 부문의 신규 투자 결정이 어디에 얼마만큼 이루어져야 되느냐의 문제는 정치경제적인 다양한 변수의 복합적인 작용에 의해 결정된다.

선진 산업 사회들과 상당수 개발도상 국가들에서 1980년대부터의 지배적인 정치경제적 견해는 가능한 부분에서는 공공 부문이 민간 부문을 닮아가야 한다는 것이다. 이와 같은 움직임은 기본적으로 공공 부문 자원의 이용과 관리에서도 민간 부문에서와 같은 책임성과 능률성을 높여 보자는 목적을 가지고 있는 것이다. 이와 같은 목적을 달성하는 여러 가지 접근 방법 중 민간화(privatization)와 그 관련된 변형들이 다양하게 소개되고 있다.

영국의 경우 정부 자산의 스톡이 500억 파운드를 넘어서고, 매년 50억 파운드 이상의 신규 자산을 정부 각 기관이 취득하고 있다. 건설 및 보수 작업에 매년 35억 파운드 이상이 지출되고 있으며, 이들의 대부분은 민간 부문과 계약을 맺어서 처리되고 있다(Temple, 1994: 155). 이와 같은 사실은 정부 자산이 어디에 얼마만큼 투자되는가 하는 문제가 지역경제에 큰 영향을 미칠 것이라는 점을 간접적으로 시사하는 것이다. 정부의 투자 역시 수출 기반이론에서 강조되듯이 지역적으로 승수 효과를 초래할 것이기 때문이다. 다만 그 효과가 어느 정도인지는 지역경제 자체가 안고 있는 개방성이나 기록 메커니즘의 결여 등으로 파악하기가 쉽지 않다.

공공 부문과 민간 부문을 단순히 비교하기는 곤란하지만, 정부기관과 기타 공공 부문들 역시 민간 부문과 마찬가지로 그들의 자산을 제대로 이용하고 관리해야 하는 책임을 지고 있다고 보아야 한다. 따라서 공공 부문의 경우 지출하는 비용을 최소화시켜 가야 하는 것과 함께 자산관리를 통해 경쟁력 자체를 키워서 궁극적으로 생산성을 높여가야 하는 책임 쪽으로 그 강조점이 이행하고 있는 것이다(Temple, 1994: 155-156).

제 8 절 맺음말

산업의 입지를 살펴보기 위해 우선 산업 입지의 중요 요소들을 자본, 토지, 노동력, 기업가적 능력, 시장, 교통 및 통신, 정부의 산업정책, 그리고 집적경제로 나누어 각각 검토했다. 그리고 산업을 1차 산업에서 4차 산업으로 분류하고, 그 각각의 입지 패턴 내지 토지 이용을 비교적 상세하게 살펴보았다.

1차 산업의 입지 패턴과 토지 이용을 설명하기 위해 튀넨 모형을 이용했고, 2차 산업의 입지 패턴과 토지 이용을 설명하기 위해서는 베버 모형을 이용했으며, 그리고 3차 산업의 입지 패턴과 토지 이용을 설명하기 위해 중심지이론을 이용했다. 4차 산업의 경우에는 대도시 입지의 이유와 사무 시설의 입지 경향 등을 살펴보았다.

최근 입지 결정상의 관리적 측면의 중요성이 강조되고 있다. 따라서 이와 같은 측면을 자산 관리와 포트폴리오, 그리고 공공 부문 활동의 입지 선택으로 나누어서 각각 검토했다.

제 2 장 지역 간 거래와 요소 이동

제 1 절 머리말

국가 간의 교역 형태와 비교해서 상대적으로 지역 간 거래에는 거래 장벽의 부재, 공통의 화폐 사용, 비교적 원활한 수송망, 그리고 근거리 거래의 특성을 나타내고 있다. 또한 사회문화적·역사적 측면에서 동질성과 개방성이 높기 때문에 지역 간의 거래는 지역경제를 연구하는 데 중요한 변수가 된다. 지역 간 전문화를 통해 거래가 발생하고 상호 이익을 얻게 되는 이유는 국제무역이론에서 차용한 비교우위 원칙을 이용하면 쉽게 설명할 수 있다.

상품과 서비스의 거래가 지역 내부에서 이루어지는가 또는 지역 간에 이루어지는가 하는 문제를 분석하기 위해서는 우선적으로 공간 변수(예: 수송비)를 고려할 필요가 있다. 전통적인 가격이론은 가격 결정과 산출량 결정 과정에서 공간 변수를 고려하지 않았지만, 공간이라는 변수를 가격 결정과 산출량 결정 과정에 도입하게 되면 동질재의 가격이 수송비 때문에 공간상에서 다양하게 나타나게 된다. 그런데 만일 재화가 낮은 가격시장에서 높은 가격시장으로 자유스럽게 움직인다면 궁극적으로 수송비가 반영된 상태에서 공간가격 균형이 달성될 것이다. 공간가격 균형의 상태는 교역

이전의 재화의 분포 상태와 비교해 더욱 능률적인 재화의 분포로 나타나게 된다.

지리적 공간에서 생산 요소들의 분포 상태는 불균등하고 불연속적일 뿐만 아니라 끊임없이 유동하고 있다. 왜냐하면 생산 요소들의 잠재적 가치가 다른 생산 요소들의 부존 상태와 긴밀히 연계되어 있을 뿐만 아니라 기술 수준의 변화와 같은 외부 환경 요인의 변화에 의해서도 계속적으로 영향을 받고 있기 때문이다. 결과적으로 공간상에서는 사람, 재화, 그리고 정보 등이 끊임없이 움직이고 있고 또한 상호 작용하고 있다.

여기서는 지역 간 거래 현상을 밝히기 위해 지역 간 거래의 의의와 지역 간 비교우위성을 살펴본다. 공간가격 균형 현상을 밝히기 위해 공간가격 균형의 의의, 시장 영역의 경계, 라일리의 법칙, 그리고 공간독점과 가격 차별 등을 검토한다. 지역 간 요소 이동 현상을 밝히기 위해 인구 이동, 자본 이동, 기업가 이동, 그리고 혁신의 공간 확산 등을 논의한다.

제 2 절 지역 간 거래

1 지역 간 거래의 의의

국제 경제에서는 국가 간 교역 문제를 가장 중요한 주제로 다루고 있다. 하지만 지역경제에서는 지역 간 거래를 상대적으로 소홀히 취급해 왔다. 다른 유형의 경제적 상호 작용, 예컨대 지역 간 요소 이동이 지역 경제에서 좀더 중요하고 또한 지역 간 상품 또는 서비스의 거래가 제대로 파악되지 않기 때문에 지역 간 거래 현황 자체를 제대로 파악하기가 쉽지 않기 때문이다. 하지만 지역 간에는 국가 간에 비해서 거래 장벽(예: 관세나 쿼터 같은 무역에 대한 인위적 제한)도 없고, 공통의 화폐를 사용하고 있으며, 국제 간에 비해 국내에서 대개 수송망 체계가 훨씬 더 잘 발달해 있고 거리상으로도 훨씬 가까운 경우가 대부분이다. 그뿐만 아니라, 사회문화적 · 역사적 측면 등 동질성과 개방성이 국제 간에 비해서 국내 지역 간에 상대적으로 더 높기 때문에 지역 간의 교역은 지역경제의 연구에서 중요한 변수임에 분명하다. 더구나 지역 간 요소 이동과 같은 지역경제에서 아주 중요한 변수들과 지역 간 상품 또는 서비스의 거래는 경제적으로 상호 밀접하게 연관되어 있다(Richardson, 1979: 102-103).

2 지역 간 비교우위성

지역 간 전문화를 통해 거래가 발생하고 상호 이익을 얻게 되는 이유는 국제무역이론에서 차용한 비교우위 원칙(principle of comparative advantage)을 이용하면 쉽게 설명할 수 있다.[1] 논의를 단순화하기 위해 두 개의 지역

1) 비교우위는 지역의 전문화 과정을 이해하는 데 큰 도움이 된다. 비교우위 원칙은 생산 과정에서 다른 지역에 비해서 우위(advantage)가 강한 것 또는 열위(disadvantage)가 상대적으로 낮은 것을 전문화하는 경향을 일컫는 것이다. 비교우위는 모든 거래에 기초가 되는 것으로서 설혹 모든 지역이 내부적인 생산만으로 자체 수요를 충족할 수 있다고 하더라도 생산품의 거래를 통해서 모두가 이익을 얻을 수 있다는 점을 설명해 준다. 즉 비교우위 원칙은 다양한 지역 간에 두 개 이상의 재화의 생산에서 우위성의 비율(ratios of advantage)만 다르면 적용 가능하다(다만 실제 거래 과정에서 소요되는 수송비 등 제반 거래 비용이 비교우위를 통한 이익보다 작아야 함은 물론이다. 이와 같은 거래 비용은 영(零)으로 가정하고 논의를 진행한다).

예컨대 어떤 지역이 거래 상대방의 지역보다 모든 재화의 생산에서 절대적인 우위가 있다고 하더라도 거래를 통해 양자는 이익을 얻을 수 있다. 즉 지역 1은 지역 2에 비해 동질적인 우유를 2/3의 비용으로 그리고 포도는 1/2의 비용으로 생산 가능하다고 하자. 이 때 지역 1은 포도의 생산을 전문화하고 지역 2는 우유의 생산을 전문화함으로써 양 지역은 모두 이익을 얻을 수 있다(이와 같은 상황을 가상적인 비용 수치를 이용해서 독자들이 연습해 보기를 권하고 싶다).

비교우위가 생기는 원인을 두 가지로 나누면 지역 간 기술 수준의 차이와 지역간 생산 요소의 이용 가능성의 차이로 볼 수 있다. 헥셰르-올린 정리(Heckscher-Ohlin theorem)는 생산 요소의 부존 상태가 지역 간 차이가 나는 점을 강조하고 비교적 풍부한 생산 요소를 집약적으로 사용하는 상품의 수출과 생산을 전문화하게 될 것이라고 주장한다. 그러므로 노동력이 풍부한 지역은 노동집약적인 산업을 전문화하고 원자재가 풍부한 지역은 원료집약적인 산업을 전문화한다. 결과적으로 헥셰르-올린 정리는 상품의 자유스러운 거래는 비록 생산 요소들이 지리적으로 유동성이 없다고 하더라도 생산

[그림 2-1] 지역 간 거래를 통한 이익

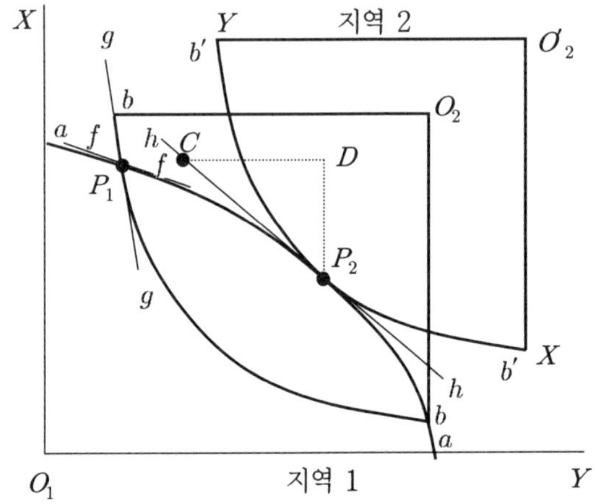

(지역 1과 지역 2)에서 두 가지의 상품(X재와 Y재)만 생산한다고 가정하고 [그림 2-1]을 이용해 분석해 보면 다음과 같다(Richardson, 1979: 103-105). 여기서,

aa는 지역 1의 생산가능곡선2)
bb는 지역 2의 생산가능곡선
P_1은 aa와 bb의 교차점으로 양 지역의 자족적인 균형 생산점
ff는 지역 1의 상대 가격선
gg는 지역 2의 상대 가격선

요소의 가격을 균등화시킬 것이라는 것을 내포하고 있는 생산요소가격 균등화이론(factor price equalization theory)이다(Goodall, 1987: 83-84, 208).

2) 생산가능곡선(production possibilities curve, production possibilities frontier)은 주어진 자원과 기술 수준하에서 생산될 수 있는 두 가지 재화의 최대 조합점의 궤적을 말한다. 생산가능곡선의 바깥 부분은 현재의 자원과 기술 수준으로는 도달할 수 없는 부분(unattainable combinations)이고, 안쪽 부분은 더 적은 자원을 투입하고서도 획득할 수 있는 영역(attainable combinations)이다. 따라서 생산가능곡선상의 궤적이 그 사회나 기업이 이용 가능한 자원과 기술 수준하에서 도달할 수 있는 가장 효율적인 점들을 연결한 것이 된다.

이와 같은 상태에서 거래가 발생하면 상품 가격은 어떤 중간 수준에서 균형화할 것이다. 예컨대 교역 후의 새로운 상대 가격선 hh를 생각할 수 있다. 각 지역은 이제 P_2점에서 생산하게 된다. 왜냐하면 지역 2는 똑같은 생산가능곡선하에서 단지 위치만 오른쪽으로 이동($bb \rightarrow b'b'$)했기 때문이다. P_2점에서 지역 1은 X재의 생산량을 줄이고 Y재의 생산량을 늘린다. 지역 2는 X재의 생산량을 늘리고 대신 Y재의 생산량을 줄인다.

전문화의 결과로서 X재와 Y재의 결합 산출이 증가하고 양 지역 모두가 이익을 본다는 점이 초점이다. 지역 1이 상품 Y를 CD만큼 수출(두 지역밖에 없다고 가정했으므로 지역 2가 그만큼 수입하게 된다)하고, 지역 2는 상품 X를 DP_2만큼 수출하면(물론 그 양만큼 지역 1은 수입한다) 그 때의 결합소비점은 C점이 된다. 이 C점은 두 지역의 생산가능곡선 밖에 위치하므로 두 지역은 교역을 통해 서로 이익을 얻게 되었다는 것을 알 수 있다. 즉 두 지역은 각각 비교적 풍부한 자원을 더 많이 사용하는 생산 전문화 과정($P_1 \rightarrow P_2$)을 통해 서로 이익을 얻게 되는 것이다.

제 3 절 공간가격 균형

1 공간가격 균형의 의의

상품과 서비스의 교역이 지역 내부에서 이루어지는가 또는 지역 간에 이루어지는가 하는 문제를 분석하려면 우선적으로 공간 변수(예: 수송비)를 고려할 필요가 있다. 이와 같은 측면을 이사드(Isard, 1956: 207)는 "지역 간 거래와 입지는 동일한 주화의 양면과 같다"라는 말로 압축하고, 지역 간 거래이론과 입지이론을 통합하고자 시도했다.

전통적인 가격이론은 가격 결정과 산출량 결정 과정에서 공간 변수를 고려하지 않는다. 그러나 공간이라는 변수를 가격 결정과 산출량 결정 과정에 도입하게 되면 동질재의 가격이 수송비 때문에 공간상에서 다양하게 나타나게 된다. 그런데 만일 재화가 낮은 가격시장에서 높은 가격시장으로 자유스럽게 움직인다면 궁극적으로 수송비가 반영된 상태에서 공간가격 균형이 이루어질 것이다. 공간가격 균형의 상태는 교역 이전의 재화의 분포 상태와 비교해서 좀더 능률적인 재화의 분포로 나타나게 된다.

공간가격 균형의 조건은 지역 간 교역의 흐름이 전체적으로 시스템에서 균형을 이루는 것이다. 그리고 교역 후의 시장 간의 가격 차이는 이들 시장 간에 존재하는 단위당 수송비보다 작거나 같아야 한다(Richardson, 1979: 38-41).

2 시장 영역의 경계

시장 영역(market area)이란 기업가가 생산한 재화나 서비스에 대한 소비자들이 위치하는 공간상의 영역 내지 구역을 말한다. 뢰쉬(A. Lösch)의 시장 영역 분석(market area analysis)은 기업의 시장 영역이 어떻게 결정되는지를 보여 주는데, 이 분석은 산업의 입지 분석에도 원용될 수 있다. 시장 영역 분석에 대한 단순한 예는 [그림 2-2]에 나타난다.

[그림 2-2]에서 어떤 공장 X는 단위당 생산비가 C이고, 그 공장은 어떤 동질적인 평면(isotropic plain)에 입지하고 있다. 소비자들은 배달 가격(delivered price)으로 상품을 구입하고 그 배달 가격은 생산비와 수송비의 합이다. 그리고 소비자들이 상품 한 단위당 지불할 수 있는 최고 가격이 그림과 같이 존재한다고 가정하자. 그 때 공장 X의 시장구역 경계는 [그림 2-2]에 나타나 있는 것처럼 M_x와 M_x'가 된다. 즉 여기서는 배달 가격이 소비자가 지불할 수 있는 최고 가격과 일치한다. 동질적인 평면에서 경쟁자가 없다면 공장 X는 어떤 원형의 시장 영역을 가지게 될 것이다. 만일에 기존의 X공장 양옆에 경쟁 업체인 Y와 Z가 진입하고 그들이 X와 동질재를 생산한다고 가정하면 소비자들은 조금이라도 가격이 싼 제품을 구입하고자 할 것이다. 결과적으로 경쟁을 통해서 기존의 X공장은 Y에게 AM_x

[그림 2-2] 시장영역 분석

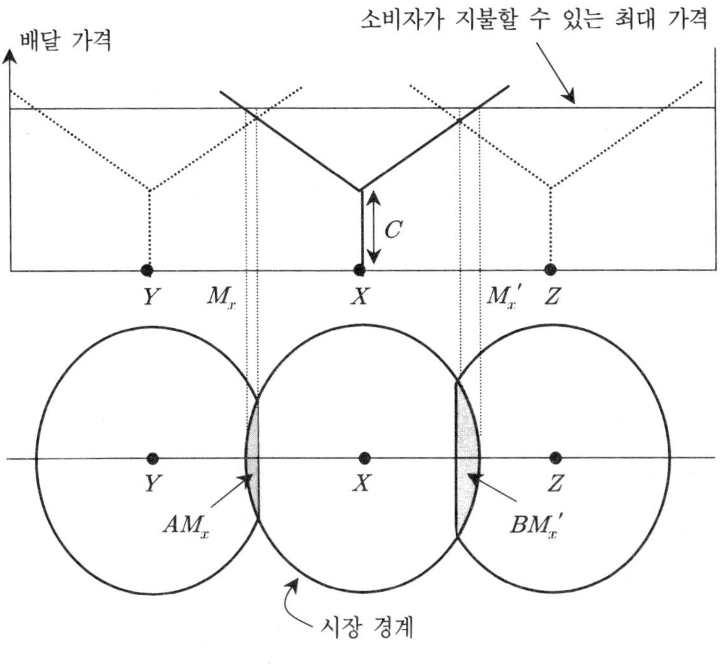

자료: Goodall(1987: 287).

의 시장 영역을 Z에게 BM_x'의 시장 영역을 상실하게 될 것이다. 그곳에 새로운 기업이 계속 진입하고 경쟁이 계속된다면 개별 기업은 정상 이윤 수준밖에 획득할 수 없는 시장 영역으로 귀착하게 될 것이다. 소비자들의 분포가 균일하지 못한 공간 영역에서는 시장 영역 분석이 기업의 최적 입지점을 밝히는 데 이용될 수 있다. 즉 판매 잠재력과 총수입 잠재력이 가장 큰 장소를 밝히는 것이다(Goodall, 1987: 286-287).

3 라일리의 법칙

미국의 소매시장을 연구한 라일리(W. J. Reilly)는 도시 간에 소매 활동이 이루어지는 것은 흡사 중력의 법칙과 같은 일정한 법칙이 작용하고 있다는 사실을 발견했다. 이 법칙이 발견자의 이름을 따서 라일리의 법칙(Reilly's law)으로 명명되었으며 지역경제학자, 도시계획가, 그리고 지리학자 등이 사람들의 쇼핑 행태를 분석하는 데 널리 이용하게 된다. 이 법칙의 내용은 두 도시 간의 중간 영역의 소매 활동은 그 두 도시 중에 어느 쪽으로 귀착되는데, 그 귀착되는 역학 관계가 그 두 도시의 인구 수에 비례하고 중간 영역으로부터 그 두 도시 간의 거리 제곱에 반비례한다는 것이다. 따라서 라일리의 법칙은 흔히 소매 활동상의 중력의 법칙(law of retail gravitation)으로 불린다 (Goodall, 1987: 404).

$$\frac{R_a}{R_b}=\frac{P_a}{P_b}\times\left(\frac{d_b}{d_a}\right)^2$$

여기서, R_a, R_b : 중간 영역에서 도시 a와 b로의 소매 거래

P_a, P_b : 도시 a와 b의 인구 수

d_a, d_b : 중간 영역에서 도시 a와 b로의 거리

결과적으로 라일리의 법칙에 의하면, 주변 지역으로부터의 소매 활동의 견인력은 해당 도시의 규모에 비례하고 그 간의 거리의 제곱에 반비례한다.

4 공간독점과 가격 차별

공간경제학에서 이윤극대화를 추구하는 공간 독점자들은 가격 책정시에

대개 근거리 구매자들에게는 불리한 가격 책정을, 그리고 원거리에 있는 구매자들에게는 유리한 가격 책정을 하는 것으로 알려져 있다. 구매자들이 어디에 있는지에 따라 수송비가 다르기 때문에 판매자의 입장에서 볼 때 순수한 수요곡선은 다양한 형태로 존재하기 때문이다. 판매자가 바라보는 순수수요곡선이 공간상에서 거리에 따라 다양하게 존재하기 때문에 공간 독점자들의 입장에서는 가격 차별의 기회가 존재하는 것이다(Richardson, 1979: 46-47).

관련 연구에 의하면, 독점 상태가 아니더라도 판매자들은 가격 차별을 하는 경향이 있는 것으로 알려지고 있다. 시장 구역만 크다면 경쟁적인 관점에서 판매자들은 차별적인 가격 책정을 시도할 가능성이 높다. 가격 차별의 범위(scope of price discrimination)는 대개 다른 공급업체와의 경쟁성이 약하면 약할수록, 그리고 가격에 대한 고정비용의 비율이 높으면 높을수록 확대되는 경향이 있다(Greenhut & Ohta, 1975: 124-166).

제 4 절 지역 간 요소 이동

지리적 공간에서 생산 요소들의 분포 상태는 불균등하고 불연속적일 뿐만 아니라 끊임없이 유동하고 있다. 왜냐하면 생산 요소들의 잠재적 가치가 다른 생산 요소들의 부존 상태와 긴밀히 연계되어 있을 뿐만 아니라 기술 수준의 변화 같은 외부 환경 요인의 변화에 의해서도 계속적으로 영향을 받기 때문이다. 결과적으로 공간상에서는 사람, 재화, 그리고 정보 등이 끊임없이 움직이고 있고 또한 상호 작용하고 있다.

지리적 공간상의 제반 흐름 문제를 좀더 포괄적으로 조명해 보기 위해 프리드만(J. Friedmann)은 공간상의 흐름을 인구 이동, 투자(자본 이동), 의사 결정, 쇄신의 확산의 네 가지로 분류하고, 이들 각각은 정주(定住) 패턴, 경제 활동의 입지 패턴, 권력의 공간구조, 사회·문화적 공간 패턴을 지리적 공간상에 구조화하는 것으로 보고 있다(Friedmann, 1973: 65-84).

〈표 2-1〉 공간상의 흐름과 구조

공간상의 흐름	공간구조
인구 이동	정주 패턴
투자	경제 활동의 입지 패턴
의사 결정	권력의 공간구조
쇄신의 확산	사회·문화적 공간 패턴

1 인구의 이동

1) 인구 이동의 성격

공간상의 다양한 흐름 중 가장 가시성이 높고 그 결과를 추적하기가 좋은 요소 중 대표적인 것이 바로 사람의 이동이다. 사람은 적어도 자체적인 판단에 의해 한 장소에서 다른 장소로 옮길 수 있는 실체이고, 그와 같은 움직임의 결정은 여러 가지 다른 변수를 흔히 반영하고 있기 때문에 학자들은 오래 전부터 이 문제에 대해 관심을 가져왔고 따라서 관련 연구 결과 역시 적지 않다.

산업화가 진행되면 될수록 인구 이동은 삶의 한 방식으로 나타나게 된다. 미국의 경우 미국인의 약 18%가 매년 이주하고 있으며, 일생 동안 평균 약 12회 이주하는 것으로 알려져 있다(안재학 역, 1995: 407). 근린 수준에서건 대도시 수준에서건 또는 대도시권 내지 지역적인 수준에서건 인구 이동의 이해는 공간상의 성장과 변화를 이해하는 데 핵심적인 관건이 된다.

이동 인구의 특성, 즉 도대체 어떤 사람들이 이동하는가의 문제는 오래 전부터 인구 문제나 인구정책을 연구하는 사람들로부터 집중적인 논의의 대상이 되었다. 연구 결과를 종합하면 대체적으로 생애 주기라는 측면, 노동 인력으로서의 질적인 측면, 그리고 경험과 정보 전달의 기회라는 측면 등으로 나누어 볼 수 있다.

생애 주기(life cycle) 측면에서는 연령이라는 변수가 중요하다. 젊고 활동력이 높은 연령층이 그렇지 않은 연령층에 비해서 이동성이 높다는 것은 전 세계적인 경향으로 볼 수 있다. 특히 20대의 인구 이동이 빈번한데 이 시기는 한 인간의 인생에서 중요한 전환기가 되기 때문이다. 대개 이 연령층에서 고등 교육을 위한 다른 지역으로의 이동, 직업의 선택과 변경을 위한 다른 지역으로의 이동, 또는 결혼을 위한 다른 지역으로의 이동 등이 발생하기 때문이다. 또한 투자의 한 형태로서 인구 이동을 바라보면 젊어서 이동하는 것이 나이가 들어서 이동하는 것에 비해 이동의 경비는 적게 들고 이동의 편익은 극대화할 수 있는 방안이 된다.

그리고 교육 수준이 높은 노동 인력과 그렇지 않은 인력을 비교할 때 교육 수준이 높아서 전문성이 높은 인력일수록 이동의 대상 공간 영역이 확대될 것이다. 다른 조건이 동일할 때 노동 인력으로서 질적 수준이 높은 고급 노동자일수록 전국적인 시장에서 고용되고 저급 노동자일수록 지방 노동시장에서 고용될 가능성이 높기 때문이다.

인구 이동은 이동의 직접적 경험이나 간접적 경험이 있는 사람에게서 더욱 빈번하게 발생하는 경향이 있다. 소도시로 이동한 사람이 중소도시를 거쳐 대도시로 이동하는 단계 이동(stepwise migration) 형태나 가족 중 먼저 이동한 사람이 있어서 그 사람으로부터 이동의 간접적 경험과 기타 정보 전달의 기회를 확보하고 있는 사람들은 그렇지 않은 사람들에 비해서 이동 성향이 높다.

왜 인구 이동이 발생하는가 하는 문제는 누가 이동하는가 하는 문제와 함께 인구정책상의 중요한 논제가 된다. 가장 대표적인 사유로서 지적되고 있는 것이 경제적 사유이다. 경제적 사유가 중요하지만 그 밖의 요인들, 예컨대 좀더 양질의 교육 기회에 대한 접근성의 제고, 좀더 친숙한 지역문화에 대한 선호, 기타 사회적 기회의 추구, 또는 기후나 지형도 인구 이동의 이유로서 지적된다.

개발도상 국가에서 두드러지게 나타나고 있는 대도시 지향적인 인구 이동 현상을 설명하기 위해 토다로(M. Todaro, 1969)는 기대소득이라는 개념을 이용한다. 즉 대도시 지향적인 인구 이동은 도농 간 실질 소득의 격차 때문이라기보다는 오히려 도농 간 기대 소득의 차이 때문에 빚어지고 있다는 것이다.

그런데 인구의 이동은 어떤 단일적인 요인에 의해서라기보다는 오히려 복합적인 요인에 의해서 비롯된다고 보는 것이 더 타당할 것이다. 인구 이동자는 어차피 자신의 제반 여건을 고려하고 미래의 예상 이익을 감안해서 최종적인 판단을 내릴 것으로 보이기 때문이다. 물론 인구 이동이라는 것은 거의 언제나 출발지에서 목적지에 이를 때까지 상당한 경비 내지 고통을 수반하는 것이기 때문에 그와 같은 요인도 이동자의 판단 과정에 중요하게 작용할 것이다.

이와 같은 점에 착안해서 인구 이동상의 흡인과 압출이론(pull and push theory)은 인구 이동상의 출발지와 목적지를 설정하고 그 사이에 장애 요인을 포함시켜서 논의하고 있다.

[그림 2-3] 인구 이동상의 흡인과 압출 모형

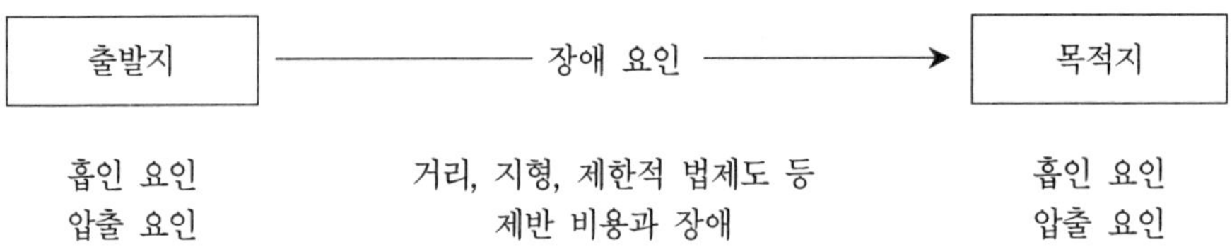

[그림 2-3]에서 잘 나타나 있듯이 인구 이동 현상은 출발지의 밀어내는 요인과 끌어당기는 요인, 목적지의 끌어당기는 요인과 밀어내는 요인, 그리고 중간의 장애 요인 등이 총체적으로 반영되어 나타나는 현상으로 볼 수 있다. 흡인 요인으로서는 사람들이 생활하는 데 선호하는 제반 요인들, 예컨대 좋은 직장에 대한 취업 기회, 높은 임금 수준, 양질의 교육 기회의 확대, 쾌적한 기후, 친숙한 문화 등등이 될 것이다. 이와 반대로 압출 요인은 사람들이 생활하는 데 기피하는 제반 요인들, 예컨대 높은 실업률, 낮은 임금 수준, 높은 범죄율, 나쁜 기후, 친근하지 못한 문화, 열등한 교육 기회 등등이 될 것이다.

2) 인구 이동의 방향

인구 이동의 방향이 무작위적인 경우는 드물다. 사람들은 자신에게 더 나은 제반 기회를 제공해 주는 쪽으로 계속적으로 이동하고 있거나 또는 이동할 잠재성을 가지고 있다고 보아야 한다. 우리 나라의 경우 지금까지는 대부분의 인구 이동이 이촌향도적(離村向都的)인 도시 지향적 인구 이동이었다. 선진 산업 사회에서 탈도시화 경향이 부분적으로 나타나고 있지 않은 것은 아니지만 아직까지의 인구 이동은 전 세계적으로 도시 지향적 인구 이동으로 볼 수 있다. 왜냐하면 선진 산업 사회의 대도시에서 나타난 교외화 현상이란 것도 기본적으로는 중심도시의 서비스에 의존하고 있는 도시권의 확산 형태로 이해할 수 있기 때문이다.

도시 지향적인 인구 이동은 그 영향이 도시와 농촌 모두에게 미치고 있다. 도시는 새로운 인구를 받게 됨으로써 인구밀도가 높아지게 되고, 따라서 지가(地價) 상승이나 교통 혼잡 등 새로운 행정 수요가 폭증하게 된다. 물론 선별적인 인구 이동의 속성으로 인해 인구의 유입이 도시 성장에 기여하는 바가 적지 않지만, 동시에 새로운 도시 생활에 제대로 적응하지 못하는 계층을 적지 않게 창출함에 따라 빈민촌의 형성과 비공식 노동의 만연 등 여러 가지 사회 문제를 초래할 수 있다.

인구를 유출당하는 농촌 지역의 경우에도 인구가 감소함으로써 일단 1인당 경지 면적이 확대되는 효과가 있지만, 떠나는 인구들의 선별성으로 인해 노령화가 가속화되고 지역 자체가 정체 내지 쇠퇴하게 되는 경향이 있다. 즉 하나의 지역에서 가장 동태적인 구성 인자들이 빠짐으로써 지역 자체가 '활력이 없는 인간'과 같이 변할 수 있다.

그리고 앞에서 논의된 흡인·압출이론은 인구 이동의 방향에서 시사하는 바가 적지 않다. 인구 이동이라는 것은 어떤 한 장소의 특성이 중요하지 않은 것은 아니지만 다른 장소와의 상대적인 위상이 좀더 본질적인 요인이라는 것을 보여 주고 있기 때문이다. 지역 간 인구 배분정책은 인구 이동의 방향이 핵심적인 사안인데, 그 방향의 판단 근거는 어떤 특정 지역의 상태에만 초점을 맞추어서는 안 되고, 상대적인 지역의 특성을 동시에 고려해

[그림 2-4] 교외 지역과 내부 도시로의 이동 패턴

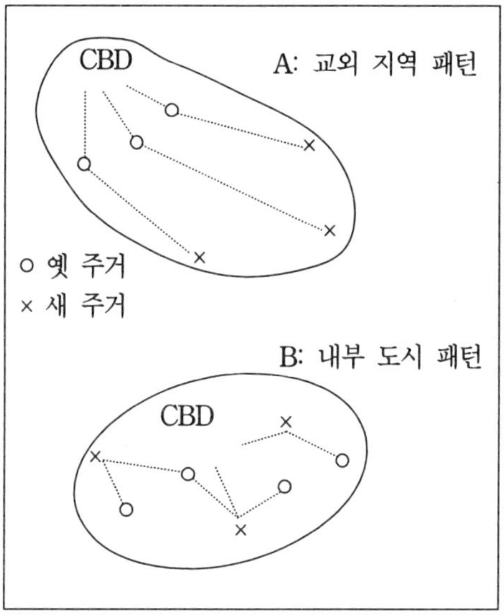

주: CBD(Central Business District: 중심업무지구)
자료: 안재학 역(1995: 419).

야 한다는 것을 제시하고 있다.

선진 산업 사회에서의 인구 이동의 방향에 대한 한 흥미로운 연구는 소득의 계층에 따라 이동의 패턴과 방향이 다르다는 것이다. 예컨대 중상소득계층은 저소득층에 비해서 도시 외곽으로의 이동 형태를 만들어 낼 수 있고, 저소득층은 금융·정보·교통 등에서 이용 가능한 자원이 제약되어 있으므로 도시 내부에서 주로 이동하게 되는데 일관된 방향성을 갖지 않고 뒤죽박죽의 패턴을 갖기 쉽다. 저소득층이 움직이는 곳은 주택 공급에서도 수요에 비해서 만성적으로 부족한 경우가 대부분이고, 이동자의 대부분은 세입자들이며, 그리고 바람직한 근린 환경을 가지고 있는 주거지로의 이동은 거의 불가능하다. 따라서 더욱 혼잡한 패턴이 창출될 수밖에 없는 것이다(안재학 역, 1995: 418-420). 이와 같은 상황은 [그림 2-4]에서 잘 나타나듯이 교외 지역의 중산층 가구의 지배적인 이동 형태는 도시 외곽으로의 이동으로서, 타원형의 이동 패턴을 만들어 낸다. 반면 내부 도시의 이동 패턴은 선택 기회의 제한 때문에 좀더 뒤엉킨 원형의 패턴을 보인다.

2 자본의 이동

1) 자본 이동의 의의

생산 요소로서 자본(capital)이란 간단히 말하면 더 많은 재화와 서비스를 생산하기 위한 과정에서 이용하기 위해 사회가 인위적으로 이룩해 놓은 모든 가치 있는 것들을 통칭하는 것이다. 이 때의 자본은 실물자본(real capital)으로서 빌딩, 기계, 자재 등으로 이루어져 있다. 실물자본을 좀더 구체화하면 고정자본(fixed capital), 유동자본(floating or circulating capital), 특정자본(specific capital), 비특정자본(non-specific capital) 등으로 나뉜다.[3)]

그리고 생산 활동을 시작하기 위해 필요한 투입물을 구입하기 위한 형태로서의 화폐 역시 자본이다. 이 때의 자본은 흔히 운영자본, 투자자본, 또는 화폐자본(money capital)이라 불린다. 그런데 통상 자본이라고 하면 이 실물자본과 운영자본을 구분하지 않고 그 양자를 합해서 이야기하는 경우가 대부분이다. 따라서 여기서도 실물자본과 운영자본을 크게 구분하지 않고 함께 사용하고자 한다.

생산 요소로서의 자본 내지 생산설비의 이동은 주로 두 가지 형태로 나타나는데, 그 하나는 기존 산업시설의 폐쇄를 통한 새로운 입지로의 완전 이동의 형태(industrial movement)로 나타나는 것이고, 또 다른 하나는 기

---

3) 고정자본은 공장과 건물 그리고 기계장비와 같이 비교적 장소에 고정되어 있는 실물자본을 말한다. 이동이 전혀 불가능한 경우가 아니더라도 한 장소에서 다른 장소로 옮기는 데 경비가 지나치게 많이 드는 경우를 말한다. 유동자본은 원자재나 원료와 같이 한 장소에서 또 다른 장소로 비교적 쉽게 옮길 수 있는 경우를 말한다. 특정자본은 원래 설계되고 만들어진 용도 이외에는 통상적으로 사용할 수 없는 기계장비 등을 말한다. 그리고 비특정자본은 다양한 생산 과정에서 활용될 수 있고 탄력적인 이용이 특징인 기계장비 등을 의미한다.

존 산업시설은 그대로 두고 새로운 분공장(分工場)을 창설하는 형태(branch plant creation)로 나타나는 것이다.

2) 자본 이동의 원인

자본 이동의 원인은 기본적으로 수익률의 차이 때문인 것으로 알려지고 있다. 즉 자본이란 낮은 수익 상태에서 높은 수익 상태로 옮겨간다는 것이다. 다만 이와 같은 이동이 궁극적으로 균형으로 움직이는지 또는 불균형으로 움직이는지에 대해서는 의견이 분분하다. 지역성장이론 중 신고전학파의 이론은 빈곤 지역에서 자본 수익률이 높기 때문에 부유한 지역에서 빈곤한 지역으로 자본이 움직이게 되고 궁극적으로 지역 간 자본 수익률의 평준화 현상이 도래할 것으로 예상한다. 이와는 대조적으로 지역성장이론 중 불균형 성장이론인 순환적·누적적 인과관계론자들은 부유한 지역의 자본 수익률이 사실상 더 높거나 또는 기타 요인으로 인해 빈곤한 지역에서 부유한 지역으로 자본이 흐르는, 즉 자본의 역류 현상이 초래된다고 주장한다.

3) 자본 이동의 제약 요인

리처드슨(Richardson, 1979: 113-117)은 수익률에 따른 자본의 이동을 제약하는 요인들로서 다음과 같은 사실들을 지적하고 있다.

- 자본 자체의 특성으로서 자본은 일단 투자되면 대개 토지에 고정되어 버린다. 일단 토지에 고정되면 옮기기가 힘드는데 사회간접자본(SOC)의 경우는 특히 더 그렇다.
- 한번 한 지역에 자본이 투자되면 그것을 대체하는 투자, 확장하는 투자 등이 자동적으로 동일한 지역, 동일한 장소에 뒤따르게 된다.
- 상당 부분의 투자는 기업 내의 이동이란 형태를 취한다. 즉 수익률의 차이보다는 개별 기업의 팽창정책에 의해서 주로 결정된다.
- 공공 투자는 투자의 수익성과는 다른 기준에 의해서 지역적 배분이 이루어지는 경우가 많다.
- 새로운 투자는 기술혁신, 정보의 흐름, 그리고 위험성과 불확실성(risk

and uncertainty)과 같은 동태적 요인들에 의해 크게 영향을 받는다. 그리고 빈곤한 지역은 이러한 동태적인 측면에서 특히 불리하다.

- 이윤의 극대화보다는 '이만하면 괜찮다'는 이른바 만족모형(satisfying model)에 입각해서 투자 결정이 이루어지는 경우가 많다.
- 그 외 비경제적 요인들(개인적 연고 관계, 사회적 분위기, 기후, 환경, 판매 극대화, 교육문화 시설 등)도 투자 결정에 상당 부분 영향을 미치는 것으로 알려져 있다.

3 기업가의 이동

산업 사회에서 기업가의 이동 문제는 지역경제에 큰 영향을 미치게 된다. 위험 부담을 무릅쓰고 진취적이고 창조적인 결정을 내리는 능력과 산업 사회에서 더욱 빛을 발하는 동태적인 상황 속에서 제반 정보를 능숙하게 관리하는 능력 등 소위 기업가적 능력은 진공 상태에서 저절로 주어지는 것이 아니다. 그런데 대부분의 생산 요소 이동에 관한 연구들은 이 문제를 거의 언급조차 하지 않는 경향이 있다.

기업가 내지 관리자의 부존 상태와 이동 문제가 지역경제에서 중요한 것이 분명한데, 이와 같은 문제가 명시적으로 지역경제에서 잘 다루어지지 않았던 이유는 다음 두 가지 사유로 압축할 수 있다. 첫째는 정태적인 일반균형이론(static general equilibrium theory)은 기업가의 역할을 다양한 생산 요소들을 결합시키는 정도로 한정하고 있다는 점이다. 둘째는 기업가적인 능력은 아주 이질적인데, 그와 같은 이질성을 결정론적인 이론(determinate theory) 속에 수용하기가 어렵다는 점이다.

기업가의 능력 또는 관리자의 능력은 불확실성(uncertainty)이 높은 현대 사회에서 지역경제 성장에 더욱 중요한 의미를 가질 수 있다. 기업의 최고관리층에서 이루어지는 의사 결정의 질은 상황 자체가 불확실하면 할수록 그 중요성은 더욱 높아지기 때문이다. 더구나 현대 사회에서는 끊임없이 자체적 혁신을 해야 하고 또한 외부로부터의 쇄신의 흐름을 제대로 포착해서 생산 과정에 반영해야 하는데, 그와 같은 과정에서 기업가적 능력을 갖춘 인재의 부존 상태와 이동 상태는 지역경제에서 소홀히 다룰 수 있는 사안은 아니다.

기업가나 관리자들은 단순히 수요가 있다고 해서 공간상에서 자유스럽게 움직이는 것이 아니다. 기업가적인 능력은 주로 쇄신의 중심지인 중심도시에 모여 있는 경향이 있다. 경제적인 측면에서 집적이익의 혜택을 향유하고, 더 나아가서 정치적·사회적·문화적 편익을 향유하기 위해서 중심도시에 자리잡고 있는 것이다. 따라서 이동해서 수익률을 높일 수 있다고 하더라도 새로운 환경에 적응하는 어려움, 친숙한 환경에의 집착성, 그리고 만족화 경향 등으로 인해 기업가가 절실히 필요한 지역으로 기업가를 이동시키는 것이 단순한 문제가 아니다. 그러나 자원의 능률적인 할당이라는 측면에서는 기업가가 절실히 필요한 지역으로 기업가를 이동시켜 가는 것이 필요하다.

기업가나 관리자들의 이동률은 지역 간 산업 네트워크의 존재에 상당한 영향을 받는 것으로 지적되고 있다. 전국 규모의 기업들은 전국의 다양한 지역에 지사를 설치해서 운영하는 경우가 적지 않기 때문에 기업 내부의 이동 형태로 기업가나 관리자들이 흔히 공간상에서 움직이고 있다(Richardson, 1979: 123-125).

4 쇄신의 공간 확산

1) 쇄신 확산의 의의

쇄신 또는 혁신(innovation)이란 어떤 새로운 아이디어 또는 발명의 채택이 개인의 행태 또는 생산 과정에서의 변화를 초래하는 것을 말한다. 쇄신의 공간 확산(innovation diffusion or wave)은 쇄신이 발생한 원래의 장소에서 바깥쪽으로 그와 같은 움직임이 퍼져 나가는 것을 말한다. 쇄신의 확산 과정은 쇄신이 최초로 발생한 곳에서 강도가 제일 강하고 밖으로 퍼

[그림 2-5] 쇄신의 확산: 시간과 거리에 따른 변화 과정

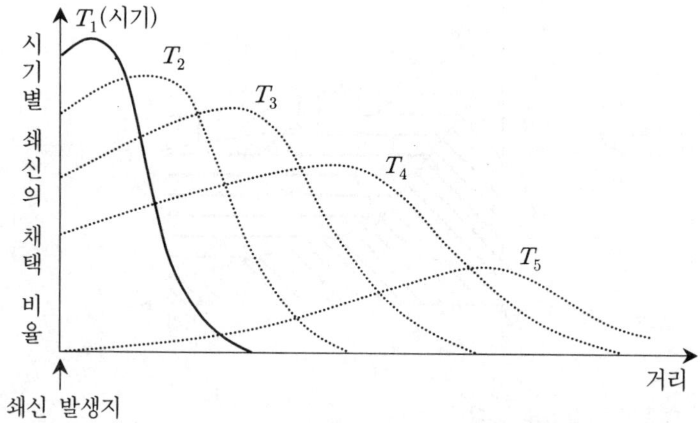

자료: Goodall(1987: 236).

져 갈수록 그 강도는 약화된다. 또한 시간의 흐름에 따라서도 그 강도는 약화되는 것으로 알려져 있다. 이와 같은 흐름은 [그림 2-5]에서 잘 나타난다.

2) 쇄신 확산의 과정

이와 같은 쇄신의 확산 과정을 좀더 구체화해서 헤거슈트란트(T. Hägerstrand)는 다음의 네 단계로 구분해 제시하고 있으며, 그 결과는 [그림 2-6]에 나타나 있다(Goodall, 1987: 236-237).

- 초기 단계(primary stage): 쇄신의 중심지에서 쇄신 확산 과정의 시작이 나타난다. 이 때는 쇄신 채택률에서 쇄신 중심지와 원거리 지역과의 차이가 두드러진다.
- 확산 단계(diffusion stage): 구심력 효과가 강력하게 나타나서 쇄신 채택 중심지로부터 멀리 떨어진 곳에서도 쇄신 채택이 활발하게 일어나고, 그 결과 쇄신 채택률에서 원래의 중심지와 원거리 간에 큰 차이가 없게 된다.

[그림 2-6] 쇄신의 확산: 확산의 단계

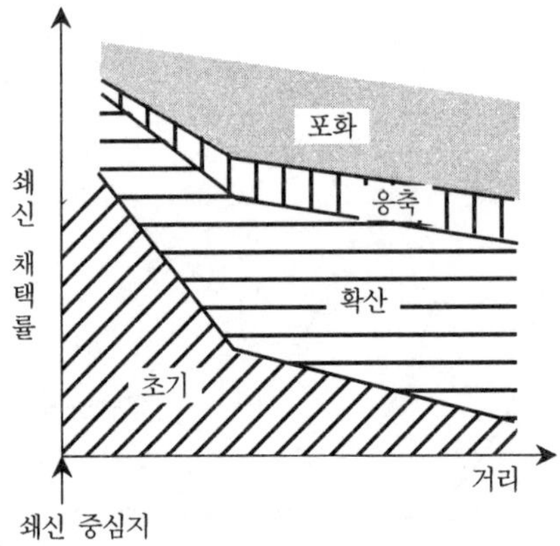

자료: Goodall(1987: 237).

- 응축 단계(condensing stage): 쇄신 채택률이 모든 지역에서 큰 차이가 없게 된다.
- 포화 단계(saturation stage): 쇄신의 확산 과정이 아주 천천히 그리고 궁극적으로 끝나게 된다. 이 단계에서는 쇄신 채택률이 최대치를 기점으로 해서 비대칭적인 증가 형태를 나타낸다. 즉 상대적으로 쇄신 채택률이 낮은 곳은 더 높은 비율로 쇄신 채택이 일어나게 된다.

이와 같은 변화를 시간의 흐름에 따라서 누적적으로 표시해 보면 [그림 2-7]과 같이 나타낼 수 있다. 누적적 채택률(cumulative proportion adopting an innovation)은 S자형의 로지스틱 곡선(S-type logistic curve) 형태가 될 것이다. 왜냐하면 최초에 쇄신자 내지 쇄신을 주도하는 사람들의 수는 별로 많지 않을 것이기 때문이다. 그러다가 이른바 초기 다수자로 불리는 집단들이 그 쇄신 과정에 참여함에 따라서 쇄신 채택률이 급격하게 상승하게 된다. 초기 다수자의 쇄신 채택 과정을 유심히 지켜본 후기 다수자들이 그 쇄신 과정에 동참하게 된다. 다만 신규 쇄신 채택률은 그 이전에 비해서

[그림 2-7] 쇄신의 확산: 누적적 채택

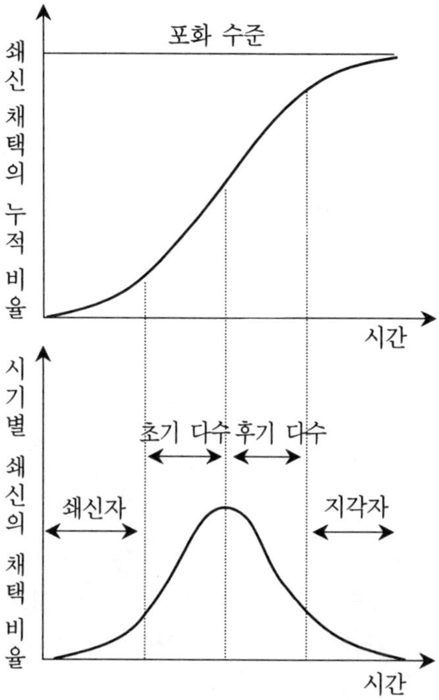

자료: Goodall(1987: 237).

떨어지게 된다. 왜냐하면 일부 지각자들을 제외하고는 쇄신을 채택할 대부분의 사람들이 이미 쇄신을 채택했기 때문이다. 그리고 최종적으로 지각자들이 쇄신을 채택하게 된다.

3) 쇄신의 확산 유형

쇄신의 확산이 이루어진다는 아이디어는 쇄신의 확산 유형을 이해하는 데 큰 도움이 된다. 쇄신의 확산 유형은 진행 과정 측면에서 전염 확산과 계층 확산으로, 그리고 정보 전달의 방법이라는 측면에서 이전 확산과 팽창 확산으로 나눌 수 있다.

(1) 전염 확산과 계층 확산

쇄신의 확산 유형을 진행 과정의 모습에 따라 분류하면 전염 확산(contagious diffusion)과 계층 확산(hierarchical diffusion)으로 구분할 수 있다. 전염병은 접촉을 통해서 옮겨간다. 따라서 접촉을 통해 쇄신이 확산되어 가는 것을 전염 확산이라 한다. 부녀자들 간의 피임 방법의 전파 등은 전형적인 전염 확산의 예들이다. 그런데 전염 확산은 접촉이 있어야 이루어지기 때문에 쇄신의 전파 과정에서 거리나 지형의 마찰 효과의 영향력이 크다. 따라서 지형상의 장애가 크다거나 또는 교통망의 확충이 미흡해 접촉 자체가 원활하지 않으면 전염 확산은 아주 느리게 나타나게 된다.

계층 확산은 쇄신의 확산이 접촉이 아니라 계층을 따라서 이루어지는 것을 말한다. 그 계층은 대도시에서 소도시로의 도시 간 계층 형태에서부터 사회의 지도층에서 일반 시민으로의 사회적 계층 형태를 포괄한다. 서울에서 유행하는 패션이 대구, 광주, 그리고 부산을 거쳐 다른 소도시로 전파되는 과정이나 관혼상제 등에 대한 사회 지도층의 생활 방식이 일반 시민들에게 전파되는 과정은 전형적인 계층 확산의 형태들이다. 따라서 계층 확산의 형태에서는 계층의 형태나 구성이 단순 물리적인 거리에 비해서 상대적으로 중요한 영향을 미치게 된다.

(2) 이전 확산과 팽창 확산

쇄신의 확산 유형을 정보 전달의 방법에 따라 분류하면 이전 확산과 팽창 확산으로 구분할 수 있다. 이전 확산(relocation diffusion)은 쇄신적인 정보를 소유하고 있는 사람이 이동을 함으로써 쇄신이 전파되는 것을 말한다. 예컨대 선진 문물을 가지고 귀국한 사람이 그 선진 문물을 전파시키는 것은 전형적인 이전 확산의 형태이다.

이에 반해서, 팽창 확산(expansion diffusion)은 사람은 움직이지 않고 쇄신적 정보만 공간상에 확산되는 것을 말한다. 예컨대 농부들 간에 농작물의 재배 방법의 전파나 주부들 간에 특정 소비재의 구매의 전파 등은 전형적인 팽창 확산의 예들이다.

제 5 절 맺음말

지역 간 거래는 국제무역이론에서 차용한 비교우위 원칙을 이용해 비교적 간명하게 설명할 수 있다. 그리고 공간이라는 변수를 가격 결정과 산출량 결정 과정에 도입하게 되면 동질재의 가격이 수송비 때문에 공간상에서 다양하게 나타나게 된다. 공간상의 다양한 흐름 중 가장 가시성이 높고 그 결과를 추적하기가 좋은 요소 중 대표적인 것이 바로 사람의 이동이다. 사람의 움직임의 결정은 여러 가지 다른 변수를 흔히 반영하고 있기 때문에 학자들은 오래 전부터 이 문제에 대해 관심을 가져왔고, 따라서 관련 연구 결과 역시 적지 않다. 인구 이동의 논의에서 핵심적인 이슈는 누가, 언제, 무엇 때문에, 그리고 어디로 움직이는가 하는 문제이다.

생산 요소로서의 자본 이동의 원인은 기본적으로 수익률의 차이 때문인 것으로 알려지고 있다. 즉 자본이란 낮은 수익 상태에서 높은 수익 상태로 옮겨간다는 것이다. 다만 이와 같은 이동이 궁극적으로 균형으로 움직이는지 또는 불균형으로 움직이는지에 대해서는 의견이 분분하다. 지역성장이론 중 신고전학파의 이론은 궁극적으로 지역 간 자본 수익률의 평준화 현상이 도래할 것으로 예상하고 있고, 불균형성장이론인 순환적·누적적 인과관계론자들은 자본의 역류 현상이 초래될 것이라고 주장한다.

기업가의 부존 상태와 이동 문제는 불확실성이 높은 현대 사회에서 그 중요성이 더욱더 높아지고 있다. 기업의 최고관리층에서 이루어지는 의사결정의 질은 상황 자체가 불확실하면 할수록 그 중요성은 더욱 높아지기 때문이다. 쇄신의 창출과 공간 확산은 헤거슈트란트에 의하면 초기 단계, 확산 단계, 응축 단계, 그리고 포화 단계의 네 단계로 나타나며, 그 쇄신의 누적적 채택률은 S자형의 로지스틱 곡선의 형태가 된다. 쇄신의 확산 유형은 진행 과정 측면에서 전염 확산과 계층 확산으로, 그리고 정보 전달의 방법이라는 측면에서 이전 확산과 팽창 확산으로 나눌 수 있다.

제 2 편

입지와 경쟁력

제3장 지식기반 산업의 입지*

제1절 머리말

지역경제와 국가경제의 발전 패러다임이 급격하게 변화하고 있다. 그리고 그 패러다임 변화의 기본 축으로서 지식기반 경제로의 흐름과 지식기반 산업의 잠재력이 크게 주목받고 있다. 토지, 노동, 자본 등 전통적 생산 요소에 비해 지식이라는 생산 요소가 다른 생산 요소들에 비해 지역 및 국가의 경제 성장 과정에 더욱 중심적인 역할을 하는 경제를 지식기반 경제라고 규정할 수 있다. 그리고 그 지식을 토대로 고부가가치의 재화 및 서비스를 생산하는 산업을 지식기반 산업이라고 포괄적으로 정의할 수 있다. 그런데 역사적으로 볼 때, 지식과 정보에 기초한 기술혁신이 경제 발전 과정에 핵심적인 역할을 담당해 왔다고 하는 것은 전혀 새로울 것이 없는 사실이다. 그런데도 왜 최근에 와서 지식의 중요성이 더한층 강조되는 것일까, 그리고 성장과 부가가치 창출의 원천으로 새삼 주목을 받게 되는 것일까?

우선 기술혁신 속도의 가속화, 혁신 결과의 공간적 확산 수단인 정보통신 기술의 비약적인 진보, 글로벌 경제로의 이행에 따른 경쟁의 심화와 기

* 이 장은 박종화(2003), 지식기반 산업의 입지, 「한국행정논집」, 15(3): 709-728을 재정리한 것임.

회의 확대, 소득 증대에 따른 소비자 기호의 고급화 및 다양화, 그리고 사회적 제도의 정비 등이 언급될 수 있다. 그리고 최근 경제 발전에서 지식과 정보를 새로운 수단으로 또는 생산성 향상과 비교우위 확보에 결정적인 요소로 주목하게 된 것은 앞에서 언급된 요인들과 함께 지식과 정보의 개념, 내용, 그리고 역할이 크게 달라졌기 때문이다. 그 동안 주로 기계와 조직, 사람에게 체화되어 제한된 범위 내에서 작동하던 지식과 정보가 이제 더 이상 시간과 공간의 제약을 받지 않는 전략적 자원이 되어 기존 제품의 고부가가치화와 공정 혁신을 주도할 뿐만 아니라 전혀 다른 새로운 제품과 서비스를 창출하는 데 핵심적인 역할을 하고 있기 때문이다(이선 외, 2000: 23-36).[1)]

따라서 여기서는 지역경제 및 국가경제의 발전 과정에서 지식기반 경제로의 흐름과 지식기반 산업의 잠재력을 인지하고, 그와 같은 맥락에서 지식기반 산업의 입지를 속성별 입지 특성에 초점을 두고 분석하고자 한다. 좀더 구체적으로, 지식기반 산업의 개념과 속성을 논의하고, 그 논의를 토대로 지식기반 산업의 입지 특성을 규명하며, 그리고 더 나아가서 산업 입지 정책상의 함의를 도출하고자 한다.

최근 지식기반 경제와 지식기반 산업에 대한 관련 연구가 산업경제학과 국토계획학 그리고 경영학 분야에서 활발하게 이루어지고 있는 것으로 보인다. 하지만 지역적 차원에서 그 입지 특성을 규명하고 정책적 대처 방안 모색에 대한 연구는 비교적 제한되어 있는 것으로 보인다. 니즈캠프 등(Nijkamp et al., 1994)은 지식 네트워크를 통한 지역 개발 과정을 강조한다. 그리고 그 지식 네트워크의 구체적인 실체로서 과학단지를 지적하고 그 핵심적 성공 요인에 대한 국제 비교분석을 시도하고 있다. 포터(Porter, 1998, 2000)는 글로벌 경제하에서 지역경쟁력을 제고하기 위해 클러스터에 주목하고 클러스터의 장점 및 성장 단계별 특성을 밝히고 있다. 디직(Dijk,

1) 1920년경에는 자동차 1대 판매 수입의 85% 정도가 근로자와 자본가에게 귀속되었다. 하지만 1990년대에는 근로자와 자본가의 몫은 60% 정도로 감소하고 대신 나머지 40% 정도는 자동차 설계, 엔지니어링, 기획 및 전략, 금융, 보험, 광고, 법률, 마케팅, 데이터 처리 등 전문가에게 귀속되고 있다(Reich, 1992; 오상봉·김인중 외, 1999: 22-23 재인용).

1994)은 산업지구와 기술 역량 제고에 대한 연구에서 기존의 경험적 연구를 종합해 산업지구의 일반적 특성을 밝히고 있다. 그리고 이삭센(Isaksen, 1998)은 글로벌 경제하에서의 개발전략으로서 지역화와 지역 클러스터에 주목하고 성공적인 지역산업 클러스터의 조건을 제시하고 있다.

국내 연구로서 박삼옥(1987)은 첨단산업에 대한 개략적인 소개와 입지 경향을 논의하고 있다. 오상봉·김인중 외(1999)는 지식의 창출, 확산, 그리고 활용의 단계별로 지식기반 산업의 발전 전략을 제시하고 있다. 권오혁(1995)은 R&D 입지 관련 연구의 동향과 비판을 분산론, 집중론, 집적론, 편재론 등으로 나누어 비판적으로 검토하고 있다. 김선배(2000)는 지역 발전 관점에서 지식기반 경제와 지역산업 발전 방향을 검토하고 있으며, 김태환(2000)은 산업집적 측면에서 지식기반 산업의 육성 전략을 검토하고 있다. 김선홍(2000)은 수도권 차원에서의 지식기반 산업의 육성 전략과 정책 과제를 검토하고 있고, 박삼옥·최지선(2000)은 이론과 정책 과제 측면에서 지역 성장과 지식기반 산업의 발전 측면을 논의하고 있다. 황주성·이명호(2001)는 지식기반 경제하에서 산업 군집의 원리와 유형, 그리고 정부 정책적 측면을 분석하고 있다. 그리고 정명기(2001)는 충남 지역을 중심으로 지식기반 산업의 발전 잠재력 분석모형 및 발전 전략을 제시하고 있다.

제 2 절 지식기반 산업의 개념과 속성

1 지식기반 산업의 개념

지식기반 산업이 무엇인가에 대한 학문적 정의가 아직 정립되어 있지 않다. 하지만 지식기반 산업은 지식을 주요 투입 요소로 해서 고부가가치의 재화나 서비스를 생산하는 산업이라고 일단 규정해 볼 수 있다. 따라서 투입 요소 중 지식이 차지하는 비중이 높은, 즉 지식집약도가 높은 산업을 지식기반 산업이라고 볼 수 있다. 투입 과정에서 지식집약도가 높은 산업이 산출 측면에서 지식집약도가 낮은 재화나 서비스를 만들어 낸다고 볼 수 없기 때문에, 지식기반 산업은 투입 측면에서 지식집약도가 높은 산업일 뿐만 아니라 산출 측면에서도 지식집약도가 높은 산업이라고 정의할 수 있다. 따라서 지식기반 산업의 산출물은 특허나 지식 서비스와 같이 지식 그 자체일 수도 있고, 또는 적어도 지식집약도가 높은 재화나 서비스라고 볼 수 있다.

그런데 지식기반 산업을 투입 과정과 산출 과정에서 지식집약도가 높은 산업으로 정의한다면 그 연장선상에서 지식기반 산업이란 바로 첨단산업의 또 다른 이름인가 하는 의문을 가질 수 있다. 이와 같은 측면에 대해 박삼옥(2000: 2-3)은 "지식기반 산업은 기술 수준이 높을 수도 있지만 기술 수준이 높지 않은 경우도 많다. 섬유·의류산업에서 새로운 디자인을 개발해 고부가가치의 제품을 만드는 것은 꼭 고도의 기술에 의존하는 것은 아니다. 또한 전통산업이라 할지라도 새로운 아이디어와 지식을 적용해 고부가가치의 새로운 제품을 만들 경우에 기술 수준은 높지 않아도 지식산업이 될 수 있기 때문이다"라고 하며 지식기반 산업이라 해도 모두 첨단기술 산업은 아니라는 점을 지적하고 있다.

지식기반 산업이 모두 첨단기술 산업인 것은 아니겠지만, 그렇다고 해서 섬유나 의류산업에서 유행에 맞는 새로운 디자인을 적용해 단기간 고부가가치를 창출한다고 해서 그 이전에는 지식기반 산업이 아니다가 그 이후에는 지식기반 산업으로 탈바꿈하는 것은 아닐 것이다. 그리고 전통산업에서, 예컨대 농작물 생산 과정에서 새로운 아이디어를 적용해 단기간 고부가가치를 창출했다고 해서 그것만 가지고 지식기반 산업이 아니었던 것이 지식기반 산업으로 바뀌었다고 주장하기도 어려울 것 같다.

그리고 여기서 또 하나의 의문점을 제시해 볼 수 있다. 즉, 지식기반 산업은 모두 고부가가치의 재화와 서비스만 생산해 내는가의 의문이다. 만일 투입 과정과 산출 과정에서 모두 지식집약도가 높은데 전통산업과 큰 차이 없는 통상적인 부가가치만 창출할 경우 그 산업은 지식기반 산업에서 배제되는가의 여부이다. 우선 어의적으로는 투입 과정과 산출 과정에서 지식집약성이 높으면 설혹 현재 시점에서 통상적인 부가가치만 창출할 경우에도 지식기반 산업에서 배제하기는 어려울 것으로 보인다. 더욱이 지식의 속성, 예컨대 소비 과정에서의 비경합성(non rivalry)이나 지식기반 제품이나 서비스의 생산 과정에서 초기 생산 비용은 높다 하더라도 추가적 생산에 따른 한계비용은 거의 무시할 수 있는 수준으로 떨어지는 비용상의 특성이나 그리고 생산 과정에서의 광범위한 수확 체증 현상 등으로 초기 단계에서는 통상적인 부가가치만 달성된다고 하더라도 장기적인 측면에서는 전통산업에 비해 지식기반 산업이 고부가가치 산업으로 진전될 가능성이 아주 높다는 점 등이 고려된다면, 현재 시점에서의 또는 단기적인 측면에서의 부가가치 수준은 지식기반 산업 여부를 판단하는 기준으로 적절한 것으로 보이지 않는다. 따라서 중요한 것은 새로운 아이디어와 고부가가치가 아니고, 그 관계의 지속성, 제도적 측면(지적 소유권 등에 의한)이든 또는 실제적 측면(기술적 측면의 난해성 등에 의한)이든 생산 과정에서의 모방 및 복제의 곤란성 등에서 찾아야 할 것으로 보인다.

전통산업인 농업의 경우에도 단순 상품 생산이 아닌 육종학 등의 분야는 대개 생산 과정에서의 지식의 집약도가 높을 뿐만 아니라 부가가치가 높기 때문에 지식기반 산업으로 분류될 수 있다. 즉, 지식기반 산업은 지식의 내용(knowledge content) 측면이 또한 중요하다. 따라서 지식기반 산업은 항공 우주공학이나 의약, 정보통신 기술산업 등의 첨단산업과 함께 전통산업 중에서도 지식집약도가 높은 부문 등을 지칭한다는 것을 알 수 있다.

OECD(1996: 229-256; 1998)에서는 지식기반 경제를 지식과 정보의 창출·확산·활용이 모든 경제 활동에 핵심이 될 뿐만 아니라 국가의 부가가치 창출과 기업과 개인의 경쟁력의 원천이 되는 경제를 일컫는다고 정의하고,[2] 새로운 기술의 R&D 또는 새로운 기술의 투자집약도가 높은 산업을

2) 지식기반 경제는 관점에 따라 다양한 형태로 서술되고 있다. 통신 및 컴퓨터 네트워크를 통해 정보와 지식이 광범위하게 전달되는 정보화 경제를 지칭하기도 하고, 새로운 지식의 획득과 학습 과정 그리고 그 학습의 경제적 파급 효과를 강조하는 학습경제를 일컫기도 하고, 지식의 창출에서 확산까지의 메커니즘에 초점을 두고 지식의 생산과 소비,

지식기반 산업으로 정의하고 있다. 즉, R&D 활동이 활발하거나, 지식기반 경제의 핵심 기반 기술이라고 할 수 있는 정보통신 기술 관련 제품과 서비스의 투입 비중이 높거나, 혁신 기술의 생산적 적용 과정에 필수적인 고숙련 인력의 투입 비중이 높은 산업이 지식기반 산업이 되는 것이다. 좀더 구체적으로는 R&D 활동 등을 통해 새로운 기술을 창조하는 첨단 기술 산업(우주 · 항공 · 의약 · 컴퓨터 · 정보통신 기기), 그리고 지식 및 정보의 창출 · 확산 · 활용이 핵심적 기능인 생산자 서비스업(정보통신 서비스, 금융 · 보험업과 컴퓨터 운용 및 정보처리 서비스, 신기술 테스트 서비스, 시장조사 및 광고, 마케팅, 인력 공급 및 고용 알선, 인적 자원 개발 및 고용 알선 서비스) 등을 지식기반 산업으로 분류하고 있다.

그런데 최근 OECD 보고서(1999a, b)에 의하면 지식기반 산업의 범위를 좀더 확대 정의하고 있다. 산업은 어떤 산업이든 생산 과정에서 지식의 투입이 이루어지게 마련이다. 따라서 새로운 기술과 인적 자본의 투입이 다른 산업에 비해 상대적으로 큰지 여부에 따라 지식기반 산업인지 아닌지로 구분하고 있다. 따라서 지금까지 지식기반 산업 범주에 들지 않았던 중 · 고위 기술 제조업과 의료, 교육 서비스를 포괄하는 사회 및 개인 서비스를 지식기반 산업으로 분류하고, 이들 지식기반 산업의 GDP상의 비중 증가를 주요국의 지식기반 경제로의 이행의 주요 지표로 삼고 있다.

우리 나라의 산업자원부(1999)는 지식의 획득 · 창출 · 확산 · 활용이 해당 산업의 활동에서 핵심이 되고, 지식 그 자체와 지식이 체화된 중간재가 생산 과정에 집약적으로 투입됨으로써 고부가가치의 재화와 서비스를 생산하거나 고부가가치의 지식 서비스를 제공하는 산업을 지식기반 산업으로 정의하고 있다.[3)]

그리고 기타 연결 요소들 간의 지식 네트워크에 주목하는 네트워크 경제를 지칭하기도 하고, 또는 우주 · 항공 · 생명공학과 같은 최첨단 산업이나 정보통신산업처럼 과거 전통적 경제와는 다른 경제 원리와 시장 전략을 필요로 하는 특정 경제 부문을 지칭하기도 한다(이선 외, 2000: 23).

3) 산업자원부는 정보 · 기술 등 지식의 집중적인 활용 또는 창출을 통해 높은 부가가치 창출과 경쟁력 확보가 예상되는 산업(27개 업종)을 지정해 부문별 육성 전략을 수립하고 있다. 산업자원부는 지식기반 제조업으로 메카트로닉스, 항공우주, 카일렉트로닉스, 정

결과적으로 지식기반 산업은 신기술을 토대로 하는 것이고, 지식 및 정보의 창출·확산·활용이 그 산업의 핵심적 기능이며, 그리고 고부가가치의 재화 및 서비스를 생산하는 활동이라는 것을 알 수 있다. 그리고 새로운 아이디어에 의한 고부가가치 창출은 제도적인 측면에서든 실제적인 측면에서든 생산 과정에서의 모방 및 복제의 곤란성 등으로 그 관계가 상당 기간 지속적으로 유지될 수 있어야 할 것으로 보인다.

2 지식기반 산업의 속성

지식기반 산업에 대한 단일한 정의가 있는 것은 아니지만 적어도 신기술을 토대로 하고 있고, 생산 과정에서 지식이 중요 투입 요소로 기능하고, 그리고 대개 고부가가치의 재화 및 서비스를 생산하는 산업인 것은 분명하다. 그렇다면 여기서는 그 지식기반 산업이 구체적으로 어떤 속성을 가지고 있는지에 대한 검토가 필요할 것으로 보인다. 왜냐하면 지식기반 산업의 속성을 분석하는 것이 그 입지 패턴 분석에 선결 조건일 것이기 때문이다.

지식기반 산업의 속성 분석을 위해서는 먼저 산업 활동과 연관된 지식에 대한 이해가 필요하다. 지식은 다양한 분야에서 나름대로의 목적을 가지고 정의되고 창조되고 있지만, 그 추상성으로 인해 명확한 정의가 용이하지 않다. 생산 요소로서의 지식은 노동과 자본과 같은 물적 생산 요소와는 다른 특성을 가지고 있다. 예컨대, 기술혁신이나 공정의 개선과 같은 지식은 어느 한 사람이 사용하더라도 또 다른 사람이 그것을 사용하는 데 아무런 장애를 주지 않는다. 즉, 소비 과정에서의 비경쟁성(non-rival consumption)의 특성을 지닌다. 결과적으로 지식은 노동이나 자본과 달리 한계수확 체

밀광학, 디지털가전, 통신기기, 컴퓨터, 반도체, 생물, 신소재, 의약, 정밀화학, 환경, 신에너지 등의 14개 업종을 지정하고 있다. 그리고 지식기반 서비스 산업으로 영상·음반, 출판, 관광, 디자인, 엔지니어링, 경영 컨설팅, 광고, 소프트웨어, 방송, 정보통신 서비스, 인터넷, 의료 서비스, 교육 서비스 등 13개 업종을 지정하고 있다(산업자원부, 1999; 정명기, 2001: 154 재인용).

감의 법칙이 적용되지 않는다. 또한 생산 요소로서의 고정자본 축적과 노동 증대에는 물리적 한계가 있게 마련이지만 지식의 경우는 그런 제약을 받지 않는다. 또한 지식기반 제품 및 서비스의 생산시에 초기 생산 비용은 높지만 추가적 생산에 따른 한계비용은 거의 무시할 수 있는 수준에까지 하락한다. 지식의 초기 생산에는 많은 노력, 시간 및 비용이 필요하지만 일단 생산된 지식의 재생산 또는 추가 생산에는 경미한 비용이 소요되거나 거의 비용이 들지 않는 수확 체증의 특성이 나타나는 것이다.[4] 따라서 지식의 이러한 속성으로 인해 지식의 창출, 확산, 활용이 순전히 시장 메커니즘에 의해 효율적으로 이루어지기는 어려울 것으로 보인다. 즉, 시장 메커니즘에 의해 결정된 지식의 생성 및 활용 수준은 사회적 측면에서 보았을 때 최적 수준에 미달하게 될 가능성이 크다(박종화 · 김창수, 2001: 8-9; 이선 외, 2000: 37-49).

그리고 지식은 그 형태에 따라 형식지(codified knowledge)와 암묵지(tacit knowledge)로 구분될 수 있다.[5] 형식지는 로슨과 로렌츠(Lawson & Lorenz, 1999)의 표현처럼 명확한(articulated) 지식으로 그 속성상 정보통신 기술의 발전 등으로 공간상의 거리 제한을 거의 받지 않고 쉽게 확산 및

---

4) 지식기반 제품 및 서비스의 생산에서 수확 체증의 현상이 나타나는 요인으로는 다음의 세 가지 요인이 주로 거론된다. 첫째, 막대한 초기 투자비용이다. 의약품, 컴퓨터 하드웨어, 소프트웨어, 항공기 및 미사일, 통신장비, 생명공학 등과 같은 첨단기술 제품은 디자인에서부터 시장에 나오기까지 그 과정이 매우 복잡할 뿐만 아니라 이들 제품 생산에 투입되는 물적 자원 및 노하우의 초기 투입 비용이 막대하다. 둘째, 네트워크 효과(network effects)이다. 여기서 네트워크 효과는 첨단기술 제품의 경우는 사용자 네트워크의 규모가 커지면 커질수록 점점 그 제품의 성공 가능성이 높아진다는 것을 의미한다. 셋째, 사용자 타성(customer groove-in)이다. 첨단기술 제품은 일반적으로 사용하기가 어렵고 이들을 사용하기 위해서는 일련의 훈련이 필요하다. 또한 일단 사용자들이 한 가지 제품의 사용에 익숙하게 되면 같은 계열의 신제품이 나오더라도 이용자들은 새로운 기능을 추가적으로 익히면 쉽게 그 제품을 사용할 수 있게 된다. 이러한 이유로 사용자들은 다른 제품의 이용을 기피하게 된다(Arthur, 1996; 이선 외, 2000: 44-47 재인용).

5) 지식의 형태상의 속성에 대한 이분법적인 구분으로서 포퍼(Popper, 1972)는 주관적 지식과 객관적 지식, 애시하임(Asheim, 1997)은 체화된 지식(embodied knowledge)과 비체화된 지식(disembodied knowledge), 그리고 아민과 코헨뎃(Amin & Cohendet, 1999)은 암묵지와 형식지로 구분하고 있다(박삼옥 · 최지선, 2000: 2-4).

전파되고 있다. 하지만 암묵지는 그 형성 자체가 지식 및 기술의 창출 및 전달 과정에 관련된 당사자들 간에 상호 작용을 통한 학습과 비공식적인 메커니즘을 통해서 가능하고, 결과적으로 공간상의 확산 및 전파가 아주 제한적으로 발생하는 것으로 알려져 있다. 신제품 개발이나 지역혁신 과정에서 형식지에 대한 이해가 필수적이지만 그것만으로는 부족하고 암묵지의 축적 및 확대가 덧붙여져야 한다. 왜냐하면 암묵지와 형식지는 상호 보완적이어서 함께 사용될 때 많은 시너지 효과를 기대할 수 있으며, 특히 암묵적 지식은 형식지를 평가하고 효과적으로 활용하기 위해서는 반드시 필요한 지식으로 평가받고 있기 때문이다. 바로 이런 암묵적 지식의 형식적 지식의 보완 기능이 지식기반 경제에서 인적 자원에 대한 투자와 개인 및 조직 차원의 학습이 강조되는 이유 중의 하나라고 볼 수 있다. 따라서 지역 차원에서는 암묵지의 축적과 확대, 그리고 그 암묵지를 형식지로 계속적으로 전환시켜 나갈 수 있는 역동적 메커니즘의 확보가 긴요하게 된다(이선 외, 2000: 26-31; 박삼옥, 2000: 2-3).

노나카와 다케우치(Nonaka & Takeuchi, 1995)는 지식의 속성과 관련된 지식 창조 과정을 사회화(socialization), 외부화(externalization), 결합(combination), 그리고 내부화(internalization)로 구분하고 있다. 경험의 공유 등을 통해 암묵지를 창조하는 과정이 사회화이고, 그 창조된 암묵지를 명시적으로 표현하는 과정이 외부화이다. 그리고 명시적으로 표출된 지식을 체계화하기 위해 그 표출된 지식을 조합하는 과정이 결합이다. 그 다음 그 체계화된 지식을 다시 암묵지로 체화하는 과정이 내부화가 된다. 따라서 노나카와 다케우치는 암묵지와 형식지 사이에 이와 같은 순환이 이루어질 경우에만 혁신이 가능할 것으로 보고 있다(박삼옥·최지선, 2000: 5 재인용).

결과적으로 지식은 소비 과정에서의 비경쟁성과 생산 과정에서의 수확체증의 특성을 가지고 있다. 그리고 형태상 형식지와 암묵지로 구분되며, 지식의 창조 내지 기술혁신을 위해서는 형식지와 암묵지 간의 체계적인 순환 과정이 필요하다. 그리고 이와 같은 지식을 토대로 고부가가치의 재화 및 서비스를 생산하는 산업이 바로 지식기반 산업이다.

지식기반 산업은 지식 및 정보의 창출·확산·활용이 핵심적 기능이므로 그 속성상 질적으로 우수한 노동력에 대한 수요 비율이 높게 된다. 산업의 구성원이 모두 다 첨단 지식으로 무장한 인력 내지 고숙련 근로자일 필요는 없지만 그 비율이 상대적으로 높게 나타날 것으로 예상된다. 그리고 노동력에 대한 대가인 임금이 흔히 노동의 한계생산물 가치를 나타내는 것으로 언급되고 있는데, 그 한계생산물 가치가 노동력만의 질적 수준에 의해 결정되는 것은 아니다. 투입되는 자본 장비의 질적 수준과도 직접적인 연관 관계를 맺고 있다. 따라서 지식기반 산업의 경우 노동력과 결합되는 자본 장비의 질적 수준에 대한 요구 조건이 엄격할 것으로 판단된다.

지식기반 산업의 경우 재화나 서비스의 생산 및 소비 과정에서 지식이 단순히 이용된다는 것이 초점이 아니다. 문제는 어떤 지식이냐 하는 지식의 내용 측면과 지식의 집약도가 중요하다. 그리고 지식기반 산업의 토대가 되는 지식이 소비 과정에서의 비경쟁성과 생산 과정에서의 수확 체증의 특성을 갖고 있으므로, 제도적 측면(지적 소유권 등)에 의해서든 또는 실제적 측면(기술적 측면의 난해성 등)에 의해서든 초기에 우위성을 확보한 지식기반 산업이 그 우위성을 지속·확대시켜 갈 수 있는 가능성이 높다.

하지만 노나카와 다케우치의 주장처럼 새로운 지식의 창조 내지 기술혁신은 형식지와 암묵지 사이의 체계적인 순환이 필수 불가결할 것으로 보인다. 따라서 그와 같은 순환 메커니즘이 어디서 형성되고 또 활성화되는가가 지식기반 산업의 움직임에 큰 영향을 미칠 것으로 보인다.

지식기반 산업이 활성화되기 위해서는 정보통신 기술의 확산, 활용 및 정보통신 인프라 등 물리적 측면에서의 지식 인프라의 구축은 물론이고 지역 기업, 대학 등 고등 연구기관들, 그리고 지방정부 등이 적정한 규칙의 범위 내에서 상호 신뢰하고 경쟁하며 협력하는 사회적 환경 내지 사회적 자본(social capital)의 형성이 긴요한 것으로 알려지고 있다. 그리고 이러한 사회적 환경뿐만 아니라 그 사회적 환경이 제대로 작동될 수 있는 역할 주체들 간 네트워크의 강화가 지적되고 있다. 또한 불확실하고 급변하는 제반 환경 속에서 제반 기술혁신의 내부화를 촉진할 수 있는 지역학습 체계의 구축이 필요한 것으로 언급되고 있다(박삼옥, 2000: 2-3; Nooteboom, 1999).[6]

제 3 절 지식기반 산업의 입지 특성

제2절에서는 지식기반 산업의 개념 및 속성 분석을 시도했다. 그 과정에서 지식은 형태상 크게 암묵지와 형식지로 구분되고, 속성상 소비 과정에서의 비경쟁성과 생산 과정에서의 수확 체증의 특성을 갖고 있다는 것이 밝혀졌다. 그리고 그 논의의 연장선상에서 지식기반 산업의 속성은 고용되는 인적 자원의 측면, 결합되는 자본 장비의 측면, 이용되는 지식의 내용 측면, 그리고 투입 측면과 산출 측면에서의 지식의 집약도 측면 등이 부각되었다.

여기서는 그 지식기반 산업의 속성을 토대로 지식기반 산업의 입지 특성을 밝혀보고자 한다. 입지이론의 오랜 연원에서 추론할 수 있듯이 산업 입지 패턴이나 특성에 대한 다양한 연구 결과가 이미 제시되어 있다. 하지만 지식기반 산업의 속성 측면에서 입지 특성을 분석한 연구는 흔하지 않다. 현재나 미래의 지역경제 및 국가경제의 발전 과정에서 지식기반 산업의 중요성을 고려한다면 지식기반 산업의 입지 특성에 대한 분석은 큰 의의를 가질 것으로 보인다.

산업 입지에 대한 기존 이론적 논의는 크게 두 가지 측면에 대한 분석으로 구분할 수 있다. 하나는 산업체의 공간상의 이동 성향에 초점을 맞춘 논

6) 지식의 종류는 크게 사실에 대한 지식(know-what), 원리에 대한 지식(know-why), 수행 방법에 대한 지식(know-how), 그리고 보유자에 대한 지식(know-who) 등으로 구분할 수 있다. 이 중 앞의 두 가지는 쉽게 공식화되고 유통되는 것으로 흔히 경제학에서 정보라고 언급되는 것이다. 정보는 적절한 제도적 장치가 있을 경우 시장에서 판매될 수 있다. 그러나 수행 방법에 관한 지식은 타인에게 쉽게 이전되지 못하고 보이지 않는 묵시적 지식으로 실행을 통한 학습이나 다른 전문가와의 교류 등을 통한 경험에 의해서만 개발된다. 또 보유자에 대한 지식은 사회적 행위 속에서 학습되는 것으로 고객이나 하청업자 등과의 일상적인 접촉을 통해 개발되는 것이 일반적이다. 대기업이 기초 연구에 종사하는 중요한 이유의 하나가 바로 이를 통해 비공식적인 과학자들의 네트워크 내에 접근할 수 있기 때문이다. 이들 두 가지 지식은 사회에 뿌리를 둔 것으로 공식적 정보 채널을 통해서는 쉽게 이전되지 않으며 본질적인 기능을 저해하지 않고는 시장에서 판매될 수 없다(Lundvall, 1996; 류승한, 1999: 20 재인용).

의로서 대도시 지향론과 탈(脫)대도시 지향론이 있다. 그리고 다른 하나는 산업체의 공간적 분포 형태에 초점을 맞춘 논의로서 집적 지향론과 분산 지향론이 있다. 따라서 여기서는 기존 논의의 틀을 원용해 지식기반 산업의 입지 특성을 밝혀보고자 한다.

1 대도시 지향론과 탈대도시 지향론

산업이 대도시의 장점, 예컨대 각종 물리적 인프라의 존재, 거대한 소비시장에의 근접성, 금융·설계·컨설팅 등 생산자 서비스의 존재, 다양한 노동력에의 용이한 접근성 등을 향유하기 위해 대도시로 몰려가는지 또는 대도시의 단점, 예컨대 높은 지가와 임대료 부담, 교통 혼잡 및 공해, 상대적으로 높은 범죄 발생률 등을 회피하기 위해 대도시에서 벗어나 입지하고자 하는지 등은 오랫동안 많은 학자들의 지속적인 관심 사항이었다.

첨단산업일수록 정치적 권위에의 의존, 비공식 정보 취득 가능성의 증대, 법률이나 금융 등 고급 서비스에의 접근성, 전문 인력 획득의 용이성, 그리고 관련 기업·연구소·대학과의 지식 네트워크 형성의 필요성 등으로 대도시 지향성이 더욱 강하게 나타난다는 주장이 설득력 있게 제시되고 있다(Nijkamp et al., 1994: 225-234). 후버와 버논(Hoover & Vernon, 박용규·강신겸, 1997: 41)은 최근 벤처기업 등 소규모 창업기업의 활동 과정에서 대도시가 일종의 인큐베이터로서의 역할을 수행할 수 있다는 점을 지적하고 있다. 소규모 창업기업은 정보, 자금, 관련 기업과의 커뮤니케이션, 필요한 노동력의 조달 등 모든 면에서 취약한데, 대도시는 속성상 소비자의 취향이나 기호 변화에 대한 신속한 파악, 시장 근접성, 긴밀한 하청망, 관련 기업들과의 빈번한 접촉, 양적으로 풍부하고 질적으로 다양한 노동력이 존재하기 때문이다.

산업 입지 과정에서 대도시 지향론이 설득력 있게 제시되고 있지만, 동시에 탈(脫)대도시 지향론 또한 이론과 실제적인 측면에서 나름대로의 설득력을 가지고 제시되고 있다. 이도향농(離都向農) 가설(urban to rural migration hypothesis), 빈 공간 가설(vacant space hypothesis), 생산비 가설(production costs hypothesis), 그리고 노동의 공간적 분할 가설(spatial division of labor hypothesis) 등이 대표적으로 언급되고 있다. 쾌적한 삶의 질을 확보하기 위해 전원 같은 곳에서 생산 및 주거 활동을 추구한다는 이도향농 가설, 포화된 도시에 비해 개발의 여지가 높은 도시 주변 및 외곽으로 산업이 이동해 간다고 보는 빈 공간 가설, 도심에 비해 노동비가 상대적으로 저렴한 도시 주변 및 외곽에 초점을 두는 생산비 가설, 그리고 생산 과정 중 기획·연구 개발 등 중추관리 기능은 도심에 계속 남아 있겠지만 나머지 대부분의 활동은 도시를 벗어날 것으로 보는 노동의 공간적 분할 가설들이 제시되고 있다.

정보통신 기술의 급속한 발전은 지식기반 산업의 경우 특히 '장소의 제약성'을 크게 완화시키고 있다. 예컨대 소프트웨어 산업의 경우에는 생산 과정을 분절시켜 생산 단계별로 경쟁력이 있는 세계 각국의 각처에서 생산을 하고 전체적인 통합 관리만 본사에서 하는 경우가 적지 않다. 기업 전체가 입지 자유적인 행태를 나타내는 경우도 있고 생산 단계별로 입지 자유적인 행태를 나타내는 경우도 있다(박종화·윤대식, 2002: 72-74).

결과적으로 산업 전체는 물론이고 특정 산업이라 하더라도 대도시 지향적 또는 탈대도시 지향적이라고 일률적으로 말하기는 어려울 것으로 보인다. 대구·경북 지역의 벤처기업들을 대상으로 한 박종화·황우익(2002)의 최근 입지 연구 결과에 의하면, 벤처기업의 경우에도 업종별·성장 단계별 입지 패턴에서 분명한 차이를 드러내고, 제조업형 벤처기업과 정보통신업형 벤처기업 모두 성숙 단계에서 대도시 지향성이 높게 나타나지만, 단지 제조업형 벤처기업의 경우는 성숙 단계에서 탈대도시 지향성도 동시에 나타난다는 것이다. 따라서 벤처기업의 입지 특성을 ∈형과 그 변형 형태로 제시하고 있다.

지식기반 산업은 그 속성상 고숙련 노동력의 이용 가능성, 첨단 장비의 활용 가능성, 고부가가치 창출형 지식의 이용, 그리고 투입 측면과 산출 측면에서의 지식의 집약적인 이용 등이 기본적인 특성이다. 따라서 비공식 정보 취득 가능성의 증대, 법률이나 금융 등 고급 서비스에의 접근성, 전문 인력 획득의 용이성, 그리고 관련 기업·연구소·대학과의 지식 네트워크 형성의 필요성 등으로 대도시 지향성이 좀더 강하게 나타날 것으로 보인다. 그런데 첨단산업지구이자 지식기반 산업지구로 볼 수 있는 미국의 실리콘밸리(Silicon Valley), 프랑스의 소피아 앙티폴리스(Sophia Antipolis), 독일의 바덴 뷔르템베르크(Baden-Württemberg) 주, 영국의 실리콘 글렌(Silicon Glen)과 같이 원래 대도시가 아니었던 곳에서도 첨단산업이 꽃피고 있는 것 또한 사실이다. 그리고 과거에 산업 활동이 활발했던 대도시들 중 일부에서는 지식기반 산업이 제대로 활성화되지 못한 것은 물론이고 전반적인 산업 활동이 위축되었던 곳 또한 적지 않다.

결과적으로 지식기반 산업의 입지 특성을 일괄적으로 대도시 지향적 또는 탈대도시 지향적으로 규정하기는 어려울 것으로 보인다. 지식기반 산업으로 분류되는 산업들이 제대로 활성화되고 있는 곳이 대도시이든 탈대도시이든 공통적인 특성을 추출할 필요가 있을 것으로 판단된다.

2 집적 지향론과 분산 지향론

산업이 입지할 때 특정한 장소를 기점으로 집적 입지하는지 또는 특정한 기점이 없이 흩어져서 입지하는지가 토지 이용이나 인구 이동 측면에서 오래 전부터 논의되어 왔다. 집적 지향론의 기본적인 논거는 집적경제(agglomeration economies)의 이점을 활용하기 위해 산업집적이 일어난다는 것이다. 동질적 또는 이질적 산업들이 일정한 공간적 범위 내에 집적함으로써 내부 경제(internal economies), 국지화 경제(localization economies), 도시화 경제(urbanization economies), 연계성의 경제(economies of linkage), 그리고 쇼핑상의 경제(shopping economies) 등 집적경제를 가져오는데, 그 이점을 향유하기 위해 산업들이 일정한 장소에 모이게 된다는 것이다(Maki & Lichty, 2000: 72-75).

집적경제와 관련해 19세기 말 영국의 경제학자이며 신고전학파의 창시자인 마셜(Alfred Marshall, 1842-1924)은 '산업지구(industrial district)'라는 개념을 제시하고 있다. 대규모 생산의 효율성은 단일 기업의 규모가 충분히 크지 않다 하더라도 "특정 장소에 유사한 성격을 가진 많은 소규모 기업들이 집중하면, 또는 흔히 말하는 산업의 국지화가 이루어지면" 달성될 수 있다고 주장한다(Marshall, 1890: 326-327; 박삼옥, 1999: 317에서 재인용). 제3이탈리아 지역(The Third Italy)의 소기업 집적 형태의 성공 사례나 뉴욕 시 의상산업의 국지적 집적 형태 등은 전형적인 예로 볼 수 있다. 최근에는 동질적인 경우는 물론이고 이질적인 경우에도 산업집적의 이점은 적지 않은 것으로 지적되고 있다. 포터(M. E. Porter)는 국가의 경쟁력을 결정하는 변수로서 산업의 집적 현상에 주목하고 산업 간 공간적 근접성(spatial proximity)과 지역에의 뿌리내림(anchoring of firms in their home base), 그리고 지역 네트워크를 통한 산업 클러스터(local cluster) 형성의 중요성을 지적하고 있다(Porter, 1990, 1998, 2000).

1980년대에 이르면 소품종 대량생산 체제를 대체하는 생산 형태로서 유연생산 체제 이론이 부각되었다. 포스트포디즘하의 다품종 소량생산 형태의 생산 체제를 유지하기 위해 산업체들은 유연적 생산 과정을 거치게 된다는 것이다. 다품종 소량생산 체제에 능동적으로 대응하기 위해 산업체들은 한편으로 기업조직을 전문 중소기업 단위로 분절하고, 또 다른 한편으로는 다양한 전문 기업들이 복합적이고 긴밀한 연계 관계를 추구하는 이중적 움직임이 나타나게 된다는 것이다. 이 과정에서 관련 업체들 간에 연계비용 내지 거래 비용을 감소시키고 동시에 혁신적 환경을 형성하기 위해 지역 네트워크의 형성과 지역 단위의 집적이 창출된다는 것이다(권오혁, 1999: 189; Nijkamp et al., 1994: 228-229; Camagni, 1991).

그리고 라젠디직(Lagendijk, 1997)은 산업군집 현상을 설명하는 기존 논의를 신산업 공간이론, 지구이론, 혁신환경이론, 클러스터 이론, 그리고 지역혁신 체계이론으로 분류하고, 그 각각의 장·단점과 전체적인 발전 경로에 대해 소개하고 있다(황주성·이명호, 2001: 7-22 재인용).

이와 대조적으로 산업 입지 형태가 분산형을 나타낼 것이라는 주장은 일부 정보화론자들에 의해 제기되었다. 1970년대와 1980년대를 거치면서 정보통신 기술의 급속한 발전은 통신 방법의 개선과 통신 비용의 급격한 하락을 초래했다. 이와 같은 추세는 산업 입지 형태의 공간적 분산을 가져올 것이라는 주장이다. 홀(Hall, 1979)은 대학, 연구소, 정부기관을 포함한 지식산업(idea industry)이 원격 통신의 집중적 사용 등으로 인해 공간적인 형태에서 분산 입지 경향을 나타낼 것으로 예측했다. 즉 통신 거리 비용은 더 이상 관련 산업 입지에 영향을 미치지 못할 것으로 보았다(권오혁, 1995: 15에서 재인용).

한편 정보통신 산업의 발전은 기업 입지 형태에서 집중화 경향을 촉진시킨다는 주장도 있다. 통신의 발달은 교통 수요를 오히려 증가시키게 되고, 연구 개발 활동과 같은 고부가가치 창출 행위는 제반 중추관리 기능들과의 대면적인 접촉을 요하기 때문에 오히려 공간상에 집적의 필요성을 증대시킬 수 있다는 주장이다(권오혁, 1995: 19).

지식산업이 분산화할 것이라는 홀(Hall, 1979)의 예견 등이 없는 것은 아니지만, 지식기반 산업의 입지 패턴은 일단 집적 지향형의 입지 패턴으로 추론할 수 있을 것으로 보인다. 지식 투입 강도와 기술 수준이 모두 높고 혁신적인 신제품을 만들어 내는, 즉 전형적인 지식기반 산업들이 모여 있는 미국의 실리콘 밸리, 프랑스의 소피아 앙티폴리스, 영국의 실리콘 글렌, 그리고 스웨덴의 시스타(Kista) 산업지구 등 거의 예외 없이 집적 형태의 입지 패턴을 나타내고 있다.[7] 지식 투입 강도는 높지만 기술 수준은 그렇게 높지 않은 지식기반 산업 형태인 제3이탈리아 지구의 패션산업과 홍콩의 고부가가치 수공업이나 생산자 서비스업 등의 경우를 보더라도 집적 내지 근거리 네트워크 형태가 지배적이다.[8]

그리고 최근 집적 입지의 이점은 산업의 종류를 불문하고 강화되고 있는 것으로 보인다. 소규모 제조업 입지에 대한 조사들도 대개 근거리 네트워

---

7) 지식이 창조되고 축적되는 가장 기본적인 메커니즘으로서 노나카와 다케우치(Nonaka & Takeuchi, 1995)의 형식지와 암묵지의 순환 과정, 그리고 누트붐(Nooteboom, 1999)의 학습 순환 과정 등은 모두 근거리 입지 형태를 토대로 하고 있다.

8) 박삼옥(Park Sam Ock, 2001)은 기술과 지식 유형에 의한 산업 구분을 하면서, 지식 투입 강도가 높고 기술 수준이 높은 경우(예: 실리콘 밸리의 첨단기술 산업)와 지식 투입 강도는 높지만 기술 수준은 낮은 경우(예: 홍콩의 고부가가치 수공업이나 생산자 서비스업) 모두를 지식기반 산업으로 분류하고 있다.

크의 이점을 강조하고 있고, 서비스업 형태로 볼 수 있는 가구점·보석상·유흥음식점 등도 집약적인 입지 형태를 보여 주고 있다(Porter, 1998; 박종화·윤대식, 2002).

3 비판적 종합

지식기반 산업의 입지 패턴에서 대도시 지향성이나 집적의 이슈는 계속적인 논의의 대상이 될 것으로 보인다. 벤처기업에 대한 한 조사 결과에서도 나타났듯이 대도시 지향성 사안은 일률적으로 판단할 사안은 아니고 업종별, 그리고 동일한 업종에서도 성장 단계에 따라서 차이가 나타나게 될 것으로 보인다. 정보통신 기술의 급속한 발전, 그리고 다양한 부문에서의 세계화 추세의 보편화 등으로 앞으로 이와 같은 경향은 더욱 복잡한 형태로 진전될 것으로 보인다.

결과적으로 상충하는 다양한 논거들과 실제 사례들을 통해서 짐작할 수 있듯이 지식기반 산업의 속성별 입지 특성은 아직 불명료하다. 이 시점에서는 오히려 산업 입지 행태를 대도시 지향성이나 탈대도시 지향성으로 양분하는 문제점에 착안해서 제기된 지역 다이너미즘 가설(territorial dynamism hypotheses) 등이 지식기반 산업의 입지 특성을 설명하는 과정에서 적용성이 높을 것으로 보인다. 이는 대도시 지향형이냐 아니냐가 초점이 아니고 오히려 입지 대상지가 가지고 있는 내생적 다이너미즘, 그리고 더 나아가서 그 다이너미즘을 증진시킬 수 있는 환경이 존재하느냐 아니냐에 초점을 두고 살펴보고자 하는 것이다. 따라서 대도시의 경우에도 이런 내생적 다이너미즘과 그 증진 환경이 있는 곳은 지식기반 산업이 선호하는 입지 장소가 되는 것이고, 동시에 도시 외곽이나 주변의 경우에도 내생적 다이너미즘과 그 증진 환경이 있는 곳은 지식기반 산업이 선호하는 입지 장소가 될 수 있는 것이다. 새로운 기업이 탄생하기 좋고 개인의 창의적 활동이 보장되는 내생적 조건과 환경을 갖춘 지역이 선호되는 대상지인 것이다. 이런 맥락에서 삶의 질 가설(quality of life hypothesis)과 지역 조직 형태의 노후화 가설(hypothesis of the obsolescence of certain forms of territorial organization) 등이 고려될 수 있다. 즉 쾌적한 생활 환경이 결여되고 지역조직 형태가 노후화한 구 산업도시들은 지식기반 산업의 수용 능력이 낮게 나타날 수 있는 것이다(Maillat & Lecoq, 1992: 9-10).

제 4 절 산업 입지 정책상의 함의

제3절의 분석을 통해서 지식기반 산업의 입지 특성을 단정적으로 규정하기는 곤란하다는 것을 알 수 있다. 하지만 그렇다고 해서 지식기반 산업이 무정형적으로 아무렇게나 입지하는 것은 아니다. 실제 사례와 관련 논의에서 대도시 지향성과 탈대도시 지향성이 동시에 관찰되고 또 제기되고 있지만, 지역 다이너미즘 가설, 삶의 질 가설, 그리고 지역조직 형태의 노후화 가설 등과 같이 나름대로의 사유가 있는 것으로 보인다. 이와 같은 경우 산업 입지 정책상의 함의를 도출하기 위해서는 지식기반 경제로의 변화 흐름을 직시하고, 그 변화 흐름 속에서 얼핏 상충하는 것 같은 제반 요인들의 공통 분모를 파악해야 할 것으로 보인다.

1 선택적 집중 전략

지식기반 산업의 필요성을 인정한다 하더라도 그 산업이 구체적으로 어디에 입지하는지를 일률적으로 판단하기는 아직 이를 것으로 보인다. 하지만 무정형적으로 아무 곳이나 입지하는 입지 자유형의 산업 형태가 아닌 것은 분명한 것으로 보인다. 따라서 그 입지 패턴에 맞게 선택적으로 집중 육성하는 산업 입지 정책이 고려될 수 있을 것으로 보인다.

새로운 환경 변화 속에서 지식기반 산업이 바람직하게 보인다고 해서 아무 곳이나 모두 지식기반 산업 입지 대상지로 육성하기는 어려울 것이다.

한정된 자원을 효과적으로 사용하기 위해서는 먼저 지식기반 산업이 제대로 꽃필 수 있는 대상지를 선정하고 그 곳에 관련 산업의 집적 형태가 나타나도록 집중적으로 육성하는 방안이 효과적일 것으로 판단된다.[9]

조인트 벤처(Joint Venture, 1999; 류승한, 1999: 24-25 재인용)에서 미국 내 인터넷 산업의 급성장 지역 8개소를 대상으로 조사한 바에 의하면, 기업들은 숙련된 고급 인력의 확보 가능성, 핵심적 기업과의 근접성, 그리고 기존 기반 시설의 이용 가능성을 입지 요인 가운데 중요한 요인으로 지적하고 있다. 인터넷 산업이 지식기반 산업을 모두 대변하는 것은 아니지만, 지식기반 산업이 특정 입지에 대한 분명한 선호를 나타내고 있는 좋은 증거로 판단된다.

그리고 산업정책에서 공간적 집적의 중요성이 증가하게 된 여건 변화로서 다음 세 가지 사항이 지적되고 있다(류승한, 1999: 18-19). 첫째, 기업간 경쟁의 심화 등으로 시장 수요의 변화에 대한 신속한 대응(예: 부품과 원료 공급 등)이 요구되고 있다. 둘째, 경제의 세계화가 진행되고 특정 제품 생산에서의 부가가치 창출원이 범세계화됨에 따라 개별 국가와 지역은 가급적 지역 내에서 생산을 완결함으로써 지역 내 부(富)의 지역 외 유출을 막고자 하는 경향을 보인다. 셋째, 기술혁신, 특히 점진적 혁신의 중요성이 점차 증가하고 있다.[10]

---

9) 역사적 우연성 내지 행운성 및 단순 복제 불가능성에 대해서 여러 주장들이 제기되고 있다. 로저스와 라슨(Rogers & Larson, 1984, 류승한, 1999: 17 재인용)은 실리콘 밸리가 캘리포니아 주 산타클라라 외의 다른 장소에서, 또 원래의 시기와 다른 시기에 형성될 수 있었는가에 대해 부정적인 의견을 제시하고 있다. 다시 말하면, 실리콘 밸리의 성립은 반도체 제품과 그것이 지향하는 기술혁신의 시기에 땅의 혜택과 행운이 제대로 맞아떨어진 것으로 추론하고 있다.

10) 기술혁신은 급진적 혁신과 점진적 혁신으로 구분할 수 있다. 전자는 컬러 TV의 발명이나 수치 제어기의 발명 등과 같이 신제품이나 신공정의 도입을 의미한다. 이에 비해 점진적 혁신은 기존 제품과 공정의 개량과 관계된 것이다. 신고전 경제학은 전통적으로 급진적 혁신을 주관심의 대상으로 삼아 왔으며 지속적인 혁신에 대해서는 큰 관심을 두지 않아 왔다. 그러나 넓게 볼 때 기술은 단순히 기계나 도구의 문제만은 아니다. 기술과 혁신은 제품의 질이나 디자인, 사용하는 재료의 질과 유형, 생산조직, 최종재의 포장 등과도 관련되는 것이다. 즉, 기술은 고정된 것이 아니라 지속적으로 변화하는 것이며, 이를 통해 생산비의 차별과 생산성의 증대가 가능해지는 것이다(Isaksen, 1996; Dijk, 1994; 류승한, 1999: 18-19 재인용).

〈표 3-1〉 미국의 인터넷 기업의 입지 요인

입지 요인	비중(%)
숙련 인력의 확보	75%
설립자의 연고지	63%
핵심 기업과의 접근	52%
기존 기반시설의 이용 가능성	45%
고객에의 접근	37%
모험자본의 존재	26%
우수한 교육기관의 존재	25%

자료: Joint Venture(1999.7; 류승한, 1999: 24 재인용).

2 산-학-관 협력 전략

지식기반 경제로의 변화 흐름에 편승해서 지역과 국가가 안정적이고 지속적으로 성장하기 위해서는 광범위한 분야의 전문 기술을 접할 수 있는 기회를 확대하고, 특히 모든 경제 주체의 학습 능력을 향상시켜 다양한 생산자원과 경제 주체의 질을 한 차원 높일 필요가 있다(이선 외, 2000: 48-49).

그런데 그와 같은 기회를 지역 단위에서 활성화하기 위해서는 현실적으로 보유하고 있는 역할 주체들의 결집도 내지 네트워크 제고가 필수적이다. 지식기반 경제로의 이행 과정에서 지역 단위의 역할 주체들 중 가장 기본적이고 중요한 실체가 바로 산-학-관(産-學-官) 역할 주체들이다. 따라서 그들 간의 협력 제고를 위한 전략이 지식기반 경제로의 이행 흐름에 부응하고 지식기반 산업을 활성화하는 길이 될 것으로 보인다.

박종화·김창수(2001: 4-9)는 지역경제 활성화 과정에서의 산-학-관 협력의 이유로서 기술 전략적 측면, 지식 네트워크의 구축 및 확산 차원, 위험 분산 및 비용관리 측면, 생산성 제고 측면을 지적하고 있다. 산-학-관 협력의 형태로 지식 네트워크를 형성함으로써 연구 주체 간 역할 분담은 물론이고 연구 단계별 역할 분담을 실시함으로써 시간 절약 및 생산성 향상을 가져올 수 있다는 것이다. 니즈캠프 등(Nijkamp et al., 1994: 230-233)은 산-학-관 협력의 지식 네트워크의 구축을 통해 단순 생산성의 제고를 넘어서서 지역의 창조성(creativity)을 생성해 갈 수 있는 여지를 중시한다. 지역의 창조성을 생성함으로써 지역 차원의 이해 관계에 연계성이 높은 생산 활동을 촉진할 가능성이 높고, 고용의 순증가나 안정성의 측면에서도 지역에 토대를 둔 토착형 기업들이 대기업 조직체 내부의 비즈니스 결정에 의한 대기업의 지점 또는 지방 공장의 설치 내지 이전에 비해서 더 나은 결과를 가져올 수 있기 때문이다.

그리고 박종화 · 김창수(2001: 9-18)는 산-학-관 협력 대상의 성격으로서 보완성, 결합성, 전환성, 그리고 기반성을 강조한다. 그뿐만 아니라 산-학-관 협력 관계를 성공시켜 가는 데 필요한 요소가 무엇인지와 그 요소들이 제대로 작동하기 위해서 요구되는 조건들을 목표, 조직, 자원, 그리고 관리라는 실천적인 변수들에 초점을 두고 분석하고 있다.

3 산업 간 연계성 제고 전략

선택적 집중 및 집적화가 주목받고 있는 이유 중의 하나가 집중 및 집적을 통해서 산업 간의 연계성을 자연스럽게 제고할 수 있다는 것이다.[11] 동종(同種) 산업의 집적의 경우에는 국지화 경제, 이종(異種) 산업의 집적의 경우에는 도시화 경제를 기대하고 있는 이유 역시 산업 간 연계성 제고에 상당 부분 토대를 두고 있는 것이다. 따라서 지식기반 산업의 활성화를 위해서는 물리적 인프라의 구축뿐만 아니라 산업 간 네트워크의 구축 그리고 지식을 효율적으로 창출 · 확보할 수 있는 시스템이 구축되어야 하며, 더

11) 우리 나라의 산업집적 정책은 부지(敷地) 중심의 계획으로서 물리적 공간의 공급을 강조하는 반면 부지 내 입지한 기업 간의 네트워크 구축이나 개별 부지나 단지 내에서 유발된 효과의 지역 내 확산에 대해 소홀히 하고 있다는 점을 지적하는 견해가 있다. 협동화단지나 벤처기업 집적시설의 경우 공간적 집적이 곧 네트워크의 발전으로 반드시 연결되는 것은 아니라는 것이다(류승한, 1999: 44-46).

나아가서 이와 같은 시스템 구축을 위한 단계적 접근 방안의 강구가 필요하다는 것을 알 수 있다(류승한, 1999: 6).

그리고 지식기반 산업의 경제적 파급 효과는 지식기반 산업 자체만으로 결정되는 것은 아니다. 여타 산업들과의 연관 관계 속에서 상당 부분 결정되는 것이다. 오상봉·김인중 외(1999: 31-48)의 분석에 따르면, 우리 나라 지식기반 산업의 경제적 파급 효과는 소득 및 부가가치 유발 효과면에서 여타 산업보다 다소 높게 나타나고 있다. 그러나 여타 산업군 간의 연계 관계 미성숙으로 인해 생산 및 고용 유발 효과 측면에서는 여타 산업보다 아주 낮은 수준에 머물러 있는 것으로 평가되고 있다. 따라서 향후 우리 나라 산업구조의 고도화를 위해서는 지식기반 산업의 지속적인 창출은 물론 지식기반 산업과 기존 산업과의 긴밀한 연계 관계를 통한 기존 산업의 고부가가치화가 필요함을 알 수 있다.

4 종합적 대처 전략

지식기반 산업이 활성화되기 위해서는 정보통신 기술의 확산·활용 및 정보통신 인프라의 구축은 물론이고 지역 기업, 대학 등 고등 연구기관들, 그리고 지방정부 등이 상호 신뢰의 토대 위에서 경쟁하고 협력하는 사회적 자본의 형성, 그리고 그들 간의 지식 네트워크의 구축이 긴요한 것으로 지적되고 있다(박삼옥, 2000: 2-3).

그런데 그와 같은 결과는 어느 부분적인 대처로 해결될 수 있는 사안이 아니다. 좀더 포괄적인 지역정책 내지 국가정책을 통해서 가능한 목표들이다. 물리적 인프라의 구축, 생산 요소 시장·상품 시장·교육 시장의 활성화, 문화 진흥정책 등과 함께 거시경제 발전정책과도 조화를 이루면서 추진될 필요가 있다. 그리고 그와 같은 정책 추진 과정에서 민관 간의 협력과 경쟁의 메커니즘이 또한 필요할 것으로 보인다.

종합적 대처 과정에서 지방정부는 중개자의 역할, 지원자의 역할, 조정자의 역할, 그리고 형성자의 역할을 수행해야 할 것으로 보인다(박종화·

Han Sun Sheng, 2001: 16-19). 상호 접촉을 통해서 이익을 얻을 수 있다는 것을 알면서도 대학 등 고등 연구기관들과 산업계가 자발적으로 접촉 내지 연계해 바람직한 결과를 도출하기가 쉽지 않기 때문에 지방정부의 중개자의 역할(linking role)이 필요하다. 최근 그 경향이 많이 바뀌고 있는 것이 사실이지만, 아직 대학 등 고등 연구기관들은 보수적인 색채가 강하고 또 일반 산업계는 대학 등 고등 연구기관들이 자신들을 위해서 무엇을 해 줄 수 있는지에 대해서 제대로 정보가 없는 경우가 대부분이기 때문이다. 그리고 기반시설 확충 과정에서 지방정부는 중앙정부와 함께 지원자의 역할(supporting role)을 수행할 수 있다.

지방정부는 대학 및 산업계에서 이루어지는 연구 및 개발(R&D) 활동에 과소 현상이 발생하지 않도록 조정하는 역할(coordinating role) 및 지역 수준에서 불필요한 중첩이나 낭비 요인이 발생하지 않도록 R&D 활동을 조정하는 역할도 가능하다. 지역에서 형식지와 암묵지가 적절하게 순환되도록 상호 신뢰하고 협력하는 사회적 분위기가 필요한데, 그 과정에서 지방정부만의 역할은 아니지만 대학교수 및 연구원, 산업체 관계자, 지방정부 및 중앙정부 공무원, 기타 관련자들이 서로 신뢰할 수 있는 사회적 환경을 형성해 가는 역할(forming role)이 매우 중요할 것으로 보인다(박종화 · Han Sun Sheng, 2001: 16-19).

제 5 절 맺음말

지역경제와 국가경제의 발전 패러다임이 급격하게 변화하고 있다. 그 패러다임 변화의 기본 축으로서 지식기반 경제로의 흐름과 지식기반 산업의 잠재력을 인지하고, 그와 같은 맥락에서 지식기반 산업의 입지를 속성별 입지 특성에 초점을 두고 분석했다. 지식은 소비 과정에서 비경쟁성과 생산 과정에서 수확 체증의 특성을 가지고 있으며, 형태상 흔히 형식지와 암묵지로 구분되고 있다. 그리고 지식의 창조 내지 기술혁신을 위해서는 형식지와 암묵지 간의 체계적 순환 과정이 필요하다는 것을 알 수 있다. 그리고 이와 같은 지식을 토대로 고부가가치의 재화 및 서비스를 생산하는 산업이 바로 지식기반 산업이다.

지식기반 산업의 입지 특성은 일률적으로 언급하기 곤란할 정도로 다양한 패턴을 나타내고 있는 것으로 보인다. 대도시 지향적인 패턴이 나타나는 경우도 있고 탈대도시 지향적인 패턴이 나타나는 경우도 있다. 대부분 집적 입지 형태의 패턴이 나타나고 있는 것으로 보이지만, 분산 입지 형태가 전혀 없는 것은 아니다. 그런데 그렇다고 해서 지식기반 산업의 입지 패턴이 무정형적으로 나타나고 있는 것 같지도 않다. 따라서 그 입지 형태가 대도시 지향적이든 탈대도시 지향적이든 그리고 집적 지향적이든 분산 지향적이든 공통적인 특성에 대한 분석이 필요할 것으로 보인다. 예컨대 지역 다이너미즘 가설이 제기하고 있는 것처럼 입지 대상지가 가지고 있는 내생적 다이너미즘, 그리고 그 다이너미즘을 증진시킬 수 있는 환경이 존재하느냐의 여부에 초점을 두고 검토할 필요가 있을 것으로 보인다.

다만 예외적인 경우가 없는 것은 아니지만, 대부분의 지식기반 산업의 입지 특성이 집적화 형태 또는 적어도 역할 주체들 간 연계 네트워크가 용이할 정도로의 집적화 형태를 나타내고 있는 것으로 보인다. 따라서 산업 입지 정책에서는 이와 같은 점에 대한 고려가 있어야 할 것으로 판단된다.

지식기반 산업의 입지 특성과 관련해 산업 입지 정책상의 함의로서 선택적 집중 전략, 산-학-관 협력 전략, 산업 간 연계성 제고 전략, 그리고 종합적 대처 전략 등을 제시했다.

제4장 산-학-관 협력의 쟁점*

제1절 머리말

지역경제는 다양한 요소로 구성되어 있는 복합 시스템(complex system)이다. 지역경제는 복합 시스템의 속성상 외부적인 환경 변수의 변화에 다양한 반응을 나타내고 내부적인 자원과 외부적인 자원의 복합적인 상호 작용 속에서 계속적인 변형을 하고 있다. 지역경제의 활성화란 이와 같은 지역경제의 제반 경제적 요소들이 원활하게 기능할 수 있도록 기능 수행상의 애로 요인을 제거하고 관련 요인들의 연계성을 제고하는 과정을 말한다. 다시 말하면, 지역이 가지고 있는 내외적 자원을 적절하게 조직하고 동원하고 집행해서 지역의 경제, 좁은 의미에서는 지역의 생산성을 제고해 가는 과정을 말하는 것이고, 넓은 의미에서는 지역의 생산성과 통합성을 동시에 제고해 가는 과정을 말한다고 볼 수 있다.[1)]

---

* 이 장은 박종화·김창수(2001), 지역경제 활성화 과정에서 산-학-관 협력의 쟁점, 「한국행정논집」, 13(4): 977-997을 재정리한 것임.

1) 지역의 생산성과 통합성은 추상적인 용어로서 논자에 따라서 그 의미 사용상 다소간의 차이가 있을 수 있다. 여기서는 지역의 생산성(productivity)을 지역 자원의 투입 대 산출의 비율, 즉 경제적 측면에서의 능률성을 의미하는 것으로 사용한다. 이에 반해 지역의 통합성(integration)은 경제적 측면뿐만 아니라 사회·정치·문화적 측면까지 포괄해

지역경제 활성화 과정에 영향을 미치는 변수는 크게 내적 변수와 외적 변수로 구분할 수 있다. 지역경제를 이루고 있는 기본적 실체들, 예컨대 지역 산업 및 지역 자본, 지역 대학 등 고등 교육기관과 지역 인력, 지방정부 및 기타 지역의 공공 부문, 지역 NGO와 NPO 등의 비정부 기구들, 그리고 지역의 천연자원(지하자원과 기후 등) 등은 내적 변수가 될 것이다. 그 외 중앙정부, 경쟁 및 보완 관계에 있는 지역 및 지방정부들, 글로벌한 차원에서의 기타 국가·지역·정부들, 그리고 그 외 외부적 환경 변수들(정보화·생태화의 흐름 등)은 외적 변수가 될 것이다. 내적 변수들과 외적 변수들이 상호 영향을 주고받으면서 전반적인 지역경제의 흐름에 영향을 미치고 있다.

최근 산-학-관 협력에 대해서 관련 주체들 간 관심이 크게 높아지고 있다. 이는 급변하는 세계 경제의 흐름 속에서 산-학-관 협력을 통해서 참여주체들의 개별 이익을 극대화하고, 더 나아가 지역 내부 자원의 생산적 결집을 통해서 지역 차원의 독자적 경쟁력과 국가적 경쟁력을 제고할 수 있다고 인식하고 있기 때문일 것이다. 특히 우리 나라와 같은 개발도상 국가들은 선진 산업 사회로부터의 기술 이전이 기술 보호의 추세로 점점 더 어려워지고 있고, 고부가가치를 창출할 수 있는 기술은 그 속성상 점점 더 난해해지고 있으며, 기술의 주기 역시 짧아지는 추세에서 필요한 기술을 적기에 산업 현장에서 조달하기 위해서는 지역적 차원의 기술 잠재력의 체계화 및 조직화가 시급한 과제로 부각되고 있다.

산-학-관 삼각 축으로서의 지역 개발 메커니즘은 선진 산업 사회의 보편적 전통이라기보다는 우리 나라와 같은 정부 주도의 지역 개발 방식에 익숙한 사회에서 흔히 논의되고 있는 새로운 지역 개발 메커니즘이다.[2] 하지만 그 정책적인 관심에 비해 실천적인 결과는 아직 미흡한 상황에 있다. 수도권과 비수도권 간의 경제 활동의 편차가 큰 우리 나라의 경우 지역 균형

서 지역의 역할 주체들 간 긍정적 결합 및 인식의 정도를 나타내는 것으로 사용한다.

2) 미국은 1970년대와 1980년대에 정부출연 연구소를 중심으로 국가 단위의 기반기술 개발이 강조되다가 1980년대 후반부터 산-학 간의 자발적 협력 개발 메커니즘이 강조되고 있다.

개발 및 지역경제의 활성화 과정에서 지역의 내부 자원, 특히 산-학-관 협력 메커니즘에 대한 체계적 분석이 필요할 것으로 판단된다.[3] 이 연구는 지역경제의 활성화가 필요하다는 전제하에 그 활성화 과정에 산-학-관 협력상의 쟁점을 분석하고자 하는 것이다. 좀더 구체적으로, 지역경제를 활성화시켜 가는 과정에서 산-학-관 협력의 의의, 산-학-관 협력의 대상, 그리고 산-학-관 협력의 성공 방안을 밝혀보고자 한다.

외국의 경우 산-학-관 협력에 대한 연구보다 기업 간의 협동연구나 산-학-연 간의 협력에 대한 연구들이 많이 발표되고 있다. 미국 기업들 간의 협력에 대한 연구로서 퍼스펠드와 해클리시(Fusfeld & Haklish, 1987)와 링크와 바우어(Link & Bauer, 1987)의 연구 등이 있다. 135개 독일 대기업

---

3) 우리 나라 지역경제의 현황은 지역별 실업률과 지역 총생산액만 보아도 우선 수도권과 비수도권 간의 격차가 크고, 두 번째로 실업률이 정상 상태(약 2~3%)를 크게 벗어나 있다는 것을 쉽게 알 수 있다.

지역별 경제 지표

구 분	2000년 12월 기준 지역별 실업률(%)	1999년도 1인당 지역총생산(만 원)
전 국	4.1	1,015
수 도 권	4.2	995
지방대도시	5.5	881
부 산	6.5	765
대 구	4.8	632
광 주	5.6	756
대 전	4.9	759
울 산	3.8	2,213
기 타 지 역		1,142

자료 : 통계청. 2000년 12월 고용 동향. 2001. 12.
통계청. 1999년 지역내 총생산(잠정). 2000. 12.
이동우(2001). p. 6 재인용.

2000년 12월 기준 지역별 실업률은 수도권이 4.2%인데 반해 부산이 6.5%, 광주 5.6%, 대전 4.9%, 대구 4.8%로 대부분의 지역 중심 도시들의 실업률이 수도권에 비해 높고 그 비율 역시 우려할 수준에 이르고 있다. 그리고 1인당 지역 총생산액도 수도권이 995만 원인데 비해 대구는 632만 원에 불과하고, 광주 756만 원, 대전 759만 원, 부산 765만 원 등으로 수도권과 지역 거점 도시들 간 편차가 크게 나타나고 있다.

들 간의 협력에 대한 연구로서 브로크호프(Brockhoff, 1991)의 연구가 있다. 유럽의 산-학-연 결합 관계에 대해서 오니다와 말러바(Onida & Malerba, 1989)의 연구가 있고, 미국 정부연구소와 민간기업 간의 협력에 대한 연구로서 커시와 보즈먼(Coursey & Bozeman, 1989)이 있고, 앨릭(Alic, 1990)은 유럽, 미국, 일본에서 연구 개발 과정의 협력 프로그램에 대한 연구를 수행했다. 니즈캠프 등(Nijkamp et al., 1994)은 산학 협력 메커니즘을 통한 과학단지와 지역 개발의 성공 사례를 국제적으로 비교 분석하고 있고, 리 등(Rea et al., 1997)은 반도체 산업을 사례로 해서 산-학-관 협력 모델 구축을 시도하고 있다. 그 외 산-학 협력상의 현실적 문제를 정리한 맥헨리(McHenry, 1990)의 연구 등이 있다.

우리 나라의 경우에도 지난 몇 년간 산-학 협력 또는 산-학-연 협력 문제에 대해 경영관리 측면에서 비교적 많은 연구 결과가 나오고 있다. 하지만 산-학-관 협력에 의한 지역 및 국가 개발 정책적 활용은 매우 제한적이다.

최근 몇 년간 기술개발 전략에서 협력 메커니즘의 필요성을 지역 문제를 연구하는 학자들이 인지하고 그 관련 시책 및 메커니즘의 분석에 많은 노력을 하고 있는 것으로 보인다(김갑수 외, 2000). 김현숙(1995)은 미국과 우리 나라의 사례 분석을 통해 우리 나라의 산-학 협력 시스템의 개발 방향을 제시하고 있다. 국가과학기술자문회의(1997)는 국가기술 혁신 체계의 모색 과정에서 산-학 및 산-학-연 협력 시스템을 개괄적으로 검토하고 있고, 산학경영기술연구원(1999)은 포항제철의 산학협동 과제 분석 과정에서 우리 나라와 주요 외국들의 산-학 협동 실태를 기술하고 있다. 박삼옥과 최지선(2000)은 지역 성장의 지식 기반 측면을 이론적 논의와 함께 정책적 방향 제시를 시도하고 있고, 박종화와 Han Sun Sheng(2001)은 산-학-관 협력 메커니즘의 한 형태인 테크노파크 활성화 과정에서 지방정부의 역할과 한계를 분석하고 있다.

제2절 왜 산-학-관 협력인가?

지역경제의 총합으로서 국가경제를 상정할 때 국가경제의 부침과 함께 지역경제가 따라서 움직일 것으로 생각할 수 있지만 반드시 그런 것은 아니다. 국가경제가 성장 기조에 있을 경우에도 지역경제의 침체를 생각할 수 있으며 그 역도 또한 마찬가지이다. 지역경제가 국가경제의 흐름에 영향을 받는 것은 사실이지만 지역별 특성에 따라서 그 영향이 제각기 다르게 나타나고 있고, 글로벌화된 세계 경제의 흐름 속에서는 지역 나름대로의 자생력 및 성장력이 더욱 중요하게 부각되고 있기 때문이다.

지역의 자생력 및 성장력은 전통적 경제이론에 의하면 지역의 비교우위를 적절히 살려나가는 것이다. 하지만 현대 경제이론은 비교우위 역시 학습 원칙(learning-by-examining, learning-by-doing, learning-by-using)에 의해 창출될 수 있는 것으로 간주하고 있기 때문에, 현재의 상태가 결정적 요건은 아니고 미래에 개발 및 활용될 수 있는 잠재적 능력까지 고려한 상태가 중요하다. 그리고 지식산업의 시대에 개인, 기업, 그리고 지역이 자생력을 가지고 발전해 가기 위해서는 과거에 비해 좀더 폭넓고 좀더 탄력적인 기능이 요구되고 있다. 서로(Thurow, 기술과 진화의 경제학 연구회 역, 1999: 104-114)의 언급처럼 향후의 경제 환경은 점진적인 변화의 시대라기보다 급격한 단절 상태하에 균형을 이루어 가는 시대로 예견되기 때문에 개인, 기업, 그리고 지역의 자생적 경쟁력 확보가 더욱 긴요할 것으로 보인다.

미국과 영국 등 선진 산업 사회의 경우 산-학 협력, 산-학-관 협력, 또는 산-학-연 협력 등 그 명칭이 어떻든 1980년대 이래 상당한 성과를 거둔 것으로 알려져 있다. 미국의 실리콘 밸리나 루트128 지구, 영국의 케임브리지 사이언스파크 등 다양한 지역에서 다양한 결합 형태로 다양한 성과를 나타내고 있다. 따라서 우리 나라를 포함해 많은 나라에서 과학기술 정책의 새로운 흐름으로 최근 산-학 협력 또는 산-학-관 협력을 강화하는 메커니즘

을 발전시키고자 노력하고 있다.[4]

우리 나라의 경우 산업자원부, 건설교통부, 재정경제원, 정보통신부, 중소기업청 등 여러 중앙 부처들이 나름대로 지역경제를 활성화시키고 지역의 기술경쟁력을 강화하기 위해 다양한 정책 방안을 수립해서 시행하고 있다. 그 중 1997년 산업자원부 주도로 전국 6개 지역에 수립된 시범 테크노파크(송도TP, 안산TP, 대구TP, 경북TP, 광주·전남TP, 충남TP)들은 생산적인 산-학-관 협력체를 구현하기 위한 전형적인 시도이다.

산-학-관이라는 아주 이질적인 실체들이 테크노파크를 통해 수확 체증을 이루어가기 위해서는 역할 주체들 간 단순한 결합을 넘어서는 긴밀한 생산적 연계가 수반되어야 한다. 이질적인 역할 주체들 간 긴밀하고 생산적인 연계의 창출은 이론적으로 그와 같은 연계를 통해 참여자 모두가 이익을 얻을 수 있는 가능성이 있어야 하고, 그 가능성의 정도가 높으면 높을수록 그와 같은 연계 창출의 가능성 역시 높아지게 된다. 현실적으로 그 가능성의 정도는 실제 수익 창출의 선례나 미래 잠재력에 대한 분석을 통해 관계자들이 흔히 인지하게 된다. 기존 시스템의 성공 사례는 혁신의 확산 과정의 한 형태로 공간상에서 확산될 수 있다. 그런데 우리 나라의 경우 산-학-관 협력의 구체적 형태라고 할 수 있는 테크노파크의 경우 아직 초기 단계에 있고 가시적인 성과를 통한 평가가 미흡한 상황이다. 따라서 여기서는 산-학-관 협력 메커니즘이 왜 이 시점에서 지역경제를 활성화하는 주

4) 미국 산학기술 협력의 현실에 대해서 맥헨리(McHenry, 1990: 40-42)는 다음의 다섯 가지를 지적하고 있다: (i) 미국 산업과 미국 대학들은 상호간 협력 연구를 통해 획득할 수 있는 가치가 있다. 그리고 그것을 입증할 수 있는 증거는 많이 있다; (ii) 실질적으로 협력 작업을 수행할 과학자들이나 엔지니어들이 그 협력의 가치를 인정할 때 성공적인 결과를 얻을 수 있다. 그들의 참여 없이 위에서 아래로 재촉하는 형태의 의사 결정 형태로는 성공을 기대할 수 없다; (iii) 성공적인 협력이 구조화될 수 있는 많은 방식들이 있다. 만일 현재 당신이 알고 있는 방식들이 당신에게 맞지 않으면 그 방식에 집착할 필요가 없다. 당신에게 맞는 새로운 방식을 모색할 필요가 있다; (iv) 협력 참여자들이 다른 문화의 장점을 제대로 인식하고 있기만 하면, 대학문화와 산업문화는 성공적으로 합쳐질 수 있다. 외국 문화들인 경우 성공적인 결합이 더욱 어렵겠지만, 그 원칙은 동일하다; 그리고 (v) 협력 연구와 기술 이전은 모든 사람들이 할 수 있는 하나의 게임이다. 기업의 규모는 성공에 대한 어떤 장애 요인이 아니다. 기업의 규모와 상관 없이 성공적인 협력 연구와 기술 이전이 가능할 수 있다.

요 대안으로서 모색되지 않을 수 없는지 미래 잠재력 제고 측면에서 다음 네 가지를 검토한다.

1 기술 전략적 측면

기술 발전에 토대를 두지 않은 지역 성장은 본질적으로 불안정하며 수명이 아주 짧게 나타나는 경우가 대부분이다.[5] 따라서 지역의 자생력을 확보하고 장기적으로 성숙시켜 나가기 위해서는 무엇보다도 지식과 기술에 대한 접근 가능성과 흡수 가능성을 높여 가야 한다. 그런데 세계화의 흐름과 함께 지적 재산권의 가치가 더욱 높아지고 기술 보호의 흐름이 강화됨에 따라 부가가치가 높은 분야일수록 기술 이전이 점점 더 어려워지고 있다.

지속적인 경쟁 환경 속에서는 누구도 경쟁 우위를 당연한 것으로 향유할 수 없다. 하지만 기술경쟁력이 뒤떨어진 곳에서 선도자를 추격 발전(catch-up development)하기 위해서는 다음 두 가지가 필요한 것으로 랜드스(D. S. Landes, 기술과 진화의 경제학연구회 역, 1999: 152-153)는 제시하고 있다. 첫째, 개념화에서부터 실현까지의 공정을 줄이기 위해 자신의 생산 양식을 재조직화하는 것이다. 둘째, 좀더 빠르게 해결하기 위해서, 다른 사람의 방식과 아이디어를 사서 생산과 혁신을 세계화시켜 시너지 효과를 내는 것이다. 그런데 기술 보호 추세 등으로 다른 사람 또는 기관의 새로운 아이디어를 상업성이 있는 가격으로 사서 이용하는 것이 점점 더 어려워지고 있다. 이에 더해서 과학적·기술적 지식이 점점 더 난해해지고 있어 개별 기업, 특히 중소기업들이 단독으로 필요 기술을 적기(適期)에 산업 현장에서 확보하는 것이 더욱 어려워지고 있다.

따라서 기술경쟁력의 자체적 확보 및 제고 노력의 일환으로서 지역에 토대를 둔 산-학-관 협력이 지식기반 경제의 흐름과 함께 강조되고 있는 것이다. 과학적·기술적 지식이 난해해지면 질수록 외부로부터 고부가가치의

5) 기회주의적이고 우연적 성장(windfall growth)은 시장의 동태적 반응 때문에 오래 지속될 수 없기 때문이다(Fagerberg, 1988: 451).

기술 확보가 어려워지면 질수록 지식 창출 및 전달의 메커니즘으로서 내부적 자원에 대한 의존도가 높은 기술 개발 전략을 채택할 수밖에 없다.[6)]

2 지식 네트워크의 구축 및 확산 차원

지식은 흔히 형식지(codified knowledge)와 암묵지(tacit knowledge)로 구분된다. 이 중 암묵지는 상호 작용을 통한 학습과 비공식적인 메커니즘을 통해서 축적되고 공간적으로 확산이 매우 제한되어 있는 것으로 알려져 있다(박삼옥, 2000: 3). 지역의 기술혁신과 신제품 개발을 위해서는 지역 단위의 암묵지 축적이 필요한데, 지역 단위의 지식 네트워크의 구축으로서 산-학-관 협력 메커니즘이 기능할 수 있다.

산-학-관 협력 메커니즘은 지역 학습 체계의 형성을 지원하게 될 것이고, 지역 학습 체계의 형성은 지식과 기술의 창출은 물론이고 확산에도 기여하게 될 것이다. 지역경제를 활성화하는 과정에서 지식의 확산은 새로운 지식의 창출만큼이나 중요하다. 산-학-관 협력 형태의 지식 네트워크를 구축함으로써 대학 등 고등 연구기관들은 산업계의 수요에 대한 부합성이 높은 연구 결과를 생성할 수 있고, 산업계 역시 새로운 기술과 생산 공정에 대한 정보를 좀더 손쉽게 획득할 수 있다. 지방정부 역시 그 지식 네트워크에 참여하고 지원함으로써 지역경제의 팽창, 지역 인구의 증가, 그리고 지역 세수 확대 등의 긍정적 이익을 확보할 수 있다.[7)]

기술혁신은 기업, 연구소, 대학 및 소비자 등 제각기 다른 기관과 개인들이 서로 어우러져 상호 교류함으로써 흔히 이루어진다(기술과 진화의 경제학연구회 역, 1999: 192-195). 그 상호 작용 과정은 지식 네트워크의 구

6) 지적인 그리고 기술적인 동료와 파트너를 찾아야 하는 필요는 필연적으로 선진국 기업들로 하여금 다른 선진국 기업에 대해서 더 많은 관심을 갖도록 만들고 있다. 그리하여 새로운 추세는 강한 자와 지식을 가진 자들 사이의 제휴 형태로 나타나고 있다.

7) 박종화 · Han Sun Sheng(2001)은 산-학-관 협력의 대표적 실체인 테크노파크의 활성화 과정에서 지방정부의 역할을 중개자, 지원자, 조정자, 그리고 형성자로 구분해서 논의하고 있다.

[그림 4-1] 지식 사회와 산업 사회의 네트워크

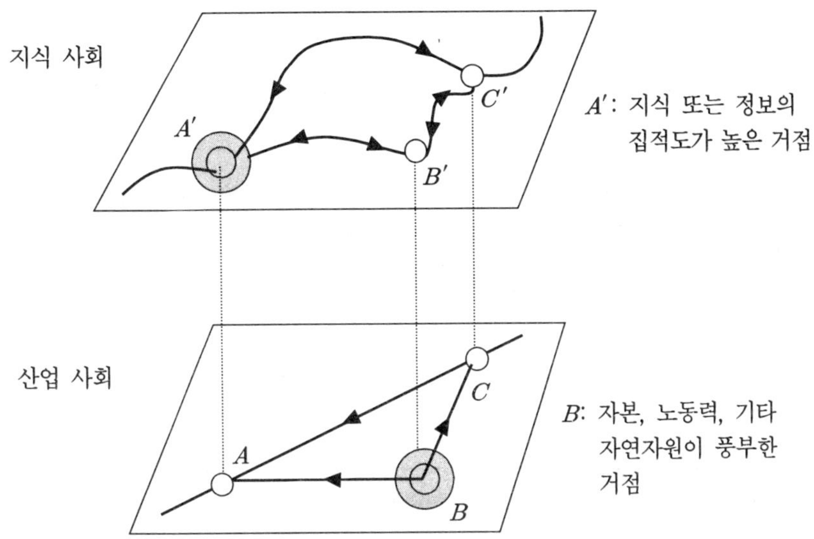

자료: Batten et al.(1989) 재작성.

축 및 확산으로서 더욱 현실화될 수 있다. 기술혁신을 야기하는 상호 작용 과정에서 관련 역할 주체들의 접촉과 흐름이 발생할 수 있는 거점(nodes)과 연결선(links)이 필요하기 때문이다.

지식 네트워크의 모습은 [그림 4-1]과 같이 표시할 수 있을 것으로 보인다. [그림 4-1]에서 명료하게 나타나듯이 산업 사회의 경우 자본, 노동력, 기타 자연자원이 풍부한 거점으로부터 관련 공간 영역으로 공간상에서 일방적이고 지배적인 기능적 연계성이 나타난다. 그리고 그 기능적 연계성은 전통적 교통 네트워크나 자원 네트워크를 통해서 표출된다.

그런데 지식 사회의 경우 산업 사회와는 달리 지식 또는 정보의 집적도가 높은 거점이 기능적 연계 관계에서 좀더 우위에 서게 된다. 그리고 그 기능적 연계성은 지식과 정보가 원격 통신망이나 고속 교통망을 통해서 쌍방적인 교류 형태로 표출되는 지식 네트워크 형태를 띠게 된다.

3 위험 분산 및 비용 관리 측면

과학적·기술적 지식의 난해화·첨단화·복합화 추세에 따라 연구개발 비용이 대규모화하고 연구개발 기간이 장기화하고 있다. 신기술 개발의 성과 역시 대규모로 나타나고 있는 것은 사실이지만 개별 기업이나 개인 입장에서 장기간 대규모 투자를 감당하기 곤란한 경우가 적지 않다. 특히 기업의 규모가 작고 신생 기업일 경우에는 이와 같은 경향이 더욱 현저할 것으로 예상된다.

산-학-관 협력의 발전 단계별 관련 이익과 비용의 흐름을 [그림 4-2]와

[그림 4-2] 산-학-관 협력 단계별 이익과 비용의 흐름

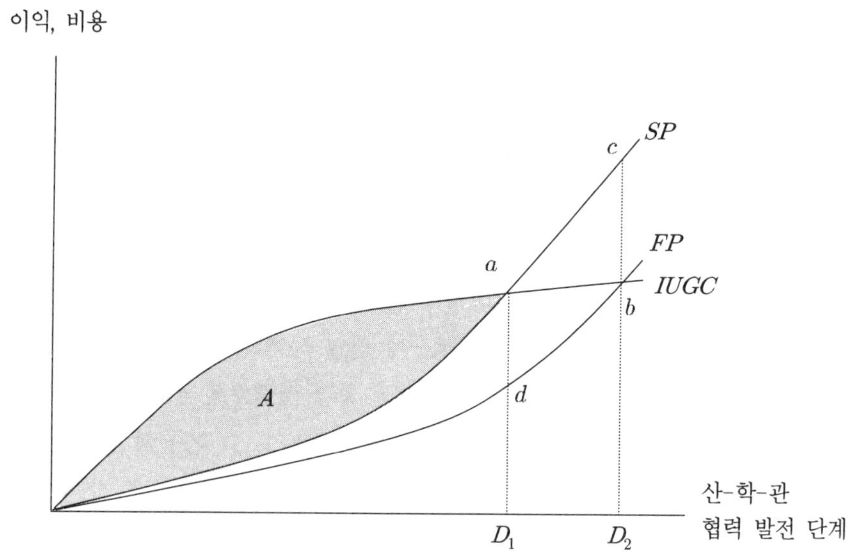

주: *SP*는 사회적 이익선, *FP*는 기업이익선, *IUGC*는 산-학-관 협력비용선, OD_1는 산-학-관 협력의 초기 단계, D_1D_2는 산-학-관 협력의 중기 단계, D_2 이후는 산-학-관 협력의 후기 단계

같이 나타낼 수 있다.

[그림 4-2]에 의하면, 산-학-관 협력의 초기 단계인 OD_1까지의 면적 A 영역만큼은 산-학-관 협력을 통해서 사회가 얻을 수 있는 이익보다 비용이 더 크다. 따라서 이 단계에서는 장기적인 관점에서의 이익을 고려한 중앙정부, 지방정부, 또는 몇몇 선도 대학의 적극적 역할이 필요할 것임을 예상할 수 있다. 실현되지 않은 기대 수익에 대한 사회적 지지를 유도하기 위해서는 정책결정자의 리더십과 미래의 비전이 중요할 것이기 때문이다. 기업의 경우 이 단계에서는 대기해서 상황을 지켜볼 것으로 예상된다.

산-학-관 협력의 중기 단계라고 볼 수 있는 D_1D_2의 영역에서는 사회적 측면에서 산-학-관 협력의 이익이 영역 abc만큼 나타나지만, 기업의 경우 아직 영역 abd만큼 손실이 발생한다. 따라서 산-학-관 협력 메커니즘에 대해 사회 전반적인 분위기는 지지 내지 참여 쪽으로 변화할 것이고, 몇몇 도전적인 기업들의 경우 참여 및 투자 활동에서 적극성을 나타낼 것으로 보인다. 이 단계에 접어들면 중앙정부의 선도적 역할에서 지방정부의 선도적 역할로 정부 역할에서 토착적 연계성을 강조하는 쪽으로 역할 이행이 발생할 것으로 예상된다. 산-학-관 협력의 후기 단계라고 볼 수 있는 D_2 이후의 영역에서는 개별 기업의 경우에도 산-학-관 협력을 통한 이익이 비용을 상회하는 단계로서 기업의 적극적인 참여 및 투자를 기대할 수 있고 정부 역할은 최소한으로 한정될 수 있을 것이다. 다만 사회적 이익선과 기업 이익선의 차이만큼 외부경제 효과를 기대할 수 있으므로 그 범위 내에서 공공 부문의 계속적 지원 노력이 필요할 것으로 판단된다.

4 생산성 제고 측면

지역의 기술혁신과 기술 성과의 향상 능력은 지역의 지식 네트워크 및 학습 체계 구축과 긴밀하게 연계되어 있는 것으로 알려져 있다. 대체로 기술혁신은 과학, 엔지니어링, 제품 발전, 제조 및 마케팅 사이에 존재하는 환류 과정이나 지속적인 상호 작용에 의존하고 있기 때문이다(기술과 진화의 경제학연구회 역, 1999: 192-195).

산-학-관 협력의 형태로 지식 네트워크를 형성함으로써 연구 주체 간 역할 분담은 물론이고 연구 단계별 역할 분담을 실시함으로써 시간 절약 및 생산성 향상을 가져올 수 있다. 니즈캠프 등(Nijkamp et al., 1994: 230-233)은 산-학-관 협력의 지식 네트워크의 구축을 통해 단순 생산성의 제고를 넘어서서 지역의 창조성을 생성해 갈 수 있는 여지를 강조한다. 지역의 창조성을 생성함으로써 지역의 이해 관계에 연계성이 높은 생산 활동을 촉진할 가능성이 높고, 고용의 순증가나 안정성의 측면에서도 지역에 토대한 토착기업들이 대기업 조직체 내부의 비즈니스 결정에 의한 대기업의 지점 또는 지방 공장의 설치 내지 이전에 비해서 더 나은 결과를 가져올 수 있기 때문이다.

제 3 절 무엇을 협력할 것인가?

지역경제 활성화 과정에서 산-학-관 협력을 흔히 언급하고 있지만 도대체 무엇을 협력해야 하는가에 대해서는 분명한 논의가 없었다. 이제까지 산-학-관 협력이라고 흔히 언급하고 있는 것이 신제품의 생산 과정에서 필요한 생산 기술 개발에 관한 협력인지 또는 그 개발 및 응용 부분인지 또는 생산 및 판매에 대한 부분인지가 불분명하다. 더 나아가서 제품뿐만이 아니라 서비스 차원의 협력까지 포함하고 있는지 불분명하다.[8]

지역경제 활성화 과정에서 협력의 대상은 그 자체로 주어져 있는 것으로 보기는 곤란하다. 왜냐하면, 개별 지역별로 보유 자원 및 처한 상황이 다양

8) 현재의 지식기반 경제 시대하에서 재화와 서비스의 구분은 점차 더 모호해지고 있다. GDP(국내총생산) 계정에서 제약업은 제조업으로 분류되지만 실제 생산비 중 거의 대부분은 연구개발(R&D), 임상실험, 특허 출원 및 인가 과정, 홍보 및 유통 등 서비스 비용이고 실제 약품 생산비는 무시할 수 있을 정도로 미미하다. 컴퓨터 역시 하드웨어는 제조업으로 분류되지만 소프트웨어는 서비스업으로 분류되고 있다(기술과 진화의 경제학연구회 역, 1999: 96-97).

하고, 산-학-관 협력을 통해서 얻을 수 있는 결과 역시 다양하기 때문이다. 장기적인 관점에서 산-학-관 협력을 통한 이익이 비용보다 크다는 것이 예측되면 산-학-관 협력의 필요 조건이 충족된다. 다시 말해서, 협력의 이익을 크게 하고 비용을 줄일 수 있는 것들이면 협력의 대상이 될 수 있는 것이다.

산-학-관 협력의 대상을 관리 운영 측면에서 검토하거나 연구개발 과정 측면에서 검토하는 것 등이 모두 가능하겠지만, 여기서는 협력 대상의 성격에 따라 검토하고자 한다. 관리 운영 측면의 검토나 연구개발 과정 측면 등의 검토는 세부적인 사안에 대한 논의가 부분적으로 가능한 장점이 있지만 사전식의 나열 검토로 포괄성이 떨어질 수 있다. 이에 반해 협력 대상의 성격에 따른 논의는 구체적인 사안에 대한 논의는 미흡하지만 협력 대상이 가져야 할 성격을 다룰 수 있어 내용의 포괄성을 높일 수 있는 장점이 있다.

산-학-관 협력 대상의 성격으로서 다음 네 가지 사항들이 검토될 수 있을 것으로 보인다.

1 보완성

산-학-관 협력은 대내외적 환경 변화에 능동적으로 대처하기 위해서 내부 역할 주체들의 보완적 연계 관계를 중시한다. 산-학-관 협력의 대표적 실례라고 할 수 있는 테크노파크(Technopark)의 경우 테크노파크의 발전 단계에 따라서 역할 주체들의 다양한 역학 관계가 강조되고 있는데(박종화 · Han Sun Sheng, 2001), 그 기본적 원리는 상호 보완성을 전제하고 있는 것이다.

예컨대 산-학-관 협력의 초기 단계에서는 흔히 중앙정부와 지방정부의 적극적 역할이 강조되는데, 그 이유는 중앙정부와 지방정부가 동원할 수 있는 재정력, 조직력, 기획력 등이 초기 단계에서 상대적으로 높이 평가받고 있기 때문이다. 대학의 기반 및 첨단기술 개발 능력과 산업계의 시장 수요 판단 능력 간의 보완 관계를 인정하기 때문에 정부는 그 양자를 중개하고, 조정하고, 그리고 지원하는 것이다.

최근 과학과 기술정책은 새로운 보완 관계를 강조하고 있다. 기술혁신의 보완 관계는 신형 전투기와 같은 특정한 연구 결과를 얻기 위한 목표 지향적 프로젝트에서 신제품 생산 과정에 대한 소규모 업체를 대상으로 한 교육과 같은 확산 지향적 과정까지도 포함하는 추세로 나아가고 있다(기술과 진화의 경제학연구회 역, 1999: 192-195).

산-학-관은 서로 보완할 수 있는 속성을 개발 내지 활용해 지역의 지식 학습 체계를 구축하는 방식으로 산-학-관은 협력해 가야 한다. 지역경제의 역할 주체들이 새로운 기술 변화에 항상 유연하게 대처할 수 있고, 더 나아가서 새로운 아이디어를 끊임없이 생성할 수 있도록 산-학-관 보완 관계에 의한 지역의 지식 학습 체계의 구축이 필요하다. 교육훈련을 통해 지식을 획득할 수 있지만 교육훈련에는 장시간이 소요되고 기술혁신과 신제품 개발에 관련성이 높은 암묵지의 형성은 교육 제도를 통해서 단순히 획득되는 것은 아니기 때문이다.[9]

다국적 기업과 같이 글로벌한 기능을 가진 조직들과 한편으로 경쟁하고 또 다른 한편으로는 협력해 나가기 위해서는, 글로벌 네트워크와 대응할 수 있는 지역 단위의 지식 네트워크의 형성이 필요하다. 상시적인 기능을 수행하면서 비상시 조직의 형태로 존재하기 위해서 산-학-관 보완 관계가 필요한 것이다. 개별 실체들 역시 새로운 지식 사회의 물결에 대처하고 또 발전해 나가기 위해서는 과거에 자신들에게 부과되었던 제반 역할 기대보다 확장된 기능 수행이 필요하다는 사실을 인지해야 한다.

2 결합성

산-학-관은 이질적인 속성들로 인해 이제까지 분리된 실체로서 사실상

9) 반도체 설계 기술에 관한 기본이론을 학교에서 배우기는 상대적으로 쉽지만 실제 관련 기술을 응용 및 발전시키기는 어렵다(기술과 진화의 경제학연구회 역, 1999: 110-111).

존재해 왔다. 그런데 지역경제의 생산성 제고 과정에서 새로운 이윤 기회의 모색이 절실하게 되고 그 과정에서 분리된 실체들로서는 찾을 수 없었던 것을 결합해 새로운 지역 네트워크를 창출함으로써 찾을 수 있다는 인식을 공유하게 된다. 지역 네트워크에 의한 혁신의 과정은 선형의 일반적인 관계라기보다는 결합에 의한 상호 작용 관계로 변화하고 있다.

분리된 실체들이 결합해 협력 메커니즘을 작동시킴으로써 역할 주체들 간에 양의 환류 과정(positive feedback process)에 의한 수확 체증 형태의 양의 합(positive sum)이 가능하게 되는 것이다. 지식산업은 그냥 생기는 것이 아니라 흔히 창조되는 것이다. 미래를 내다보고 새로운 자원과 기술을 결집시켜 나감으로써 고부가가치를 창출하는 지식산업을 창출할 수 있다.[10] 다만 국제적 경쟁시장에서 선도적 입장에 서기 위해서는 많은 시간과 진입 비용이 필요하다.[11] 그리고 지식산업이라고 해서 모두 첨단기술산업이 되어야 하는 것은 아니다. 지식산업이 세계 수준의 기술을 토대로 할 수 있지만 그렇지 않은 경우도 얼마든지 가능하다. 섬유 의류산업에서 창조적인 디자인을 적용해 고부가가치를 창출하는 경우는 반드시 세계 수준의 기술이 필요한 것은 아니다. 그리고 전통산업에 새로운 기술이나 아이디어를 결합해서 새로운 시장을 창출하고 부가가치를 높여 가는 경우 역시 세계 수준의 기술이 요구되지 않지만 지식산업인 것은 분명하기 때문이다 (박삼옥, 2000: 2).[12]

---

10) 천연자원 산업은 우연이나 또는 자연적으로 그곳에서 형성된다. 미국 피츠버그에서 철강산업이 발전했던 것은 그곳에 석탄, 철광석, 그리고 운송에 중요한 호수가 있었기 때문이다. 하지만 전자공학자들을 유치하지 못하거나 보유하고 있지 못한 곳에서 지식산업의 하나인 반도체산업이 꽃필 수는 없다.

11) 유럽이 미국의 항공산업과 경쟁하기 위해서 20년 이상의 기간과 260억 달러 이상의 자금이 필요했다 (Economist, 1994).

12) 지식산업은 특허, 발명, 신제품, 지식을 중심으로 이루어지는 서비스 등과 같이 산출물 자체가 지식인 경우를 말한다. 이에 반해, 지식이나 기술을 주요 투입 요소로 하여 제품을 생산하거나 서비스를 창출하는 산업을 지식기반 사업이라 부른다. 지식산업은 지식을 산출물로 하고 지식기반 산업은 지식을 투입물로 한다는 차이가 있으나 지식기반 산업의 산출물 역시 그 부가가치의 대부분을 흔히 지식이 차지하고 있다는 점에서 여기서는 양자를 구분하지 않고 함께 사용한다.

3 전환성

역동적인 경제 환경 속에서 지속적인 발전을 기할 수 있는 중요한 요인 중의 하나는 새로운 기술 분야로 신속하게 전환할 수 있는 능력이다. 장기적인 시장경쟁하에서는 특정 산업 분야의 수익률이 사실상 동등하게 바뀌겠지만 새로운 기술이나 제품을 개발하는 기간을 단축함으로써 평균 이상의 임금과 자본 수익률(불균형 준지대)을 상당 기간 유지하는 것이 가능하기 때문이다. 다국적 기업들이 국제 경쟁시장에서 상대적으로 낙후된 기술 분야를 개도국에게 넘기고 자신들은 새로운 기술 분야로 신속하게 전환하고 있는 경우가 이에 해당한다. 따라서 지역산업들이 미래 산업으로 성공적인 전환이 가능하도록 하는 제반 활동은 산-학-관 협력의 주요 대상이 될 수 있다.

이와 같은 과정에서 국가 단위의 과학기술 정책의 부분으로서가 아니라 지역 내지 지방정부 단위 기술 개발 역할 주체들의 협력에 의한 기술 개발 및 혁신 추구 형태인 지역혁신 정책(regional innovation policy)이 강조되고 있다. 그 이유는 여러 가지가 있겠지만 무엇보다도 기존의 지역 개발 정책이 한계를 노출시키고 있기 때문이다. 중앙정부 내지 그 위임을 받은 지방정부 주도의 하향적 개발 방식(top-down development strategy)이나 단순히 산업체 유치에 초점을 둔 지역 개발 정책은 글로벌 경쟁의 시대에 더 이상 유효하게 작동하고 있지 않기 때문이다. 공공 부문 주도의 개발정책이나 산업체 유치라는 지역의 양적 팽창정책이 더 이상 제대로 작동하지 않고 있으며 설혹 지역 실업률의 감소 내지 양적 팽창이 가능하다고 하더라도 장기적 이익 확보라는 측면에서 불안전성이 높게 나타나고 있기 때문이다. 지역 단위의 산-학-관 협력을 통해서 지역산업을 미래 지향적인 산업으로 전환시켜 나가는 것은 전통적인 지역 개발 정책에 자생적 과학기술 진흥전략을 접목시켜 나가는 것이다(국가과학기술자문회의, 1997: 143-160).

4 기반성

협력이 촉진되고 결과 확산이 용이해질 수 있는 여건 조성의 측면에서 지역의 물리적 인프라(정보통신 기반시설 등)뿐만 아니라 사회적 인프라(역할 주체들 간 상호 신뢰하고 협력할 수 있는 분위기 등)의 구축이 산-학-관 협력 과정에서 중요하다.

역동적인 세계 경제에서 장기적인 측면에서 지역이 지속 가능한 경쟁 우위를 확보하기 위해서는 지역의 기존 산업을 고부가가치 산업 내지 지식산업으로 전환시키고 성장성이 높은 새로운 산업들을 지역 내로 유치할 수 있어야 한다. 그와 같은 과정이 실효성 있게 진전되기 위해서는 물리적 인프라의 조성뿐만 아니라 지역경제 주체들 간 상호 신뢰하고 협력할 수 있는 사회적 인프라의 창출이 긴요하다. 산-학-관 협력에 의해 사회적 자본을 창출함으로써 지역 기업들의 전환 비용을 줄일 수 있을 뿐만 아니라 새로운 기업들을 유치할 수 있기 때문이다.

그리고 더 나아가서 지역경제의 다양한 역할 주체들이 새로운 기술 변화에 항상 유연하게 대처할 수 있고, 더 나아가서 새로운 아이디어를 끊임없이 생성할 수 있도록 기타 여건을 조성하는 것은 산-학-관 협력의 주요 대상이다.

긴밀하고 생산적인 산-학-관 협력의 대상이 되기 위해서는 그 협력의 대상들이 적어도 위에서 언급된 네 가지 속성(보완성, 결합성, 전환성, 기반성) 중 어느 하나 또는 복수를 가지고 있어야 할 것으로 보인다.

다만 장기적으로 지역경제의 생산성과 통합성을 제고해 나가기 위해서는 단순히 새로운 이윤 기회의 포착이나 단순 생산성의 확대로는 부족할 것이다. 더 높은 이윤 및 생산성 증대를 가져다 줄 수 있는 분야를 포착하고, 그 분야를 발전시켜 가는 과정에서 산-학-관 협력의 여지가 더욱 확대될 것으로 보인다.[13]

---

13) 라이히(R. Reich, 기술과 진화의 경제학연구회 역, 1999: 94-95)는 지식기반 경제 시대의 고이윤이 창출되는 영역으로서 다음 세 가지를 지적하고 있다: (i) 현대 산업 사회에

제 4 절 어떻게 산-학-관 협력 관계를 성공시켜 갈 것인가?

지역경제의 활성화 과정에서 산-학-관 협력의 의의 및 대상을 논의했다. 지식기반 경제로의 이행 과정에서 수동적 대처를 특징으로 하는 전통적 지역 개발 개념은 상대적으로 퇴색하고, 능동적 대처 내지 지역경제의 자생력 확보에 초점을 두는 새로운 지역 개발 개념이 부상하고 있다. 다시 말하면, 지역의 잠재력이라고 할 수 있는 산-학-관 에너지를 결집해서 새로운 시너지 효과를 창출함으로써 동태적인 세계 경제 속에서 지역경제의 자생력을 확보하고자 하는 것이다.

그런데 원래 이질적이었던 산-학-관 실체들이 결합적 상승 효과를 창출하는 것은 저절로 가능한 일은 아니다. 협력 관계가 가능하다는 것과 그 협력 관계가 구체화되는 것은 대개 동일한 사안이 아닐 수 있기 때문이다. 즉, 협력 관계를 성공시켜 가는 방안에 대한 논의가 필요한 것이다.

협력 관계의 성공 요인에 대한 검토는 지난 10년간 학자들의 많은 관심을 불러일으켰던 것으로 보인다. 가이슬러와 루벤슈타인(Geisler & Rubenstein, 1989)은 미국 산학 협력의 전략적 성공 요인에 대해서 성립 단계, 기획 단계, 초기 운영, 중간관리, 성장, 성숙, 자력 생존 등 협력 연구 개발의 단계별로 전략적 성공 요인을 검토하고 있다. 카보니(Carboni, 1992)는 미국의 산학 협력 연구 개발의 전략적 성공 요인 검토에서 연구 영역과 기술 문제의 선택, 재원이나 인력 등의 경영 문제, 리더십 확보 및 행사 문제, 협력자 선정 문제, 연구 개발과 기술 이전 계획 문제 등 연구 개발의 관리 운영적 요소에 주목하고 있다. 니즈캠프 등(Nijkamp et al., 1994)은 과학단지

서 부가가치가 높은 제반 분야(합금분자, 반도체 칩, 연금 포트폴리오, 각종 정보 등)들을 독특한 방법으로 엮어서 사용하는 데 필요한 문제 해결 기술; (ii) 다양한 고객에 맞는 특정 맞춤 상품을 적용할 수 있는 새로운 문제 영역이나 가능성을 발견해 내는 능력, 그리고 더 나아가서 고객에게 그 내용을 설득시킬 수 있는 기술; 그리고 (iii) 문제 해결자와 문제 인식자(problem identifier)를 연결시키기 위해서 필요한 전략적 중개자(strategic broker)로서의 기술이다.

의 핵심적 성공 요인으로서 계획 과정에 초점을 두고 전략적 계획, 조직, 재원 조달, 설계와 건축, 관리, 그리고 외부 환경 변수로 나누어서 검토하고 있다. 그리고 사이어트와 굿맨(Cyert & Goodman, 1997)은 동태적 역학 관계에 초점을 두고 조직학습적 관점에서 산학 협력의 성공 요인을 분석하고 있다.

서구 학자들의 연구 논의는 기본적으로 산학의 자발적 협력 관계를 유도하기 위해 그 협력 관계의 형태가 어떤 형태이어야 하고 또 어떤 식으로 발전해 나가야 하는지에 대한 검토와 그 과정에서 공공 부문이 어떤 기여를 해야 하는가에 초점이 맞춰져 있다. 여기서는 지역경제의 활성화 과정에서 산-학-관 협력 관계를 성공시켜 가는 방안에 대한 논의가 핵심이다. 따라서 관련 연구 및 현 실태를 참조해 우선 산-학-관 협력 관계를 성공시켜 가는 데 필요한 요소가 무엇인지와 그 요소들이 제대로 작동하도록 하기 위해서 요구되는 조건들을 목표, 조직, 자원, 그리고 관리라는 실천적 변수들에 초점을 두고 분석한다.

1 목 표

산-학-관 협력 관계가 제대로 작동하기 위해서는 무엇보다도 그 참여 주체들 간 목표에 대한 합의가 협력 관계의 초기 단계부터 가능해야 한다. 산-학-관이 공동 이익뿐만 아니라 개별 이익에 따라서 동기부여가 되고, 각각 많은 부분에서 이질적인 실체일 뿐만 아니라 개별 국가의 발전 정도나 지역적 특성에 따라서 역할 기대가 다양하게 나타날 수 있기 때문에 단일한 목표로 산-학-관 협력 관계가 구축될 수도 없고, 또 그렇게 구축되는 것이 바람직한 것도 아니다.

하지만 협력 관계를 설정할 때 자신의 목적과 관련해서 상대편에 대한 역할 기대가 없을 수 없고, 역할 기대가 충족되지 않을 때 그 협력 관계 자체가 손상될 수도 있다는 것을 감안하면 적어도 협력 파트너들의 목적에 대한 상호 교차 인정, 그리고 더 나아가서 목표의 합의를 요청하게 된다.

〈표 4-1〉 과학단지의 목표와 창립자들

<table>
<tr><th>창립자</th><th>목 표</th><th>창립자</th><th>목 표</th></tr>
<tr><td>정부기관</td><td>지역 개발
기술 개발</td><td rowspan="2">대학</td><td rowspan="2">지역 개발
기술 개발
금전적 수익
고용 기회의 확대
명성의 제고
유휴 토지의 이용
자본의 투자</td></tr>
<tr><td>민간기업</td><td>지역 개발
기술 개발
금전적 수익
기술에 대한 통로
공공 관계</td></tr>
</table>

니즈캠프 등(Nijkamp et al., 1994: 236)은 산-학-관 협력 실체인 과학단지의 창립자들과 그들의 목표를 <표 4-1>과 같이 개괄적으로 정리하고 있다.

2 조 직

산-학-관 협력 관계가 구체화하기 위해서는 먼저 그 구체화를 실행할 수 있는 조직화된 실체가 필요하다. 이질적인 실체들이 하나의 시스템으로 기능하는 과정에서 다양한 조직 유형이 고려될 수 있다. 우선 그 협력 관계가 자발적인가 또는 계획된 것이냐에 따라 조직구조가 크게 영향을 받을 수 있다. 유럽과 일본, 그리고 우리 나라와 같이 산-학-관 협력 실체 형성에서 정부의 역할이 비교적 큰 곳에서는 정부의 관여 정도가 강하고 관여 범위도 넓게 나타난다.

이에 반해 산-학-관 협력 관계의 설정시 정부의 역할이 제한적으로 나타나는 미국과 같은 곳에서는 민간 부문의 역할 범위가 상대적으로 높게 나타난다.[14] 우리 나라의 시범 테크노파크의 경우 대개 재단법인 형태로 운

14) 미국의 과학단지의 경우 약 25%가 영리기업에 의해 통제되고 있지만, 유럽의 과학단지의 경우 60% 이상이 정부 통제하에 있고 그 나머지는 주로 대학에 의해 통제되고 있다(Luger & Goldstein, 1991; Nijkamp et al., 1994).

영되면서 지방정부 직원들이 일부 파견되어 근무하고 있다. 관련 중앙부처인 산업자원부의 경우는 시범 테크노파크의 일반적인 개발 방향을 제시하고 업적 평가 등을 통해 관련 자금 지원을 차등화하는 등 외부적 지원 실체로서 기능하고 있다. 결과적으로, 조직이라고 단순히 언급하지만 그 속에는 관련 업무 전임 직원, 지방정부 파견 공무원, 대학 파견 교수 내지 연구원들로 구성되어 있다. 따라서 그 조직체 내부에서의 정책 지향성의 차이를 극복하고 관리 갈등을 해결하는 방안에 대한 고려가 필요하게 된다(박종화 · Han Sun Sheng, 2001).

조직 과정에서 이 문제에 대한 접근 방법으로서는 우선 협력 대상 파트너의 선정시 제3절에서 논의된 보완성과 결합성이 고려되어야 할 것이고, 조직구조는 협력 관계의 장기적이고 조화로운 작업 관계성을 고려해 협력 파트너들이 목표 지향성이 반영된 전략계획과 일치시켜 가야 될 것이며, 그리고 지식과 기술 수준이 높은 연구기관들과의 공식적 제휴 관계의 조기 확보가 고려될 수 있다.

헤네베리(Henneberry, 1984: 145-168)는 관리조직체가 제공할 수 있는 서비스를 통상적 기본 서비스, 기술과 훈련 서비스, 비즈니스 서비스, 그리고 재정적 서비스로 정리하고 있다. 통상적 기본 서비스(basic unsophisticated services)는 일반적 비서 서비스들, 예컨대 타이핑, 응접, 포토타이핑, 전화 응대 등등이다. 이 서비스들을 입주자들이 공동으로 사용하면 비용 효과성을 달성할 수 있다. 기술과 훈련 서비스(technology and training services)는 전통적인 산업단지에서는 거의 제공되지 않는 서비스로서 입주자들이 대학 도서관과 데이터베이스를 활용하거나 특허나 다른 형태의 지적재산권에 대해서 자문을 받는 경우 등을 일컫는다. 기술 지원은 입주기업이나 연구기관 또는 외부 조직에 의해서 제공될 수 있다.

비즈니스 서비스(business services)는 비즈니스 계획, 관리 자문 및 마케팅 지원 등을 말한다. 소기업이 특히 취약한 점은 기업적 비즈니스 전략의 형성과 그 전략의 이행이다. 소기업들은 흔히 그 생산품을 판촉하고 전국 시장 및 국제적 시장에 도달하기 위해 필요한 판매 채널을 창조하는 능력이 없으므로 마케팅 지원이 긴요하다. 재정적 서비스(financial services)

는 자금 지원의 형태로서 소규모 기업에게 특히 중요하다. 전망 있는 아이디어를 가지고 있는 많은 소기업이나 개인들은 그 아이디어를 현실화할 수 있는 현금이 부족하기 때문이다.

3 자 원

산-학-관 협력 관계에서 동원될 수 있는 자원은 크게 인적 자원과 물적 자원으로 구분 가능하고, 물적 자원은 재정 자원과 시설 및 토지 자원으로 구분 가능하다. 산-학-관 협력은 기본적으로 동태적인 세계 경제 환경 속에서 지역 잠재력의 생산적 결집을 이룩해 한편으로는 지역의 기술 경쟁력을 제고하고 또 다른 한편으로는 지역경제 및 국가경제를 활성화시키기 위한 것이다. 따라서 지역 외부에 소재한 인적 자원의 활용이 배제되는 것은 아니지만 기본적으로 지역 내에 있는 대학 등 고등 연구기관들, 지역 기업, 그리고 지역 정부 등의 인적 자원의 생산적 결집 및 활용이 필요하다. 이질적인 실체들 간 인적 자원의 생산적 결집 및 활용 과정에서 초기 단계에는 중앙정부이든 지방정부이든 정부의 역할이 긴요할 것으로 보이고 점차로 그 역할이 축소되면서 자발적 산학 협력이 진전될 수 있을 것으로 보인다(박종화 · Han Sun Sheng, 2001).

물적 자원에서 시설 및 토지 자원은 대부분 재정 자원으로 대체될 수 있기 때문에 여기서는 재정 자원으로 한정해서 논의한다. 다만 자산 개발의 한 형태인 과학단지의 경우 쾌적한 단지의 조성을 위해 적어도 상당량의 유휴 토지가 필요한 것은 사실이다.

산-학-관 협력의 구체적 형태인 과학단지의 경우를 보면 사회적 관점에서 매력적이더라도 민간기업의 입장에서는 재정적으로 매력이 없는 경우가 적지 않다. 과학단지의 경우 초기 개발 단계에서 토지구입비, 건물 및 단지 시설비, 그리고 기타 인프라를 조성하기 위해 많은 재원이 필요하다. 게다가 과학단지가 손익분기점에 이르거나 이윤을 내기 위해서는 대개 10년에서 25년에 이르는 긴 회임 기간이 필요한 것으로 알려져 있다. 그뿐만 아니라 단지 건설에 참여하는 실체는 그것이 누구이든 간에 중간에 마음대로 퇴출하는 것이 투자 비용의 유동성 확보라는 측면에서 사실상 제한되어 있다. 결과적으로 민간기업의 입장에서 볼 때 과학단지의 조성은 재정적으로 매력적인 대안이 되지 못한다. 결과적으로 산-학-관 협력 실체인 과학단지가 사회적으로 유용성이 높으면 높을수록 공공 부문의 재정적 참여 의의가 높아지게 된다.

과학단지에 대한 공공 부문의 재정적 지원은 실효성 측면에서 그 기간이 장기간이 소요될 것으로 보인다. 다만 이미 기술 토대 기업들의 기업 성과가 널리 알려진 몇몇 곳에서는 민간 투자자들이 상당한 역할을 수행할 수 있을 것으로 보인다. 고기술을 토대로 명성이 널리 알려진 곳은 그 생산품에 대한 잠재적 시장의 규모가 크고, 투자에 대한 회임 기간도 상대적으로 짧고, 그리고 그곳의 토지나 건물의 가격은 비교적 높을 것이기 때문에 담보로서 활용될 수 있을 것이기 때문이다(Nijkamp et al., 1994: 237-238).

4 관 리

산-학-관 협력 관계가 실제로 제대로 동기 부여가 되고 목적 달성을 위해 효과적으로 움직여 가기 위해서는 사람과 돈과 목적만으로써 가능한 것은 아니다. 그들을 제대로 연계시켜 주는 관리 능력이 필요하다. 게다가 산-학-관 협력의 전형적 형태인 과학단지의 경우 그 관리는 입주자들 간에 협력을 촉진하고 입주자들이 성장하는 것을 돕는 역할을 수행해야 한다는 측면에서 전통적인 산업단지의 관리와 구별된다(Nijkamp et al., 1994: 240).

과학단지는 상업 기능, 생산 기능, 연구 기능, 그리고 지식·기술 이전 기능 등을 수행한다. 그 과정에서 단지 관리팀은 관리팀대로, 참여 기업체는 참여 기업체대로, 대학 및 연구소들은 그들대로, 그리고 정부는 정부대로 모두 포괄적 의미에서 이익을 추구하고 있는 것이다. 따라서 그 결집된 이익 추구 과정이 제대로 돌아갈 수 있도록 하는 제반 관리 과정이 중요하다.

이러한 과정에서 단지의 역할 기능이 실제로 구현되고, 이 과정의 업적 수행 능력을 통해 단지에 대한 초기 투자의 적합성과 단지의 미래 예측이 상당 부분 가능하기 때문이다.

관리 과정 중에 유의해야 할 문제점은 크게 다음 두 가지로 정리할 수 있다: (i) 산-학-관 협력 관계의 내부 관리팀이 어떻게 리더십을 발휘해서 내부 참여 실체들의 잠재력을 최대한 발휘하게 하고 그들 간의 연계성을 높여갈 것인가의 문제이다; 그리고 (ii) 외부적 상황 변수에 어떻게 적절히 적응하며 한편으로는 상황 변수조차도 내부화시킬 수 있을 것인가의 문제이다.

리더십이 내부적 관리팀만 발휘하는 것은 아니겠지만 산-학-관 협력 관계의 내부적 관리팀의 리더십 발휘는 중요한 것으로 보인다. 이질적인 복수 실체들이 상호 보완적 협력을 이루어 나가기 위해서는 불필요한 갈등을 최소화하고 일체감을 극대화하기 위한 노력이 필요하기 때문이다. 헤네베리(Henneberry, 1984: 145-168)가 언급한 네 가지 관리 서비스는 그 전형적 형태들이다. 소규모 입주 기업들이 절실하게 재정적 지원이 필요하면서도 제반 절차적 미숙이나 애로 등으로 정부 지원을 제대로 못 받고 있을 때 이를 도와 준다든지, 그 단지의 장기적 발전 전망을 고려해서 몇몇 핵심 기업들(anchor companies)을 외부로부터 적극적으로 유치한다든지 하는 노력 등은 리더십 발휘의 예로 볼 수 있다. 그리고 내부적 관리팀이 관련 참여 실체들의 애로 사항을 제때에 파악해서 해결해 준다든지 기술과 훈련 서비스 및 비즈니스 서비스를 제공해 주는 것 등은 내부 참여 실체들의 잠재력 발휘와 연계성을 제공해 주는 구체적인 예로 볼 수 있다.

산-학-관 협력 관계의 관리 과정 중에 상황 변수가 또한 중요하다. 지역경제의 활성화라는 동일한 목적을 가지고 있다 하더라도 국가별로 또 단일 국가 내라 하더라도 지역별로 상황 변수가 서로 다를 것이기 때문이다. 니즈캠프 등(Nijkamp et al., 1994: 242)은 과학단지의 외부적 성공 요인을 <표 4-2>와 같이 정리하고 있다.

그리고 외부적 상황 변수라 하더라도 그것이 반드시 일방적으로 주어져 있는 것만은 아니다. 벤처 자본금이 부족한 곳에서는 내부적으로 벤처 자본금을 조성해서 활용하는 상황 변수의 내부화가 어느 정도 가능하기 때문이다.

〈표 4-2〉 과학단지의 외부적 성공 요인

경제적 요인	사회적 요인	환경적 요인
리스크 캐피털 숙련된 노동력 관련 산업 인프라	지방 지지집단 기업가 정신	바람직한 생활환경

제 5 절 맺음말

복합 시스템인 지역경제가 역동적인 세계 경제의 흐름 속에서 자생적 존립 기반을 확립하고 발전해 나가기 위해서는 지역 내부적 역할 주체, 즉 산-학-관 협력 메커니즘의 확보 및 운용이 필요 불가결한 것으로 판단된다. 따라서 여기서는 지역경제 활성화 과정에서의 산-학-관 협력의 쟁점을 산-학-관 협력의 의의, 대상, 그리고 성공 방안으로 파악하고 그 관련 내용을 분석했다. 좀더 구체적으로, 산-학-관 협력의 의의를 기술 전략적 측면, 지식 네트워크의 구축 및 확산 차원, 위험 분산 및 관리 측면, 그리고 생산성 제고 측면에서 검토했다. 산-학-관 협력의 대상은 그 성격에 초점을 두고 보완성, 결합성, 전환성, 그리고 기반성으로 구분해 논의했다. 마지막으로, 산-학-관 협력 관계의 성공 방안은 목표, 조직, 자원, 그리고 관리라는 실천적 변수들에 초점을 두고 분석했다.

지역별로 내부적 여건이나 외부적 상황이 아주 다양하기 때문에 어떤 보편적인 처방을 하기는 어렵다. 하지만 지역적 차원에서 산-학-관 협력 관계의 구축 및 발전은 세계화(globalization)의 흐름이라든지 지식기반 사회로의 이행 추세 등을 고려할 때 정도상의 차이는 있겠지만 거의 필수적인 지역적 대응 노력이 될 것으로 보인다.

제5장 산업 클러스터 논의의 쟁점*

제1절 머리말

지역경쟁력 및 국가경쟁력의 제고 과정에서 최근 산업 클러스터가 주목받고 있다. 1960년대부터 최근까지 우리 나라의 산업화 추진 과정은 물리적 기반시설의 확충, 산업단지의 조성, 전국토기술지대망화 추진, 그리고 테크노파크 사업 추진 등 기본적으로 하향적 개발전략(top-down development strategies)에 토대하고 있었다. 그 과정에서 물리적 인프라 및 산업생산력은 상당 부분 향상되었지만 전 국토의 기형적인 발달 및 글로벌 경제 환경에 제대로 부응하지 못하는 경직적인 산업구조를 드러내게 되었다. 따라서 최근 글로벌 경제의 흐름에 맞는 유연하고 탄력적인 지역 생산구조 및 지역 실정에 맞는 지역경쟁력 강화 프로그램이 주목받고 있다. 그런데 이와 같은 프로그램은 기본적으로 지역에 토대를 둔 개발전략, 즉 상향적 개발전략(bottom-up development strategies)에 토대를 둘 수밖에 없는데, 이와 같은 추세에 비교적 잘 부합되는 대안으로서 산업 클러스터의 형성

---

* 이 장은 박종화(2004), 산업 클러스터 논의의 쟁점, 「한국정책연구」; 4(1): 57-76을 재정리한 것임.

및 개발이 제안되고 있다. 지역 실정에 맞는 연구와 생산의 연계, 특정 분야의 관련 기업 및 기관들의 네트워크를 통한 시너지 효과가 절실한데, 그와 같은 역할을 산업 클러스터를 통해 상당 부분 기대할 수 있기 때문이다.

산업 클러스터는 지리적으로 인접한 특정 분야의 관련 기업 및 기관들이 네트워크를 통한 시너지 발휘를 목표로 모여 있는 결집체를 의미한다. 포터(M. E. Porter)의 사례연구 결과(김경묵 · 김연성 역, 2002: 240)에 따르면, 특히 선진국에서 특정 사업 분야에서 성공한 사례는 국가나 지방 할 것 없이 산업 클러스터가 경제를 주도하고 있다. 그리고 개별 기업이나 산업보다 산업 클러스터가 경쟁력 확보의 대상으로 대두된 것은 경쟁력 분석이나 경쟁 우위 확보 과정에서 개별 기업 자체의 경쟁력뿐만 아니라 그 기업이 입지하는 지역의 중요성이 새롭게 부각되고 있기 때문이다. 따라서 우리 나라는 2003년 7월 1일자로 산업 클러스터 중심의 지역혁신 체계 구축을 위해 산업집적활성화법령을 시행하고 있다. 그뿐만 아니라 실천적 집행을 위해 동법 시행령 제7조의 2와 지역산업진흥사업운영요령 제11조 등을 근거로 산업 클러스터 활성화를 위한 추진 체계(산업집적 추진기구) 구축을 추진하고 있다.

외국의 사례연구 결과들이나 우리 나라의 법적 · 제도적 변화 과정을 보면 산업 클러스터의 형성 및 개발이 시급한 사안으로 보인다. 그런데 아직까지 산업 클러스터의 구체적인 정의와 속성 부분, 산업 클러스터와 기존 산업단지와의 차별성 부분, 산업 클러스터에서 생산성 우위가 발생하는 논거, 산업 클러스터가 혁신 제고의 내재적 속성이 있는지의 여부, 산업 클러스터의 사회경제적 특징 부분, 산업 클러스터의 참여 기업 수와 분포 지역의 확대가 우리 나라와 같은 상황에서 특별히 필요한지의 여부, 그리고 산업 클러스터 정책과 기존 지역경제 정책과의 차이점은 무엇인지 등등 상당한 쟁점이 아직 불분명하게 제기되고 있는 것이 사실이다.

따라서 여기서는 산업 클러스터 논의의 쟁점을 크게 산업 클러스터의 구성 요소, 생산성, 그리고 발전 과정으로 구분하고 그 각각에 대해서 비교적 상세하게 검토하고자 한다. 좀더 구체적으로, 우선 산업 클러스터의 구성 요소는 무엇이고, 구성 요소들 간의 연계성은 무엇에 의해 결정되는지, 그리고 기존 산업단지와 비교했을 때 구성 요소 자체가 다른 것인지 또는 구성 요소들 간의 연계성이 다른 것인지를 검토하고자 한다. 이 과정에서 산업 클러스터의 정의와 속성이 명료해질 수 있을 것이고, 더 나아가서 산업 클러스터 해부도(解剖圖) 작성의 기본 지침을 도출할 수 있을 것으로 보인다. 두 번째로, 산업 클러스터의 생산성 우위가 발생하는 논거가 무엇인지, 혁신의 필요성 및 혁신 기회 인식 측면에서의 잠재적 우위를 내재하고 있는지, 그리고 사회자본 형성 측면과는 어떤 관계를 가지고 있는지를 밝히고자 한다. 끝으로 산업 클러스터는 유기체와 같이 진화를 하는지, 그리고 생성, 성장, 쇠퇴의 과정은 무엇인지 등을 개별 국가의 발전 정도나 지역적 상황, 그리고 산-학-관 협력과 연계해서 검토하고자 한다.

최근 산업 클러스터에 대한 관련 연구가 산업경제학, 경제지리학, 국토계획학, 그리고 경영학 분야에서 활발하게 이루어지고 있다. 하지만 지역적 차원에서 그 구성 요소, 네트워크 및 사회경제적 특성, 그리고 발전 과정 및 정책적 대처 방안 모색에 대한 연구는 비교적 제한되어 있는 것으로 보인다. 포터(Porter, 1998, 2000)는 산업 클러스터의 연구의 초점을 산업 클러스터의 외부 환경, 연계, 파급 효과, 경쟁에서 중요한 기능을 하는 지원기관 등을 분석하는 데 있다고 한다. 즉 포터는 글로벌 경제의 흐름 속에서 지역경쟁력 제고를 위해 산업 클러스터의 구성 요소에 주목하고 클러스터의 장점 및 성장 단계별 특징을 밝히고 있다. 디직(Dijk, 1994)은 산업지구와 기술 역량 제고에 대한 연구에서 기존의 경험적 연구를 종합해 산업지구의 일반적 특성을 밝히고 있다. 그리고 이삭센(Isaksen, 1998)은 글로벌 경제하에서의 개발 전략으로서 지역화와 지역산업 클러스터에 주목하고 성공적인 지역산업 클러스터의 조건을 제시하고 있다. 니즈캠프 등(Nijkamp et al., 1994: 230-233)은 지식 네트워크를 통한 지역 개발 과정을 강조한다. 그리고 그 지식 네트워크의 구체적인 실체로서 과학단지를 지적하고 그 핵심적 성공 요인에 대한 국제 비교분석을 시도하고 있다. 특히, 산-학-관 협력의 지식 네트워크의 구축을 통해 단순 생산성의 제고를 넘어서서 지역의 창조성(creativity)을 생성해 갈 수 있는 여지를 중시하고 있다. 지역의 창조성을 생성함으로써 지역 차원의 이해 관계에 연계성이 높은 생산 활동의 집적을 촉진할 가능성이 높고, 고용의 순증가나 안정성의 측면에서도 지역에 토대를 둔 토착형 기업들이 대기업의 지점 또는 지방 공장보다 나은 결과를 기대할 수 있기 때문이다. 뵈크홀트와 서리오(Boekholt & Thuriaux, 1999)의 유럽 사례 연구는 유럽의 선진국들은 기존의 금융 인센티브를 이용한 개별 기업 지원 중심의 산업정책에서 사회경제적 네트워크 및 혁신환경 조성을 통한 산업 클러스터별 경쟁력 확보를 유도하는 정책으로 정책이행이 일어나고 있음을 지적한다. 그리고 산업 클러스터 정책은 기존의 지역경제 정책과는 다르게 지역 개발 정책, 과학기술 정책, 그리고 산업정책을 포괄하는 종합적인 정책 수단이라는 점을 강조하고 있다. 세 가지 정책이 따로 따로 움직이는 것이 아니고 종합적인 관점에서 접근됨으로써 지역 실태에 토대한 지역 개발 정책, 단순한 연구개발 위주가 아닌 연구개발 결과와 산업화의 연계성이 높은 과학기술 정책, 그리고 새로운 혁신의 원천을 발굴할 수 있는 산업정책이 가능함을 지적한다.

국내 연구로서 황주성·이명호(2001)는 지식기반 경제하에서 산업 클러스터의 원리와 유형, 그리고 정부 정책적 측면을 분석하고 있다. 박종화·김창수(2001: 4-9)는 지역경제 활성화 과정에서의 산-학-관 협력의 이유로서 기술 전략적 측면, 지식 네트워크의 구축 및 확산 차원, 위험 분산 및 비용 관리 측면, 생산성 제고 측면을 지적하고 있다. 산-학-관 협력의 형태로 지식 네트워크를 형성함으로써 연구 주체 간 역할 분담은 물론이고 연구 단계별 역할 분담을 실시함으로써 시간 절약 및 생산성 향상을 가져올 수 있다는 것이다. 한성안(2002)은 개방경제 체제하에서의 지역혁신 체계 모형에 대한 연구를 시도하고 있다. 복득규 외(2003)는 국내외 산업 클러스터의 사례분석을 토대로 산업 클러스터의 발전 전략을 산업 클러스터의 지도 작성, 스타 산업 클러스터의 시범 육성, 산업 클러스터의 브랜딩, 산업 클러스터의 국제화와 연계 강화, 대학과 연구소의 역할 제고 등으로 제시하고 있다. 이근(2003)은 기술 체제의 논의를 지역혁신 체계와 지역산업 클러스터 형성에 대한 논의와 접목시키는 시론적 시도를 하고 있다. 최병호(2003)는 전통적인 지역경제 발전정책과 클러스터 접근에 기반을 둔 새로운 지역경제 발전정책을 비교 분석하고 그 결과를 바탕으로 정책적 함의를 도출하고자 시도하고 있다. 이석희(2003)는 산업 클러스터의 생산성 우위나 혁신의 잠재성 등을 기본적으로 전제하면서 전략산업 중심의 클러스터 형성 전략과 활성화 방안을 제시하고 있다.

제 2 절 산업 클러스터의 구성 요소

산업 클러스터의 구성 요소를 파악함으로써 산업 클러스터의 정의와 속성, 그리고 필요하다면 해부도의 작성이 상당 부분 가능하다. 그런데 그 구성 요소라는 것이 시간과 장소에 따라 변하지 않는 일정한 것으로 보기는 어렵다. 우선 특정 산업 클러스터의 경계라는 것이 새로운 지식과 기술의 도입으로 변화할 수 있고, 국가나 지역의 발전 정도에 따라 특정 산업 클러스터의 구성 요소가 달라질 수 있기 때문이다. 더 나아가 동일한 구성 요소라 하더라도 그 구성 요소들 간의 연계성은 특정 지역, 특정 시기에 따라 달라질 수 있을 것으로 보인다. 그런데 산업 클러스터의 구성 요소가 다양하고 시간과 장소에 따라서 변화할 수 있다는 점을 인정한다 하더라도, 그 공통적인 속성과 주요한 변형 형태에 대해서 논의하는 것은 의의가 있을 것으로 보인다. 산업 클러스터의 구성 요소를 파악함으로써 그 정의나 속성 분석이 가능하고 해부도 작성을 시도할 수 있기 때문이다.

1 산업 클러스터의 정의

포터가 자신의 저서인 『국가경쟁 우위(*The Competitive Advantage of Nations*)』(1990)에서 글로벌 경제의 흐름 속에 국가, 주정부, 지방정부 등의 경쟁력 제고와 클러스터(cluster)의 역할을 강조한 이후 클러스터라는 용어가 널리 사용되고 있다.

산업 클러스터는 네트워크를 통한 시너지 발휘를 목표로 특정 분야의 관련 기업(경쟁기업, 보완기업, 협력기업 등), 기관(대학, 연구소, 공인기관, 기업연합회 등), 그리고 지원 서비스 기업들(금융·회계·법률 등)이 모여 있는 결집체를 의미한다. 따라서 산업 클러스터는 지리적으로 인접한 관련 기업 및 기관들이 유사성(commonalities)이나 보완성(complementarities) 등으로 연결되어 있는 것이다.

포터에 따르면, 산업 클러스터의 지리적 영역은 특정 시의 한 영역에서 주정부나 연방정부, 또는 인접 국가에 이르기까지 그 범위가 다양하다. 결집체로서의 산업 클러스터는 그 내부적인 결속력과 기능적인 세분화 정도에 따라 다양한 형태를 취할 수 있다. 하지만 대부분의 산업 클러스터는 완성품 생산업체와 서비스업체를 비롯한 전문화된 원재료나 부품, 기계, 서비스 등을 제공하는 공급업체, 금융기관, 연관 산업에 속한 기업 등으로 구성된다. 또한 산업 클러스터는 대개 유통업체나 구매자와 같은 전방 산업 분야의 기업, 보완 제품의 생산업체, 전문화된 기간시설 공급업체, 전문화된 훈련이나 교육, 정보, 연구, 기술 등을 제공하는 기관(예: 대학, 싱크탱크, 직업훈련원 등) 및 공인기관(standards-setting agency), 기업협의체, 그리고 정부 등이 포함된다(김경묵·김연성 공역, 2002: 242).

그런데 포터식의 산업 클러스터 정의는 포괄성이 높지만 정작 실천적인 영역에서 명확성이 떨어지는 문제가 제기될 수 있다. 정작 정책적인 실천의 장으로서 구체적인 산업 클러스터를 파악하고자 할 때 그것의 구성 요소는 무엇인지, 어디까지를 산업 클러스터로 파악해야 하는지, 그리고 다양한 역할 주체들 간 역학 관계는 어떤 것인지가 불명료하다. 따라서 포터 역시 산업 클러스터의 정의를 밝힐 수 있는 경계 설정 내지 가치 사슬(value chain) 연결 작업이 일종의 창의적인 과정이라는 표현을 사용하고 있는 것으로 보인다(Porter, 2000: 17). 결과적으로 산업 클러스터의 구성 요소는 특정 기업이냐 기관이냐 하는 것이 초점이 아니고 연관성의 문제로 파악해야 할 것으로 보인다. 정도의 차이지만 경계 설정 내지 가치 사슬상의 상호 연관성이 강하면 동일 클러스터에 속하는 것이고 연관성이 약하면 동일 클러스터에서 배제되는 것이다.

그런데 산업 클러스터의 경계 및 가치 사슬 연계는 일정한 형태로 고정되어 있는 것이 아니고 시간과 장소에 따라 변화하는 것으로 이해해야 한다. 신기술의 발명으로 신산업이 출현하게 되면 관련 기업 및 산업들이 영향을 받지 않을 수 없게 되고, 결과적으로 관련 기관 및 지원 기업들 역시 변화하지 않을 수 없기 때문이다. 동일 국가 내에서도 가능하겠지만, 특히 경제 발전의 정도가 다른 나라들에서는 동일 산업 클러스터라 하더라도 그 구성 요소는 상당 부분 이질적일 수 있다. 예컨대, 샌프란시스코의 멀티미디어 클러스터와 구미의 멀티미디어 클러스터는 멀티미디어 클러스터라는 측면에서는 동일해도 그 내용은 상당 부분 다르다. 샌프란시스코는 하드웨어 및 소프트웨어 산업을 포괄하고 있지만 구미는 주로 하드웨어 위주의 산업으로 구성되어 있기 때문이다.

산업 클러스터 내부에 속한 기업체의 입장에서는 관련 기업과 기관들이 근거리에 위치하고 있을 뿐만 아니라 사회적 연대에 기초한 네트워크 관계에 있으므로 거래 비용의 삭감, 대면 접촉에 의한 정보 교류 및 지식 창출, 그리고 개인 및 조직 상호 경쟁을 통한 경쟁력 제고 등이 용이하다. 지역 산업의 활성화 과정에서 선택적 집중 및 집적화가 주목받고 있는 이유 중의 하나가 집중 및 집적을 통해서 산업 간의 연계성을 자연스럽게 제고할 수 있다는 것이다.[1] 동종(同種) 산업의 집적의 경우에는 국지화 경제(localization economies), 이종(異種) 산업의 집적의 경우에는 도시화 경제(urbanization economies)를 기대하고 있는 이유 역시 산업 간 연계성 제고에 상당 부분 토대를 두고 있는 것이다. 따라서 지역 산업의 활성화를 위해서는 물리적 인프라의 구축뿐만 아니라 산업 간 네트워크의 구축, 그리고 지식 및 정보를 효율적으로 창출·확보할 수 있는 시스템의 구축이 필요하다는 것을 알 수 있다(류승한, 1999: 6).

1) 우리 나라의 산업집적 정책은 부지 중심의 계획으로서 물리적 공간의 공급을 강조하는 반면 부지 내 입지한 기업 간의 네트워크 구축이나 개별 부지나 단지 내에서 유발된 효과의 지역 내 확산에 대해 소홀히 하고 있다는 점을 지적하는 견해가 있다. 협동화 단지나 벤처기업 집적시설의 경우 공간적 집적이 곧 네트워크의 발전으로 반드시 연결되는 것은 아니라는 것이다(류승한, 1999: 44-46).

2 산업 클러스터의 속성

산업 클러스터는 그 정의상 특정 분야의 관련 기업, 기관, 그리고 지원 서비스 기업들이 지리적으로 인접해 있는 결집체를 말한다. 관련 기업 및 기관들이 유사성이나 보완성 등을 토대로 그들 간에 네트워크를 형성해 시너지 효과를 발휘하고자 하는 것이다. 따라서 산업 클러스터 자체의 논의에서 기술 수준의 문제라든지 규모의 문제 또는 국가 경제의 발전 정도를 당연히 내포하는 것은 아니다. 따라서 실제로 실리콘 밸리의 IT 산업 클러스터나 보스턴 근교의 생명공학 산업 클러스터와 같이 전반적으로 기술 수준이 높을 수도 있고 또는 캘리포니아의 와인 클러스터와 포르투갈의 임산품 클러스터와 같이 상대적으로 기술 수준이 낮을 수도 있다. 독일과 스위스의 화학산업 클러스터와 같이 초국가적인 규모일 수도 있고 미술품이나 문화산업과 같이 지방 특유의 산업 클러스터로 규모가 작을 수도 있다. 그리고 산업 클러스터는 선진 산업 사회만의 전유물은 아니고 개발도상 국가의 경우에도 역시 발생하고 또한 중요할 것으로 보인다.

그런데 산업 클러스터의 정의가 특정 기술 수준이나 규모, 그리고 지역경제 및 국가경제의 발전 정도를 한정하고 있는 것은 아니지만, 특정 산업 클러스터의 속성을 그 구성 요소의 기술 수준, 규모, 그리고 지역경제 및 국가경제의 발전 정도와 별개로 논의할 수는 없을 것으로 보인다. 첫째, 산업 클러스터의 기술 수준에 따라 결집체의 네트워크 구성이나 역할 주체들 간 상호 역할 기대가 달라질 것으로 보이고, 그리고 더 나아가서 시너지가 창출되는 메커니즘이 달라질 것으로 보이기 때문이다. 둘째, 산업 클러스터의 규모 역시 크게 두 가지 측면에서 산업 클러스터의 속성 논의에서 중요할 것으로 보인다. 우선 특정 산업 클러스터의 전체 규모가 그 산업 클러스터의 시너지 효과 창출에 적지 않은 영향을 미칠 것으로 보이고, 그리고 좀 더 중요한 점은 특정 산업 클러스터의 전체 규모가 동일하다 하더라도 다수의 중소 규모 업체(SMEs)로 이루어진 것인지 또는 하나 내지 수 개의 대기업과 수직적인 연계를 맺고 있는 중소 하청업체들로 이루어진 것인지는 그 의미가 크게 다를 것으로 보이기 때문이다. 셋째, 해당 지역경제 및 국가경제의 발전 정도 역시 산업 클러스터의 속성 논의에서 중요하다. 산업 및 지역 그리고 국가의 경쟁력 제고 과정에서 점진적이고 안정적인 변화 패턴을 택해야 하는지 또는 급진적이고 불안정적인 변화 패턴을 택할 수밖에 없는지가 해당 지역경제 및 국가경제의 발전 정도에 큰 영향을 받을 것으로 보이기 때문이다.[2)]

포터(Porter, 김경묵 · 김연성 공역, 2002: 249-251, 286)는 지역의 경쟁력 제고 과정에서 산업 클러스터의 광범위한 역할이 최근에야 인식되고 부각되기 시작했다는 점을 지적하고 있다. 산업 클러스터는 각양각색의 조직 규합으로서의 역할을 수행할 수 있고, 경쟁에서 가장 큰 영향력을 행사할 수 있으며, 시장경제의 속성을 구비하고 있다는 점을 강조하고 있다. 산업 클러스터의 역할 내지 속성을 파악할 수 있으면 해당 산업 클러스터 자체는 물론이고 지역경제 전반에 걸친 생산 잠재력과 장애 요인을 파악할 수 있는 것이다. 결과적으로 산업 클러스터의 역할 내지 속성은 해당 기업, 관련 기관, 그리고 정부에 상당한 시사점을 제시할 수 있다.

산업 클러스터는 표준산업 분류 체계를 따르지 않는다(Porter, 2000: 4). 산업 클러스터는 그곳에서 산출하는 최종 제품만 초점이 있는 것이 아니고

---

2) 포터(Porter, 1998, 2000)의 일관된 주장은 글로벌 경제 등 새로운 경제 환경에서 지역이든 국가든 경제 발전의 요체는 경쟁력의 확보이고, 경쟁력의 확보는 입지적 요인이 중요하다는 것이다. 그 중에서도 특히 지역 역동성(local dynamism)에 논의의 초점을 맞추고 있다. 따라서 그는 지역 실정을 파악해서 그 지역에 이미 형성되어 있는 모든 산업 클러스터의 생산성을 높여 갈 것을 강조하고 있다. 그런데 이와 같은 주장은 얼핏 보편타당성을 갖는 것 같지만 그렇지 못하다. 왜냐하면 지난 수십 년간 한국의 조선산업, 자동차산업, 그리고 반도체산업 등의 성장과 경쟁력 확보는 거의 무(無)에서 유(有)를 창조한 형태인데 이 부분에서 기존의 산업 클러스터 접근의 설명력이 현저하게 떨어지기 때문이다. 그리고 한국은 물론이고 서구 산업 사회의 경우에도 낙후 지역(backward regions)의 문제를 해결하기 위한 급진적 변화 패러다임의 채택 및 적용시에는 기존의 산업 클러스터 접근이 제대로 효과를 발휘하기 어렵다. 그런데 메일랏과 르코크(Maillat & Lecoq, 1992)가 유럽의 지역구조 변형 과정에서 지역 내생적 요인 내지 지역 환경적 특성(role of the milieu)을 강조하고 있는 것은 포터의 주장과 맥락을 같이하는 것으로 보인다.

그 제품 생산 및 판매에 연관된 제반 원료, 기기, 서비스 그리고 유관 단체, 학계, 정부까지를 포괄적으로 바라보는 체계적 관점을 채택하고 있기 때문이다. 복득규 외(2003: 25-26)의 최근 연구를 보면, 해외 성공 산업 클러스터를 대학·연구소 주도형, 대기업 주도형, 창작자 주도형, 지역 특산형, 실리콘 밸리형 등으로 구분하고 있는데, 이는 산업 클러스터의 속성이 그만큼 다양하다는 점을 반영하는 것이다.

산업 클러스터가 경쟁력을 가지는 것은 기본적으로 해당 기업의 경쟁력뿐만 아니라 관련 기업 및 기관 간에 발생하는 외부 경제 효과 내지 긍정적인 파급 효과 때문이다. 따라서 산업 클러스터는 구성 요소들의 단순 집적 효과 이상을 기대하는 구성 요소들 간의 가치 사슬 연계 시스템의 속성을 가지고 있다.

산업정책에서 산업 클러스터 내지 공간적 집적의 중요성이 증가하게 된 여건 변화로서 다음 세 가지 사항이 지적된다(류승한, 1999: 18-19). 첫째, 기업 간 경쟁의 심화 등으로 시장 수요의 변화에 대한 신속한 대응(예: 부품과 원료 공급 등)이 요구되고 있다. 둘째, 경제의 세계화가 진행되고 특정 제품 생산에서의 부가가치 창출원이 범세계화됨에 따라 개별 국가와 지역은 가급적 지역 내에서 생산을 완결함으로써 지역 내 부(富)의 지역 외 유출을 막고자 하는 경향을 보인다. 셋째, 기술혁신, 특히 점진적 혁신의 중요성이 점차 증가하고 있다는 것 등이다.[3]

그런데 새로운 환경 변화 속에서 첨단 산업 클러스터가 바람직하게 보인다고 해서 아무 곳이나 모두 첨단산업 클러스터의 입지 대상지로 육성하기는 어려울 것이다. 한정된 자원을 효과적으로 사용하기 위해서는 잠재적인

3) 기술혁신은 급진적 혁신과 점진적 혁신으로 구분할 수 있다. 전자는 컬러 TV의 발명이나 수치 제어기의 발명 등과 같이 신제품이나 신공정의 도입을 의미한다. 이에 비해 점진적 혁신은 기존 제품과 공정의 개량과 관계된 것이다. 신고전 경제학은 전통적으로 급진적 혁신을 주관심의 대상으로 삼아 왔으며 지속적인 혁신에 대해서는 큰 관심을 두지 않아 왔다. 그러나 넓게 볼 때 기술은 단순히 기계나 도구의 문제만은 아니다. 기술과 혁신은 제품의 질이나 디자인, 사용하는 재료의 질과 유형, 생산조직, 최종재의 포장 등과도 관련되는 것이다. 즉, 기술은 고정된 것이 아니라 지속적으로 변화하는 것이며, 이를 통해 생산비의 차별과 생산성의 증대가 가능해지는 것이다(Dijk, 1994; 류승한, 1999: 18-19 재인용).

능력을 포함해 지역 실정에 맞는 산업 클러스터를 파악하고 해당 산업 클러스터 구성 요소들 간의 연계성 제고 및 관련 기업과 기관들의 집적 형태가 나타나도록 지원 내지 육성하는 방안이 효과적일 것으로 판단된다.[4)]

3 산업 클러스터의 해부도

산업 클러스터 분석의 의의 중 하나는 특정 산업이 경쟁력 확보 및 가치 창출 과정에서 관련 기업 및 기관들과 어떻게 연계되어 있는지를 밝혀 주는 것이다. 흡사 유능한 외과의사가 촉진(觸診)뿐만 아니라 X-ray나 MRI 장치를 통한 필름을 판독함으로써 환자의 건강 상태를 심층적으로 진단하듯이 산업 클러스터의 분석 역시 그 클러스터의 구성 요소들 간 연계 고리(가치 사슬)를 밝혀 줌으로써 특정 산업의 생산 연계 고리, 생산 잠재성, 그리고 장애 요인 등을 좀더 명료하게 제시할 수 있게 되는 이점이 있다. 결과적으로 정책적 대응은 물론이고 내부 기업 및 기관들의 협력 효과성을 제고할 수 있다. 클러스터의 구성 요소를 연계 고리 형태로 파악하는 작업을 포터(Porter, 김경묵·김연성 공역, 2002: 242-243)는 네 단계로 제시하고 있다. 첫째, 거대 기업이나 유사 기업의 구심점을 선정해, 그 기업이나 산업의 전후방 가치 사슬을 점검한다. 둘째, 동일한 유통 채널의 채용 여부, 상호 보완적인 제품이나 서비스의 공급 여부 등을 기준으로 산업의 수평 사슬을 분석한다. 셋째, 전문 기능, 기술, 정보, 자본, 기반 시설 등을 공급하고 있는 기관과, 클러스터 회원들이 참여하고 있는 모든 형태의 단체를 선별해 낸다. 넷째, 클러스터 회원들에게 커다란 영향을 미치고 있는 정부 혹은 규제기관을 도출한다.

---

4) 역사적 우연성 내지 행운성 및 단순 복제 불가능성에 대해 여러 주장들이 제기되고 있다. 로저스와 라슨(Rogers & Larson, 1984, 류승한, 1999:17 재인용)은 실리콘 밸리가 캘리포니아 주 산타클라라 외의 다른 장소에서, 또 원래의 시기와 다른 시기에 형성될 수 있었는가에 대해 부정적인 의견을 제시하고 있다. 그들의 추론에 의하면, 실리콘 밸리의 성공은 반도체 제품과 그것이 지향하는 기술혁신의 시기에 땅의 혜택과 행운이 제대로 맞아 떨어졌기 때문이다.

이와 같은 산업 클러스터 해부도 작업은 사회 현상에 대한 도식화 작업에서 흔히 그렇듯이 초기 분석 단계에서는 미흡한 점이 상당 부분 발생할 수 있다. 하지만 실제 적용 및 분석 과정에서 획득되는 추가적인 정보를 계속적으로 기본 해부도에 대입함으로써 초기 분석 단계의 미비점을 비교적 용이하게 보완 및 수정할 수 있다.

이와 같은 과정을 통해 형성되는 특정 산업 클러스터의 해부도는 그 성격상 명료성과 공개성이 높기 때문에 흡사 자연과학에서의 실험 결과와 같이 기본적인 자료로서 활용될 수 있다. 포터(Porter, 1998: 79-80)의 캘리포니아 와인산업 클러스터의 해부도 분석이나 이탈리아의 가죽패션 산업 클러스터의 해부도 분석 등은 해당 산업 클러스터에서 관련 기업 및 기관, 그리고 정부 등의 가치 사슬의 고리를 파악하는 데 상당히 기여하고 있는 것으로 알려져 있다.

제 3 절 산업 클러스터의 생산성

그 정의상 산업 클러스터는 기본적으로 특정 산업 분야의 관련 기업, 기관, 정부 등의 지리적 결집체를 의미한다. 그렇다면 그 결집체는 내재적으로 생산성 우위를 가지고 있는지 또는 특별한 처방이 덧붙여져야 생산성 우위를 발휘할 수 있는지가 의문점으로서 제시될 수 있다. 그리고 산업 클러스터는 혁신의 필요성 및 혁신 기회 인식 측면에서 잠재적 우위를 가지고 있는지의 여부 역시 관심의 대상이 될 수 있다. 따라서 여기서는 산업 클러스터의 생산성 논제를 산업 클러스터의 생산성 우위성 측면, 산업 클러스터의 혁신 잠재성 측면, 그리고 산업 클러스터와 사회자본 형성 측면으로 나누어 검토하고자 한다. 산업 클러스터는 관련 주체들 간의 네트워크와 시너지 효과 발휘를 지향하고 있는데, 이는 경제 활동의 사회적 관계 내지 사회적 착근성(着根性)과 불가분의 관계에 있기 때문이다.

1 산업 클러스터의 생산성 우위성

베버(A. Weber)나 뢰쉬(A. Lösch)의 고전적 비용이론은 규범적인 차원에서의 합리적인 선택이론이고 비용을 줄임으로써 수익을 최대화하는 측면에 초점을 두고 있었다. 입지이론은 그 이후 많은 진전이 있었지만 기본적으로 정태적인 측면에서의 비용 최소화 과정이란 측면에서는 별반 대차가 없었다고 볼 수 있다. 수송비에서의 강점, 노동·자본 등 생산 요소의 비교우위, 규모의 경제 측면에서 집적 효과 등이 계속 강조되어 왔다. 따라서 제한된 여건 속에서 자원의 집약적 이용 및 규모의 경제 효과 창출을 위해 계열화 형태의 수직적 통합의 기업구조가 지배적인 기업구조로 부각되어 왔다. 그런데 글로벌 경제로의 진전과 함께 사회경제 질서가 아주 역동적으로 변함에 따라 수직적 통합 형태의 기업구조는 능률성뿐만 아니라 효과성이나 유연성 면에서도 취약점을 드러내는 것으로 알려지고 있다. 글로벌 경제로의 흐름은 생산 요소 시장의 능률성을 제고함으로써 생산 요소에 대한 접근성을 높여 주었지만, 구매자와 공급자, 그리고 관련 기업 및 기관들의 연계성 제고의 한계를 풀어 주지는 못했다. 오히려 권위의 제약(authority constraints) 및 능력의 제약(capability constraints) 측면에서 특정 지역의 영향력을 더 확대시켜 나가는 경향을 보여 주고 있다.

생산성은 기본적으로 노동이나 자본 등의 투입 단위당 창출되는 가치의 정도를 말한다고 볼 수 있는데, 투입 요소는 개별적으로 작동한다기보다 대개 결합적으로 작동하는 것이다.5) 결합되는 요소가 양질이면 양질일수록 결합하는 요소의 한계생산성이 높아지게 되는 것이다. 따라서 그 투입 요

---

5) 개별 산업 클러스터 내에서의 생산성 우위가 발생하는 이유로서 포터(Porter, 2000: 21-23)는 전문화된 요소 및 종업원에 대한 접근성, 정보 접근성, 보완성, 기관 및 공공재에 대한 접근성, 그리고 인센티브와 업적 측정성 등을 지적하고 있다. 산업 클러스터의 속성상 관련 기업 및 기관 등은 지리적 인근성 등으로 인해 유사한 지리적·사회문화적·제도적 조건하에 있기 때문에 유사한 수요와 공통 관심사를 통한 접근성 및 보완성 등으로 상호간 협력 기회가 높을 것으로 보인다.

소가 입지하고 있는 장소의 경쟁력이 중요하게 된다. 첨단 광통신망이 부설되어 있지 않은 곳이나 관련 인력의 조달이 용이하지 않은 곳에서는 정보통신사업과 관련 서비스산업이 발전하기 어렵다. 즉 장소의 번영이 그 곳에 입지하고 있는 기업의 번영을 촉진하고 그 역도 또한 마찬가지인 것이다. 첨단기술 산업의 입지 패턴을 설명하는 이론으로서 지역조직 형태의 노후화 가설(hypothesis of the obsolescence of certain forms of territorial organization)이나 지역 다이너미즘 가설(territorial dynamism hypothesis) 등이 제기되고 있는 것도 동일한 맥락에서이다. 산업 클러스터에서도 산업 클러스터의 특성별로 생산성 차이가 발생하게 되리라는 것도

[그림 5-1] 지역생산성 우위의 원천

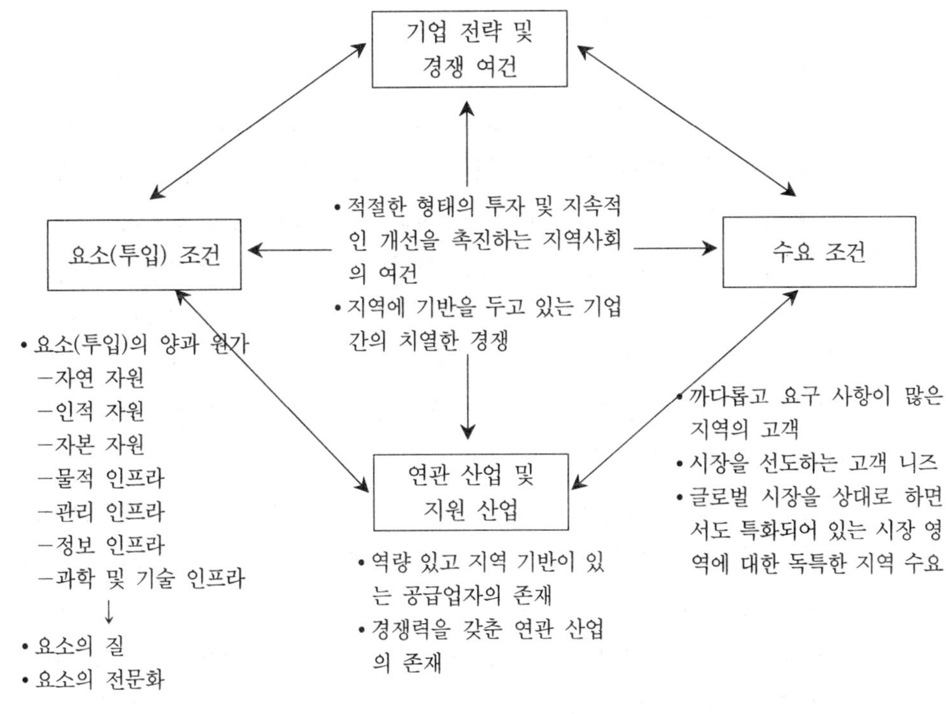

자료: Porter(2000: 20).

동일한 맥락에서 설명이 가능하다. 연구기관이 강한 산업 클러스터가 있는 반면에 금융이나 회계 등의 지원 기업이 강한 산업 클러스터가 있는 것이다. 따라서 지역별 산업 클러스터의 생산성 내지 경쟁성을 더욱 포괄적으로 나타낼 수 있는 분석 틀이 필요할 것이라는 것을 논리적으로 추론할 수 있는데, 여기서 포터의 다이아몬드 모델이 지역생산성 우위를 설명하는 모델로서 유용하다.

[그림 5-1]은 생산성을 결정하는 연결 고리들을 요소 조건, 연관 산업 및 지원 산업, 수요 조건, 그리고 기업 전략 및 경쟁 여건으로 구분해 도식화한 것이다. 우선 제반 투입 요소의 효율성, 질, 그리고 전문화 정도가 생산성 우위를 설명하는 주요 변수이다. 그런데 글로벌 경제하에서는 일반적인 투입 요소의 거래는 원활하지만 질적 수준이 높은 투입 요소와 전문화의 정도가 높은 투입 요소의 거래는 원활하지 않은 것으로 알려져 있다(박종화 · 김창수, 2001: 981-982). 결과적으로 지역산업 클러스터별로 투입 요소의 특화를 통한 생산성 향상이 긴요할 것이라는 것을 알 수 있다. 그런데 지역산업 클러스터별 투입 요소의 특화는 그 자체만으로 완결되는 것이 아니고 역량 있는 연관 산업 및 지원 산업의 존재가 중요하다. 수직적 계열화의 관리 경직성 단점을 피하면서 국지화 경제 효과 등을 향유하기 위해서는 경쟁력 있는 연관 산업 및 지원 산업의 존재가 필수불가결하기 때문이다. 그리고 상품의 부가가치가 단순한 기능을 넘어서서 고객의 문화 욕구나 감성 욕구를 충족시키는 과정에서 대부분 결정되는 후기산업사회에서는 까다롭고 독특한 지역 수요가 차별화된 상품과 서비스를 창출하는 과정에서 더욱 중요하게 된다.

특정 산업 클러스터 내 개별 기업이 어떠한 경쟁 여건에 직면하고 있는가가 또한 지역생산성 우위에 중요하다. 지역에 기반을 둔 기업들 간의 치열한 경쟁 속에서 탄생한 재화와 서비스는 원가 경쟁력뿐만 아니라 혁신에 토대를 둔 재화와 서비스 자체의 차별화로 이행할 가능성이 높기 때문이다. 그리고 그 과정에서 적정 수준의 투자 및 지속적인 개선을 촉진하는 법적 · 제도적 규정, 인센티브 등 지역사회의 여건이 주요 변수가 된다. 구 산업도시에서 첨단산업이 자리를 잡기 어려운 요인으로 지적되는 강력한 노동조합 등으로 인한 노동시장의 경직성, 낡은 조직구조 등은 전형적으로 부정적인 경쟁 여건이 될 수 있다.

2 산업 클러스터의 혁신 잠재성

산업 클러스터의 생산성 우위는 궁극적으로 해당 산업 클러스터의 혁신 잠재성과 상호 연결되어 있다. 포터의 다이아몬드 모델상의 지역생산성 우위의 원천인 요소 조건, 연관 산업 및 지원 산업, 수요 조건, 그리고 기업 전략 및 경쟁 여건 등을 통한 지역경쟁 압력은 해당 산업 클러스터 내 기업들에게 단순 원가 절감이 아닌 혁신을 요청할 것이고, 동시에 해당 산업 클러스터는 이와 같은 혁신 요청을 효율적으로 수용할 수 있는 내재적 특징을 흔히 가지고 있기 때문이다.

우선 투입 요소 조건에서 관련 신규 사업 수행에 필요한 인적 자원의 확보가 용이하고 전문화된 기술과 정보 획득 역시 산업 클러스터의 외부 실체에 비해서 유리한 입장에 있다. 그리고 기존 생산 공정에서의 혁신이 필요한 경우에도 지리적으로 근접한 관련 기업 및 지원기관 등의 보완적 역할을 기대할 수 있다. 개별 기업의 입장에서 혁신이 지금 필요한지의 여부와 혁신 기회의 포착 여부 등은 진공 속에서 이루어지는 것이 아니다. 연관 산업의 행태에 대한 끊임없는 관찰, 까다로운 고객의 존재와 수요 변화에 대한 신속한 반응, 지원기관의 역량, 그리고 지역사회의 여건 등이 어우러져 가능한 것이다. 특정 산업 분야에서 새롭게 부상하고 있는 기술, 공정, 관리 및 마케팅, 그리고 물류 정보 등을 신속하게 파악하고 경쟁 기업보다 한 발 앞서서 채택하기 위해서는 지속적인 관찰 및 학습, 도전적인 기업정신 및 전체적인 상황에 대한 파악이 필요 조건인데, 그 필요 조건은 산업 클러스터 내에서 충족시키기가 쉽다.

수직적 통합 형태의 기업은 공정 특성상 신기술이나 신공정을 부분적으로 채택할 때 상당한 내부 자산을 무용지물로 만들 가능성을 안고 있다. 따라서 부분적으로 신기술이나 신공정 방식이 개발되었다 하더라도 그 혁신을 내부화하는 데 장애가 따를 수 있다. 하지만 다양한 중소 규모 업체들(SMEs)로 이루어진 산업 클러스터 내의 개별 기업들은 신기술이나 신공정의 채택에 따른 기술혁신의 위험 부담 비용을 줄일 수 있는 이점이 있다.[6]

그런데 산업 클러스터 내부의 기업들이 언제나 혁신 잠재성이 높은 것은 아니다. 산업 클러스터 역시 성숙기에 접어들고 제도적 고착성(institutional lock-in) 등의 함정에 빠지게 되면 변화의 필요성을 가로막는 장애 요인과 무사안일의 피해를 입을 수 있다. 시장 변화나 환경 변화에 대한 적응력을 상실할 경우 과거의 행위를 강화시키고 새로운 사고를 억압하는 경직성을 초래할 수 있기 때문이다. 산업 클러스터 내 역할 주체들 간의 네트워크가 폐쇄적으로 발전하게 되면 네트워크 내의 역할 주체들 간에 암묵적 지식의 전달 및 학습은 가능하겠지만 새롭고 이질적인 지식에 대한 접근성을 제약하게 되는 문제점을 초래하게 된다. 이와 같은 사례를 글라스메이어(Glasmeier, 1991: 469-485)는 스위스 시계산업의 경쟁력 부침 과정을 통해 설명하고 있다. 값싸고 정확한 전자 시계산업으로의 이행 흐름을 감지하지 못하고 전통적인 생산 방식에 집착했던 스위스 시계산업은 한동안 엄청난 경영상의 어려움에 직면하게 되었던 것이다.

3 산업 클러스터와 사회자본 형성

산업 클러스터의 정의와 같이 특정 분야의 연관 기업과 기관, 정부 등이 지리적으로 인접한 곳에 집중 입지하게 되면 나름대로 새로운 경제적 가치를 창출할 잠재력이 생기는 것이 사실이다. 대면적인 접근성(face-to-face contacts)과 개인 및 조직 상호간의 네트워크 작용 등으로 가치 있는 비공

6) 기술혁신이나 공정혁신 과정에서 부분적이고 점진적인 혁신 과정과 전반적이고 급진적인 혁신 과정을 구분할 필요가 있을 것으로 보인다. 신물질의 개발이나 신약의 발명 등을 지켜보면 수직적인 통합 형태의 대기업 구조가 갖는 장점 또한 무시할 수 없다. 대규모의 R&D 투자 능력과 긴 회임 기간을 지탱할 수 있는 여력 등은 특히 개발도상 국가들의 중소 규모 업체들의 결집체가 가지기 어려운 장점이기 때문이다.

식 정보나 전문정보에 대한 접근성을 제고할 수 있고 투입 요소 간 보완성 및 제품 간 보완성을 기대할 수 있기 때문이다.[7] 더 나아가서 유사한 기능을 수행하는 업체 간에 내부 활동 성과측정이 용이해지고 전문화된 투입 요소에 대한 접근성 또한 제고할 수 있다. 하지만 집중 입지한다는 것만으로는 이와 같은 상황에 대한 필요 조건으로서는 몰라도 충분 조건이 되는 것은 아니다. 연관 기업, 기관들, 그리고 정부 등이 상호 신뢰의 토대 위에서 경쟁하고 협력하는 사회적 자본의 형성, 그리고 그들 간의 네트워크의 구축이 긴요하다. 따라서 산업 클러스터 내 공식·비공식 조직 운영 메커니즘과 역사적·문화적 토양 등이 중요하게 되는 것이다.

사회적 자본은 인적 자본이나 물적 자본과는 달리 관계자들 간의 사회적 관계 내지 사회적 착근성을 토대로 형성되는 특수한 자본 형태로서 기본적으로 집합재적 속성을 가진다. 집합재의 속성상 경제적 거래 행위가 작동하기 어렵지만 사회자본은 엄연한 자본의 한 형태로서 생산 및 유통 과정에서 관련 정보 및 자원 흐름의 원활화, 학습 기회의 확대, 거래 비용의 감소, 그리고 불확실성의 축소 등에 기여할 수 있다. 박종화와 Han Sun Sheng(2001: 16-19)은 네트워크 구축 및 사회적 자본 형성 과정에서 지방정부의 역할을 중개자의 역할, 지원자의 역할, 조정자의 역할, 그리고 형성자의 역할 등으로 정리하고 있다.

제 4 절 산업 클러스터의 발전 과정

몇몇 산업이 특정 지역에 집중하는 현상은 오래 전부터 있어 왔던 일이다. 따라서 산업 클러스터도 오래 전부터 하나의 경제 현상으로 존재해 왔다고 보아야 할 것이다. 하지만 산업 클러스터의 역할을 특별히 언급할 만

---

7) 제품 간 보완성의 예로서 와인산업과 관광업의 보완성, 호텔업과 공항 및 기타 여객 시설의 보완성 등을 들 수 있다.

큼 산업 클러스터가 광범위한 현상은 아니었다고 볼 수 있다. 그러다가 근대 경제의 복잡성과 세계화의 흐름 등과 함께 산업 클러스터의 결속력도 높아지고 그 수도 확대되었다고 볼 수 있다. 산업 클러스터 관련 이론은 사실 마셜(A. Marshall)의 『경제원론(*Principles of Economics*)』(1890)에서 특정 산업입지의 외부성(externalities of specialized industrial locations)이란 형태로 처음 언급되었지만, 20세기 후반부에 이르기까지 학문적인 영역에서의 관심은 저조했던 것으로 보인다.

하지만 글로벌 경쟁에서 생산성 제고와 혁신에 토대한 지속 가능한 경쟁우위가 지역적인 토대 위에 전문화된 기능과 지식, 기관, 경쟁자, 연관 산업, 해당 지역에 거주하고 있는 까다로운 고객 등의 집중으로 확보된다는 '입지의 역설(location paradox)'이 강조되면서 산업 클러스터가 새롭게 주목받게 된 것으로 보인다. 표준화된 투입 요소, 정보, 기술 등은 세계화를 통해 상대적으로 쉽게 조달되지만 진정한 경쟁력은 지역에 토대를 두고 있다고 보는 것이다. 세계 전역의 자원 조달과 의사 소통은 글로벌 경제에서 사실상 거의 누구나 가능하기 때문에 약점을 중화시킬 수는 있지만 우위를 창출하는 데는 한계를 가지고 있기 때문이다(Porter, 1998, 2000).

여기서는 산업 클러스터가 유기체와 같이 진화를 하는지, 그리고 생성, 성장, 쇠퇴의 과정은 무엇인지 등을 개별 국가의 발전 정도와 지역적 상황, 그리고 산-학-관 협력과 연계해서 논의하고자 한다.

1 산업 클러스터의 유기체적 속성

산업 클러스터를 네트워크를 통한 시너지 효과 발휘를 목표로 특정 지역에 형성된 특정 분야의 관련 기업 및 기관들의 결집체라고 할 때, 그 결집체가 어떤 실체인지를 밝힐 필요가 있다. 외부적인 자극에 대한 반응이 없는 무생물과 같은 것인지 또는 외부적인 자극에 대해 선택적인 반응을 하는 살아 있는 유기체와 같은 것인지를 분별할 필요가 있다. 만약에 무생물과 같은 것이면 생성 및 성장을 위한 적절한 자극과 인센티브 부여가 의미가 없게 되기 때문이다.

산업 클러스터는 정태적으로 고정되어 있는 무생물과 같은 실체는 아닌 것으로 보인다. 신기술이나 신공정이 생산 현장에 받아들여지게 되면, 기존 기업은 그 기술과 공정을 도입해 발전적으로 적응해 가든지 또는 쇠퇴하게 된다. 그런데 그와 같은 관계는 산업 클러스터 내 특정 기업뿐만 아니라 관련 기업 및 기관까지 영향을 미치게 되고 결과적으로 해당 산업 클러스터의 구성 요소와 경계까지 변화시키게 된다. 물론 그와 같은 변화 과정에 정부의 규제정책이나 지원정책이 영향을 미치는 것 또한 사실이다. 즉 산업 클러스터는 외부의 환경 변화와 끊임없는 상호 작용을 통해 진화해 가는 살아 있는 유기체의 모습을 보여 주고 있는 것이다.

카펠로(Capello, 1999)의 단순 집적지에서 혁신지구로의 산업지구별 발전 단계 모형은 기본적으로 산업지구의 유기체적 속성에 바탕을 두고 있는 것이다.[8)]

2 산업 클러스터의 생성, 성장, 쇠퇴

전통적으로 개별 생산자의 입지 결정은 이윤 극대화, 비용 최소화, 불확실성의 감소, 창업주의 출신 배경, 그리고 판매 극대화와 만족화 등의 가설로 설명되어 왔다(박종화, 2002: 49-65). 그런데 산업 클러스터의 경우 시너지 효과 발휘, 지역 네트워크, 결집체 등이 중요하므로 단순히 개별 생산자의 입지 결정 행태만으로 산업 클러스터의 생성 요인을 설명하기에는 무리가 따른다. 그렇다고 해서 개별 생산자의 입지 결정을 설명하는 가설들이 산업 클러스터의 생성 요인과 별개로 존재한다고 볼 수도 없다. 상대적인 비중의 문제이지 최초의 입지 결정 과정에서 이윤 극대화, 비용 최소화,

8) 카펠로(Capello, 1999)는 국지화, 네트워킹, 착근성, 혁신 시너지, 집합적 학습 등의 핵심 요소들의 형성 정도에 따라 산업지구를 단순 집적지, 전문화지구, 산업지구, 학습지구, 혁신지구의 5단계로 구분하고 있다. 하지만 산업지구가 이러한 발전 단계를 언제나 순차적으로 모두 거치는 것은 아닐 것으로 보인다.

불확실성의 감소, 창업주의 출신 배경, 그리고 판매 극대화와 만족화 등이 전적으로 무시되는 경우는 없을 것이기 때문이다. 결과적으로 여러 가지 새로운 요인들을 포함해 복합적인 요인들이 산업 클러스터의 생성에 영향을 미쳤을 것으로 보인다. 예컨대, 실리콘 밸리의 IT 산업 클러스터는 스탠퍼드대학 등의 전문 연구 기능과 우수한 인력, 핵심 역할 주체들의 미래에 대한 비전과 실천력, 쾌적한 기후와 양호한 삶의 질, 고액의 국방비 지출, 그리고 덧붙여 역사적 우연성과 땅의 기회 등이 맞물려 생성되었을 가능성이 높다. 그런데 역사적 우연성을 무시할 수는 없지만 우연만으로 산업 클러스터의 생성을 설명하는 데는 한계가 있을 것으로 보인다. 겉으로 보기에는 우연한 것으로 보이는 사건도 대개 지역적 토대를 가지고 있는 경우가 대부분이기 때문이다.

산업 클러스터가 일단 생성되었다고 한다면 그 다음 의문점은 이와 같은 산업 클러스터는 가만히 놔두어도 저절로 발전하게 되는지에 대한 의문이다. 포터의 다이아몬드 모델이 시사하는 것처럼 그 관계는 상당 부분 자기강화적인 과정을 겪을 것으로 보인다. 다만 그 성장의 정도가 어느 정도냐 하는 것은 그 관련 주체들의 연결성의 정도와 자극에 대한 상호 수용성의 정도에 달려 있을 것으로 판단된다.

좋은 가정에서 태어난 건강한 아기는 자신이 얻을 수 있는 외적인 정보 및 에너지를 섭취해서 지적인 성숙은 물론이고 육체적인 성장을 원만하게 이루어 나가듯이, 지역적인 여건이 양호한 곳에서 생성된 성장 잠재력이 있는 산업 클러스터 역시 그 산업 클러스터의 잠재력을 예상하고 진입하는 전문 공급업체, 관련 기업 및 기관들의 도움으로 좀더 원숙한 상태로 발전할 수 있다. 이와 같은 과정 속에서 진취적인 기업가는 기회를 포착하고 그곳에 관련 사업을 펼치게 된다. 이와 같은 흐름을 감지한 다양한 전문 생산자 서비스 기관들 역시 이와 같은 과정에 동참하게 되고, 전체적인 성장 과정이 자기 강화적인 과정이 될 수 있다.

그와 같은 자기 강화적 과정에서 정부 정책적 조치가 언제 가시화할 것인가는 다양한 변수에 영향을 받을 것으로 예상되지만, 그렇다고 해서 그 흐름에 역행하는 조치가 나타날 가능성은 높아 보이지 않는다. 글로벌 경제하에서 지역의 경쟁력을 손상시키는 쪽으로 정부정책이 채택될 가능성은 정책적인 오류의 경우를 제외하고는 지극히 낮을 것이기 때문이다. 오히려 발전된 산업 클러스터는 글로벌 경제로의 이행을 기회의 확대로 인식하고 적극적으로 정부정책을 글로벌 경제 환경에 부응하도록 변화시키기 위해 노력하게 될 것이다. 다만 산업 클러스터의 질적 성숙이 단시간 내에 이루어질 것으로는 보이지 않는다. 전문화된 노동 수요에 반응할 수 있는 노동 인력의 양성에도 교육 기간만 대략 20년에서 30년이 소요되듯이 적어도 20년 이상의 시간이 소요될 것으로 예상된다.[9]

그리고 유기체적인 속성을 가지고 있는 산업 클러스터는 생성과 성장의 과정만 겪는 것이 아니라 불가피하게 쇠퇴의 과정도 맞이할 것으로 보인다.[10] 어느 지역, 어느 산업 클러스터도 지속적인 성장만 계속할 수는 없다. 쇠퇴는 크게 산업 클러스터 내부적인 요인에 따른 경우와 외부적인 요인에 따른 경우, 그리고 이 양자의 복합 요인에 따른 경우로 크게 나눌 수 있다. 산업 클러스터의 생산성 우위는 내부 역할 주체들의 경쟁력에 토대를 둔 결합성・보완성・연계성 등에 기인한 것인데 스스로 경쟁력 저하를 초래할 수 있는 기업 담합, 카르텔, 통합 등의 좀더 안이한 경영 전략을 추구하는 경우에는 그 산업 클러스터는 장기적으로 쇠퇴하게 된다. 그리고 그 관계는 기업 간에만 한정되는 것이 아니고 기업과 정부 간에도 마찬가지이다. 기존 업체에게 유리한 각종 규제를 도입한다든지 하여 산업 클러스터 자체의 탄력성과 유연성을 저하시키게 되면 궁극적으로 혁신의 잠재적 기회를

---

9) 카스텔스와 홀(Castells & Hall, 1994)은 클러스터가 제대로 작동하는 생태계가 형성되기 위해서는 대략 20년 이상의 기간이 소요될 것이라고 한다. 실리콘 밸리와 할리우드는 60년 이상, 스웨덴의 시스타는 25년의 기간에 걸쳐 형성된 것으로 지적되고 있다.

10) 카펠로(Capello, 1999)는 산업지구의 생성, 성장, 그리고 쇠퇴 과정에 대해 단계별 접근 방식을 제시하고 있다. 단순 집적지가 국지화 경제를 형성하면 전문화지구가 되지만 그렇지 못하면 단순 다양화지구(diversified area)에 머물게 된다. 전문화지구가 네트워킹과 착근성의 요소를 갖추고 있으면 산업지구가 되지만 그렇지 못하면 시너지 효과를 창출하기 어려운 전문화지구(specialized area with atomistic competition)에 머물게 된다. 그리고 산업지구 역시 역할 주체들 간 혁신 시너지를 창출할 수 있으면 학습지구로 전이할 수 있지만 그렇지 못하면 정태적 능률성에 만족하는 산업지구(industrial district based on static efficiency)에 머물게 된다.

제한하게 되고 생산성 역시 낙후하게 된다.

신기술이나 신공정, 그리고 신수요의 도래를 적절히 수용하지 못한 산업 클러스터가 생산성 우위를 다른 곳에 상실해 버리고 도태하게 되는 경우는 외부적 요인에 의한 산업 클러스터의 쇠퇴로 볼 수 있다. 반도체 기술의 도래를 간과하고 진공관 생산에 집착하는 경우나 신소재의 개발 흐름을 감지하지 못하고 아이언 골프채에 머무름으로써 산업 현장의 주무대에서 사라지게 되는 경우 등이 전형적인 사례이다.

엔라이트(Enright, 1998)는 산업 클러스터의 생성, 성장, 쇠퇴 과정은 기본적으로 내외적 요인의 결합에 의해서 결정되는 것이라는 점을 강조하고 있다. 그는 산업 클러스터의 생성, 성장, 쇠퇴 과정은 해당 지역의 환경이 제공하는 제반 압력, 인센티브, 그리고 내외적 자원에 의해서 결정되는 것이 아니겠느냐고 주장한다. 결국 개별 기업의 생존 및 발전 전략도 산업 클러스터 내에서의 기업 간의 전략적 상호 의존, 정보의 흐름, 경쟁과 협력의 공존 구도 속에서 영향을 받게 될 것이라고 보고 있다.

3 산-학-관 협력의 필요성

산업 클러스터는 일정한 지리적 영역에서 경쟁 관계이자 협력 관계인 기업과 기관들의 결집체를 말한다. 결집체로서의 산업 클러스터가 외부 환경의 변화, 특히 글로벌 경제로의 이행 추세와 함께 국가 및 지역의 경쟁력 확보 과정에서 주요 대상으로 부각됨에 따라 선진 산업 사회는 물론이고 개발도상 국가에 이르기까지 산업 클러스터의 형성 및 개발의 중요성이 강조되고 있다. 이와 같은 흐름은 국가경쟁력 제고 과정과 지역경쟁력 제고 과정에 새로운 시각을 부여하고 있으며, 특히 글로벌 경제하에서 지역 경쟁력 확보에 골몰하고 있는 지역 기업 및 기관, 대학 등 전문 연구기관, 그리고 지방정부에 새로운 기여와 역할을 요구하고 있다.[11]

---

11) 복득규 외(2003: 338-339)는 산업 클러스터 구성 주체들의 역할을 비전 제시자(vision provider), 시스템 통합자(system organizer), 그리고 전문요소 공급자(specialized sup-

우선 산업 클러스터의 형성 및 발전정책은 정부의 산업정책에 새로운 비전을 제시하고 있다. 기존 산업정책은 거의 예외 없이 특정 지역에 대한 차별화된 선택을 내재하고 있는 공간 경제정책이므로, 지역 간에 경쟁을 진작시키는 것이 아니라 경쟁을 왜곡하기 쉽다. 특히 개발도상 국가의 산업정책은 자국 내 유치산업을 보호·육성하기 위해 국내 관련 투자의 선별적인 허가, 보조금의 제공, 그리고 외국인 직접 투자의 제한 등과 같은 방어적 보호정책을 채택한다. 그런데 그와 같은 산업정책이 전적으로 정당성이 없는 것은 아니지만 흔히 남용되기 쉬운 문제가 있다. 하지만 지역산업 클러스터의 형성 및 발전정책은 지역의 경쟁력을 높임으로써 개별 기업의 생산성을 높이고, 개별 기업의 생산성을 높임으로써 지역산업 클러스터 및 지역 자체의 경쟁력을 제고하고자 하는 것이므로 기존의 산업정책과는 큰 차이가 있다. 하지만 산업 클러스터 역시 질적으로 성숙하고 경쟁력을 높여가기 위해서는 산업 클러스터 내부 역할 주체들 간의 경쟁과 협력을 통한 생산성 제고가 불가피하게 된다. 그 과정에서 지역산업 클러스터 내부 자원의 결집도와 효율성을 제고하기 위해 분업형 네트워크 형태의 산-학-관 협력이 필요하게 된다(박종화·김창수, 2001: 980-985).

산업 클러스터는 성숙 단계로 진전하면 할수록 산업 클러스터별로 전문화된 기반 시설, 각종 훈련 및 학습 기회, 클러스터 특정 정보 및 기술의 축적, 관련 협회 및 조합, 지역 포럼, 그리고 클러스터 브랜딩(cluster branding)에 이르기까지 각종 공공재 내지 준공공재를 생성하게 된다. 이들 공공재 내지 준공공재에 대한 접근성은 개별 기업뿐만 아니라 산업 클러스터 자체에도 이익을 가져오는 정합(positive sum)의 결과를 초래할 수 있다. 정합의 결과를 초래하는 공공재 내지 준공공재의 생성 과정에서도 산-학-관 협력이 필수적인 것으로 지적되고 있다(박종화·김창수, 2001: 980-985).

---

plier)로 구분하고 있다. 비전 제시자는 기초 기술과 원천 기술을 개발하고 산업의 발전 방향이나 지역의 발전 비전을 제시하는 역할을 담당한다. 시스템 통합자는 비전 제시자에게 정보와 자금을 제공하고 전문 공급자의 부품과 기술을 수요하는 역할을 담당한다. 전문 공급자는 비전 제시자에게 정보와 자금을 제공하고 시스템 통합자에게 부품과 요소 기술을 제공하는 역할을 담당한다.

제 5 절 맺음말

산업 클러스터 관련 논의가 급격히 확대되고 있다. 글로벌 경제로의 흐름 속에서 지역 및 국가 경쟁력의 확보가 절실한데, 그 실천적인 대안으로서 산업 클러스터의 형성 및 발전이 주목받고 있기 때문일 것이다. 산업 클러스터는 네트워크를 통한 시너지 발휘를 목표로 지리적으로 인접한 관련 기업 및 기관들이 유사성이나 보완성 등으로 연결되어 있는 결집체이다. 그리고 산업 클러스터는 살아 있는 유기체와 같이 생성, 성장, 그리고 쇠퇴의 과정을 겪게 될 것으로 보인다. 따라서 논의의 초점은 산업 클러스터가 특정 지역 또는 국가의 경쟁력 제고 과정에 실질적인 도움이 되는 것인지, 도움이 된다면 그 내부의 역할 주체들은 무엇이며 어떻게 연결되어 있는지, 그리고 그 실천적 적용 과정에 제약점은 무엇인지 등에 대한 것들이 될 수 있다. 그뿐만 아니라, 산업 클러스터가 생성, 성장, 그리고 쇠퇴의 과정을 겪게 된다면 긍정적인 과정을 확대하고 부정적인 과정을 축소 내지 배제할 수 있는 방안에 대한 검토가 필요하게 된다. 따라서 여기서는 관련 연구의 일환으로서 산업 클러스터 논의의 쟁점인 산업 클러스터의 구성 요소에 대한 분석, 생산성 우위에 대한 분석, 그리고 발전 과정에 대한 분석을 시도했다.

제6장 벤처기업의 입지*

제1절 머리말

기술혁명 내지 지식기반 경제 체제로의 이행은 산업 환경의 급격한 변화를 초래하고 있다. 이에 따라 지역경제 내지 국가경제는 문제 해결을 위한 새로운 패러다임을 요구하고 있으며, 기술력과 유연한 생산 방식을 근간으로 하는 벤처산업(venture industry)이 새로운 지역 내지 국가 산업모형으로 부각되고 있다.

1998년 출범한 김대중 정부는 외환 위기를 초래한 한 원인인 대기업 중심의 경제 운영 시스템의 한계를 극복하고자 시장 원리에 입각한 지식기반 경제의 창조라는 새로운 경제 이념하에 2005년까지 4만 개의 벤처기업 육성을 목표로 벤처정책을 추진했다. 창업 지원, 입지 지원, 자금 지원, 마케팅 지원 등 다양한 지원이 여러 부처에서 동시적으로 추진되면서, 정보기술 산업을 중심으로 한 벤처기업은 양적인 성장을 계속해 왔다.

벤처기업 집적지인 미국의 실리콘 밸리는 1990년대 미국 경제를 부흥시키는 데 지대한 기여를 했으며, 이를 모델로 미국 내뿐만 아니라 세계 각국

---

* 이 장은 박종화·황우익(2002), 벤처기업의 대도시 및 집적 지향성, 「국토계획」, 37(1): 57-74를 재정리한 것임.

에서 리서치 파크, 사이언스 파크, 테크노파크 등의 이름으로 벤처기업 집적지 조성 정책이 이어지고 있다. 우리 나라의 벤처산업을 위한 대표적인 입지 지원 정책은 대학 내 창업보육센터 운영, 테크노파크 조성, 벤처기업 집적빌딩 지정, 벤처기업 육성촉진구역 지정, 그리고 벤처기업 전용 산업단지 조성 등이 추진되고 있다.[1)]

그런데 우리 나라의 벤처산업 입지 지원 정책은 벤처기업의 경영 특성과 입지적 특성에 대한 면밀한 분석이 없이 추진될 경우 벤처기업 육성을 통한 지방산업의 첨단화와 국가 기술 경쟁력의 제고라는 소기의 정책 목표 달성에 어려움을 겪을 수 있다.

여기서는 벤처기업 입지정책의 효과성을 제고할 수 있도록 벤처기업의 업종별 및 성장 단계에 따른 대도시 지향성과 집적 지향성을 중심으로 벤처기업의 입지적 특성을 실증적으로 밝히고자 한다. 벤처기업의 역사가 오래 되지 않아 업종별 대도시 지향성과 집적 지향성에 대한 논의가 정립되어 있지 못한 상태에 있다. 그리고 창업 단계를 거친 벤처기업에 대한 입지 지원 정책이 마련되어 있지 못한 상황에서 벤처기업의 성장 단계별 입지 특성의 분석을 통한 벤처기업의 입지 정책적 시사점의 도출은 상당한 의의가 있을 것으로 생각된다.

여기서는 대구·경북 지역에 소재한 벤처기업 확인 업체와 창업보육센터 입주 업체를 대상으로 입지 성향을 분석한다. 분석의 방법으로는 벤처기업과 입지이론에 대한 문헌 연구와 대구·경북 지역 소재 벤처기업을 대상으로 하는 실증 연구를 바탕으로 한다.

---

1) 산업자원부는 1997년 말 시범 테크노파크 사업을 추진해 그 해 12월 13개 광역시·도 중에서 6개 지구를 시범 테크노파크(송도, 안산, 대구, 경북, 광주·전남, 충남)로 지정했다 (박종화·Han Sun Sheng, 2001: 179-202).

제 2 절 벤처기업의 입지이론

1 벤처기업의 개념

벤처기업의 업종별, 성장 단계별 대도시 지향성과 집적 지향성을 논의하기 위해서는 먼저 벤처기업과 입지에 대한 개념적 정의를 명확히 할 필요가 있다. 벤처기업에 대한 학술적 정의는 아직 불분명한 상태에 있다. 따라서 벤처기업의 정의는 그 장소나 시기, 그리고 논자에 따라 다양하게 사용되고 있다. 하지만 비교적 널리 사용되는 정의를 공통 특성에 따라 정리하면 "신기술을 토대로 고위험 부담 속에서 고수익을 기대할 수 있는 신생 중소기업(new high-tech small firms with high risk and high return)"이라고 규정할 수 있다(장수덕, 2000: 6; 권오혁, 1999: 188). 서구 국가들은 벤처 캐피털(venture capital), 혁신적 기업(innovative firm), 또는 첨단 소기업(high-tech small firm)이란 용어를 더욱 널리 사용하고 있다(박용규 외, 2001: 19).

우리 나라 벤처기업의 제도적 차원의 정의는 1997년에 제정된 '벤처기업 육성에 관한 특별조치법'에서 처음 규정되었다. 이 법률에 따르면, 벤처기업은 벤처 캐피털 투자기업, R&D 투자 기업, 신기술 개발 기업, 기술평가 기업 등이다(벤처기업 육성에 관한 특별조치법 제2조).[2]

이렇게 하여 정부로부터 벤처기업 확인을 받은 업체 수는 1999년 말

---

2) 벤처 캐피털 투자기업은 창업 후 7년 이내인 기업으로서 벤처 캐피털의 투자 총액이 자본금의 20% 이상인 기업 또는 주식(신주에 한함)에 한정되는 경우는 자본금의 10% 이상인 기업, R&D 투자 기업은 직전 사업 연도의 총매출액 대비 연구개발비가 5% 이상인 기업, 신기술 개발기업은 특허권·실용신안권에 의해 생산된 제품의 직전 사업 연도 매출액이 총매출액의 50% 이상이거나 수출액이 총매출액의 25% 이상인 기업 등이며, 기술평가 기업은 창업중인 기업으로서 평가기관의 기술성 또는 사업화 능력이 우수하다고 평가된 기업 등이다.

4,934개에서 2001년 11월 현재 전국적으로 총 11,073개이며, 이 중 서울 지역이 5,339개로서 48.2%를 차지하며, 경기도가 20%, 대구·경북 지역은 564개 기업으로서 5.09%의 비율을 보인다(http://venture.smba. go.kr). 통계 수치를 통해 우리 나라의 벤처기업은 짧은 기간에 급격한 양적인 증가를 보였으며, 또한 서울 및 수도권 지역에 집중적으로 분포하고 있는 특징을 보인다. 또한 벤처기업 확인 제도가 시행된 초기 확인 업체들은 대부분이 신규 창업기업이 아니라 이미 상당 기간 사업을 영위해 온 기존 업체들인 것으로 알려지고 있다(배광선 외, 2000: 12).

여기서는 벤처기업의 개념을 '고위험과 고성과를 특징으로 하는 기술집약적 창업기업'으로 포괄적으로 정의하고자 하며, 이런 측면에서 분석 대상에 정부로부터 벤처기업 확인을 받은 업체뿐만 아니라 창업보육센터 입주업체를 포함한다.

벤처기업의 입지란 벤처기업이 소재하는 장소 또는 지역을 의미하며, 본사의 입지와 생산공장의 입지, 연구소의 입지, 연락 사무소로 나누어 구분할 수 있다. 이러한 본사, 생산공장, 연구소 등의 입지는 각기 독특한 입지선호 특성을 가질 수 있을 것으로 예상할 수 있다. 이 연구에서는 벤처기업의 입지를 연구 대상으로 하고 있으며, 현재 대부분의 벤처기업은 기업 규모가 중소 규모여서 벤처기업의 본사 및 생산공장, 연구소가 동일 장소에 입지하는 경향이 높을 것으로 예측된다. 이런 전제하에 여기서는 벤처기업의 대도시 지향성과 집적 지향성의 분석 대상 기능을 벤처기업의 주요 생산공장 또는 서비스 창출 기능이 소재한 장소인 기업 본사를 중심으로 논의한다.

여기서 기업 입지의 대도시 지향성이라 함은 기업의 성과를 높이기 위해 농촌 지역과 중소 도시보다는 대도시에 입지하고자 하는 성향으로 정의하고자 하며, 집적 지향성이라 함은 역시 기업 성과를 높이기 위해 관련 기업간 협력 관계가 형성될 수 있도록 가급적 인접한 장소에 입지하고자 하는 성향으로 개념적 정의를 하고자 한다.

2 벤처기업 입지이론의 검토

벤처기업이 무엇인지에 대한 관련 정의도 불분명할 정도로 벤처기업의 입지 행태를 설명해 주는 기존 이론이나 연구가 국내외적으로 제약되어 있다. 따라서 여기서는 벤처기업의 정의와 분석 목적에 부합되도록 벤처기업의 입지 관련 논의를 고수익과 고위험을 토대로 하는 첨단 중소기업의 입지이론에 바탕을 두고자 한다. 이를 근거로 벤처기업의 대도시 지향성과 집적 지향성이라는 두 가지 측면에 초점을 두고 기존 논의를 검토하고자 한다.

1) 대도시 입지이론

벤처기업 내지 첨단 중소기업의 대도시 지향성 입지 행태에 대해서 상반되는 주장 내지 가설들이 있다. 첨단산업일수록 정치적 권위에의 의존, 비공식 정보 취득 가능성의 증대, 법률이나 금융 등 고급 서비스에의 접근성 제고, 고급 숙련 인력 획득의 용이성, 그리고 관련 기업-연구소-대학과의 지식 네트워크 형성의 필요성 등으로 대도시 지향성이 더욱 강하게 나타날 것이라는 주장이 가능하다(Nijkamp et al., 1994: 225-234). 게다가 대도시일수록 기존에 개발되어 있는 각종 인프라가 존재하고 상품이나 서비스의 수요 실체인 인구가 다수 존재한다. 후버와 버논(Hoover & Vernon, 박용규 외, 1997: 41)의 인큐베이터 이론은 대도시는 소규모 창업기업에게 사실상의 인큐베이터 역할을 할 수 있다는 점을 강조한다.

정보통신 기술의 발전 등 정보화의 진전은 지식 또는 정보의 획득 과정에서 '장소 제약성'을 극복하게 한다. 또한 첨단 중소기업들은 속성상 고부가가치의 경박단소형 제품을 위주로 하므로 '수송비 제약성' 역시 극복할 수 있게 된다. 결과적으로 해당 기업들은 입지 자유적인 행태를 나타낼 수 있다. 이런 맥락에서 이도향농(urban to rural migration) 가설, 빈 공간(vacant space) 가설, 생산비(production cost) 가설, 그리고 더 나아가서 노동의 공간적 분할 가설들을 연상할 수 있다.

그런데 첨단 중소기업의 입지를 단순히 탈(脫)대도시 지향성과 대도시 지향성으로 양분하는 문제점에 착안해서 지역 다이너미즘 가설(territorial dynamism hypotheses)도 제시되고 있다. 입지 대상지가 대도시이냐 아니냐가 초점이 아니고, 대상지의 내생적 다이너미즘, 그리고 더 나아가서 그 다이너미즘을 증진시킬 수 있는 환경이 존재하느냐 아니냐에 초점을 두고 있다.

2) 집적 입지이론

벤처기업 내지 첨단 중소기업 입지 행태에서 집적 지향성을 설명해 주는 이론 내지 연구로서 산업집적이론과 유연산업이론, 정보화론 등이 있다.

산업집적이란 수평적·수직적으로 연계된 기업 또는 산업집단이 일정한 공간적 범위 내에 집적되는 현상을 의미하며, 대체로 지역 핵심 산업을 중심으로 형성되고 지역경제 성장을 이끄는 견인차 역할을 수행하는 것으로 알려져 있다(김태환, 2000: 12-18). 라젠디직(Lagendijk, 1999)은 왜 벤처기업과 같은 기술기반 중소기업들이 경쟁력과 전문화 확보 과정에서 산업집적 형태를 보이는가에 대해 기업 간 상호 작용(네트워크/ 공급자 체인), 서로 다른 자원이나 기능의 결합, 제도적 연계, 그리고 공간적 근접성 등의 요인을 지적하고 있다. 지역 정책적 차원에서 산업집적 전략은 지역경제의 자생력 확보 과정에서 통합성과 지속성을 제고할 수 있는 방안으로 검토될 수 있을 것이다.

유연산업이론은 포스트포디즘하의 다품종 소량 생산이라는 새로운 환경 변화에 대응하기 위해 기업들은 유연적 생산 과정을 거치게 된다는 논의이다. 다품종 소량 생산 체제에 대응하기 위해 기업조직은 한편으로 전문 중소기업 단위로 분절되면서, 또 다른 한편으로 다양한 전문기업들이 복합적이고 긴밀한 연계 관계를 추구하는 이중적 움직임이 나타나게 된다는 것이다(권오혁, 1999: 189; Nijkamp et al., 1994: 228-229; Camagni, 1991).

기업 입지의 탈집적 또는 분산 입지 지향성을 주장하는 이론으로는 정보화론자들의 주장을 들 수 있다. 1970년대 이후의 급속한 정보산업의 발달은 통신 비용을 감소시킴으로써 기업 입지를 공간적으로 분산화시킬 것이라는 주장이다. 홀(Hall, 1979)은 대학, 연구소, 정부기관을 포함한 '지식산업(idea industry)'이 원격 통신의 집중적 사용으로 인해 공간적으로 분산될 것이라고 예측했다. 즉 통신 거리 비용은 더 이상 정보산업의 입지에 영향을 주지 못할 것이며, 이 산업들은 자유롭게 공간적으로 해체될 것이라는 주장이다(권오혁, 1995: 15에서 재인용).

3 기존 논의의 평가와 분석의 틀

벤처기업의 입지 관련 기존 논의에서 대도시 지향성을 설명하는 이론과 집적 지향성을 설명하는 논의를 살펴보았다. 그러나 이러한 논의들은 모두 벤처기업의 업종별, 성장 단계에 따른 대도시 지향성 및 집적 지향성을 연계하는 데 한계를 가지고 있는 것으로 보인다.

벤처기업은 그 정의상 신기술을 토대로 한 모험기업이다. 수익성과 위험성이 동시에 높기 때문에 위험성을 낮출 수 있는 관련 정보의 취득, 전달의 중요성이 전통적인 산업 부문에 비해서 훨씬 더 높게 나타날 것이다. 첨단 중소기업의 속성상 전통적 대규모 장치산업에서 나타나는 수송비 문제, 대규모 노동 인력 확보 문제 등이 입지 결정 과정에서 별반 중요한 고려 사항으로 부각되지 못할 것이다. 결과적으로, 지역 및 도시경제 이론에서 가장 오래 전부터 개발되어 왔고 또 정치하게 개발되어 있는 전통적 산업입지이론들이 벤처기업의 입지 행태를 설명하는 데 큰 한계를 가지게 된다.

여기서는 기존 입지이론을 바탕으로 [그림 6-1]과 같은 분석 틀을 설정하고 벤처기업의 업종과 성장 단계에 따른 대도시 지향성과 집적 지향성에 초점을 맞추고 분석하고자 한다.

기술집약적 모험기업으로서의 벤처기업의 속성상 우선 창업 단계의 벤처기업은 모든 업종에서 대도시 지향성과 집적 지향성이 상당한 정도로 나타날 것으로 보인다. 그러다 성장 및 성숙 단계에 이르면 지식 네트워크의

[그림 6-1] 분석 틀

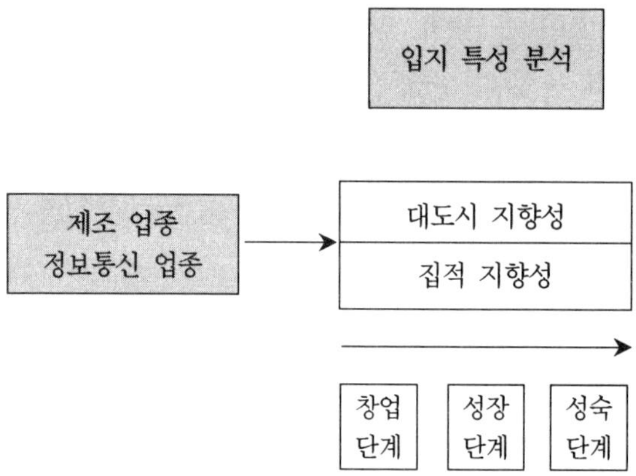

접근성, 행정·정보 서비스의 이용성, 고급 인력의 확보성, 사무 공간이나 생산 공간의 비용 등에 따라 업종별로 대도시 지향성과 집적 지향성이 차이가 나타나게 될 것으로 예상할 수 있다.

제 3 절 벤처기업 입지 실증 연구

1 자료 수집 및 자료의 특성

1) 자료 수집 및 방법

벤처기업의 입지 선호 요인, 벤처기업의 대도시 지향성과 집적 지향성을 경험적으로 분석하고자 2차에 걸쳐 설문조사를 실시했다.

1차 조사는 2000년 8월 1일부터 15일까지 15일간 구조화된 설문지를 이용해 실시했다.

조사의 대상은 대구광역시와 경상북도에 소재한 벤처기업 확인 업체 443개 업체 및 창업보육센터 입주 업체 100여개 업체를 대상으로 했다. 우편조사 및 직접 방문조사를 겸해 실시한 결과 유효한 응답을 한 업체는 122개 업체였다. 2차 조사는 2001년 4월 16일부터 5월 8일까지 23일간 구조화된 설문지를 이용해 실시했다. 조사의 대상은 대구광역시와 경상북도에 소재한 벤처기업 확인 업체 500여개 업체 및 대구·경북지역 창업보육센터에 입주한 150여개 업체를 대상으로 했다. 1차 조사와 마찬가지로 우편조사 및 직접 방문조사를 겸해 실시한 결과 이 조사 목적에 유효한 응답을 한 업체는 153개 업체였다.

설문에 대한 응답에서 평균값 비교가 필요한 문항에 대해서는 리커트(Likert)의 5점 척도(매우 중요: 5점, 중요: 4점, 보통: 3점, 중요치 않음: 2점, 전혀 중요치 않음: 1점) 방식을 사용했다. 응답 업체는 본사 소재지, 업종, 현 성장 단계, 입지 형태로 구분해 분석했으며, 분석 방법은 SPSS 10.0 프로그램을 이용한 빈도분석, 교차분석, t검정(t-test), 일원배치 분산분석(One-Way ANOVA) 등을 실시했다.

2) 변수의 조작적 정의

벤처기업의 대도시 지향성과 집적 지향성 분석에 앞서 업종, 성장 단계, 대도시 지향도에 대해 조작적 정의를 내리면 다음과 같다.

먼저, 업종 구분에 대한 정의이다. 벤처기업의 업종은 일반 기업과 마찬가지로 농·수·임·어업에서부터 연구개발업까지 모든 업종을 포함하고 있으며, 다양한 기준에서 분류할 수 있다. 2001년 11월 18일 현재 정부가 확인한 11,073개의 벤처기업 업종은 정보처리 및 컴퓨터가 33.7%, 전기 기기 및 장치제조업이 11.9%, 영상·음향 및 통신장비 제조업이 10.8%, 기계제조업이 10.0%, 석유화학이 7.2%, 비금속 및 금속제품 제조업이 5.7% 순이다.

여기서는 분석의 편의상 벤처기업의 업종을 제조업형 벤처기업과 정보통신업형 벤처기업으로 조작적으로 이분화했다. 제조업형 벤처기업이라 함은 전기, 전자, 기계, 금속, 섬유, 화학 등 제조업 관련 업종을 연구·개발해 생산하는 벤처기업이라 정의하였다. 또 정보통신업형 벤처기업이라 함은 소프트웨어 개발, 인터넷 등 정보산업과 관련된 부문을 연구·개발하는 벤처기업이라 정의했다. 따라서 설문 분석에서 제조업형 벤처기업에는 전기·전자 제조와 기계·금속 제조, 그리고 섬유·화학 제조 관련 벤처기업 등을 포함했다. 정보통신업형 벤처기업은 정보통신·소프트웨어 개발·인터넷 서비스 업종을 포함했다.

두 번째로 성장 단계의 정의를 위해 기존 연구를 살펴본 결과 성장 단계에 대한 다양한 기준이 있었다. 카잔지안과 드라진(Kazanjian & Drazin, 1989, 1990)은 벤처기업의 성장 단계를 창업 단계, 상업화 단계, 성장 단계, 성숙 단계의 4단계로 구분했으며, 김영배(1998)는 회사를 창업하고 기회를 상업화하는 단계인 창업기, 성공적인 제품 출하로 매출이 발생하는 초기 성장기, 사업 영역의 확대로 성장하는 고도 성장기, 안정적인 수익을 바탕으로 기업이 지속되는 성숙기의 4단계로 구분했다(김영배, 1999: 55에서 재인용). 이 연구에서는 설문조사 분석의 편의성과 응답자의 개념상의 혼돈을 최소화하기 위해서 벤처기업의 성장 단계를 창업 단계, 성장 단계, 성숙 단계의 3단계로 구분하는 방식을 사용했다. 창업 단계는 매출이 없거나 외부 용역 수입에 의존하는 단계, 성장 단계는 단일 제품 혹은 서비스의 판매 단계, 성숙 단계는 다양한 후속 제품 혹은 서비스의 판매 단계로 정의했다.

세 번째로 벤처기업 입지의 업종별 대도시 입지 지향성을 좀더 명료하게 계량화해서 분석하고자 입지 지역을 도심성의 정도에 따라 점수 부여를 시도하고 대도시 지향도라고 정의했다.

조사 대상기업의 소재지가 대구·경북 지역인 점을 감안해 서울 및 수도권을 대도시 지향도가 '매우 강'한 것으로 조작적으로 정의했으며, 경북의 포항시, 경주시, 안동시, 영천시 등 중소도시를 대도시 지향도가 '매우 약'한 것으로 정의했다. 그리고 대구시 도심지를 '강', 대구시 공단과 대학을 '보통', 경산시처럼 대구시와 인접한 외곽의 위성도시를 대도시 지향도 '약' 지역으로 조작적으로 정의했다. 그리고 <표 6-1>처럼 대도시 지향도가 '매우 강'한 지역은 90점, 대도시 지향도가 '보통'인 지역은 평균값인 50점, 그리

〈표 6-1〉 벤처기업 대도시 지향도의 조작적 정의

대도시 지향도	입지 지역	점수	응답 문항
매우 강	서울 및 수도권	90	서울 및 수도권 지역 입지
강	광역시 도심지	70	광역시 도심지 개별 입지
보통	광역시 내로서 비도심지 (도심 외곽 대학교, 공단 등)	50	광역시 행정구역 내 공업단지, 광역시 행정구역 내 대학의 창업보육센터
약	광역시 행정구역 외곽 위성도시(경산시, 칠곡군)	30	광역시 교외 지역 공단 또는 개별 입지, 경산시 대학 내 창업보육센터
매우 약	지방 중소도시 또는 농촌 지역(포항시, 경주시, 안동시, 영천시 등)	10	중소도시 및 농촌 지역 공단 또는 개별 입지, 중소도시, 농촌 지역 대학 내 창업보육센터

고 대도시 지향도가 '매우 약'한 지역은 10점 등을 부여함으로써 계량화를 시도했다.

3) 자료의 특성

1차 조사에서 수집된 자료는 대구 소재 업체가 77.9%, 경북 소재 업체가 22.1%였다. 업종은 정보통신·소프트웨어·인터넷 업종이 20.2%, 전기·전자가 16.5%, 기계·금속이 29.4%, 그리고 섬유·화학을 포함한 기타 업종이 33.9%였다. 종업원 수는 20인 이하 업체가 67.6%를 차지했으며, 현재 기업 성장 단계에 대해서는 창업 단계가 15.7%, 성장 단계가 42.1%, 성숙 단계가 42.1%를 차지했다.

2차 조사에서 수집된 자료는 대구 소재 업체가 63.8%, 경북 소재 업체가 33.9%였다. 업종은 정보통신·소프트웨어·인터넷 업종이 38.1%, 전기·전자가 16.5%, 기계·금속이 19.3%, 그리고 섬유·화학을 포함한 기타 업종이 26.1%였다. 종업원 수는 20인 이하 업체가 84.8%를 차지했으며, 현재 기업 성장 단계에 대해서는 창업 단계가 29.5%, 성장 단계가 50.0%, 성숙 단계가 20.5%를 차지했다.

2 벤처기업의 입지 선정 요인

먼저 벤처기업의 일반적인 입지 선정 요인을 분석함으로써 대도시 지향성 요소와 집적 지향성 요소의 상대적 중요도를 파악할 수 있다.

입지 선정 요인에 관한 기존 연구를 검토한 결과 과학기술처 · 한국토지개발공사(1987)는 첨단산업의 주요 입지 요인으로 관련 연구소에의 근접, 관련 산업에의 집적, 고속도로에의 근접, 비즈니스 서비스의 용이, 숙련공 확보 용이, 자연환경의 양호, 기술 인력, 문화시설, 용지의 확보 용이, 정보하부구조의 집적, 부품 소재 관련 산업 집적 등을 들고 있다. 박용규 · 강신겸(1997: 48)은 벤처기업의 입지에 적합한 지역으로 연구개발 기능이 있는 지역, 전문기술 인력의 확보 가능성이 높은 지역, 교통 접근성이 높은 지역, 혁신적 기업가 정신을 고양하는 지역적 분위기가 조성되어 있는 곳, 신생기업의 창업을 지원하는 각종 사회적 제도가 갖추어져 있는 곳, 첨단산업 발전 및 기술 습득에 유리한 지역 등을 들고 있다. 박용규 외(2001: 54)는 미국 내 인터넷 기업의 입지 요인으로서 고급 인력에의 접근성, 창업자의 연고 지역, 핵심 사업에의 근접성, 인프라의 구축 정도, 자본 접근성, 우수한 교육기관의 존재 등을 지적하고, 국내 소프트웨어 기업의 입지 요인으로서 연구 · 기술 개발 용이, 고급 인력 확보 용이, 양호한 정보 접근 및 정보기반 시설 등을 지적하고 있다.

기존 연구 등을 통해서 입지 선정 요인으로 언급될 수 있는 23가지 항목을 선정해서 리커트(Likert)의 5점 척도 방식으로 입지 요인의 중요도를 조사한 결과가 <표 6-2>에 정리되어 있다.

제조업형 벤처기업은 저렴한 지가 및 임대료를 산술 평균값 4.48로서 가장 중요하게 생각하고 있었으며, 다음으로 정부의 정책 지원, 생산 기반시설의 완비, 교통의 편리 순으로 중요도를 인식하고 있는 것으로 나타났다. 정보통신업형 벤처기업은 제조업형 벤처기업과 큰 차이를 보이고 있지는 않으나 고급 연구 · 기술 인력 확보, 최신 경영정보 획득 등을 상대적으로

〈표 6-2〉 벤처기업 업종별 입지 선정 요인의 순위

순위	제조업형 벤처기업		정보통신업형 벤처기업	
	입지 선정 요인	평균	입지 선정 요인	평균
1	저렴한 지가 및 임대료	4.48	저렴한 지가 및 임대료	4.60
2	정부의 정책적 지원 활용 가능	4.16	정부의 정책적 지원 활용 가능	4.54
3	생산기반 시설의 완비	4.08	고급 연구·기술 인력 확보	4.30
4	교통의 편리	4.01	최신 경영 정보 획득 용이	4.23
5	임직원 출퇴근 편리	4.00	교통의 편리	4.23
6	고급 연구·기술 인력 확보	3.99	임직원 출퇴근 편리	4.22
7	최신 경영 정보 획득 용이	3.93	생산기반 시설의 완비	4.15
8	생산 공간 확보 및 확대 용이	3.93	행정·금융기관 서비스 이용 용이	4.05
9	생산·기능직 인력 확보 용이	3.83	관련 업종 간 집적 효과	4.02
10	행정·금융기관 서비스 이용 용이	3.81	대중소기업과의 마케팅 및 기술 협력	3.93
11	원자재 구입 및 제품 판매 용이	3.80	쾌적한 자연 환경	3.92
12	생산과 본사 기능의 집적	3.80	서울 및 수도권 지역과의 접근성	3.68
13	관련 업종 간 집적 효과	3.77	생산과 연구 기능의 집적	3.59
14	쾌적한 자연 환경	3.75	원자재 구입 및 제품 판매 용이	3.53
15	대중소기업과의 마케팅 및 기술 협력	3.72	대학 및 연구기관의 접근성	3.48
16	생산과 연구 기능의 집적	3.70	생산과 본사 기능의 집적	3.45
17	대학 및 연구기관의 접근성	3.62	편리한 자녀 교육 환경	3.43
18	산업단지(집적지구) 내 입주	3.55	생산 공간 확보 및 확대 용이	3.43
19	편리한 자녀 교육 환경	3.47	혁신적인 지역 문화	3.27
20	해외 지역과의 접근성	3.14	해외 지역과의 접근성	3.25
21	혁신적인 지역 문화	3.14	산업단지(집적지구) 내 입주	3.23
22	서울 및 수도권 지역과의 접근성	3.11	생산·기능직 인력 확보 용이	3.22
23	경영자의 연고지 근접성	2.66	경영자의 연고지 근접성	2.53

더 중요시하고 있는 것으로 나타났다.

<표 6-2>의 벤처기업의 입지 선정 요인 가운데 대도시 지향 요인과 집적 지향 요인이 많은 부분을 차지함을 알 수 있다. 대도시 지향 요인으로는

교통의 편리, 임직원 출퇴근 편리, 고급 연구·기술 인력 확보, 최신 경영 정보 획득 용이, 생산·기능직 인력 확보 용이, 행정·금융기관 서비스 이용 용이, 원자재 구입 및 제품 판매 용이, 대학 및 연구기관의 접근성, 서울 및 수도권 지역과의 접근성 등을 들 수 있다. 집적 지향 요인으로는 생산과 본사 기능의 집적, 관련 업종 간 집적 효과, 생산과 연구 기능의 집적, 산업단지 내 입주 등을 들 수 있다. 또한 탈대도시 지향 요인으로 저렴한 지가 및 임대료, 생산 공간 확보 및 확대 용이 등을 들 수 있다.

다음으로 업종에 따라서 입지 요인에 차이가 있는 있는가를 검정하기 위해서 t검정을 실시했다. 제조업형 벤처기업과 정보통신업형 벤처기업의 두 집단 간에 입지 요인으로서 신뢰 수준 95%에서 통계적으로 유의한 차이를

〈표 6-3〉 입지 선정 요인과 업종별 차이

구 분	업종	빈도	평균	표준편차	t값	유의 확률
임직원 출퇴근 편리	제조업	86	4.00	.63	-2.159*	.033
	정보통신업	59	4.22	.56		
정부 지원 활용 가능	제조업	87	4.16	.75	-3.282**	.001
	정보통신업	59	4.54	.60		
경영정보 획득 용이	제조업	87	3.93	.77	-2.420*	.017
	정보통신업	60	4.23	.70		
서울 접근성	제조업	87	3.11	.92	-3.892**	.000
	정보통신업	60	3.68	.79		
고급 연구 인력 확보	제조업	87	3.99	.80	-2.505*	.013
	정보통신업	60	4.30	.65		
생산 인력 확보	제조업	86	3.83	.75	4.058**	.000
	정보통신업	60	3.22	1.06		
생산 공간 확대 용이	제조업	87	3.93	.79	3.677**	.000
	정보통신업	60	3.43	.83		
산업단지 내 입주	제조업	87	3.55	.76	2.583*	.011
	정보통신업	60	3.23	.70		

주: * $p<.05$, ** $p<.01$

보이는 항목은 <표 6-3>에서 보는 것처럼 정부 지원, 서울 접근성, 생산 인력 확보, 생산 공간 확대용이 등으로 나타났다. 즉 정부 지원 활용, 서울 접근성 등의 요인에 대해서는 정보통신업형 기업이 더욱 중요하게 인식하고 있으며, 생산 인력 확보와 생산 공간 확대 용이 등의 요인에 대해서는 제조업형 벤처기업이 상대적으로 더 중요하게 인식하고 있음을 알 수 있다.

제 4 절 벤처기업의 대도시 및 집적 지향성 분석

여기서는 벤처기업의 입지 선정 요인 가운데 높은 비중을 차지하고 있는 것으로 나타난 대도시 지향성과 집적 지향성을 구체적인 입지 지역 분석을 통해 업종별, 기업 성장 단계별로 파악하고자 한다.

1 벤처기업의 대도시 지향성

1) 벤처기업의 성장 단계별 입지 지역

벤처기업 입지의 대도시 지향 입지 특성을 좀더 계량화해 분석하고자 벤처기업의 성장 단계별로 입지를 해 온 경로와 향후 입지 예정 지역에 대해 조사했다.

업종별로 분석한 결과 제조업형 벤처기업은 창업 단계에는 광역시 내 대학의 창업보육센터가 33.7%로 가장 높은 비율을 나타냈다. 이는 설문조사 대상 기업이 대학교 창업보육센터에 입주한 기업의 비율이 높기 때문으로 보인다. 성장 단계 입지는 광역시 행정구역 내 공업단지 입지가 38.6%로 가장 높은 비율을 차지했으며, 성숙 단계에는 광역시 교외지역 공단 입지가 33.8%로서 가장 높은 비율을 차지했다.

〈표 6-4〉 제조업형 벤처기업 성장 단계별 입지 지역

(단위: 빈도, %)

입지 지역	창업 단계	성장 단계	성숙 단계
서울 및 수도권	3(3.6)	2(2.4)	17(23.9)
광역시 도심지	8(9.6)	12(14.5)	4(5.6)
광역시 행정구역 내 공단	10(12.0)	32(38.6)	21(29.6)
광역시 교외지역 공단	9(10.8)	12(14.5)	24(33.8)
중소도시 및 농촌지역 공단	5(6.0)	6(7.2)	5(7.0)
광역시 내 대학의 창업보육센터	28(33.7)	8(9.6)	
지방 중소도시 및 농촌지역 대학 내	8(9.6)	4(4.8)	
경산시 소재 대학 내	12(14.5)	7(8.4)	
합계	83(100)	83(100)	71(100)

〈표 6-5〉 정보통신업형 벤처기업의 성장 단계별 입지 지역

(단위: 빈도, %)

입지 지역	창업 단계	성장 단계	성숙 단계
서울 및 수도권	2(3.4)	6(10.7)	33(63.5)
광역시 도심지	3(5.2)	18(32.1)	10(19.2)
광역시 행정구역 내 공단	3(5.2)	14(25.0)	4(7.7)
광역시 교외지역 공단	6(10.3)	2(3.6)	2(3.8)
중소도시 및 농촌지역 공단	4(6.9)	1(1.8)	3(5.8)
광역시 내 대학의 창업보육센터	27(46.6)	13(23.2)	
지방 중소도시 및 농촌지역 대학 내	6(10.3)	1(1.8)	
경산시 소재 대학 내	7(12.1)	1(1.8)	
합계	58(100)	56(100)	52(100)

정보통신업형 벤처기업은 창업 단계에는 제조업형 벤처기업과 마찬가지 이유로 광역시 내 대학의 창업보육센터가 46.6%로 가장 높은 비율을 나타냈다. 반면 성장 단계에는 광역시 도심지 입지가 32.1%로 1위를 나타냈으며, 성숙 단계에는 서울 및 수도권 입지가 63.5%로 매우 높은 비율을 보였다.

〈표 6-6〉 제조업형 벤처기업의 성장 단계별 대도시 지향도

기업 입지 대도시 지향도		창업 단계			성장 단계			성숙 단계		
		빈도	점수	비중(%)	빈도	점수	비중(%)	빈도	점수	비중(%)
매우 강	90점	3	270	3.6	2	180	2.4	17	1,530	23.9③
강	70점	8	560	9.6	12	840	14.5③	4	280	5.6
보통	50점	38	1,900	45.8①	40	2,000	48.2①	21	1,050	29.6②
약	30점	21	630	25.3	19	570	22.9②	24	720	33.8①
매우 약	10점	13	130	15.7	10	100	12.0	5	50	7.0
합계		83	3,490	100.0	83	3,690	100.0	71	3,630	100.0
평균			42.05			44.46			51.13	
분산			389.7			354.3			661.6	

주: 점수=대도시 지향도×빈도

2) 벤처기업의 성장 단계별 대도시 지향도

벤처기업 입지 지역을 대도시 지향도에 따라 5단계로 점수화하고 빈도수를 곱해 성장 단계별로 평균값을 구했다. <표 6-6>에서 보는 것처럼 제조업형 벤처기업의 경우 창업 단계 대도시 지향도는 평균 42.05, 성장 단계는 44.46, 성숙 단계는 51.13으로 산정되어 벤처기업이 성장함에 따라 대도

〈표 6-7〉 정보통신업형 벤처기업의 성장 단계별 대도시 지향도

기업 입지 대도시 지향도		창업 단계			성장 단계			성숙 단계		
		빈도	점수	비중(%)	빈도	점수	비중(%)	빈도	점수	비중(%)
매우 강	90점	2	180	3.4	6	540	10.7	33	2,970	63.5①
강	70점	3	210	5.2	18	1,260	32.1②	10	700	19.2②
보통	50점	30	1,500	51.7①	27	1,350	48.2①	4	200	7.7
약	30점	13	390	22.4	3	90	5.4	2	60	3.8
매우 약	10점	10	100	17.2	2	20	3.6	3	30	5.8
합계		58	2,380	100	56	3,260	100	52	3,960	100
평균			41.03			58.21			76.15	
분산			367.33			316.75			526.09	

주: 점수=대도시 지향도×빈도

〈표 6-8〉 벤처기업 업종별 대도시 지향도 차이 비교

종속 변수	독립 변수	빈도	평균값	표준편차	t값	유의 확률
창업 단계 대도시 지향도	제조업종	83	42.05	19.74	.304	.762
	정보통신업종	58	41.03	19.17		
성장 단계 대도시 지향도	제조업종	83	44.46	18.82	-4.319**	.000
	정보통신업종	56	58.21	17.80		
성숙 단계 대도시 지향도	제조업종	71	51.13	25.72	-5.577**	.000
	정보통신업종	52	76.15	22.94		

주: ** $p<.01$

시 지향도가 산술 평균값으로 조금씩 높아지는 것으로 나타났다. 제조업형 벤처기업의 창업 단계 입지 지역은 50점을 부여받은 지역의 비중이 45.8%로 가장 높았으며, 성장 단계에서는 50점 지역이 48.2%로 1순위, 30점 지역이 22.9%로 2순위, 70점 지역이 14.5%로 3순위를 나타냈다. 성숙 단계에서는 30점 지역이 33.8%로 1순위, 50점 지역이 29.6%로 2순위, 90점 지역이 23.9%로 3순위를 나타냈다.

이와 같은 결과를 좀더 분해해 입지 분포를 살펴보기 위해 제조업형 벤처기업의 성장 단계별 입지 지역을 대도시 지향도에 따라 빈도 분석한 결과를 그래프로 표시하면 [그림 6-2]와 같이 대략적인 추세선을 나타낼 수 있다. 기업이 성숙 단계에 이르면 대도시 지향성은 매우 강, 보통, 그리고 약의 형태가 대략 삼분되어 고루 존재하는 모습을 보여 준다.

정보통신업형 벤처기업의 창업 단계 입지 지역은 50점을 부여받은 지역의 비중이 51.7%로 가장 높았으며, 성장 단계에서는 50점 지역이 48.2%로 1순위, 70점 지역이 32.1%로 2순위를 나타냈다. 성숙 단계에서는 90점 지역이 63.5%로 1순위, 70점 지역이 19.2%로 2순위를 나타냈다.

이와 같은 결과를 대도시 지향도에 따라 빈도 분석한 결과를 그래프로 표시하면 [그림 6-3]과 같이 대략적인 추세선을 나타낼 수 있다. 기업이 성장 단계 및 성숙 단계에 이르면 대도시 지향성은 점점 더 강화되고 있는 것을 쉽게 알 수 있다. 또한 이러한 성장 단계별 대도시 지향도의 분산을 구

[그림 6-2] 제조업형 벤처기업의 대도시 지향도

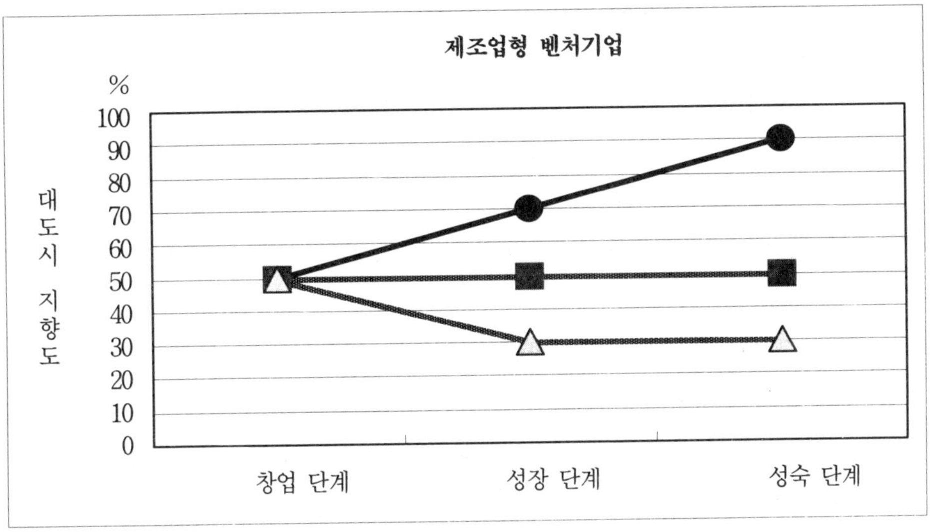

[그림 6-3] 정보통신업형 벤처기업의 대도시 지향도

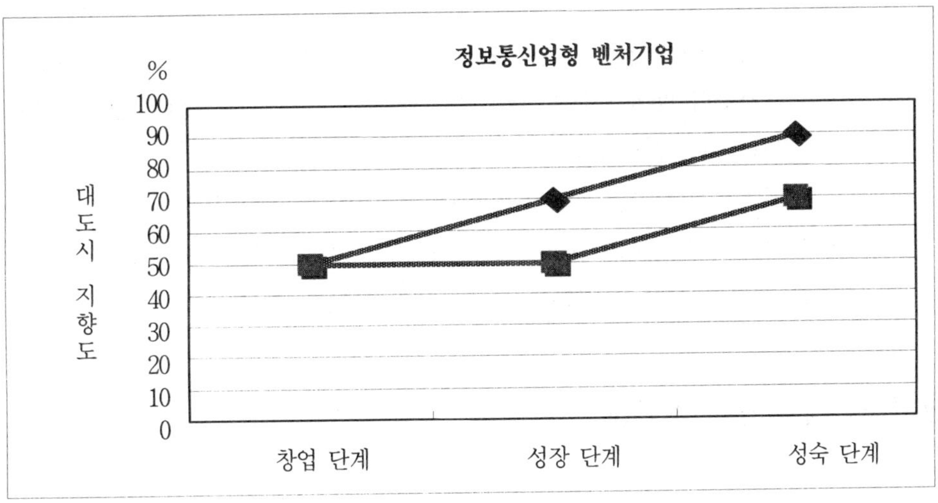

한 결과 제조업형과 정보통신업형 모두 성장 단계에서는 분산값이 줄어들다가, 성숙 단계에서는 급격히 증가하고 있는 것으로 나타났다. 이는 성장 단계에서는 평균값을 중심으로 약간의 집중이 이루어지며, 성숙 단계에서는 대도시 지향도의 양극화 또는 삼분화 현상이 심화됨을 의미한다.

벤처기업의 성장 단계별로 업종에 따른 대도시 지향도의 차이 여부를 확인하기 위해 t검정을 실시했다. <표 6-8>에서 보는 것처럼 창업 단계는 통계적으로 유의한 차이를 나타내지 않으나, 성장 단계와 성숙 단계의 대도시 지향도 평균은 신뢰 수준 99%에서 유의한 차이를 보일만큼 정보통신업형 벤처기업이 높다.

성장 단계에 따른 입지 이동 형태를 보았을 때 제조업형 벤처기업은 대도시 외곽 지역과 서울 및 수도권 지역, 그리고 초기 입지 특성의 유지 등으로 입지 형태가 크게 삼분되는 모습을 보여 준다. 기업 성장 단계와 상관없이 초기 입지 행태가 유지되는 경우는 기업 입지상의 관성(inertia) 경향과 점수화 부여 과정에서 광역시 소재 공업단지와 광역시 소재 대학 및 창업보육센터를 대도시 지향성에서 동일한 특성으로 평가했기 때문으로 생각할 수 있다.

반면 정보통신업형 벤처기업은 성장 단계에 따라 대도시 도심지와 서울 및 수도권으로의 대도시 지향성이 강화되는 모습을 보여 준다. 정보기술(IT) 벤처기업이 서울의 테헤란로를 중심으로 한 강남구 지역에 입지하는 이유와 지방의 창업 벤처기업이 성장 단계에 이르면 서울 지역으로 이전하고자 하는 이유를 경험적으로 설명해 준다고 할 수 있다.

제조업형 벤처기업의 기업 성장 단계와 대도시 지향성 간의 입지 특성은 ∈ 형태를 나타낸다고 할 수 있다. 그리고 정보통신업형 벤처기업은 ∈ 형태가 이분된 형태로 변형된 모습이라고 명명할 수 있을 것 같다.

2 벤처기업의 집적 지향성

벤처기업의 집적 지향성을 고찰하고자 벤처기업의 입지 애로 요인, 선호하는 입지 형태, 접적 효과의 중요성에 대한 인식 등을 분석했다.

1) 입지 애로 요인과 입지 선호 형태

벤처기업의 입지에서 가장 큰 애로 요인에 대해 설문조사한 결과 제조업형 벤처기업은 연구개발 활동과 실물생산 부문 간의 공간적 연계 부족이라는 응답이 38.5%로 가장 높았으며, 다음으로 이종 및 동종 업종 간 집적 효과의 부족을 25.0%로 들고 있다. 정보통신업형 벤처기업은 이종 및 동종 업종 간 집적 효과의 부족을 31.6%로 들고 있으며, 다음으로 임대료 부담, 통신 기반의 부족 등을 들고 있다.

이러한 응답은 제조업형 기업 활동에서 연구 활동과 생산 활동의 공간적 연계성과 관련 업종 간 집적 효과를 매우 중요하게 여기고 있으며, 정보통신업형에서도 관련 업종 간 집적 효과를 매우 중요하게 여기고 있음을 알려 주는 것이다.

〈표 6-9〉 벤처기업 입지 애로 요인

(단위: 빈도, %)

구분	임대료 부담	대학과의 접근성 부족	관련 업종간 집적 효과의 부족	생활 편의시설 부족	교통의 불편	통신기반의 부족	연구 활동과 생산 부문의 공간적 연계 부족	기타	총계
제조업형	4(7.7)	0	13(25.0)	1(1.9)	8(15.4)	2(3.8)	20(38.5)	3(5.8)	52(100)
정보통신업형	5(26.3)	0	6(31.6)	1(5.3)	2(10.5)	3(15.8)	2(10.5)	0	19(100)

본사 이전을 희망할 경우 가장 선호하는 입지 형태에 대해서 조사한 결과 제조업형은 도시 인근 첨단산업단지 50.0%, 도심 벤처기업 특구 지정 지역이 34.0%로서 도시 인근 첨단산업단지에 대한 수요가 높았으며, 정보통신업형은 도심 벤처기업 집적빌딩이 40.0%, 도심 벤처기업 특구 지정 지역이 35.0%로서 도심지 내에 집적하고자 하는 성향이 매우 높음을 알 수 있다.

이 설문을 통해 벤처기업은 개별 입지보다는 집적지 입지를 선호함을 알 수 있다. 그리고 제조업형은 도심 외곽의 산업단지에 집적해 입지하고자 하며, 정보통신업형은 도심지에 집적해 입지하고자 하는 차별성을 보이고 있음을 알 수 있다.

벤처기업의 업종별 집적 지향성을 혁신적 환경 측면에서 분석하고자 혁신적 환경이 갖추어진 지역에 대한 집적 선호도를 조사했다. 리커트의 5점 척도로 질문한 결과 제조업형은 평균값 3.68, 정보통신업형은 평균값 4.67로서 정보통신업형 벤처기업이 제조업형 벤처기업에 비해 혁신적 환경이 갖추어진 지역에 대한 집적 선호도가 훨씬 높음을 알 수 있다.

〈표 6-10〉 본사 이전을 희망할 경우 가장 선호하는 입지 형태

(단위: 빈도, %)

구 분	대학 내 창업보육 센터	도심 벤처 기업 집적 빌딩	도심 벤처 기업 특구 지정 지역	도심지 개별 입지	도시 인근 첨단 산업단지	기타	총계
제조업형	1(2.0)	5(10.0)	17(34.0)	1(2.0)	25(50.0)	1(2.0)	50(100)
정보통신업형	1(5.0)	8(40.0)	7(35.0)	0	4(20.0)	0	20(100)

〈표 6-11〉 벤처기업 업종별 집적지 선호 차이 비교

입지 성향	업종	빈도	평균값	표준편차	t값	유의 확률
첨단 정보 네트워크 구축을 위해 혁신적 환경이 갖추어진 집적지 입지를 선호	제조업	59	3.68	.86	-6.430^{**}	.000
	정보 통신업	21	4.67	.48		

주: ** $p<.01$

2) 벤처기업의 성장 단계별 집적 효과 중요성 인식

벤처기업의 '관련 업종 간 집적 효과'의 중요성에 대한 인식을 분석함으로써 집적 지향성을 살펴볼 수 있다. 집적 효과를 중요하게 인식하고 있다는 것은 실제로 집적하여 입지할 가능성이 높다라고 볼 수 있기 때문이다.

〈표 6-12〉 집적 효과의 중요성에 대한 업종별 차이 비교

구 분	업종	N	평균	표준편차	t값	유의 확률
관련 업종 간 집적 효과의 중요성에 대한 인식	제조업	87	3.77	.77	-1.949*	.053
	정보통신업	60	4.02	.72		

주: * $p<.1$

<표 6-12>에서 보는 것처럼 관련 업종 간 집적 효과의 중요성에 대해 제조업형 벤처기업은 평균값이 3.77, 정보통신업형 벤처기업은 4.02로 나타나 신뢰 수준 90%에서 정보통신업형 벤처기업이 제조업형 벤처기업보다 집적 효과의 중요성을 더 높게 인식하고 있는 것으로 나타났다.

벤처기업의 성장 단계에 따라 집적 효과의 중요성 인식에 차이가 있는지를 분석하고자 일원배치 분산분석(One-Way ANOVA)을 실시했다. 분석 결과 <표 6-13>과 <표 6-14>에 나타난 바와 같이 통계적으로 유의한 차이가 없는 것으로 나타났다. 이러한 결과는 벤처기업의 성장 단계와 집적 지향성 간에는 큰 영향 관계가 없음을 시사하는 것이라 할 수 있다.

〈표 6-13〉 제조업형 기업의 집적 효과의 중요성에 대한 차이 비교

구 분	N	평균	표준편차	F	유의 확률
창업 단계	27	3.81	.92	0.080	0.923
성장 단계	42	3.76	.76		
성숙 단계	18	3.72	.57		

〈표 6-14〉 정보통신업형 기업의 집적 효과의 중요성에 대한 차이 비교

구 분	N	평균	표준편차	F	유의 확률
창업 단계	25	3.92	.57	0.418	0.660
성장 단계	29	4.07	.84		
성숙 단계	6	4.17	.75		

제 5 절 맺음말

21세기 생존 전략에 대한 다양한 접근이 시도되고 있으며, 그 중 지역 경쟁력 확보와 더 나아가서 국가 경쟁력 확보 과정에서 벤처기업의 육성과 유치가 크게 주목받고 있다. 여기서는 벤처기업의 입지 선정 요인과 대도시 지향성 및 집적 지향성을 밝힘으로써 테크노파크 조성, 벤처기업 육성 촉진구역 조성 등과 같은 입지정책의 효과성을 제고하는 데 기여하고자 했다.

대구·경북 지역의 벤처기업을 대상으로 설문조사한 결과 벤처기업의 성장 단계별 대도시 지향성은 업종별로 차이를 나타냈다. 제조업형 벤처기업은 대도시 지향도의 추세선이 기업의 성장에 따라 높아지거나, 그대로이거나, 낮아지는 세 개 유형으로 구분됨으로써 ∈ 형태를 나타냈다. 반면 정보통신업형 벤처기업은 대도시 지향도가 급속히 높아지거나 완만히 높아지는 이분형의 추세선을 나타냈다. 따라서 정보통신업형 벤처기업의 대도시 지향도는 제조업형에 비해 매우 높은 특징을 보인다고 할 수 있다.

벤처기업의 집적 지향성은 높은 것으로 나타났으며, 정보통신업형 벤처기업의 집적 지향성이 제조업형 벤처기업보다 높은 것으로 나타났다. 또한 제조업형 벤처기업은 도시 인근의 첨단산업단지에 대한 강한 집적 입지 선호를 보이고 있으며, 정보통신업형 벤처기업은 도심지의 벤처기업 집적 빌딩과 도심지의 벤처기업특구 지정 지역에 대한 강한 집적 입지 선호를 보여 차이를 나타냈다. 혁신적 환경이 갖추어진 지역에 대한 집적 선호도는 정보통신업형이 제조업형보다 매우 높은 특징을 보였다. 업종에 따른 성장 단계별 집적 효과의 중요성에 대한 인식의 차이를 분석한 결과 제조업형 벤처기업의 집적 지향성은 기업이 성장함에 따라 아주 조금씩 낮아졌으며, 정보통신업형 벤처기업의 경우에는 아주 조금씩 높아졌으나 통계적 유의성을 보이지는 않았다.

이와 같은 분석을 통해 정보통신·소프트웨어 개발·인터넷 서비스 등 정보통신업형 벤처기업의 서울 등 대도시 입지에 대한 강한 선호를 설명할 수 있으며, 또한 벤처기업 집적빌딩 지정 등의 집적지 조성 정책의 타당성을 설명할 수 있다. 따라서 정보통신업형 벤처기업의 집적지 조성은 대도시의 도심지를 중심으로 추진될 때 정책 효과성이 높을 것으로 예상되며, 또한 정보통신업형 벤처기업이 입지 선정 요인으로 중요하게 여기는 고급 연구 인력의 확보와 최신 경영정보의 획득, 그리고 교통의 편의성 등이 확보될 수 있는 정책적 지원을 추진해야 한다.

기계·금속, 전기·전자 제조 등 제조업형 벤처기업의 육성은 정보통신업형에 비해 상대적으로 대도시 지향성이 약하므로 지방에서 육성하기에 경쟁력이 있는 벤처산업 업종이라고 할 수 있다. 생산기반 시설이 완비되어 있으며 생산 공간의 추가적 확대가 용이한 첨단산업단지가 지방 대도시 외곽에 조성된다면 성장 단계 벤처기업을 유치함으로써 지방의 벤처산업 활성화가 촉진될 수 있을 것으로 보인다.

제조업형과 정보통신업형 벤처기업 모두 입지 선정 요인으로 저렴한 지가 및 임대료를 중요한 입지 선정 요인으로 인식하고 있는 만큼 창업 단계 벤처기업의 지원을 위한 대학 창업보육센터 및 벤처기업 집적빌딩의 저렴한 임대료 지원 정책은 벤처기업의 육성과 유치에 적지 않은 도움이 될 것으로 판단할 수 있다. 또한 고급 연구 인력의 확보와 최신 경영정보 획득의 용이라는 벤처기업의 입지 수요 충족을 위해서는 대학과의 산학 협동이 원활히 촉진될 수 있는 정책이 필요할 것으로 보인다. 그리고 대학과의 산학 협력뿐만 아니라 관련 기업과의 산산(産産) 협력 관계가 활성화될 수 있도록 동종 업종 간, 이종 업종 간 협력 네트워크 구축 지원을 위한 정책적 지원이 필요할 것으로 보인다. 이런 측면에서 현재 조성중인 테크노파크는 대학의 연구 인력과 연구시설을 활용한 벤처기업 육성 정책으로서 벤처기업의 집적 입지 수요를 상당 부분 충족할 수 있을 것으로 예상된다. 다만 지방에 위치한 테크노파크는 벤처기업의 대도시 지향성에 대한 한계를 극복할 수 있는 보완 대책 마련이 필요할 것으로 보인다.

제7장 지역혁신 체계상의 중개모형*

제1절 머리말

글로벌 경제와 지식기반 경제로의 흐름 속에서 지역 산업환경이 급격하게 변화하고 있다. 정보화와 유연생산 체제로의 흐름 속에서 대부분의 지역 기업들은 고도로 분업화된 생산 형태에 적응하기 위해 기존의 수직적 조직구조의 재편과 관련 기업 및 기관들과의 새로운 연계 체계를 형성해 가고 있다. 한편으로는 기능 및 역할의 고도전문화 그리고 또 다른 한편으로는 네트워크화로 특징되는 유연생산 체제는 생산 과정에 투입되는 다양한 요소들 간의 다양한 형태의 결합 및 조정 과정을 요구하게 된다.

이 과정에서 지역 기업들은 관련 과정을 효율화하기 위해 클러스터 형성 및 지역혁신 체계 구축을 지향하고 있다. 클러스터 형성 및 지역혁신 체계 구축을 통해서 지역경쟁력 역할 주체들 간 결합 및 조정상의 거래 비용을 최소화하고 협력적인 생산 네트워크 형성을 지향하고 있는 것이다. 그리고 지역산업 정책 역시 전통적인 수동적 지원 방안 위주에서 적극적 자생 전략 형태로 바뀌고 있다. 지역은 진공 속에 존재하는 개별체가 아니라 경쟁

* 이 장은 박종화(2006). 지역혁신 체계상의 중개모형: 대구전략산업기획단의 경험, 「국토계획」, 41(4): 171-187을 재정리한 것임.

적·혁신적 상황에 존재하는 공간 경제 네트워크의 한 부분이라는 인식에 기초하고 있는 것이다.

선진 산업 사회에서는 대략 1980년대부터 주력 산업 위주의 지역산업 육성 추진 체계를 정비하고 지역별 자생적인 산업 발전 토대를 구축함으로써 국가경쟁력 제고와 함께 지역밀착형 산업 발전을 도모하고 있다. 특히, 일본·독일·영국 등은 오랜 기간에 걸쳐 특정 산업을 중심으로 집적되어 있는 지역산업 자원을 유기적으로 네트워킹할 수 있는 산업 클러스터와 지역혁신 체계 구축을 위해서 법과 제도의 정비를 강력하게 추진하고 있다. 1990년대 후반 OECD도 지역경제 발전의 새로운 모델로서 클러스터 형성과 지역혁신 체계 구축을 제시하고 있다(OECD, 1998; 김선배, 2001: 79 재인용).

지역혁신 체계이론은 슘페터(J. Schumpeter)의 고전적인 혁신 모형에서부터 진화론적 혁신 모형, 국가혁신체계론, 지역혁신체계론 등으로 지역 단위의 혁신 체계 구축에 대한 필요성에 대한 인식으로 발전되어 왔다. 개별 기업 지원 위주의 수동적 지원 형태의 산업정책에서 사회경제적 네트워크 및 지역혁신 환경 조성을 통한 산업 경쟁력 확보를 유도하는 적극적인 자생 전략 형태의 산업정책으로의 이행이다.

지역 단위의 자생적인 산업정책 과정에는 지역혁신과 지역경쟁력 제고를 위한 지역 역할 주체들의 상호 연계성과 상호 협력 체계가 필수적이다. 지역 기업·지역 대학·연구소·지방정부·비영리단체 등 다양한 지역혁신 주체들의 상호 연계성과 상호 협력 체계는 저절로 이루어지는 것은 아닐 것이다. 이 과정에서 우리는 지역 역할 주체들의 상호 연계와 상호 협력을 위한 중개 기능에 주목할 수 있다.

최근 여러 분야에서 지역혁신 역할 주체들 간 중개 기능이 중요할 것이라고 인식하고 있는 것으로 보인다(안준모, 2005). 하지만 정작 이것이 어떤 과정을 거치는 것인지, 그리고 역할 주체들 간 상호 작용 관계는 어떻게 나타나고 있는지, 그리고 그 결과는 어떤지 아직 경험적으로 제대로 분석되지 못하고 있다.

지역혁신 체계에 관한 이론적·경험적 차원의 연구는 국내외적으로 비교적 활발하게 진전되고 있다. 혁신 체계의 개념은 리스트(List, 1905), 슘페터(Schumpeter, 1934)에서 나타나고 있다. 하지만 1980년대 중반 이후 프리먼(Freeman, 1987), 런드발(Lundvall, 1992), 넬슨(Nelson, 1993) 등이 국가혁신 체계(NIS: National Innovation Systems) 논의를 본격화하면서 확산되고 있다. 그리고 혁신 주도형 경제에서 국가보다 지역 단위에서 상호 연계 및 사회적 학습 그리고 공통 전략 형성이 더욱 용이하다는 쿠크와 모건(Cooke & Morgan, 1993)의 연구 등으로 지역혁신 체계(RIS: Regional Innovation Systems) 개념이 새롭게 주목받고 있다.

지역혁신 체계 관련 연구들(Asheim & Cooke, 1999; Edquist, 1997; De La Mothe & Paquet, 1998)은 공통적으로 지리적 근접성과 지역 단위의 기업 기술혁신, 관련 역할 주체들의 상호 연계성과 협력, 그리고 공통 학습의 중요성을 강조하고 있다. 하지만 지역 단위에서 지역혁신 역할 주체들의 공통 학습과 공통 전략의 형성을 용이하게 하기 위해 무엇이 긴요할 것인가에 대한 분석은 지리적 근접성 요인 외에는 제대로 진전되지 못한 것으로 보인다. 특히 기업 단위의 기술혁신 과정에서 이질적인 지역혁신 역할 주체들 간 상호 협력 및 공통 전략 형성 경험이 부족한 우리 나라 같은 경우에는 더욱 부족한 것으로 판단된다.

국내의 경우에도 지역혁신 체계에 관한 이론적 차원의 연구는 비교적 활발하게 진행되고 있다. 그 중 주요 연구로서 박삼옥 · 남기범(2000), 권영섭(2001), 김선배(2001), 한세억(2004), 이철우(2004) 등의 연구들이 있다. 그 중 박삼옥 · 남기범(2000)은 설문 조사와 면담조사 자료를 이용해 IMF 금융 지원 체제 이후의 우리 나라 중소기업 육성 과정에서 지역혁신 체계의 의미와 기능, 그리고 구성 요소를 밝히고 관련 산업지구의 개발 방향을 제시하고 있다. 권영섭(2001)은 대구의 섬유산업과 구미의 전자산업을 대상으로 지역 전략산업에서의 전후방 연계, 지식 이전 메커니즘, 혁신 지원구조, 협력과 신뢰 측면에서 지역혁신 체계 분석을 시도하고 개별 도시별 혁신 체계 강화 방안을 제시하고 있다. 한세억(2004)은 지역 특성화 개발전략을 중심으로 지역혁신 체계의 의미와 성격, 그리고 국내 · 외 경험적 성공사례에 대한 분석평가를 시도하고 있다. 이철우(2004)는 지역경제 발전 과정에서 지역혁신 체계 구축의 의미 및 특성을 밝히고, 그 과정에서 요청되는 지방정부의 과제를 제시하고 있다. 김선배(2001)는 지역혁신 체계 구축을 위한 산업정책 모형을 제시하면서 지역혁신 체계의 구성 요소로서 시스템 연계 기관, 지역 플랫폼(regional platform), 지역발전기구(RDA)를 제시하고 있다.

그 외 중개 역할에 대한 명시적 언급은 없지만 사회적 네트워크 이론(social network theory) 측면에서 지방정부 주도적 지역협력연구센터(RRC)의 구조와 성과를 분석한 연구(김미나, 2006)와 과학기술 정보 및 지식의 생산과 흐름을 행위자와의 관계 형태로 분석한 연구(홍형득, 2006), 그리고 지역 전략산업 육성 과정에서 지역혁신 체계의 필요성과 지역혁신 체계의 구축 방안을 개괄적으로 검토한 연구(이성근 외, 2006) 등도 최근 나타나고 있다.

여기서는 지역혁신 체계에 대한 이론적 검토를 통해 우리의 지역적 여건과 산업적 여건에 적합한 지역혁신 체계 구축의 관점에서 중개모형의 적실성과 실천적 경험 사례를 제시하고자 한다. 이를 위해 첫째, 글로벌 경제와 지식기반 경제로의 흐름 속에서 지역산업 경쟁력을 제고하는 과정에서 핵심적 요소로 주목받고 있는 지역혁신 체계의 의미와 배경, 그리고 구성 요소를 이론적 측면에서 검토한다. 둘째, 지역혁신 체계의 개념과 구성 요소를 중심으로 시론적 측면에서 중개모형을 정립하고, 이의 기본적인 작동 관계와 관련 요소들이 무엇인지를 제시한다. 셋째, 실제 정책적 사례를 선정해 이론적 논의에서 부각된 요소들이 어떻게 작동하고 있는지 분석 및 정리한다.

여기서 지역 혁신 체계상의 중개모형의 실제 정책적 사례로는 대구전략산업기획단(DRIA)을 이용한다. 대구전략산업기획단의 역할이 전적으로 지역혁신 체계상의 중개모형에 부합하는 것은 아니지만 현재 관련 기관들 중 중개모형에 가장 가까운 실체 중의 하나로 볼 수 있다.[1] 그리고 지역전략

1) 서구 사회에서 과학단지(Science Parks) 개념과 유사한 테크노파크, 정부가 산학연 사업을 수행하기 위해 대학에 산학연 관련 센터를 지정한 후 그 센터를 중심으로 연구 과제를 수행하는 지역협력연구센터(RRC) 등은 모두 어느 정도 지역혁신 역할 주체들 간

산업기획단의 역할 파악은 관련 내부 자료와 관련 역할 주체들에 대한 인터뷰를 이용한다.[2)]

제 2 절 지역혁신 체계와 중개 모형

제반 환경 변화로 지역혁신 체계가 주목받고 있다. 불확실성의 증대, 기업의 수익 모델이나 생존 전략의 변화, 전략적 유연성과 기술혁신 능력의 강조 등은 지역 밀착형 혁신을 지속적으로 창출할 수 있는 지역혁신 체계의 창출 및 지역혁신 역량의 강화가 전제되어야 하기 때문이다. 글로벌 경제 흐름 속에 입지의 역설 현상과 산업 클러스터화 추세는 지리적 근접성과 지리적 집적 효과에 새로운 관심을 불러일으키고 있다.

지리적 근접성과 지역 단위의 기업기술 혁신 과정에서는 예외 없이 관련 역할 주체들의 상호 연계성과 협력, 그리고 공통 학습의 중요성이 강조되고 있다. 하지만 지역 단위에서 지역혁신 역할 주체들의 상호 연계성과 협력을 중개하기 위해 누가 어떻게 해야 할 것인가에 대해서는 제대로 논의되지 못하고 있다. 여기서는 지역혁신 체계의 존재와 역동성, 그리고 관련 중개모형에 대해 논의하고자 한다.

1 입지의 역설

글로벌 경제로의 이행과 디지털 방식에 토대한 정보화 추세는 지역산업

에 중개 기능을 수행하고 있는 것으로 보인다. 하지만 이들 기관들의 경우 중개 역할 그 자체를 핵심 역할로 보기는 어렵다(박종화·Han Sun Sheng, 2001; 김미나, 2006).

2) 소규모 기관들의 역할 관계나 행태 분석은 주로 관계자들에 대한 행태 관찰이 중요하다. 하지만 다양한 관계자들에 대한 행태 관찰이 현실적으로 용이하지 않으므로, 그 대체 방안으로 면접조사를 이용한다. 면접조사는 연구자가 직접 관계자들을 대상으로 2005년 4월 1일부터 6월 30일 사이에 실시했다.

경쟁력 제고 과정에서 새로운 시각과 전략적 방향 전환을 요구하고 있다. 통제와 유도 위주의 중앙집중식 개발 전략에 부응하는 수동적 지역 개발 전략에서 지역에 밀착하는 지역 나름의 독특한 지역 개발 전략이 강조되고 있다. 경쟁의 심화와 기술혁신의 가속화는 제반 산업 환경의 불확실성을 확대하고 있고 사전 계획의 여지를 점점 축소하고 있다. 따라서 개별 기업들은 상황 변화에 신속하고 탄력적으로 적응하기 위해 전략적 유연성과 진화적 문제 해결 방식을 강화하고 있다. 높은 불확실성하에서 제기되는 다양한 문제들에 적극적으로 대응하기 위한 자생적인 역량 강화가 주목받고 있는 것이다.

동일한 맥락에서 글로벌 경제로의 이행 흐름에도 불구하고 혁신적 활동은 특정 지리적 영역에 집적하는 역설적인 입지 패턴을 보여 주고 있다(Pilon, 2000). 그럼 왜 글로벌 경제로의 흐름 속에서 지리적 근접성(geographical proximity)이 혁신의 과정 속에서 계속 중요한 변수가 되는가가 의문이다. 이에 대해 포터(Porter, 1998: 237)는 "지리적·문화적·제도적 측면에서의 근접성은 원거리에서는 얻기 어려운 특별한 접근성, 특별한 관계, 더 나은 정보, 강력한 인센티브, 그리고 기타 다른 장점들을 생산성 제고 과정에서 제공하기 때문이다"라고 설명하고 있다. 결과적으로 지역에 밀착된 독특한 경쟁력은 다른 곳에서 쉽게 모방하기 힘들게 된다.

그리고 제반 환경의 변화로 민간 부문은 물론이고 공공 부문의 경우에도 다양한 불확실성에 직면하고 있다. 중앙집중식 장기계획에 따라 자원을 선택적으로 동원하고 배분하는 일이 점점 더 어려워지고 있다. 따라서 개별 기업은 다양한 형태로 그와 같은 불확실성을 줄이고자 노력하게 된다. 산업 클러스터, 산업지구, 또는 지역혁신 체계 등이 모두 그와 같은 노력의 형태로 볼 수 있다. 이와 같은 흐름 역시 지역 밀착형 경쟁력이 최근 강조되는 이유로 볼 수 있다.

또한 기업의 수익 모델이나 생존 전략 자체가 변화하고 있다. 정부의 정책적 혜택, 대량 생산 및 규모의 경제 등을 통한 수익 모델이나 생존 전략은 그 가치가 점점 더 약화되고 있다. 오히려 새로운 시장 영역을 창출하거나 도전하는 혁신적 기업가 정신, 환경 변화에 신속하게 대응하는 전략적 유연성, 그리고 신기술 내지 기술적 융합을 지속적으로 이루어 낼 수 있는 기술혁신 능력 등이 강조되고 있다. 다시 말하면, 지역 밀착형 혁신을 지속적으로 창출할 수 있는 지역혁신 체계의 창출 및 지역혁신 역량의 강화가 주목받고 있는 것이다(이장우, 2003).

2 지역혁신 체계

제반 환경 변화에 따른 입지의 역설 현상 등으로 지역혁신 체계(RIS)의 중요성이 강조되고 있다. 지역혁신 체계 논의는 전략적 유연성과 진화적 문제 해결 방식 등을 강조함으로써 지역적 차원의 새로운 환경 창출, 즉 지역 밀착형 경쟁력 확보의 중요성을 강조하고 있기 때문이다. 지역 밀착형 경쟁력 내지 지역적 혁신환경의 확보는 지역 자원의 효율적인 활용이 전제되어야 하는 것이다. 따라서 지역혁신의 역할 주체들인 기업, 대학 및 연구소, 전문 서비스 기관, 지방정부, 그리고 관련 중앙부처들의 상호 작용과 학습을 원활하게 할 수 있는 체계를 창출할 필요성이 있는 것이다.

지역혁신 체계를 요소 개념으로 구분해 보면 지역, 혁신, 체계를 결합한 것이다. 즉, 지역에 밀착한 혁신 역량을 강화하기 위한 체계 형성이 중심 개념이다. 지역밀착성은 지리적 근접성 요소를 내재하고 있으므로 클러스터론과 직결된 논의임을 쉽게 알 수 있다. 따라서 로렌젠과 포스(Lorenzen & Foss, 2003)는 지역혁신 체계 관련 연구들은 흔히 지리적 근접성, 그리고 기술혁신에 대한 명백한 초점을 가지고 있는 것임을 강조하고 있다. 김선배(2001: 81-83)는 지역혁신 체계에서 산업집적, 산업전문화, 집단학습이 핵심 요소임을 언급하고, 혁신 주체 간 상호 작용을 위한 제도적 시스템 구축과 같은 정책적 요인을 강조하고 있다.

지역혁신 체계 논의에서는 지역혁신 역할 주체들 간 상호 작용을 위해 마련된 제도적 틀 속에서 집합적 학습이 지속 가능하고 이를 통해 네트워크에 연결되어 있는 기업의 혁신 능력, 혹은 부가가치가 향상될 것으로 보고 있는 것이다. 즉 글로벌 경제와 지식기반 경제로의 이행 속에서 기업경쟁력의 제고는 개별 기업의 고립적인 생산 능력 제고의 문제라기보다는 대학 및 연구소, 전문 서비스 기관, 지방정부, 그리고 관련 중앙부처들 간의 활발한 상호 작용과 학습을 통한 생산 범위 확장 및 신규 시장 개척인 것이다.

유럽에서는 글로벌 경제와 지식기반 경제하의 발전 전략으로서 지역혁신 체계의 개선을 통한 학습지역 형성이 중심 주제가 되고 있다(Morgan, 1997). 이 전략은 지역의 혁신 역할 주체들이 상호 협력하는 시스템을 구축해 지역 전체가 상호 학습을 통해 지속적으로 혁신을 창출하는 학습지역을 형성하자는 것이다. 외부화된 학습조직의 형태로서의 지역을 기대하고 있다(이철우, 2003: 191).

지역혁신체계론은 지역혁신 역할 주체들과 관련 제도가 산업 클러스터 형성을 통해 기업의 학습 및 혁신 역량을 향상시키는 메커니즘이 어떤 것인지와 그 영향은 무엇인지에 대한 연구임을 지적하는 것이다. 따라서 지역혁신 체계상의 네트워크는 다양한 지역혁신 역할 주체들과 관련 제도가 지역의 생산 과정이나 새로운 기술과 지식의 창출·확산·활용 과정에서 역동적으로 상호 작용하고 협력함으로써 형성되는 일정 지역 내의 역할 주체(node)와 역할 주체 간을 연결(link)하는 구조를 언급하는 것이다(김선배, 2001: 84).

지역혁신 역할 주체들 간 네트워킹 활성화와 산업 클러스터 형성을 통해서 지역산업의 자생적 경쟁력을 높여갈 수 있으리라는 것에 대해서는 사실 반대 의견이 거의 제시되고 있지 않다(박종화, 2004). 산업 클러스터는 네트워크를 통한 시너지 발휘를 목표로 특정 분야의 관련 기업·기관·지원서비스 기관들의 지리적 결집체를 말한다. 산업 클러스터에 의한 거래비용 감소와 생산 장비의 공동 활용 등의 정태적 효율성이 흔히 언급되어 왔지만, 최근 클러스터링의 형성 과정에서 사회적 자본(social capital), 제도적 충실성(institutional thickness), 그리고 학습 지역(learning region)의 형성 등에 의한 동태적 효율성이 새롭게 주목받고 있다.

특히 포터(Porter, 1998, 2000)가 지역경쟁력의 원천으로서 클러스터를 강조하고 이를 분석할 수 있는 개념적 틀로서 다이아몬드 모형을 제시함에 따라 지역산업 발전에서 클러스터의 중요성이 확산되는 계기가 되었다. 그의 이론은 엔라이트(M. J. Enright)와 크루그먼(P. Krugman) 등에 의해 보완되었으며, 산업의 특화와 공간적 집적이 지역산업의 경쟁력 제고에 중요함을 제시하고 있다(박삼옥, 1999; 김선배, 2001:82-83 재인용). 따라서 산업 클러스터는 생산 네트워크 내에서 이업종(異業種)과 보완 업종 간 상호 연계와 지식의 흐름을 중요시하며 결합 시너지에 토대를 둔 공생적인 상호 의존성을 중시하고 있는 것이다(Roelandt & Hertog, 1999).

산업 클러스터는 그 개념상 자기 강화적인 요소를 상당 부분 내재하고 있는 것이 사실이다. 하지만 지리적 근접성을 가진 다양한 지역혁신 역할 주체들이 존재한다고 해서 반드시 지역혁신과 지역경쟁력 제고가 제대로 이루어질 수 있다고 보기는 어렵다. 이것은 이제까지 지역 차원에서 산-학-관 협력이 중요하고 그 역할 주체들이 존재하고 있었지만 그 협력 관계가 자생적으로 원활하게 진전되지 않는 것을 통해서 쉽게 알 수 있다(박종화·김창수, 2001).

여기서 지역혁신 역할 주체들 간 공생적 상호 의존성을 촉매하고 조정하며, 더 나아가서 선도할 수 있는 중개자 또는 중개집단의 역할 범위와 그 한계를 분석할 의의가 있는 것이다.

3 지역중개모형

지역 클러스터 형성과 지역혁신 체계상의 네트워크 활성화를 통해 지역산업 및 지역 경쟁력 제고에 기여할 수 있을 것이다. 그리고 산업 클러스터의 형성 및 성숙 과정을 통해서 지역혁신 역할 주체들 간 상호 작용과 학습이 상당 부분 가능할 것으로 보인다. 하지만 지역혁신 역할 주체들의 단순한 존재와 지리적 근접성만으로는 지역혁신 과정에서 필요한 역할 주체들 간 상호 작용과 학습이 제대로 이루어질 수 있다는 보장이 없다.[3] 지역적

3) 클러스터의 자기 강화 속성에 의해 상호 작용과 학습이 상대적으로 용이하게 진행될 것으로 볼 수 있다. 하지만 그 과정의 형태와 강도는 개별 클러스터별로 다양하게 나타날 것으로 보인다. 그리고 클러스터링이 반드시 좋은 결과를 가지고 오는 것은 아니다. 예

[그림 7-1] 중개자와 관련 기업·대학·기관 간 연계도

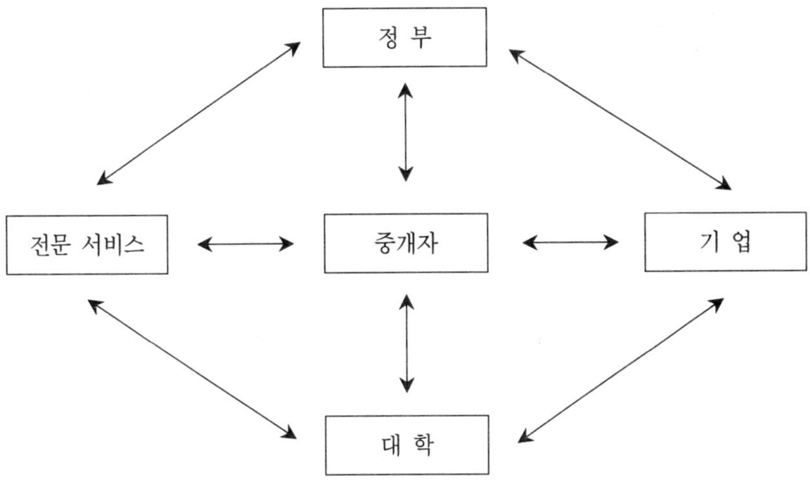

다양성 속에서는 그와 같은 과정을 촉매하고, 조정하고, 그리고 필요하다면 선도할 수 있는 중개 기능이 필요할 것으로 판단된다.

중개자는 개인이든 집단이든 다양한 관련 기업·기관들과 상호 연계성을 맺고 협력을 촉매, 조정, 그리고 선도해 나가게 될 것이다. 그 일반적인 관계성은 [그림 7-1]과 같이 표시할 수 있다.

중개 기능은 기본적으로 관련 개인 또는 집단 간을 연결하는 역할을 수행하는 것이다. 중개 실체 역시 개인 또는 집단일 수 있으며, 그 연결 형태 역시 촉매 기능적 역할에서 조정 기능적 역할, 그리고 선도 기능적 역할까지 다양할 것으로 보인다. 촉매 기능적 역할은 화학 반응에서의 촉매처럼 자신은 결과적으로 아무런 반응이 일어나지 않으나 다른 물질의 반응을 촉진하거나 지연시키게 하는 기능 내지 역할을 말한다. UCSD CONNECT의 경우 그 자체를 위한 투입 자원이나 산출물을 만들지 않는다는 점에서 촉

컨대 주어진 기술에의 정체 내지 잠김(lock-in) 현상이 올 수 있고 쇠퇴로 향할 수도 있다. 여기서 스토퍼(Storper, 1992: 62)는 클러스터 내의 다양성과 유연성을 촉진할 수 있는 체계적인 기업 관계의 중요성을 강조하고 있다.

[그림 7-2] 중개 형태 분류도

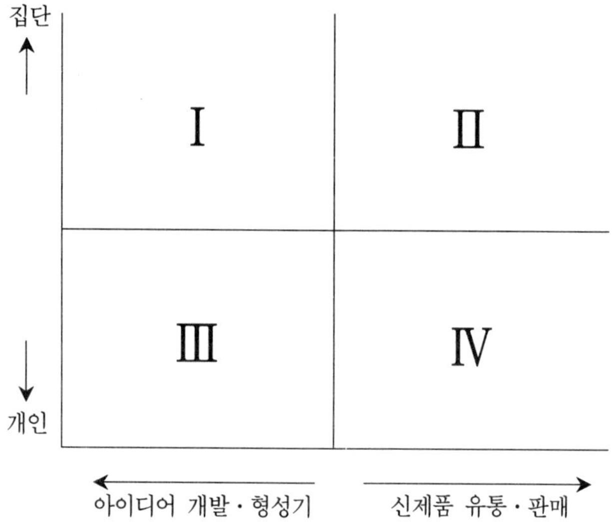

매 기능적 중개모형에 가깝다고 볼 수 있다.[4)]

조정 기능적 중개 역할은 단순히 연결 실체로서의 개별 역할 주체들의 역량 강화를 넘어서는 것이다. 건강한 신체는 특정 신체 부위의 단련 내지 기능 강화를 넘어서서 전체 신체의 조화로운 발전을 전제하고 있듯이, 조정 기능적 중개 역할은 지역적 상황 내지 환경 변화를 고려한 지역혁신 역할 주체들 간 조화로운 연결성 강화를 지향하고 있는 것이다. 선도적 기능의 중개 역할 역시 조정 기능적 중개 역할과 역할 내용 측면에서 큰 차이가

4) UCSD CONNECT는 미국 캘리포니아대학(샌디에이고 캠퍼스) 시스템에 속한 비영리 기관으로서 잠재력이 높은 기술 및 생명과학 기반 연구의 사업화를 지원함으로써 샌디에이고 지역의 기업가 정신을 활성화시키는 것을 주요 목적으로 한다. 대학의 연구 결과와 이를 활용한 사업화의 성공 가능성을 높이기 위한 회원 위주의 지역 연결조직으로, 역할 주체들 간 혁신 프로세스와 인적 네트워크의 강화에 중점을 두고 있다. 다만 다른 지원기관들과는 달리 역할 주체들에 대한 직접적인 지원은 거의 배제하고, 조직 자체 역시 자립멤버십 조직(self-sustaining membership organization) 형태를 취하고 있다. 네트워크 강화보다 자체 사업에 조직의 역량을 분산시키지 않기 위해 순수비영리 멤버십 조직 형태를 취하고 있는 것이다(안준모, 2005: 8-9).

있는 것으로 보이지는 않는다. 다만 지역혁신의 선순환 강화를 위해 중개자 내지 중개 실체의 좀더 적극적인 비전 제시나 방향 제시가 강조되는 형태로 볼 수 있다.

중개 형태는 참여자를 기준으로 개인 간 중개, 개인과 집단 간 중개, 그리고 집단 간 중개로 크게 나눌 수 있다. 집단은 대개 기업 및 기관의 형태를 취할 것이므로, 중개 형태는 개인 간 중개, 개인과 기업 또는 기관 간 중개, 그리고 기업 또는 기관 간 중개 형태로 나누어 볼 수 있다. 그리고 중개의 대상 영역을 기준으로 제품 개발의 초기 단계에서 판매에 이르기까지 다양한 단계에서의 중개 형태를 상정할 수 있다. 따라서 중개 형태의 개괄적인 분류는 [그림 7-2]와 같이 표시할 수 있다.

다양한 지역혁신 역할 주체들 간 네트워크는 흔히 R&D 위주의 아이디어 개발·형성 과정에서 중개 비중이 높을 것으로 판단된다.[5] 즉, I 사분위와 III 사분위의 경우가 II와 IV 사분위 경우에 비해서 다양한 지역혁신 역할 주체들 간에 대한 중개 역할의 비중이 높을 것으로 판단된다. 의류 디자이너가 독특한 디자인이 필요한데 중개자가 적절한 화가와 컴퓨터 프로그래머를 탐색해 중개 역할을 수행하면 III 사분위 형태로 볼 수 있다. 그리고 특정 기업이 전문기술 개발 과정에서 대학 및 정부와의 협력이 절실한데 중개자 또는 중개집단이 그 역할을 수행하게 되면 I 사분위 형태에 해당한다.

중개자가 관련 기업·기관 간 촉매·조정·선도 기능을 적절하게 수행해 갈 때 관련 주체들 간 네트워크 형성 및 활성화, 기업 간 협력, 그리고 기업·기관 간 협력을 이루어 갈 수 있을 것으로 판단된다. 그리고 이와 같은 과정은 궁극적으로 지역혁신 체계상의 네트워크의 구축 및 지역혁신에 기여하게 될 것이다. 이와 같은 흐름은 [그림 7-3]과 같이 표시할 수 있다.

중개자가 관련 기업·기관 간 네트워킹을 형성하고 활성화시킴으로써

5) 제품이 개발되고 유통 및 판매 단계에 이르면 기업들 간의 연계는 몰라도 대학, 연구소, 그리고 정부 등과의 네트워킹 비중은 현저히 떨어질 것으로 판단되기 때문이다. 다만 기업 영역들 중에서도 회계나 법률, 그리고 마케팅 등 고차 생산자 서비스 영역은 II와 IV 사분위 영역의 비중이 높을 것으로 보인다.

[그림 7-3] 중개 기능과 지역혁신 네트워크(RIN) 구축 개념도

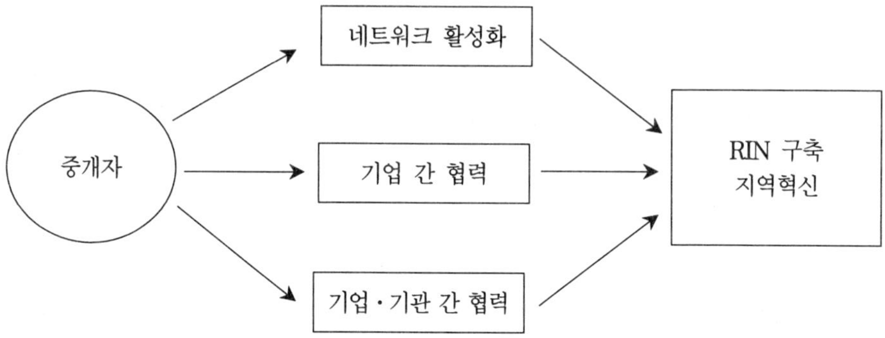

협력을 유도하게 되고 지역혁신 체계 구축 및 지역혁신에 기여할 수 있으리라는 것은 추론할 수 있다. 하지만 실제로 중개자가 관련 기업·기관 간 네트워킹을 위해 촉매·조정·선도 기능들을 수행한다는 것과 실질적인 네트워킹이 발생하느냐 하는 것은 반드시 일치하는 것은 아닐 것이다. 여기서 중개와 탐색 과정, 네트워크 기회의 발견 과정, 그리고 네트워킹의 이행 과정을 [그림 7-4]와 같이 표시할 수 있다.

[그림 7-4] 중개 네트워킹의 단계 모형

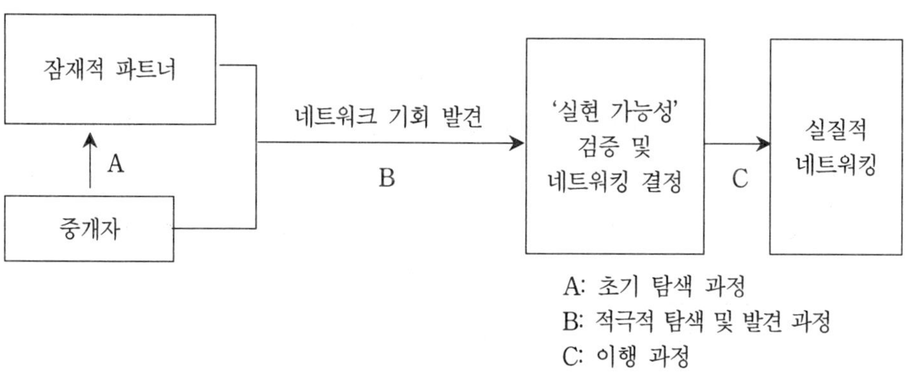

중개 네트워킹의 단계 모형에서 중개자는 초기 탐색 과정을 통해 잠재적 파트너(potential partners)를 물색하게 된다. 그 이후 중개자와 잠재적 파트너는 각각 또는 연합으로 네트워크 기회의 적극적 탐색 및 발견을 향해서 나아가게 된다. 그리고 네트워크 기회를 발견하게 되면 실현 가능성 검증(feasibility test)을 거친 후 네트워킹을 결정하게 된다. 그렇게 되면 이행 과정을 거쳐 실질적 네트워킹으로 나아가게 된다. 그런데 네트워크 기회의 적극적 탐색 및 발견 과정에서 네트워크 기회의 인지 및 창출은 여러 가지 환경 변수와 중개자와 잠재적 파트너들의 인지 역량에 크게 영향받을 것으로 보인다.6)

실현 가능성 검증은 객관적 사실 위주로 진행되겠지만, 실제 네트워킹 결정은 상당 부분 주관적인 판단에 의존할 것이며, 결과적으로 그 과정에서 환경 변수(해당 지역의 선행 경험과 추세, 사회적 자본 수준 등), 중개자 또는 중개집단의 역량(조직구조, 전문성, 비전 등) 및 기본 전략(촉매, 조정, 선도 등) 등이 중요하게 작용할 것으로 보인다.

중개자 또는 중개집단에서 촉매·조정·선도 역할은 전략적인 측면과 기능적인 측면 모두를 가질 것으로 보인다. 촉매 기능 측면은 주로 A 과정에 한정되고 부분적으로 B 과정에 해당하고, 조정과 선도 기능 측면은 주로 B와 C 과정에 해당하겠지만 그 강도와 방식, 그리고 결과 간에는 상당한 차이가 존재할 것으로 보인다.

제 3 절 대구전략산업기획단 사례

지역혁신 체계상의 네트워크가 불확실성을 줄이는 형태로 기업의 행동

6) 네트워킹 형성 과정에서 로렌젠과 포스(Lorenzen & Foss, 2003)는 인식상의 조정(cognitive coordination) 측면에 주목하고 있다. 그리고 코헨과 레빈탈(Cohen & Levinthal, 1990)은 지역혁신 및 제휴 과정에서 기업의 흡수적인 역량(absorptive capacity)의 중요성을 강조하고 있다. 여기서 흡수적인 역량은 외부의 다양한 지식을 동화 작용을 통해서건 또는 상업적 목적에 응용하는 과정을 통해서건 활용하는 능력을 말한다.

을 조정하고 있다고 하는 것은 관련 연구에서 흔히 언급되는 공통되는 주제이다(Camagni, 1991). 그러나 그와 같은 조정이 성취되는 정확한 메커니즘은 거의 밝혀지지 않았다. 몇몇 연구자들이 이들 메커니즘을 유형화하고자 노력했고, 그 결과로 평판 효과에 따른 사회적 제재, 지식의 공유와 공통 전략의 채택 등이 지적되고 있다(Lorenzen & Foss, 2003). 그런데 기업, 기관, 대학 및 연구소, 정부 등 다양한 지역혁신 역할 주체들 간 이해관계와 행태를 일치시켜 지식의 공유와 공통 전략의 채택 등을 촉진하기 위해서는 전문화된 중개자들 또는 중개조직의 존재가 필요할 것으로 보인다.

다양한 지역혁신 역할 주체들 간에 자연스럽게 저절로 형성되기 어려운 이해 관계와 행태의 일치성을 촉매하고, 조정하고, 그리고 선도해 새로운 파트너십을 형성하기 위한 중개 활동의 필요성을 인식할 수 있기 때문이다. 전문 중개 활동을 통해서 그렇지 않았다면 불확실성하에서 위험하거나 거래 비용이 많이 초래될 수 있는 기술 개발 활동 및 각종 비즈니스 활동을 촉진할 수 있을 것으로 보인다.

1 대구전략산업기획단의 설립 배경과 역할

현재 기술 개발과 경제 성장은 점차 서로 뒤엉킨 현상으로 나타나고 있다. 즉 기술적으로 진보한 상품이 특정 지역의 경쟁력과 운명을 흔히 결정하고 있다. 따라서 학자들뿐만 아니라 정책결정자들도 이와 같은 새로운 관계성을 인식하게 되었다. 결과적으로 많은 지역정부는 새로운 정책 도구에 의해 지역산업을 지원하는 정부의 '보이는 손'을 확대해 왔다. 기술정책에서 이와 같은 인식의 변화 내지 관심의 증대가 전략산업기획단과 같은 새로운 제도 내지 조직을 형성하고 확산시키고 있다.

대구 지역은 글로벌 경제 흐름에서 아시아의 산업기술 중심 도시, 그리고 국토 개발 측면에서 동남권의 R&D 허브를 지향하고 있다. 그 과정에서 지역적 차원에서 지역산업 진흥의 네트워크 허브가 절실하게 되고, 그 결과 대구 지역 전략산업의 네트워크 허브(network hub)로서 대구전략산업기획단(DRIA)이 탄생하게 된 것이다. 대구전략산업기획단에 대한 역할 기대는 [그림 7-5]와 같이 표시할 수 있다(대구전략산업기획단, 2005a).[7)]

산업자원부 고시 제2003-41호에 의하면, 대구전략산업기획단의 주요 역할 내지 기능은 크게 지역 전략산업의 기획 및 평가, 지역혁신 주체 간 네트워킹, 그리고 지역산업 집적 활성화로 구분할 수 있다. 즉, 대구전략산업기획단은 국정 지표에 대한 부응, 지역 학계 및 연구소 수요에 대한 부합, 지역 산업 수요에 대해 시의 적절하게 대처하고자 하는 복합적인 목적을 가지고 형성된 것이다. 참여정부는 지역혁신과 지역 균형 발전을 국정 지표로 제시하고 있고, 지역 학계 및 연구소는 다른 혁신 주체들과의 원활한 네트워킹을 통한 시너지 효과를 기대하고 있으며, 지역산업계는 순수 아카데미즘을 넘어서는 지식과 정보의 교류, 그리고 기술 이전 등을 요구하고

[그림 7-5] DRIA의 주요 활동

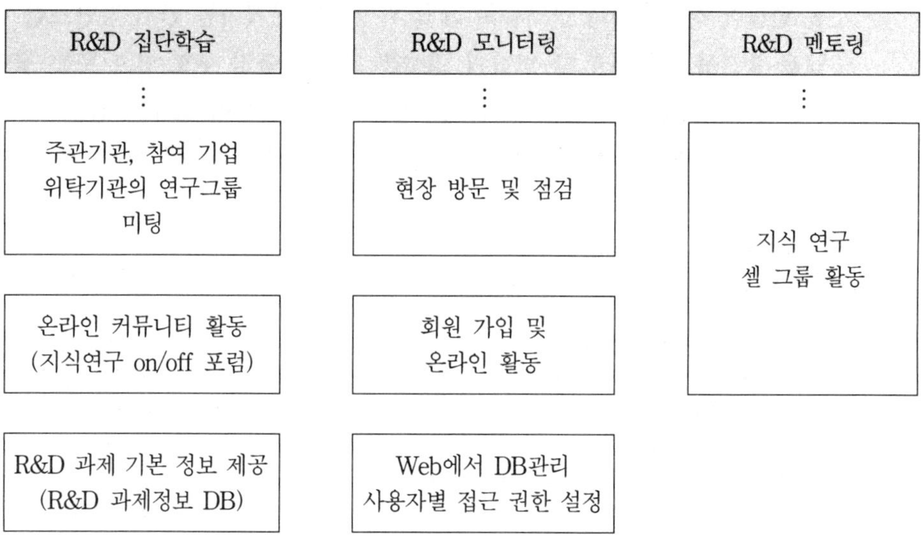

7) DRIA는 2004년 전략산업기획단 운영사업에 대한 산업자원부의 평가에서 전국 4개 지역 중 1위를 차지할 정도로 모범적인 것으로 인식되고 있다.

있다. 이와 같은 다양한 수요에 대해 네트워크 허브로서 기능하며 전통산업을 구조 고도화시키고, 지역 특성에 맞는 차세대 성장산업을 창출해 가는 것이 대구전략산업기획단의 특성이다(대구전략산업기획단, 2005a).

대구전략산업기획단은 대구광역시와 산업자원부 등으로부터 재정 지원을 받고 있지만 순수 정부기관은 아니다. 그리고 통상적인 연구기관도 아니며, 일반 비즈니스 사업체도 아니다. 산-학-연-관 그 어느 기관도 아니면서 동시에 그 모든 기관들의 연계 수요를 충족시켜야 하는 실체가 바로 대구전략산업기획단으로 볼 수 있다.

2 촉매 기능 측면에서의 대구전략산업기획단

대구전략산업기획단의 중개 형태는 개인 간 중개와 집단 간 중개를 포괄하고 있다. 대구전략산업기획단은 독특하게 '지식연구 셀 그룹(cell group)'을 만들어 신제품이나 신기술의 개발 과정에서 관계자들 간의 자연스런 만남을 주선하고 있다.[8] 그 만남의 대상은 개인 간들일 수도 있고 또는 집단 간들일 수도 있지만 대개 '셀'이라는 이름이 상징하듯이 소규모 전문연구회 형태로서 개별적인 형태의 만남에 비중을 두고 있다.[9] 즉 [그림 7-2]의 III

8) 지식연구 셀 그룹은 애로 기술 해결, 신제품 개발, 공정혁신 등의 구체적인 세부 연구 목표를 달성하기 위한 지역 소규모 전문연구회이다. DRIA에서는 2004년 10월부터 전략산업 분야별로 '지식연구 셀 그룹'을 구성해 시범적으로 운영하기 시작했다. 하지만 초기에는 관계자들이 사업 취지를 충분히 이해하지 못해 그저 '밥 먹는 모임' 정도로 인식하고 있었다. 하지만 지역혁신의 필요성과 배경에 대한 설명, 그리고 절박한 제반 지역적 상황에 대한 인식을 공유하면서 셀 그룹의 필요성과 기대 효과에 대한 공감대가 확산되기 시작한 것으로 알려져 있다. DRIA는 지식연구 셀 그룹에 집단학습 네트워크로 나아가기 위한 매개 활동 위주로 참여하고 있으며, 2005년 현재 약 80여개의 셀 그룹이 활동하고 있다(대구전략산업기획단, 2005b).

9) 정책이론가들은 '상호 작용을 촉진'한다는 측면에서 촉매 활동의 초점을 절차적인 것으로 보고 있다. 서스킨드와 크뤽생크(Susskind & Cruikshank, 1987: 152)는 네트워크상의 촉매자의 역할로서, 만나는 시간과 장소가 합의되도록 하는 것, 만남의 장소가 적절하게 주선되도록 하는 것, 회의록이 잘 유지되도록 하는 것, 그리고 대화의 수준을 모니터하는 것 등을 언급하고 있다.

사분위 형태에 속하며, [그림 7-3]의 네트워크 활성화의 기초 단계이고, [그림 7-4]의 A와 B단계에 속하는 전형적인 촉매 위주의 중개 활동 형태로 볼 수 있다.

셀 그룹을 통한 대구전략산업기획단의 촉매 기능의 긍정적인 측면에 대해 다음 두 가지 인터뷰 내용을 참고할 수 있을 것으로 보인다.

> DRIA는 업체의 눈높이에 맞춰서 문제 해결을 하려는 자세와 의지를 가지고 있는 것으로 보입니다. 업체에 접근하려는 의지를 가지고 있는 것이죠. (L 대표이사, 주식회사 텍스넷)

> 정책적 수요와 공급이 불일치하고 있습니다. 법령이나 정책에서는 신규 혹은 고기술 영역에 치중하고 있는데 실제로는 현장 기술의 애로 극복이 필요합니다. 그래서 셀 그룹이 기여할 수 있는 영역은 실제로 작지만 역동적인 영역이 아닌가 생각이 듭니다. 셀 그룹을 전담하는 부서를 DRIA에 설치하는 것이 바람직하다는 생각을 갖고 있습니다. (S 박사, 섬유개발연구원 섬유정보팀)

그리고 기관과 기업 간에도 대구전략산업기획단의 매개 역할이 어떤 긍정적인 효과가 가능할 것인가를 밝혀 주는 흥미로운 인터뷰 내용이 있다.

> 지역 업체와의 R&D 과제 등의 관계에서 다른 센터들에 비해 사업 교류가 빈약했는데 DRIA가 패션센터와 업체 간에 연결 역할을 해 주고 있습니다. 이는 한국패션센터와 같은 특화기관의 업무 특화를 높여 주고 업무 기능의 효율화를 가능케 한 것이 아닌가 생각됩니다. (L 팀장, 한국패션센터 소재정보팀)

인터뷰 내용은 지역 기업에 대한 접근성, 지역 실정에 맞는 기술 통로 개발의 필요성, 그리고 지역 기업과 관련 기관 간 연결성 측면의 중요성을 강조하고 있다. 중개 과정에서 촉매 역할이 수행해야 할 측면을 지적하고 있는 것이다. UCSD CONNECT, 구미 등 각종 산업단지에서 최근 유행하고 있는 미니클러스터나 각종 포럼 활동 등은 모두 지역혁신 역할 주체들 간 연결구조(linking structure)의 중요성을 인식한 결과로 볼 수 있다.

3 조정 기능 측면에서의 대구전략산업기획단

다양한 지역혁신 역할 주체들 간에 긴밀한 연계성이 없이 추진되는 각종 지역혁신 사업들이 적지 않다. 예컨대 중앙부처의 지역산업 진흥사업 및 산업기술 기반조성사업, 그리고 지방정부 참여 기술혁신 사업들의 경우 그 사업의 성격과 내용에 따라 지역혁신 역할 주체들 간 역할의 분담과 협력이 긴요한데 그렇지 못한 경우가 이에 해당한다. 이와 같은 경우 지역의 연구개발 역량을 제고하고, 지역혁신 역할 주체들 간 네트워크를 활성화하기 위해 중개자 내지 중개집단의 조정적 중개 역할이 주목받을 수 있다.

더욱이 지역혁신 관련 연구나 상품 개발 과정에서 외부적인 환경 변수가 급격하게 변화하고 있다. 이전 연구 프로젝트는 개별적 지원 및 결정 형태를 가짐으로써 연구 아이디어의 형성 및 연구 결과의 확산 과정에서 외부적인 참여가 기본적으로 상당히 제한적이었는데, 지금은 연구 아이디어의 형성 및 진행 과정에서 다양한 지역혁신 역할 주체들의 적극적인 관심과 지원, 관련 기업들의 좀더 적극적인 참여, 그리고 조정의 필요성 등이 분명히 나타나고 있다.

이와 같은 과정에 대해 대구 지역 국립대학 C 교수는 자신이 연구 책임을 맡고 있는 한 연구와 관련해서 외부적인 환경 변수가 급격하게 변화하고 있음을 다음과 같이 언급한다.

> 대학본부에 제출한 저의 연구 주제에 대해 대구광역시 섬유패션과 A 과장이 관심을 표명하더라고요. 저로서는 자치단체의 관련 부서 책임자가 관심을 표명하는구나 하는 그런 정도였습니다. 그런데 A 과장이 직접 지역연구 매개체라 할 수 있는 대구전략산업기획단에 관련 내용을 언급했던 모양입니다. 저는 전략산업기획단이 작년에 만들어졌기 때문에 그 세세한 역할이 무엇인지도 사실 잘 몰랐습니다. 그런데 전략산업기획단의 K 연구원이 저에게 전화를 걸어 왔더라고요. 국비 지원을 받기 위해서는 이러이러한 일들이 중요하다고 언급하고, 원한다면 무료로 관련 컨설팅을 해 주겠다는 겁니다. 뭐, 저로서는 손해날 것이 없으니

까 그러자고 했죠. 그랬더니 바로 그 다음 날 K 연구원이 와서는 관련 제안서를 검토하고 이러이러한 일들이 보완되어야 한다고 빠진 점들을 제대로 지적해 주었습니다. 특히 일부 주제는 사전 지역 수요조사의 중요성을 지적했는데, 공학 전공인 저희들이 빠뜨리기 쉬웠던 중요한 내용이었죠. 결과적으로 전략산업기획단의 컨설팅과 협조가 저희 연구실이 국비 지원을 받는 데 큰 도움이 될 것 같습니다.10)

단순 매개보다는 좀더 확장된 형태로의 연결 및 보완적 기능을 수행한 사례이다. [그림 7-2]의 Ⅲ 사분위 형태에 가깝고, [그림 7-1] 및 [그림 7-3]과 부분적으로 일치한다. [그림 7-4]의 경우에서는 중개자의 주도로 네트워크 기회가 발견되고 보완 관계를 통한 네트워킹 결정이 이루어진 것을 알 수 있다.

창의적 아이디어의 형성 및 구체화 과정에서 지역 단위의 산-학-연-관 네트워크의 중요성을 이미 다양한 연구 결과들이 언급하고 있다(박종화·김창수, 2001). 하지만 C 교수의 위의 언급은 그것이 어떤 메커니즘 속에서 얼마나 자연스럽게 그리고 지속적으로 이루어질 수 있는가를 명료하게 보여 주고 있다. 지방자치단체의 관심, 연구자의 열린 마음, 그리고 그것들을 하나의 연결망으로 적시에 적절한 방법으로 꿸 수 있는 지역혁신 네트워킹 매개체의 존재 등이다. 대구 지역뿐만 아니라 다른 지역에서도 지역 단위에서 네트워크 매개체가 어떤 역할을 수행해야 하고 할 수 있는지를 보여 주는 좋은 사례로 보인다.

그 외 대구전략산업기획단의 조정적 중개 역할을 강조하는 인터뷰 내용 두 가지를 인용하면 다음과 같다.

특화·전문성 제고를 위해 DRIA의 역할이 중요한데, 향후 DRIA는 산-학-연-관의 연계자 역할, 조정자 역할을 담당했으면 합니다. 모두 그런 것은 아니겠지만 지방자치단체에서는 DRIA를 산하기관으로 인식하는 경향이 있는 것 같습니다. 이 부분은 넘어설 수 있어야 할 것 같습니다. 그리고 아직 DRIA의 존재

10) 면접조사 당시에는 국비 지원 신청 상태였지만 그 다음 해인 2006년 초에는 국비 지원 대상으로 확정되었다.

> 를 지역 중소기업들 중 잘 모르는 실체가 적지 않으므로 셀 그룹의 역할 확대 등 홍보에 좀더 치중해야 할 것 같습니다. (C 교수, 경북대학교 섬유시스템공학과)

> 한국산업기술평가원(ITEP)과 산업자원부 그리고 DRIA의 역할 관계가 명확하게 설정되어야 할 것으로 보입니다. 예컨대 산업자원부와 저희 패션센터와의 관계에서 발생할 수 있는 애로 사항을 중간에서 해결해 주고 조정해 주는 역할을 DRIA가 수행하려면 그에 합당한 전문성과 권한을 가지고 있어야 하는 것이 아닌가 생각됩니다. (L 팀장, 한국패션센터 소재정보기획팀)

인터뷰 내용은 단순 매개 기능을 넘어서는 보완적 형태의 연결 기능 수행 측면, 지역혁신 역할 주체들의 특화·전문성 제고 과정에서의 중개기관의 역할 측면, 그리고 관련 기관 간 업무 내지 기능 조정의 필요성과 그 기능 수행 실체의 전문성과 권한 측면을 언급하고 있다. 중개기관의 조정적 역할 측면을 지적하고 있는 것이다. 개별 국가 또는 지역의 기술혁신 지원 프로그램들은 대개 혁신 역할 주체들 간 조정적 중개 기능을 상당 부분 수행하고 있는 것으로 판단된다.

그 중 독일 바덴 뷔르템베르크 주의 슈타인바이스 재단(Steinbeis Foundation for Technology Promotion: www.stw.de)의 프로젝트 매니저들과 기술이전센터는 그것이 글로벌이든 로컬이든 네트워킹 과정에서 조정적 중개 역할을 수행하고 있는 것으로 보인다. 여기서는 재단 R&D 활동을 통해 축적된 기술을 기업에 이전하는 방식(push)이 아니라 기업의 기술 수요를 바탕으로 필요한 기술을 네트워킹을 통해 전문가들에게 아웃소싱해 제공(pull)하는 형태를 취하고 있기 때문이다(정인화, 2005: 31-35).

4 선도 기능 측면에서의 대구전략산업기획단

다양한 지역혁신 역할 주체들 간 네트워킹을 특정 실체가 선도해 가는 것은 용이한 일이 아닐 것이다. 네트워킹 현황에 대한 정확한 분석 및 판단, 그리고 미래의 발전 방향을 고려한 선택 등이 부가되어야 하기 때문이다.

하지만 [그림 7-1]의 복합적 연계 관계, 그리고 [그림 7-3]의 다양한 중개 기능과 궁극적인 목표를 감안하면 중개 역할 역시 매개나 조정에 한정될 수는 없으리라는 것을 알 수 있다. 중개 기능에서도 좀더 적극적인 선도적 역할이 장기적으로 요청될 수 있으리라는 것을 짐작하기 어렵지 않다.

[그림 7-4]에서 분명하게 표시된 것은 아니지만 중개 과정에서 선도적 역할은 주로 B와 C 단계에서 가능할 것임을 알 수 있다. 대구전략산업기획단의 기능 중 선도적 중개 역할 기능을 짐작할 수 있는 인터뷰 내용 세 가지를 소개하면 다음과 같다.

DRIA의 출범 이후 ITEP에 직접 접촉하지 않아도 되기 때문에 봉제기술연구소로서는 업무의 효율성이 많이 향상되었습니다. 대구 지역에 대한 이해로 지역 실정에 맞는 기획이나 평가가 용이한 것으로 보이고, 또한 셀 그룹을 통해 지역 실정에 맞는 대안 개발이나 인적 교류가 가능하게 되었다고 봅니다. (K 기획실장, 한국봉제기술연구소)

이번 R&D 사업은 DRIA가 없었다면 시작하지도 못했을 것입니다. 패션업을 하면서 장애 요인인 관련 전문가의 연결이나 초빙 상담 등에 DRIA가 크게 기여해 주었답니다. 그래서 앞으로도 저는 DRIA에 큰 기대를 갖고 있습니다. 특히 DRIA는 업체의 요구 사항에 대해 거의 모든 것을 들어 줄 정도로 수용성이 높은 것 같아요. (D 기획실장, 니오물산)

R&D 과제를 결정할 때 중앙에 권한이 집중되어 있었다면 대구 지역의 실정에 맞는 과제의 발굴은 어려웠을 것으로 봅니다. 중앙의 경우 서류상 검토는 몰라도 지역 실정을 대개 잘 모르기 때문입니다. DRIA의 경우 지역에서 무엇을 필요로 하는지를 잘 알고 있기 때문에 지역 실정에 맞는 지원이 가능한 것으로 보입니다. (C 대표이사, 니오물산)

인터뷰 내용은 지역 실정에 맞는 전략 개발의 중요성, 지역 잠재 역량 발굴의 중요성, 그리고 결정 권한 분포 및 접근성에서 지리적 근접성의 중요성 등을 언급하고 있다. 중개 과정에서 선도적 기능 측면의 형태와 지리적 근접성 요건을 강조한 것으로 볼 수 있다. 산-학 협력, 산-학-관 협력, 또는 산-학-연-관 협력을 선도하기 위해 조성되고 있는 각종 추진체들은 상당 부분 중개 과정에서 선도적인 기능을 발휘하고 있는 것으로 볼 수 있다.

스웨덴 시스타 사이언스 파크(Kista Science Park)의 엘렉트럼(Electrum)은 사이언스 파크 내 연구개발 네트워크 활성화를 주도하고 있는 측면에서 혁신 역할 주체들 간 네트워킹 선도 기능 또는 적어도 네트워킹 조정 기능을 담당하고 있는 것으로 보인다(복득규 외, 2003: 126-129).[11]

5 지역중개모형의 가능성

일반적으로 지역혁신 역할 주체들 간 네트워킹을 활성화하기 위해 중개 역할이 필요하고, 중개 전략으로서 촉매·조정·선도 기능 등이 가능하다고 하는 것과 그것들이 실제 얼마나 활발하게 발생할 수 있을 것인가는 또 다른 차원의 문제가 될 수 있다. 다만 대구전략산업기획단 사례 분석에서는 지역혁신 역할 주체들이라고 볼 수 있는 지방정부, 대학 및 연구소, 기업, 그리고 전문 서비스 실체들 간에 네트워킹이 활성화되는 과정에 다양한 형태의 중개 기능이 적극적인 역할을 수행하고 있다는 것이다.

중개 역할의 긍정적인 결과를 초래한 원인을 파악하기 위해 대구전략산업기획단 조직 내부적인 특성, 지방자치단체의 역할 특성, 관련 연구원의 인식, 그리고 대구전략산업기획단의 책임자의 상황 인식 측면을 인터뷰한 내용은 다음과 같다.

> DRIA 조직구조는 사실 수평적입니다. 주요 사업 운영에서는 실장과 연구원이라는 공식적 타이틀보다는 그 전문성에 따라 진행됩니다. 그것이 아마 팀 정신(team spirit) 형성 및 대외적 업무 이미지 개선에 기여하는 것 같습니다. (K 연구원, DRIA)

11) 엘렉트럼은 1988년에 시스타 사이언스 파크의 연구개발 네트워크 활성화를 위해 스톡홀름 시, 에릭슨, 스웨덴 정부가 공동으로 설립한 것이다. 엘렉트럼은 R&D 분야에서 산-학-연 협력 매개 기능뿐만 아니라 시스타 사이언스 파크 운영 주체들 간의 이해 관계 조정 기능을 수행하고 있다. 그리고 엘렉트럼은 벤처기업의 창업 촉진을 위해 'Kista Innovation & Growth(KIG)' 프로젝트를 주도적으로 추진하고 있다(복득규 외, 2003: 126-127).

DRIA의 인력 선발 과정에서 특히 중점을 두었던 부분은 기술과 정책을 동시에 이해할 수 있는 사람을 충원하는 것이었습니다. 그리고 DRIA는 대구시의 손이나 발 정도로 나아가서는 안 되며, 머리 기능으로 나아갈 수 있도록 노력해야 한다고 봅니다. DRIA의 산파 역할을 한 지방정부 담당자로서 DRIA가 본연의 임무에 충실할 수 있도록 DRIA 고유 업무와 연계성이 낮은 일들이 대구시로부터 DRIA에 넘어가지 않도록 노력해 왔습니다. (A 과장, 대구광역시 섬유패션과)

DRIA는 구성원 모두가 진취적 분위기를 갖고 있는 것 같아요. L 단장의 경우에는 지역혁신을 해야 한다는 소신을 가지고 적극적 리더십 및 상대방에 대한 배려를 통해 DRIA를 이끌고 있는 것 같습니다. 셀 그룹(cell group) 업무 수행 시 사실 개인적인 관심과 노력으로 운영하고 있는데, L 단장은 "S 박사가 셀 그룹 운영에 이러이러한 공로가 있습니다"라고 구두로나 공문을 통해서 저의 근무처에 적극적인 홍보를 해 줘서 저는 더욱 적극적으로 셀을 운영하게 되었습니다. 즉 셀 그룹 참여자들에게 참여 자긍심을 기획단이 앞장서서 심어 주고 있는 겁니다. (S 박사, 섬유개발연구원 섬유정보팀)

산업혁신은 개별 기업의 혁신을 통해서 가능하다고 봅니다. 그런데 개별 기업은 유형적이고 가시적인 무엇이 있어야 대개 반응을 보이고 참여를 합니다. 따라서 저희 기획단은 개별 기업들이 스스로 원하는 바를 어떻게든 표현할 수 있는 기회를 많이 만들어 주고자 노력하고 있습니다. 저희 기획단의 지식연구 셀 그룹은 그 전형적인 형태가 될 것입니다. 셀을 통해서 기업의 수요를 제대로 파악하게 되면 이것이 혁신의 바탕이 된다고 봅니다. 셀은 개별 연구 주제별로 구성되기 때문에 참여자들이 이해하기 쉽고 또 유연합니다. 따라서 저는 이런 셀들이 앞으로 지수적 성장(exponential growth)을 하지 않을까 보고 있습니다 (L 단장, DRIA).

인터뷰에서 강조된 측면은 전문집단의 의사 전달을 촉진할 수 있는 조직 구조의 수평성, 조직 목표에 부합할 수 있는 인력 선발 과정, 자치단체의 손과 발 기능에 머무르지 않도록 하는 재원 지원기관으로서의 자치단체의 인식 및 배려, 그리고 지역 수요 표출 메커니즘의 활성화 등이다.

제 4 절 맺음말

지역중개모형은 앞서 논의되었듯이 다양한 형태와 단계를 가지고 있다. 지역산업 혁신 과정에서 다양한 지역혁신 역할 주체들 간 네트워킹을 촉매·조정·선도하는 전략들이 중개의 기능으로서 나타날 수 있다는 것을 대구전략산업기획단의 사례 분석을 통해서 알 수 있다.

대구전략산업기획단 사례 분석에서 나타나는 결과는 크게 지역 업체에 대한 중개 기관의 접근성과 의지, 지역 실정에 맞는 정책 형성 및 집행, 혁신 역할 주체들 간 연결고리로서의 역할, 단순 매개 역할을 넘어서는 보완적 연결 기능, 특화 내지 전문성 제고를 위한 역할 구분 및 조정적 역할 기능, 그리고 지역 실정에 맞는 수요 창출 기능 및 적극적 수용성 등이 촉매적·조정적·선도적 중개 기능 형태로 나타날 뿐만 아니라 긍정적인 결과를 초래한다는 것이다.

그리고 그와 같은 긍정적인 결과는 우선 기관 내적인 변수로서 기관 구성원들의 전문성과 적극성을 이끌어 낼 수 있는 조직구조의 수평성, 그리고 단장의 진취적 리더십 등이 조화를 이룬 결과 나타나는 팀 정신을 지적할 수 있을 것으로 보인다. 지역혁신 네트워크 허브로서 기능하기 위해서는 지역산업 혁신 역할 주체 간 사회적 자본 형성이 긴요한데, 그 전(前) 단계로서 기관 내부 구성원들 간에 팀 정신에 입각한 상호 신뢰와 적극성이 적절하게 조화를 이룬 것으로 판단된다.

기관 외적인 변수로서 무엇보다도 대구광역시의 대구전략산업기획단에 대한 초기 인식과 기대 수준의 적절성을 지적할 수 있다. 대구전략산업기획단이 제대로 기능하기 위해서는 무엇보다도 대구전략산업기획단의 인적 구성원의 자질이 중요한데 기술정책을 중시한 인력 선발, 그리고 중개기관으로서 기관 고유의 능력을 발전시켜 갈수 있도록 지방정부가 배려한 점 등을 주목할 수 있다. 예산 지원기관인 대구광역시의 제반 요청을 대구전략산업기획단이 거부하기는 쉽지 않다. 그런데 막상 대구광역시가 정책집행 업무나 행사 등 기타 보조 업무를 대구전략산업기획단에 요청하게 되면 대구전략산업기획단이 지역 네트워크 허브로 나아갈 수 있는 능력 배양을 제대로 할 수 없을 것이기 때문이다.

공간적인 측면에서 대구전략산업기획단이 지역 내에 입지해 있다는 근거리 지역성 측면을 또한 간과할 수 없을 것으로 보인다. 근거리 지역 입지로 지역 실정에 맞는 기획 및 평가가 가능하고, 지역 문제 상황에 대해 신속한 대처가 가능하고, 그리고 지역혁신 역할 주체 간 네트워킹 형성이 용이한 것으로 나타났기 때문이다.

결과적으로 이 연구는 지역혁신 체계상에서 역할 주체들 간의 네트워킹 과정에서 중개모형을 설명하는 시론적 연구로 제시된 것이다. 대구전략산업기획단 사례는 검증이라기보다는 설명을 위해 적용된 것이다. 대구전략산업기획단 사례는 중개모형이 사실 지역혁신 체계의 사회적 네트워크 형성 과정의 중심적 특징일지 모른다는 것을 보여 주었다. 그리고 그와 같은 중개모형의 역할 내지 기능이 다양하게 나타날 수 있고 복잡한 과정일지 모른다는 것도 밝혀 주었다. 대구전략산업기획단 사례는 또한 어떻게 지역혁신 역할 주체들과 중개자 또는 중개집단이 상호 관련되어 있는지를 보여 주었다. 다만 이 연구에서는 중개모형을 통한 지역혁신 역할 주체들 간 네트워킹의 포괄성(inclusiveness), 연결성(connectivity), 밀도(density), 구조적 등위성(structural equivalence) 등에 대한 정량적 분석은 결여되어 있다. 이와 같은 측면들에 대한 이론적 연구뿐만 아니라 경험적 연구의 잠재성이 풍부하게 있는 것으로 보인다.

제 3 편

입지 현상과 분석

제8장 테크노파크와 지방정부*

제1절 머리말

정보화, 세계화, 생태화 등의 흐름 속에서 경제 주체들의 경쟁력 강화를 통한 생산성 제고가 강조되고 있다. 정보 기술의 비약적 발전을 통한 정보 네트워크의 광범위한 형성 및 보급 등으로 다량의 정보가 빠른 속도로 지역 간 및 국가 간을 이동하고 있다. 개방성을 특징으로 하는 세계화의 흐름 속에서 개별 경제 주체들은 나름대로 세계적인 수준의 경쟁력을 갖추도록 강요받고 있다. 그리고 전통적인 개발 과정에서 간과되었던 환경오염의 폐해가 널리 인지됨에 따라 친환경적 개발 및 친환경적 생산성 제고가 강조되고 있다.

정보화의 진전으로 다량의 정보가 신속하게 전달되고 있는 것이 사실이지만 정작 생산성 제고에 기여도가 높은 정보나 기술은 장소 한정적으로 나타나거나 또는 전달을 받기가 원천적으로 불가능하거나 많은 비용이 소요되고 있다.[1] 전 세계적인 경쟁력 확보 과정에서 지적 재산권의 가치가

* 이 장은 박종화 · Han Sun Sheng(2001). 테크노파크 활성화 과정에서 지방정부의 역할과 한계, 「한국행정논집」, 13(1): 179-202를 재정리한 것임.

1) 지식은 형식지(codified knowledge)와 암묵지(tacit knowledge)로 구분할 수 있다. 새

더 높아짐에 따라 기술 이전을 받는 데 비용이 점점 더 높아지고 경우에 따라서는 원천적으로 기술 이전이 불가능한 경우도 확대되고 있다.

생산 과정에서 독자적인 기술 창출 능력을 제고하고 기술 이전 비용을 감소하기 위해 선진 산업 사회는 물론이고 개발도상 국가에서도 다양한 노력을 기울이고 있다. 그 방안들 중 하나로 최근 주목받고 있는 대안이 테크노파크(Technopark) 또는 기술단지의 조성 및 활성화이다. 테크노파크는 기본적으로 대학과 정부, 그리고 산업체의 연계성(U-G-I alliance)을 통해 한편으로는 선진 산업 사회의 기술 이전 장벽을 극복하고 또 다른 한편으로는 세계 시장에서 대학은 대학대로, 정부는 정부대로, 그리고 산업체는 산업체대로 경쟁력을 확보하기 위한 것이다. 즉 공동의 문제에 직면해서 공동의 이익을 토대로 형성된 실체이다.

여기서는 테크노파크 활성화 과정에서 지방정부가 담당할 수 있는 역할이 무엇인지, 그리고 그 한계는 무엇인지를 밝히고자 한다. 좀더 구체적으로, 테크노파크가 무엇인지 이론적 측면에서 검토하게 될 것이다. 그리고 1997년 산업자원부가 시범 테크노파크로 지정한 6곳을 대상으로 현재의 운영 현황은 어떠하며 그 관리상의 문제점은 무엇인지 설문조사를 통해 분석하게 될 것이다. 물론 그 과정에서 유사한 이름 또는 성격으로 형성되어 있는 과학기술단지의 현황도 관련 부분에서 함께 검토될 것이다. 이론적 검토와 문제점 분석을 토대로 테크노파크를 활성화시켜 가는 데 지방정부가 어떤 역할을 수행할 수 있는지, 그리고 그 한계는 무엇인지를 밝힐 것이다. 그 과정에서 지방정부뿐만 아니라 테크노파크의 기타 역할 주체들인 대학 및 연구소, 중앙정부, 그리고 산업체들 간의 역학 관계를 조명하게 될 것이다.

테크노파크 관련 연구는 세계화 추세가 본격화된 1980년대와 1990년대 이후만으로 범위를 한정하더라도 전 세계적으로 비교적 많은 연구가 진행

로운 아이디어의 창출 및 기술혁신을 이루어 가는 데 암묵지의 축적이 매우 중요한 것으로 알려져 있다. 그런데 암묵지는 상호작용을 통한 학습 과정과 비공식적인 메커니즘을 통해 축적되기 때문에 정보 기술의 눈부신 발전에도 불구하고 공간적으로 확산이 매우 제한적으로 나타나는 것으로 알려져 있다(박삼옥, 2000: 2-3).

되었고 또 진행되고 있다. 선진 산업 사회든 개발도상 국가이든 기술 경쟁력 제고를 통한 생산성 확대는 거의 공통되는 명제로 자리잡고 있기 때문일 것이다. 테크노파크 관련 고전적이고 포괄적인 연구로 카스텔스와 홀(Castells & Hall, 1994)의 연구가 있다. 각국의 기술단지와 기술도시에 이르기까지 광범위한 내용을 언급하고 있는 것이 특징이다. 사이언스 파크의 개념 사용 및 복합적 혼용에 대한 비판적 고찰로서 매시와 월드(Massey & Wield, 1992)와 아미라마디와 사프(Amirahmadi & Saff, 1993)의 연구가 있다. 기술정책을 공간 계획적 차원에서 검토한 연구로서 니즈캠프와 슈퇴어(Nijkamp & Stöhr, 1988), 프레머스(Premus, 1988), 가와시마와 슈퇴어(Kawashima & Stöhr, 1988)의 연구들이 있다. 기술혁신 전략과 지역 개발 측면을 연계한 연구들로서 다이크맨과 스윈저도우(Dyckman & Swyngedouw, 1988), 말레키와 니즈캠프(Malecki & Nijkamp, 1988)의 연구들이 있다. 그 외 사회문화・경제・정치적 상황과 기술정책 연계성을 강조한 제그벨드(Zegveld, 1988)의 연구 등이 있다.

우리 나라의 경우 산-학-관 협력에 의한 지역 및 국가 개발정책의 도입 연륜은 매우 제한적이다.[2] 결과적으로 상당수의 연구가 외국 사례를 이용한 정책 유형 및 전략적 대안 제시에 머무르고 있다(기영석, 1995; 한영환 외, 1995). 최근 몇 년간 기술개발 전략에서 협력 메커니즘의 필요성을 많은 학자들이 인지하고 그 관련 시책 및 메커니즘의 분석에 많은 노력을 하고 있는 것으로 보인다(김갑수 외, 2000). 그 외 기술단지 내지 과학기술도시를 통한 지역개발 측면을 강조한 연구(오덕성 외, 1995, 1997, 2000; Kang et al, 1997)와 시범 테크노파크의 정책 방향 연구(이성근, 1999) 및 기술혁신 과정에서 지방자치단체 역할의 개괄적 분석(한영환 외, 1995) 등이 있다. 그 외 국토연구원에서 특집으로 경제 구조조정과 공간정책 발상의 전환(국토연구원, 1997) 및 지식기반 산업과 지역 발전(국토연구원, 2000)에 대해 다룬 것과 중소기업청의 벤처백서(2000) 등이 내용의 포괄성

---

2) 관련 법적 규정으로서 1997년부터 시행되고 있는 벤처기업 육성에 관한 특별조치법과 1998년부터 시행되고 있는 산업기술단지 지원에 관한 특례법 등이 있다.

과 시의성이 있는 연구로 보인다.

제 2 절 테크노파크에 대한 이론적 검토

1 테크노파크의 의의

선진 산업 사회로 불리는 나라들의 기술 발전은 기본적으로 핵심 기술뿐만 아니라 관련 기반 기술에 이르기까지 점진적으로 그리고 체계적인 형태로 발전해 왔다고 볼 수 있다. 따라서 단기간에 한편으로는 모방을 하면서 또 다른 한편으로는 세계 수준의 경쟁력이 있는 기술을 창조해 내야 하는 개발도상 국가들이 선진 산업 사회의 기술 개발 전략을 그대로 따르는 데에는 한계가 있다.

개발도상 국가들은 기초 기반 기술이 취약한 상태에서 신기술을 개발해 내야 하는 이중의 어려움에 직면하고 있는데, 그와 같은 어려움을 극복하기 위해서는 우선 기술 개발 관련 보유 자원의 활용도를 최대화하는 방안, 예컨대 가용 자원의 집약적 이용 및 애로 사항의 제거일 것이다. 이와 같은 맥락에서 우리 나라의 경우 현재의 테크노파크의 형태와는 상당한 거리가 있지만 그 나름대로 국가 기술 자원의 집약적 개발을 목표로 추진된 전략은 대략 1960년대 말에서 1970년대 초부터로 추정해 볼 수 있다.[3] 초기 일부 장소에서의 국가 주도 기술 개발 전략 형태에서 1980년대 말에 가게 되면 전국토 기술지대망의 구상 형태로 국가적 계획하에 지역적 차원이 고려된 기술 개발 전략이 도입되기에 이른다.[4] 그러다 1990년대 중후반에 이르

3) 이 시기에 전문 기술연구소인 KIST 등이 홍릉지역에 설립되면서 홍릉연구단지가 형성되었다.

4) 1980년대 말에 상공부가 주관한 테크노벨트(Technobelt), 즉 전국토기술지대망계획에 의한 지역 거점도시의 기술산업단지 개발계획은 기술단지에 대한 실제적 내용을 상당 부분 담고 있었고 실제 일부 지방에 단지들이 건립되었다. 하지만 이들 단지들은 과학

면 한편으로는 무한 경쟁이라는 세계화 시대의 생존 전략 차원에서, 또 다른 한편으로는 산업구조의 재편과 지역적 자원의 최대 활용이라는 측면에서 현재의 테크노파크 전략이 주목받게 된다.

최근 국가적 기술 개발 전략 및 지역적 기술 개발 전략에서 주목받고 있는 대안으로서의 테크노파크의 정의는 간단하지 않다. 유사 용어들이 혼용되고 있고, 각국의 산업 경제적 특성이나 문화적 속성 그리고 지역 잠재력 등의 차이에 따라서 약간씩 다른 의미로 사용되고 있기 때문이다. 여기서는 우선 선진 산업 사회에서 널리 사용되고 있는 테크노파크 관련 용어의 정의를 소개하고, 이어서 우리 나라에서 흔히 테크노파크로 언급되는 실체에 대한 정의를 내리고자 한다.

테크노파크(Technology Park: Technopark)와 유사한 용어로 여러 가지가 있지만 여기서는 흔히 상호 혼용되는 사이언스 파크(Science Park), 리서치 파크(Research Park), 그리고 테크노폴리스(Technopolis)를 살펴본다.

테크노파크와 유사 용어 중 테크노파크보다 국제적으로 더욱 널리 사용되고 있는 용어로서 사이언스 파크가 있다. 영국사이언스파크협회(United Kingdom Science Park Association: UKSPA)의 정의에 따르면,

> "사이언스 파크는 지식 기반형 기업 및 기타 기업의 설립과 발전을 촉진하기 위해 대학, 기타 고등 교육기관, 또는 주요 연구기관과 공식적 제휴하에 설립되어 입주 업체들에게 기술 및 경영 노하우의 이전 등 관리적 기능을 가진다."

국제사이언스파크협회(International Association of Science Parks: IASP)는 사이언스 파크의 개념을 좀더 널리 확대해서 정의하고 있다(현재호, 1996: 3).

> "사이언스 파크는 지식 기반형 기업 등의 설립과 발전을 촉진하기 위해 대학, 리서치 센터, 기타 고등 교육기관과의 공식적 제휴하에 설립되어 입주 업체들에

기술단지에 대한 계획 경험의 부재와 사회적·정치적 여건의 미성숙으로 인해 과학기술에 기반을 두지 못하고 단순한 지방공단의 성격으로 변질되면서 그 역할을 다하지 못한 것으로 알려져 있다(오덕성 외, 2000: 202).

게 기술 및 경영 노하우의 이전 기능을 수행한다. 사이언스 파크는 테크노파크, 리서치 파크, 이노베이션 센터, 하이테크 개발, 사이언스 센터, 테크노폴, 테크노폴리스 등으로도 불린다."

위의 정의에서 알 수 있듯이 사이언스 파크는 광범위한 의미로 사용됨을 알 수 있다. 엄밀하게 말하면, 사이언스 파크는 연구개발 활동을 강조하고 테크노파크는 연구개발 활동뿐만 아니라 생산 활동을 포함한다는 점에서 서로 차이가 있지만 위의 정의에서 보듯이 서로 혼용되고 있다.

리서치 파크의 경우 흔히 사이언스 파크와 구분 없이 사용하고 있지만 (Goldstein & Luger, 1991; Malecki, 1991), 그 양자를 엄격히 구분해서 리서치 파크를 사이언스 파크의 하위 단위로 인정하는 경우도 있다(Fusi, 1991). 이와 같은 논의들을 정리하면, 리서치 파크, 사이언스 파크, 테크노파크 모두 연구개발 기능을 중시하는 것은 동일하지만 후자로 갈수록 생산 기능이 강조됨을 알 수 있다.

이와 같은 맥락에서, 현재호(1996)는 테크노파크를 "기술혁신을 기조로 한 경제 발전이라는 기본 목표를 실현하기 위해 연구 기능과 입주 기업 간의 유기적 협력을 통한 기술 창업 및 첨단산업 발전을 촉진시키기 위해 연구개발 시설, 첨단기업 보육시설, 지원 서비스 시설, 산업생산 시설을 한 장소에 집적시킨 단지"라고 정의하고 있다.

현재호의 정의가 비교적 포괄적이지만 현재 우리 나라의 테크노파크를 정의하기에는 두 가지 점이 미흡한 것으로 보인다. 우선 기술혁신과 지역개발의 연계성이 부각되지 못했고, 두 번째로 산학 협력 과정에서 관(官)의 역할이 적절하게 반영되지 못했다는 점이다. 결과적으로 테크노파크는 "지역 및 국가의 기술 경쟁력을 제고하기 위해 산-학-관(産-學-官)이 공식적으로 제휴한 형태로서 연구개발 시설, 첨단기업 보육시설, 지원서비스 시설, 산업생산 시설을 한 장소에 집적시킨 단지"라고 정의할 수 있다.

테크노폴리스는 테크노파크의 경우보다 규모가 크고 기능면에서도 주거 문화 기능까지 포함되어 있는 것으로 거의 이의 없이 받아들여지고 있다. 이와 같은 과학기술 관련 단지들의 규모와 기능을 간단히 정리하면 [그림

[그림 8-1] 과학기술 관련 단지들의 규모와 기능

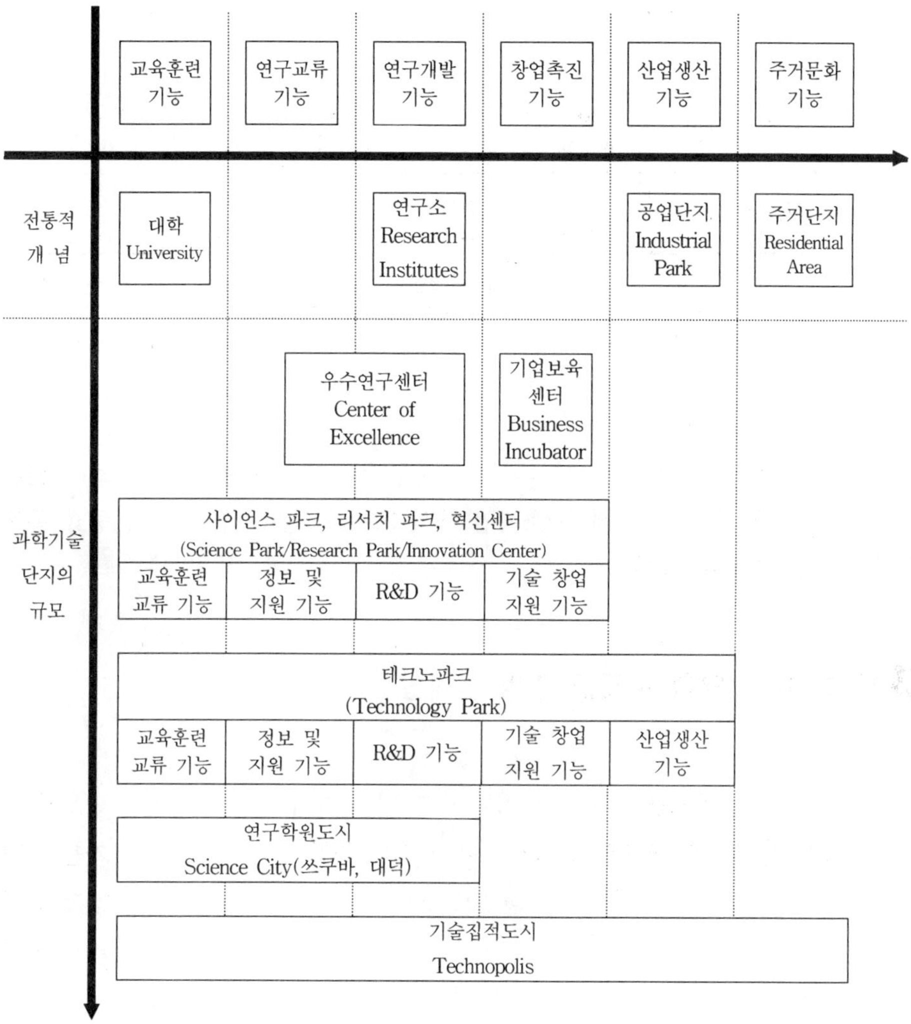

자료 : 현재호(1996: 11).

〈표 8-1〉 과학기술단지의 설립 목적 : 영국, 독일, 일본

국가	분석대상 건수	목적					
		중소기업 육성 지원	지역산업 구조 개선	고용 창출	첨단기업 창출	첨단기업 유치	기타
영국	41	21 (51.2)	6 (14.6)	4 (9.8)	25 (61.0)	9 (22.0)	4 (9.8)
독일	102	56 (54.9)	13 (12.7)	20 (19.6)	84 (82.4)	10 (9.8)	7 (6.9)
일본	70	36 (51.4)	13 (18.6)	14 (20.0)	20 (28.6)	33 (47.1)	14 (20.0)

자료 : 吉澤 純一 외 3인, 사이언스 & 테크놀로지 파크의 개발 동향에 관한 조사연구, 과학기술정책연구소(NISTEP), 1995. 현재호(1996: 13) 재인용.
주 : 목적은 복수 응답을 취합한 내용임. 괄호 안은 응답자의 %를 나타냄.

8-1]과 같다.

그리고 선진 산업 사회의 과학기술단지 개발 동향에 관한 조사 결과는 <표 8-1>과 같은데, 중소기업 육성 지원과 첨단기업 창출이 중요 목적인 것을 알 수 있다.

2 테크노파크 역할 주체들 간의 연계성

테크노파크는 세계화 시대에 지역 및 국가의 기술 경쟁력을 확보하기 위한 산-학-관 협력의 결집체이다. 지역의 통합적인 실체로서 국가를 상정하고 지역의 기술 경쟁력을 높임으로써 궁극적으로 국가의 기술 경쟁력 제고를 의도하고 있는 것이다. 따라서 테크노파크는 무엇보다도 지역의 분리되어 있었고 이질적이었던 두 가지 중요 자원, 즉 학계와 산업계를 정부가 연계를 맺도록 함으로써 협력의 시너지 효과를 의도했던 것이다. 따라서 그 기본적인 역학 관계는 [그림 8-2]와 같이 표시할 수 있다.

그런데 그 협력 관계가 어디서나 똑같은 형태로 나타나는 것은 아닐 것이다. 테크노파크의 형성 초기와 중기, 그리고 성숙 단계에 이르기까지 그

[그림 8-2] 테크노파크 기본적 역학 관계

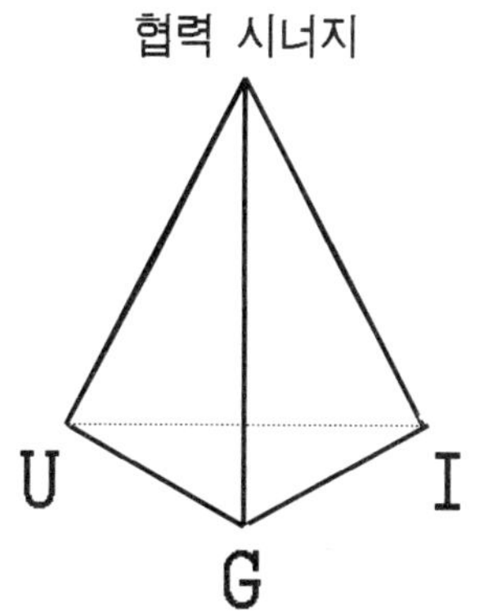

주: U: 대학 등 고등 연구기관, G: 정부, I: 산업계

협력 관계는 다양한 모습들을 가지게 될 것이다.

테크노파크의 형성 초기에는 학계와 산업계를 협력 관계의 틀로 끌어넣기 위해 정부의 역할이 상대적으로 높게 나타날 것이다. 이와 같은 경향은 선진 산업 사회에 비해 개발도상 국가의 경우 현저하게 나타날 것이며, 지방정부와 중앙정부와의 관계에서도 초기에는 중앙정부의 역할이 클 것으로 판단된다.

중기 단계에 이르면 제도적 측면, 관리 운영 측면, 기반시설 측면 등이 자리를 잡게 되고 정부의 역할은 축소되면서 학계와 산업계의 역할 확대가 일어날 것이다. 특히 이 단계에서는 산업계의 좀더 보편적인 참여를 유도하기 위해서 가시적인 성과를 보여 주는 단계이므로 산업계와 학계의 공동 역할이 상대적으로 두드러질 것으로 보인다. 그러다 성숙 단계에 이르면 정부의 역할은 최소한으로 한정되고 거의 모든 일이 자발적 산학 협력 형태로 나타날 것이다. 이 단계에서는 기술 경쟁력 제고를 통한 과실을 광범위하게 수확하는 단계이므로 산업계의 역할이 두드러질 것으로 보인다.

이와 같은 역학 관계는 [그림 8-3]을 통해서 간명하게 묘사할 수 있다.

[그림 8-3] 우리 나라 산-학-관 협력 단계의 발전 단계

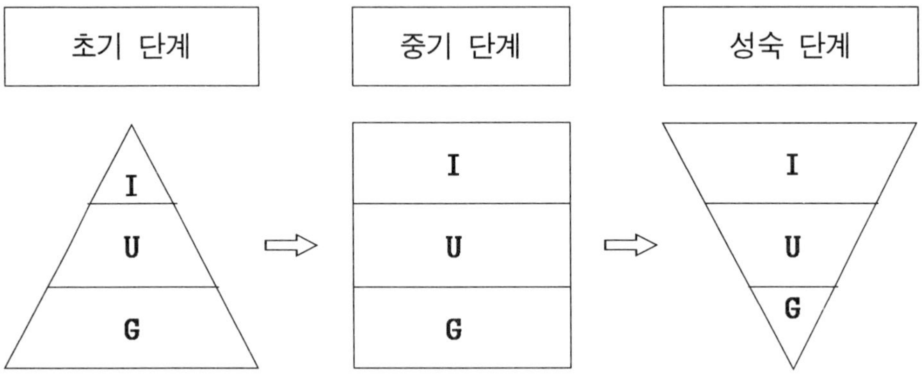

제 3 절 시범 테크노파크의 실태

기술 경쟁력 확보를 통한 지역 및 국가 발전이 바람직하지만 국토 전체를 테크노파크로 만들 수는 없다. 잠재력이 있는 일부 지역에 시범 테크노파크를 설정하고 그 시범 테크노파크의 성과를 평가해 테크노파크의 확산을 기하는 것이 가용 자원의 한계를 극복할 수 있는 좋은 방안일 것이다.

이와 같은 측면에서 산업자원부는 1997년 말 시범 테크노파크 사업을 추진해 그 해 12월 13개 광역 시·도 중에서 6개 지구를 시범 테크노파크(송도, 안산, 대구, 경북, 광주·전남, 충남)로 지정했다.

1 시범 테크노파크의 개괄적 현황

테크노파크 조성사업은 우리 나라에 처음으로 도입되는 사업이다. 따라서 시범 사업을 시행하면서 점진적으로 확대해 나가는 것이 바람직하다. 이질적인 실체들 간에 긴밀한 협력을 전제로 하는 테크노파크 사업은 관리

적인 측면의 효율성을 제고할 수 있는 경험의 축적과 바람직한 장기 발전 모형을 상대적으로 적은 비용으로 모색할 수 있기 때문이다(통상산업부, 1997).

시범 테크노파크의 현황을 간략히 정리하면 다음 <표 8-2>와 같다.

〈표 8-2〉 시범 테크노파크 현황

(단위: 억 원, 평)

명 칭			송도TP	안산TP	대구TP	경북TP	광주 · 전남TP	충남TP
주 관 기 관			인천광역시	안산시	경북대	영남대	광주광역시	충청남도
참 여 기 관			-인천시 -대학 2개 -연구소 1개	-안산시 -경기도 -대학 6개	-대구시 -대학 3개	-경상북도 -경산시 -대학 5개 -경산상의	-광주시 -전라남도 -대학 6개 -연구소 1개	-충청남도 -천안시, 아산시, 공주시 -대학 9개
소 재 지			인천광역시 송도미디어 밸리	경기도 안산시 신규 단지	대구광역시 경북대학교 캠퍼스 내	경산시 영남대학교 캠퍼스 내	광주첨단 산업단지	천안시 호서대학교 캠퍼스 + 신규 단지
사업 기간			1998~2004	1998~2004	1998~2004	1998~2004	1998~2004	1998~2004
총사업비	중앙	1,550.0	250.0	250.0	250.0	250.0	250.0	300.0
	지방	2,245.5	500.0	635.0	550.0	125.0	186.5	249.0
	민간	1,931.1	462.0	4.0	748.4	373.4	185.3	158.0
	기타	431.5	14.0	76.0	128.0	95.8	64.7	53.0
	합계	6,158.1	1,226.0	965.0	1,676.4	844.2	686.5	760.0
부지 규모			100,000	30,000	25,000	46,400	30,000	120,850
법인 설립			98.6	98.9	98.12	98.8	98.12	98.12
전략산업 부문			정밀기계, 부품, 소재 등 3개 분야	전자, 정밀화학, 기계, 정보통신 등 4개 분야	정보통신, 전자, 기계, 자동차, 생명공학, 의료전자, 환경장치 등 7개 분야	기계, 자동차, 소재, 섬유, 정보통신, 생명자원, 환경 등 7개 분야	정보통신, 정밀기계, 전기 · 전자, 정밀화학 · 신소재, 농수산 · 생명공학, 문화예술 · 산업디자인 등 6개 분야	신공조, 반도체, 자동차, 생명공학, 영상기술 등 5개 분야

자료 : 산업자원부(1999), 1999년도 테크노파크 조성사업 지원계획, p. 4.
이성근(1999: 121, 126) 재인용

2 시범 테크노파크의 운영 실태

시범 테크노파크 운영 과정에서 예상되는 관리상의 문제점 파악 및 대안 모색을 위해 6개 시범 테크노파크 관계자들을 대상으로 테크노파크의 적합한 운영 형태, 중점 사업, 운영 효율성, 지방정부의 의지, 산-학-관 협력의 중요성, 산-학-관 협력의 정도, 중앙정부와의 협력 실태 및 협력 부진 이유, 지방정부와의 협력 실태 및 협력 부진 이유 등에 대해 실시한 설문조사 결과를 정리하면 <표 8-3>과 같다.[5)]

테크노파크별로 적합한 운영 형태가 있을 수 있다. 하지만 전체적으로

〈표 8-3〉 지역별 테크노파크에 가장 적합한 운영 형태

(단위: 명, %)

구 분	대학 주도의 TP 운영	지방정부 주도의 TP 운영	중앙정부 주도의 TP 운영	기업 주도의 TP 운영	독립법인의 산학관 협력 형태	기타	총계
전 체	6(16.2)	2(5.4)	4(10.8)	3(8.1)	21(56.8)	1(2.7)	37(100)
테크노파크							
대 구	2(28.6			1(14.3)	4(57.1)		7(100)
경 북	3(50.0)			1(16.7)	2(33.3)		6(100)
안 산		2(33.3)			4(66.7)		6(100)
송 도				1(16.7)	4(66.7)	1(16.7)	6(100)
충 남			2(28.6)		5(71.4)		7(100)
광주·전남	1(20.0)		2(40.0)		2(40.0)		5(100)

5) 이 설문조사는 구조화된 설문지를 이용해 연구자가 2000년 10월 9일부터 10월 21일까지 실시한 것이다. 이 조사에 응한 6개 시범 테크노파크 관계자는 대학 관계자(11명), 지방정부 관계자(12명), 그리고 전임 직원(14명)이며 총 37명이 대상이었다. 관련 산업계와 현재 가장 접촉도가 높은 전임 직원들을 산업계의 목소리를 대변하는 간접 변수로 활용했고 조사 당시 6개 시범 테크노파크의 총 관계자 142명 중 37명이 피조사자로 이용됨으로써 전체 모집단의 26%가 피조사 대상자로 활용되었다.

산-학-관 협력 형태가 대체로 선호되는 형태(56.8%)로 나타나고 있다. 지방정부 주도의 테크노파크 운영에는 안산 테크노파크를 제외하고는 선호도가 전무한 것으로 나타났다.

테크노파크의 설립 및 발전의 의의를 전체의 과반수가 넘는 55.6%가 과

〈표 8-4〉 테크노파크가 가장 중점을 두어야 할 사업 방향

(단위: 명, %)

구 분	첨단산업 구조로의 지역 개발	벤처기업 창출을 통한 고용 증대	대학과 기업의 공동연구 활성화	중소기업의 기술혁신 지원	기타	총계
전 체	20(55.6)	4(11.1)	4(11.1)	7(19.4)	1(2.8)	36(100)
테크노파크						
대 구	5(71.4)		1(14.3)	1(14.3		7(100)
경 북	1(16.70	2(33.3)	2(33.3)	1(16.7)		6(100)
안 산	4(66.7)			1(16.7)		6(100)
송 도	4(66.7)	1(16.7)		1(16.7)		6(100)
충 남	451.1)		1(14.3)	2(28.6)		7(100)
광주·전남	2(50.0)	1(25.0)		1(25.0)		4(100)

〈표 8-5〉 테크노파크의 운영 효율성

(단위: 명, %)

구 분	매우 낮음	낮음	보통	높음	매우 높음		총계
전 체	2(5.4)	13(35.1)	13(35.1)	9(24.3)			37(100)
테크노파크							
대 구	1(14.3)	2(28.6)	2(28.6)	2(28.6)			7(100)
경 북		2(33.3)	1(16.7)	3(50.0)			6(100)
안 산		1(16.7)	4(66.7)	1(16.7)			6(100)
송 도		2(33.3)	2(33.3)	2(33.3)			6(100)
충 남	1(14.3)	4(57.1)	1(14.3)	1(14.3)			7(100)
광주·전남		2(40.0)	3(60.0)				5(100)

〈표 8-6〉 테크노파크에 대한 지방정부의 의지

(단위: 명, %)

구 분	매우 부족	부족	보통	적극적	매우 적극적	총계
전 체		3(8.1)	10(27.0)	18(48.6)	6(16.2)	37(100)
테크노파크						
대 구		2(28.6)	2(28.6)	3(42.9)		7(100)
경 북			1(16.7)	5(83.3)		6(100)
안 산			1(16.7)	3(50.0)	2(33.3)	6(100)
송 도		1(16.7)		3(50.0)	2(33.3)	6(100)
충 남			3(42.9)	2(28.6)	2(28.6)	7(100)
광주 · 전남			3(60.0)	2(40.0)		5(100)

학 기술에 토대를 둔 지역 개발에 두고 있다. 선진 산업 사회의 과학기술단지 설립 목적과 비교해서(<표 8-1> 참조) 중소기업의 기술혁신 지원 부분이 상대적으로 낮게(19.4%) 나타나고 있음을 알 수 있다(<표 8-4> 참조).

테크노파크 운영 효율성을 전체적으로 아주 낮게(보통 이하가 75.6%) 평가하고 있다. 보통을 제외하더라도 낮음 이하가 40.5%에 이른다. 이와 같은 조사 결과는 테크노파크의 운영 효율성을 제고하기 위해서 다양한 노

〈표 8-7〉 산-학-관 협력의 중요성

(단위: 명, %)

구 분	전혀 중요하지 않음	중요하지 않음	보통	중요	매우 중요	총계
전 체				5(13.5)	32(86.5)	37(100)
테크노파크						
대 구					7(100)	7(100)
경 북				2(33.3)	4(66.7)	6(100)
안 산				1(16.7)	5(83.3)	6(100)
송 도				2(33.3)	4(66.7)	6(100)
충 남					7(100)	7(100)
광주 · 전남					5(100)	5(100)

〈표 8-8〉 테크노파크 산-학-관 협력 정도

(단위: 명, %)

구 분	매우 부족	부족	보통	양호	매우 양호	총계
전 체		13(35.1)	12(32.4)	11(29.7)	1(2.7)	37(100)
테크노파크						
대 구		4(57.1)	3(42.9)			7(100)
경 북		1(16.7)	2(33.3)	3(50.0)		6(100)
안 산		1(16.7)		5(83.3)		6(100)
송 도		1(16.7)	3(50.0)	2(33.3)		6(100)
충 남		3(42.9)	2(28.6)	1(14.3)	1(14.3)	7(100)
광주・전남		3(60.0)	2(40.0)			5(100)

력이 투입되어야 하고 그와 같은 노력의 여지가 많다는 것을 시사한다고 볼 수 있다(<표 8-5> 참조).

전체적으로 테크노파크에 대한 지방정부의 의지가 보통(27.0%), 적극적(48.6%), 그리고 매우 적극적(16.2%)으로 나타나고 있다. 이와 같은 결과는 관계자들이 테크노파크에 대한 지방정부의 의지를 매우 긍정적으로 인식하고 있음을 말해 준다(<표 8-6> 참조).

〈표 8-9〉 중앙정부와의 협력

(단위: 명, %)

구 분	매우 부족	부족	보통	양호	매우 양호	총계
전 체		12(32.4)	13(35.1)	12(32.4)		37(100)
테크노파크						
대 구		3(42.9)	3(42.9)	1(14.3)		7(100)
경 북		1(16.7)		5(83.3)		6(100)
안 산		2(33.3)	2(33.3)	2(33.3)		6(100)
송 도		3(50.0)	1(16.7)	2(33.3)		6(100)
충 남		3(42.9)	2(28.6)	2(28.6)		7(100)
광주・전남			5(100)			5(100)

〈표 8-10〉 지방정부와의 협력

(단위: 명, %)

구 분	매우 부족	부족	보통	양호	매우 양호	총계
전 체		3(8.1)	11(29.7)	17(45.9)	6(16.2)	37(100)
테크노파크						
대 구		1(14.3)	3(42.9)	3(42.9)		7(100)
경 북		1(16.7)		4(66.7)	1(16.7)	6(100)
안 산			1(16.7)	4(66.7)	1(16.7)	6(100)
송 도		1(16.7)	1(16.7)	2(33.3)	2(33.3)	6(100)
충 남			3(42.9)	2(28.6)	2(28.6)	7(100)
광주·전남			3(60.0)	2(40.0)		5(100)

또한 산-학-관 협력의 중요성을 아주 높게 인식(매우 중요가 86.5%)하고 있음을 알 수 있다(<표 8-7> 참조).

전체적으로 산-학-관 협력 정도에서 개선의 여지가 많은 것으로 나타났다. 양호 이상은 32.4%에 불과하고 보통 이하가 67.5%에 이른다(<표 8-8> 참조).

중앙정부와의 협력 여지 또한 높은 것으로 나타나고 있다. 전체적으로 양호 이상이 32.4%에 불과하고, 보통 이하가 67.5%에 이른다(<표 8-9> 참조).

〈표 8-11〉 테크노파크와 중앙정부 간의 협력 부진 이유

(단위: 명, %)

구 분	정부 비전 불명확	중앙정부와 지방정부 간 정책 방향 불일치	중앙정부의 소극적 자금 지원	중앙정부와 지방정부 간 운영권 다툼	총계
전 체	8(42.1)	1(5.3)	10(52.6)		19(100)
테크노파크					
대 구	3(60.0)		2(40.0)		5(100)
경 북	1(100)				1(100)
안 산		1(50.0)	1(50.0)		2(100)
송 도	2(50.0)		2(50.0)		4(100)
충 남	1(33.3)		2(66.7)		3(100)
광주·전남	1(25.0)		3(75.0)		4(100)

중앙정부와의 협력 정도에 비해 지방정부와의 협력 정도를 상당히 높게 평가하고 있는 것으로 나타나고 있다. 전체로 양호 이상이 62.1%에 이르고 보통 이하는 37.8%에 불과하다 (<표 8-10> 참조).

중앙정부와의 협력이 부진한 이유로서 전체로 중앙정부의 소극적 자금 지원을 수혜자 입장에서 52.6%가 지적하고 있다. 그 외 정부 비전의 불명 확성을 42.1%가 지적하고 있다. 이와 같은 조사 결과는 장기간의 연구개발 활동과 투자를 통해서 결실을 맺을 수 있는 테크노파크 사업에 대해 중앙 정부가 좀더 장기적인 비전과 계획을 통해서 지원할 필요성이 높다는 것을 시사한다 (<표 8-11> 참조).

〈표 8-12〉 테크노파크와 지방정부 간 협력 부진 이유

(단위: 명, %)

구 분	사업 방향 불일치	업무 처리 방식의 차이	출연금 지원의 소극적 태도	협력 프로그램의 부족	기타	총계
전 체	1(9.1)	3(27.3)	3(27.3)	3(27.3)	1(9.1)	11(100)
테크노파크						
대 구	1(20.0)	1(20.0)	2(40.0)	1(20.0)		5(100)
경 북				1(100)		1(100)
안 산		1(100)				1(100)
송 도		1(50.0)			1(50.0)	2(100)
충 남						
광주・전남			1(50.0)	1(50.0)		2(100)

지방정부와의 협력 관계를 개선해 나가기 위해 염두에 두어야 할 사항들로서 전체적으로 업무 처리 방식의 차이(27.3%), 출연금 지원의 소극적 태도(27.3%), 협력 프로그램의 부족(27.3%) 등을 주로 지적하고 있다 (<표 8-12> 참조).

산-학-관 협력의 장소가 되어야 할 테크노파크는 관료적인 업무 처리 방식으로는 제대로 작동하기 어려운만큼 수직적인 관계라기보다는 수평적인

협력 모델을 새롭게 창조해 나갈 필요가 있다. 테크노파크의 형성 초기에는 특히 중앙정부나 지방정부로부터의 자금 지원에 의존하는 바가 크기 때문에 이와 같은 측면에 대한 배려가 있어야 할 것으로 보인다. 그리고 기존 지방정부 직원의 테크노파크 파견을 넘어서서 지방정부의 각종 자원의 활용도를 높일 수 있는 협력 프로그램의 개발이 필요할 것으로 보인다.

제 4 절 테크노파크 활성화 과정에서 지방정부의 역할과 한계

테크노파크가 제대로 작동되기 위해서는 무엇보다도 그 역할 주체들, 즉 대학과 지방정부 그리고 산업체들 간에 긴밀하고 생산적인 연계를 맺는 것이 중요하다. 대학은 테크노파크를 통해서 필요한 연구자금 및 기기에 대한 접근성을 높이고 대학 관계인들이 산업 현장에 대한 경험 확대 및 현실 시장 수요가 높은 기술을 쉽게 파악할 수 있는 장점이 있다. 산업체는 부족한 기술력을 대학과의 적극적 연계를 통해 좀더 저렴한 투자를 통해 획득할 수 있는 이점이 있다. 그리고 지방정부는 상대적으로 적은 행정력 및 자금을 초기에 지원함으로써 지역경제의 견인차가 될 수 있는 지역산업 및 지역 대학의 육성을 촉진할 수 있고, 결과적으로 지방 세수 및 지역 인력의 장기적 확대를 기대할 수 있다는 이점이 있다.

이와같이 기본적으로 테크노파크의 형성 취지는 대학과 정부, 그리고 산업체의 긴밀하고 생산적인 연계를 통해서 우선 내부적으로 그 역할 주체들 모두가 이익을 볼 수 있는 시스템으로 만들고, 더 나아가 궁극적으로 기술혁신 지향적 지역 및 국가를 만들자는 것이다. 하지만 테크노파크의 형성 취지에도 불구하고 실제 그 운영은 개선의 여지가 많은 것으로 설문 결과 지적되고 있다. 테크노파크가 그 취지에 맞게 생산적으로 운영되지 못하고 있는 이유는 여러 가지가 있을 것이다. 그 원인은 크게 테크노파크의 외부적 요인과 내부적 요인으로 대별할 수 있을 것이다. 법적・제도적 측면, 대외 경제 환경, 외부 경제 주체들의 테크노파크에 대한 낮은 인지도 내지 저

평가 등이 외부적 요인이 될 수 있을 것이다. 테크노파크의 내부적 역할 주체라고 할 대학과 지방정부, 그리고 산업체들 간의 부적절한 연계 관계로 인한 원활하지 못한 운영 관계는 내부적 요인이 될 수 있을 것이다.

여기서는 테크노파크 활성화 과정에서 지방정부의 역할과 그 한계가 중심 주제이므로 내부적 요인으로 인한 활성화 과정상의 문제점에 논의의 초점을 둔다. 다만 중앙정부와 같이 외부적 요인이라도 내부적 요인들의 연계 과정에 직접적으로 관련성이 높은 경우는 함께 논의한다.

1 지방정부의 역할

테크노파크의 형성 취지를 제대로 달성하기 위해서는 무엇보다도 기존의 테크노파크의 운영이 활성화되어야 한다. 기존 테크노파크의 운영이 활성화되면 그 테크노파크의 설립 취지의 달성은 물론이고 향후 예상되는 관련 실체의 신규 진입 및 확산에도 긍정적 기여를 할 수 있기 때문이다.

테크노파크의 활성화를 위한 지방정부의 역할을 이론적 검토와 현황 분석 등을 토대로 정리하면 크게 다음과 같이 네 가지로 나눌 수 있다. 물론 이와 같은 네 가지 역할들이 모두 상호 독립적인 것은 아니며, 상호 연계 내지 상호 보완 관계에 있을 것으로 보인다.

1) 중개자의 역할

U-G-I 모델에서 지방정부는 기본적으로 중개자의 역할(linking role)을 수행한다. 상호 접촉을 통해서 이익을 얻을 수 있다는 것을 알면서도 대학 등 고등 연구기관들과 산업계가 자발적으로 접촉 내지 연계해서 바람직한 결과를 도출하기가 쉽지 않다. 동서양을 막론하고 대학 등 고등 연구기관은 보수적인 색채가 강하고 또 일반 산업계는 대학 등 고등 연구기관들이 자신들을 위해서 무엇을 해 줄 수 있는지에 대해서 제대로 정보가 없는 경우가 대부분이기 때문이다.

<표 8-8>에 잘 나타나듯이 현재의 테크노파크 내에서도 산-학-관 협력

의 정도를 보통 이하로 평가하는 비율이 전체로 67.5%에 이르고 있다. 산-학-관 연계 관계에서 누군가가 매개체의 역할을 수행해야 하는데, 이론적 검토에서 언급되었듯이 테크노파크 형성 초기 단계에는 지방정부의 적극적 중개 역할이 긴요하다.

산학 협력 관계를 통해서 긍정적인 결과물이 많으면 그 자체로서 긍정적 정보가 혁신의 공간 확산(spatial diffusion of innovation)과 같이 공간상에 널리 확산되어 더욱 산학 협력을 촉진시켜 나가는 계기가 되겠지만 실제적 산학 협력의 초기 단계에서는 상당 부분 이질적인 두 실체를 연결시켜 주는 또 다른 실체가 필요하게 된다. 중개의 형태를 통해서 상호 접촉 기회가 확대되면 상호 결여하고 있는 부분들이 무엇인지와 무엇을 서로 기여할 수 있는지에 대한 파악이 비교적 용이하게 되기 때문이다. 결과적으로 생산 과정 및 판매 과정에 이르기까지 협력 실체들 간에 협력 결과가 상승 효과(synergy effect)를 나타낼 수 있다.

2) 지원자의 역할

지방정부는 지원자의 역할(supporting role)을 수행할 수 있고 또 해야 한다. 테크노파크가 제대로 운영되기 위해서 여러 가지 요건들이 필요하겠지만 특히 초기에는 지방정부의 자금 지원, 기반시설 지원 그리고 관리 지원이 필요하다. 초기 운영 자금의 지원은 물론이고 첨단기술 산업을 유치하기 위한 각종 세제 혜택 내지 보조금의 지원 등은 자금 지원의 형태에 속한다. <표 8-11>과 <표 8-12>에서 잘 나타나듯이 산-학-관 유기적 협력 과정에서 중앙정부와 지방정부의 자금 지원이 매우 중요한 것으로 지적되고 있다.

지식기반 경제 시대의 첨단산업들은 그 산업들의 유치 과정은 물론이고 유치 이후의 활성화 과정에서도 교통 인프라, 정보통신 인프라, 쾌적한 생활환경 인프라 등 각종 기반시설의 조성이 필수 불가결한 것으로 알려져 있다. 기반시설 부분은 상당 부분 지방정부의 노력만으로는 부족하고 중앙정부의 지원이 있어야 하겠지만 기반시설 지원이 테크노파크 활성화의 전제 조건인 것은 분명하다. 그런데 기반시설 부문에 대한 투자는 대개 장시간이 걸리고 그 규모 역시 엄청난 경우가 대부분이다. 따라서 이 사안은 특정 지역에 테크노파크를 수립하고자 하는 의사 결정 이전에 상당 부분 검토되어야 할 것으로 보인다.

혁신 기술 지향적 테크노파크로 나아가기 위해서는 지방행정 역시 다양한 분야에 대한 전문지식 서비스를 제공할 수 있는 관리 능력을 갖추고 있어야 한다. 지역산업을 새로운 수요에 맞추어 재구축(restructuring)하는 복잡하고 난해한 문제를 풀어가는 데 지방정부가 나름대로의 분명한 역할, 예컨대 방향 제시나 리더십의 발휘 등을 해 주어야 하기 때문이다. 지역산업의 재구축은 단순히 특정 산업의 특정 기술의 문제가 아니고 지역문화와 기타 지역 잠재력에 대한 포괄적 고려에 토대를 두고 지역의 미래를 투시하는 능력이 필요하다.

그 외 테크노파크 내부와 외부에서 발생하는 온갖 문의나 정보 수요를 좀더 간편하게 해결해 준다든지, 기타 정보 수요에 대한 접근성을 높여 준다든지 하는 방안들이 관리적 측면에서 고려될 수 있다.

3) 조정자의 역할

연구 및 개발(R&D) 활동은 그 자체로서 목적이 있다기보다는 그 활동이 확산됨으로써 대개 가치를 발휘하게 된다. 그런데 특히 그 연구 및 개발 활동이 기초 연구에 가까울수록 시장 실패로 인해 연구 및 개발 활동 부문에 대한 투자는 과소한 형태로 나타날 수 있다. 실제로 그 범위를 판별하기는 어렵지만, 그 부족한 부분만큼을 어디선가 보전해 준다면 사회적 측면에서 바람직한 결과를 가져온다는 것은 이론적으로 자명하다. 따라서 대학 및 산업계에서 이루어지는 연구 및 개발 활동에 과소 현상이 발생하지 않도록 누군가 조정자의 역할(coordinating role)이 필요한데, 이 역할을 지방정부 내지 중앙정부가 수행할 수 있다.

그리고 테크노파크의 활성화는 그 테크노파크 자체보다는 그 테크노파크를 둘러싼 지역의 경쟁력 제고, 그리고 더 나아가 세계 속의 국가 경쟁력 제고를 지향하고 있는 것이다. 따라서 테크노파크의 운영 및 개발 전략은 국가 및 지역계획과 조화를 이루어야 한다. 이와같이 상위 계획들과 조화를 이룰 수 있도록 테크노파크의 운영 및 개발 전략을 조정하는 역할은 지방정부가 떠맡아야 할 것으로 보인다.

테크노파크 내부 관계자들에 대한 설문 결과인 <표 8-4>는 테크노파크가 가장 중점을 두어야 할 사업 방향으로서 첨단 산업구조로의 지역 개발을 대체로 강조하고 있다. 테크노파크 내외 관계자들의 바라는 바를 적절히 취사선택하여 테크노파크 사업 방향을 초기 단계에서 조정해 가는 역할은 산-학보다는 관이 맡을 수밖에 없는 것으로 보인다.

4) 형성자의 역할

새로운 아이디어들이 끊임없이 탄생하고 그 아이디어들이 시장성이 있는 제품 개발로 이어지는 새로운 기술혁신 시스템을 창조해 보고자 하는 것이 테크노파크의 설립 취지라고 볼 수 있다. 그런데 그와 같은 새로운 기술혁신 시스템은 기반 시설도 필요하고 정보의 네트워크도 필요하지만 그것만으로는 부족하다.

지역에서 암묵지가 축적되고 그 축적된 암묵지가 형식지로 전환되고 그와 동시에 또 새로운 암묵지가 축적되고 형식지로 전환되는 순환 과정(circulating process)이 원활하게 이루어질 수 있도록 상호 신뢰하고 협력하는 사회적 분위기가 형성되어야 한다. 지방정부만의 역할로 한정되는 것은 아니지만 대학교수 및 연구원, 산업체 관계자, 지방정부 및 중앙정부 공무원, 기타 관련자들이 서로 신뢰할 수 있는 사회적 환경을 형성해 가는 역할(forming role)은 매우 중요하다.

신뢰도가 높은 사회를 형성해 가는 것은 사실상 사회문화 내지 지역문화에 해당하는 사안이다. 사회문화 내지 지역문화가 단기간에 바뀌기 어려운 것은 사실이지만 학습 메커니즘을 통해서 형성되고 진전되어 나가는 것은 분명하다. 따라서 신뢰도가 높은 사회문화를 창출하기 위해서 공공 부문, 특히 지방정부의 선도적 노력이 필요할 것으로 판단된다.

2 지방정부의 한계

테크노파크의 활성화 과정에서 지방정부에 기대되는 역할을 크게 중개자의 역할, 지원자의 역할, 조정자의 역할, 그리고 형성자의 역할로 구분해 위에서 검토했다. 그런데 이와 같은 역할이 기대된다는 것과 지방정부가 실제로 그 역할을 수행하고 있다거나 또는 수행하는 것이 용이하다는 의미는 아니다. 여기서는 이와 같은 문제에서 지방정부가 안고 있는 온갖 제약사항들을 내적 요인과 외적 요인으로 나누어서 논의한다.

1) 지방정부 내적 요인

(1) 지방정부 기능적 측면

우리 나라 지방자치법은 명목상으로 지방정부에게 지역경제 기술 진흥에 관한 광범위한 역할을 부여하고 있다. 그러나 지방정부가 실제 수행하는 기능은 각종 인허가, 검사, 단속, 지도 감독, 취소·정지·권고 등과 같은 대부분 규제 위주의 업무를 수행한다. 즉, 지방정부는 지방이 안고 있는 문제에 대한 적극적 해결자로서의 기능 수행보다는 중앙정부로부터 위임받은 업무의 집행에 치중해 있는 실정이다. 하지만 중재, 지원, 조정, 형성의 역할 등은 대부분 테크노파크라는 새로운 시스템이 제대로 기능할 수 있도록 조장해 주는 역할을 수행하는 것이다.

그리고 테크노파크 운영의 활성화 과정에서 지방정부의 주된 기능은 권력적 작용이 아니라 비권력적 관리 능력이다. 협의를 통해서 이질적인 것들의 연계성을 높이고 필요한 부분에는 제한적으로 지원도 하고 조정도 하는 관리적 기능이 중요한데, 그와 같은 기능이 전통적 지방정부에서는 부족한 것이 사실이다.

(2) 지방정부 인력의 질적 측면

독자적인 기술 능력의 토대 위에 세계 속에서의 지역 및 국가 경쟁력 제고는 테크노파크 설립 취지 중 핵심적인 사안이다. 그런데 지식과 기술에 기반을 둔 지역 경제 시스템의 운용이 아직 제대로 보편화된 것이 아니기 때문에 전문성이라든지, 사고의 개방성 및 신축성 등의 측면에서 지방공무원들의 능력 개발이 제대로 이루어지지 못한 상태에 있다.

한시적 파견 형태로 테크노파크에서 근무하고 있는 지방공무원들은 업무 수행시에 아주 소극적이고 제한적으로 움직일 가능성이 높다. 수행하는 업무 자체에 친숙하지 않을 뿐만 아니라 업무 수행 방식이나 업무 수행 과정에서 함께 협력해야 할 실체에 대해서도 친숙하지 못하기 때문이다. <표 8-3>에 보듯이 지방정부 주도의 테크노파크 운영에는 선호도가 매우 낮게 (5.4%) 나타나고 있다. 이와 같은 결과는 지방정부가 필요 없다는 것이 아니고 불필요한 간섭이나 관료적인 통제 및 절차, 그리고 지방정부 인력의 질적 측면을 우려하고 있는 것으로 보인다.

(3) 지방정부 재원의 한계

대부분의 지방정부 예산에서 신규 사업용으로 지출할 수 있는 예산의 여지는 매우 제한되어 있는 실정이다. 지방정부의 가용 재원 중 법적·의무적 경비, 용도지정 투자 사업비, 관서운영 필수경비 등 경직성 경비의 비중이 매우 높기 때문에 중앙정부의 지원이 없이는 기술 인프라 관련 지출 등은 사실상 거의 불가능한 형편이다.[6)]

지방정부에서는 기술혁신을 위해서 활용할 수 있는 재원 확보도 매우 어려운 것으로 알려져 있다. 창업자금 지원, 기술개발자금 지원 등은 거의 일방적으로 중앙정부에 의존하고 있고, 지방정부의 연구개발 예산은 정부 전체 연구개발 예산의 4%(편성 기준)에 불과한 것으로 알려져 있다. 동일한 기준으로 일본의 경우 27.3%, 중국의 경우는 32.9%에 이르는 것으로 알려져 있다(한영환 외, 1995: 119).

---

6) 우리 나라 지방정부의 경우 거의 공통적인 현상이지만, 전라남도의 경우 일반회계 중 경직성 경비의 비중이 1993년에서 1995년까지 90%를 넘는 것으로 조사되어 있다(조규하, 1995: 12).

(4) 자치단체장의 적극적 리더십 부재

지방정부는 대개 인력 및 재원을 지원해 테크노파크의 운영을 돕는다. 그런데 지방정부로부터 테크노파크에 파견되어 나온 인력들은 일정 기간 근무하는 테크노파크를 그들의 평생 일터로 생각하는 경향이 낮고 결과적으로 첨단 기술산업의 관리자들이 갖추어야 할 혁신 지향적인 속성을 갖기 어렵다. 테크노파크는 대학 등의 고급 연구기관 관계자, 지방정부 관계자, 그리고 산업체 관계자 등 아주 이질적인 집단들이 함께 모여 긴밀한 협력 관계를 형성해야 하는 곳이므로 수직적인 관계라기보다는 수평적인 관계에 가깝다. 그런데 파견 나온 공무원들은 엄격한 절차 위주의 관리에 집착함으로써 목표와 수단의 대체 현상을 초래하기 쉽기 때문이다.

위와 같은 제약을 극복하고 테크노파크의 설립 취지를 달성하기 위해서는 무엇보다도 자치단체장의 적극적인 리더십 발휘가 필요하다. 자치단체로부터 파견되는 공무원의 선정에서 성과평가에 이르기까지 위법 부당한 행위의 방지라는 소극적 차원을 넘어서서 생산적인 결과 창조라는 좀더 적극적인 측면을 집행기관의 장의 측면에서 강조할 수 있기 때문이다. 그런데 아직까지 지방자치의 연륜이 짧은 우리 나라는 자치단체장이 선거 결과를 의식해서 단기적으로 가시적 효과가 나타나는 사업 위주로 행정력을 집중하는 경향이 있어서 상대적으로 장기적이고 질적 측면이 중요한 테크노파크 사업의 지원에 적극적 리더십을 발휘하기가 어려운 한계가 있다.

2) 지방정부 외적 요인

지방정부가 그 자체만으로 정책 결정을 수립하고 집행하는 것은 아니다. 지역별로 다양한 여론 형성집단들이 존재하고, 특히 언론이나 기타 매스미디어 실체들이 정도상의 차이는 있지만 다양한 형태로 지방정부에 영향력을 미치고 있다. 지방정부나 지방의회는 현실적으로 주민으로부터 격리되어 있는 실체가 아니므로 다양한 여론 형성집단들이나 매체들이 다음과 같은 행태를 보일 때는 테크노파크 활성화 과정에서 지방정부가 제대로 기여하기가 어려울 것으로 보인다.

첫째, 테크노파크와 같은 산-학-관 기술 협력 실체의 의의에 대해서 제대로 인식하고 있지 못할 때이다.

둘째, 산-학-관 기술 협력이 제대로 이루어지기 위해서 적어도 지방정부가 어떤 기여를 해야 하는가에 대해서 제대로 인식하고 있지 못할 때이다.

셋째, 중앙정부 차원에서 선심성으로 각종 유사 사업들을 벌이면서 그 실현 가능성에 대해서 제대로 배려하지 못함으로써 정부의 기술 개발 정책에 대해서 전반적으로 불신이 높을 때이다.

제 5 절 맺음말

테크노파크 활성화 과정에서 지방정부가 무엇을 해야 하는가에 대해서는 모범 답안이 아직 제대로 구체화되어 있지 않은 상태이다. 개별 지역 및 국가별로 다양하게 나타나는 현실 사회의 복잡다양성, 미래 사회의 불확실성 등이 함께하기 때문일 것이다. 따라서 여기서는 테크노파크 활성화 과정에서 현재 지방정부가 무엇을 할 수 있고 또 해야 하는가에 대해서 큰 틀을 잡는다는 측면에 초점을 두고 논의했다.

지방정부는 지역의 대학 등 고등 연구기관들과 산업계를 생산적으로 연계시켜 주는 중개자의 역할 수행, 단순한 중개의 역할을 넘어서서 그 중개를 통한 연계성의 실천 가능성을 제고하기 위한 지원자의 역할과 테크노파크의 운영 과정에서 발생하는 시장 실패 현상을 극복하고 테크노파크 개발 전략을 국가 및 지역계획과 조화롭게 만드는 등의 조정자의 역할 수행, 그리고 기술 협력이 꽃필 수 있는 사회적 분위기를 형성해 가는 형성자의 역할 등 제반 역할을 수행할 수 있고 또 수행해 나가야 할 것으로 보인다.

지방정부는 제한된 기능과 재원을 가진 실체이지만, 산-학-관 협력 필요성에 대해서 관련 주체들이 적극적으로 공감(<표 8-7>에서 매우 중요가 86.5%)하고 있는 등 대내외적 여러 상황이 산-학-관 협력 장소로서 테크노파크의 필요성을 공감하는 추세로 이행하고 있다고 보여지므로 지방정부의 중개·지원·조정·형성의 역할이 더욱 강조될 것으로 보인다.

제9장 테크노파크의 성과영향 요인*

제1절 머리말

글로벌 경제 흐름과 지식기반 경제구조 속에서 벤처기업의 창출과 기술혁신이 각국 경제의 중요한 생존 과제로 부각되고 있다. 특히 산업화의 정도가 일정 수준 이상의 대부분의 나라에서는 벤처기업의 창출과 기술혁신을 위해 테크노파크를 조성하고 있으며, 테크노파크는 해당 지역경제 발전의 중요한 거점 역할을 하고 있다.

미국 서부 스탠퍼드대학의 산학협동이 1938년 휼렛(B. Heulett)과 패커드(D. Packard)의 창업으로 이어졌으며, 이는 오늘날 세계 최고의 벤처산업 집적지인 실리콘 밸리를 탄생시켰다. 1960~70년대 영국의 케임브리지 사이언스 파크, 프랑스의 소피아 앙티폴리스(Sophia Antipolis), 대만의 신주(新竹)단지 등이 조성되어 성공적으로 운영됨으로써 이후 세계 각지에서 첨단산업 집적지의 조성 붐을 이루게 하고 있다 (Castells et al., 1994). 이들 선진 과학기술 집적지는 사이언스 파크, 리서치 파크, 첨단산업단지, 테크노파크 등 다양한 용어로 불리고 있으며, 대량 생산 체제의 입지 특성과

* 이 장은 황우익·박종화(2004). 테크노파크의 성과영향 요인, 「국토계획」, 39(5): 169-189를 재정리한 것임.

는 다른 혁신적인 환경을 갖춘 것으로 평가되고 있다. 이들 혁신적인 환경의 가장 중요한 요소로 집적지의 형성과 집적지 내의 산-학-관 간의 긴밀한 네트워크가 지적되고 있다. 즉 과학기술 집적지 또는 테크노파크 조성에 대학과 기업의 협력, 그리고 정부의 지원이 이루어지는 산-학-관 협력체제를 구축하고 있다(박종화 · Han Sun Sheng, 2001).

한국에서도 선진 사이언스 파크의 성공 사례를 모델로 대학과 기업, 그리고 정부 간의 긴밀한 협력 속에 벤처기업을 창출 · 육성하고자 1997년 말 시범 테크노파크를 지정하고 본격적인 조성에 착수했다. 현재 한국의 테크노파크는 1997년 말에 지정된 6개 테크노파크와 2002년 12월에 추가 지정된 부산 및 포항 테크노파크의 2개 테크노파크가 운영되고 있다. 또 2003년부터는 전국 시 · 도에 테크노파크의 확대 조성을 추진중이다.[1] 이러한 한국의 테크노파크 조성사업은 특정 집적지에 산-학-관 간의 협력을 통해서 지방의 산업구조를 첨단화하고 지역혁신을 촉진할 것으로 기대된다.

이 연구에서는 선진국의 성공 사이언스 파크 경험을 바탕으로 한국의 테크노파크가 성공하기 위한 요인과 과제를 도출하고자 한다. 특히 테크노파크의 성과영향 요인을 관련 이론적 논의와 조성 취지 등을 감안해 집적과 네트워크 두 가지 측면에서 분석함으로써 기존 논의의 타당성 검증과 함께 한국 테크노파크의 성과를 향상시키기 위한 시사점을 도출하고자 한다.

테크노파크의 성과와 관련된 연구로 박종화 · Han Sun Sheng(2001)은 테크노파크 활성화 과정에서 지방정부의 역할에 대해 분석했다. 권영섭(2001)은 우리 나라 시범 테크노파크 사업의 의의를 지역혁신 체계 구축 측면에서 분석하고 정책과제를 제시했다. 황우익 · 박종화(2002)는 벤처기업의 집적지 입지 요인에 대한 실증연구를 통해 도시 서비스 요인, 산업 협력 요인, 정부 지원 요인, 혁신적 환경 요인이 집적지가 갖추어야 할 기본 요소임을 제시하고 이들 요소의 저변에는 산-학-관의 네트워크가 중요함을 밝히고 있다. 최용호 · 황우익(2003)은 한국 테크노파크의 벤처기업 지

1) 산업자원부는 2003년 12월 제18차 산업기술발전심의회를 개최해 기존 8개 테크노파크 이외에 전라북도, 충청북도, 전라남도, 강원도 및 경기 북부에 5개 테크노파크를 조성하기로 의결했다.

원 시스템 연구에서 한국 테크노파크의 산-학-관 협력 실태를 분석하고 있다. 이 밖에도 테크노파크의 성과 또는 성공 요인과 관련된 연구로 신동호(1999)는 실리콘 밸리의 성공 요인을 분석하고 있으며, 이장우 외(2001)는 미국, 대만, 이스라엘의 첨단산업 집적지의 성공 요인을 비교 분석했다.

국외 연구로 니즈캠프 등(Nijkamp et al., 1994)은 지식 네트워크 측면에서 사이언스 파크의 성공 요인에 대한 국제 비교 분석을 하고 있다. 아미라마디와 사프(Amirahmadi & Saff, 1993)는 사이언스 파크에 대한 비판적 평가에서 사이언스 파크의 성과 평가 방법을 제시하고 있다. 웨스트헤드와 뱃스턴(Westhead & Batstone, 1999)은 사이언스 파크에서 관리형과 비관리형 간의 성과 차이를 분석하고 있다. 메일랏과 르코크(Maillat & Lecoq, 1992)는 유럽에서의 중소 제조업의 융성 및 경쟁력 확보 과정에서 집적과 지역적 환경(role of milieu)의 중요성을 지적하고 있다. 쿠크 등(Cooke et al., 1997)은 지역혁신 체계의 형성 과정에서 지역 내 역할 주체들 간의 네트워크와 장소적 특성(territorial characteristics)을 강조하고 있다.

관련 선행 연구를 통해 성공적인 입지 행태에서 집적과 네트워크가 논의의 출발점이 되는 것을 쉽게 알 수 있다. 여기서는 이들 연구에서 한 걸음 더 나아가 테크노파크의 성과영향 요인으로 집적과 네트워크를 지적하고, 그 각각에 대해 심도 있는 분석을 수행하고자 한다.

제 2 절 테크노파크 성과영향 요인에 대한 이론적 논의

1 테크노파크의 정의와 성격

벤처산업의 발전 전략으로서 세계 각국에서는 2000년 현재 2,000여개의 크고 작은 테크노파크를 설립해 혁신 역량을 결집하고 기술 중심의 무한경쟁 시대를 대비하며, 지역산업의 혁신 능력을 증대시켜 가고 있다(권영섭,

2001).

테크노파크(Technopark)는 "지역 및 국가의 기술경쟁력을 제고하기 위해 산-학-관이 공식적으로 제휴한 형태로서 연구개발 시설, 지원 서비스 시설, 산업생산 시설을 한 장소에 집적시킨 단지"라고 정의할 수 있다(박종화·Han Sun Sheng, 2001: 183). 테크노파크는 사이언스 파크, 리서치 파크, 테크놀로지 파크, 테크노폴, 테크노폴리스와 유사한 개념으로서 대학이나 연구소와의 관련을 통해 연구개발 기능이 강조된다는 점, 지식기반 산업의 성장을 촉진한다는 점, 그리고 기술 이전 등 중개 기능을 담당하는 관리팀이 존재한다는 점 등에서 그렇다(권영섭, 2001; 박종화·Han Sun Sheng, 2001).

이러한 테크노파크 조성사업의 경제적 목적은 두 가지로 나누어 볼 수 있다(조혜영, 1999: 42-46). 하나는 대다수 과학단지 개발 구상에 따라 채택되고 있는 성장극(成長極, growth pole) 전략인데, 성장극 개념에서 과학단지는 집적경제 발달, 특히 연구개발 활동의 집중과 고급 과학자 및 엔지니어에게 매력적인 어메니티를 제공하는 성장 중심지로서의 역할을 한다(Premus, 1982; Markusen, et al., 1986). 다른 하나는 내생적 발전 전략인데 지역 내 자원의 효율적 개발을 위한 도구로서 과학단지를 강조하며, 자본과 투자, 전문가, 노동력 및 기타 관련 자원을 외부에서 유인하기보다는 역내에서 자체적으로 개발하고 육성하고자 하는 것이다. 이를 통해서 기존의 지역 내에 존재하는 잠재적 기업가군을 이용해 새로운 소규모 혁신기업을 창출하는 데 중점을 두고 있다. 1980년대 이후 기술혁신지구, 신산업공간, 신산업지구 등으로 논의가 활발했던 미국의 실리콘 밸리와 루트 128 지구, 독일의 바덴 뷔르템베르크, 제3이탈리아 등과 같은 지역의 성공이 이와 같은 논의의 발달에 큰 영향을 미쳤다(조혜영, 1999: 42-46).

2 테크노파크 성과영향 요인으로서의 집적과 네트워크

벤처기업의 창출과 육성, 지역혁신 체계 구축 등과 같은 테크노파크 조성사업의 성과에 영향을 미치는 요인에 대한 연구 역시 다양한 논의와 접근 방법이 사용되고 있다. 이장우 외(2001)는 벤처산업 집적화의 성공 요인을 역사적 배경, 지역의 제도와 문화, 경영 특성, 산업 특성, 기회 요인 측면에서 살펴보고 있다. 신동호(1999)는 실리콘 밸리의 성공 요인을 전문 직업주의, 개방된 문화, 합리적 사고 방식 등에서 살펴보고 이러한 것들이 네트워크를 통해 지역적으로 체화되어 있음을 강조하고 있다. 권오혁(1999)은 실리콘 밸리의 성장 요인들로서 스탠퍼드대학의 역할, 산업의 전문화, 전문 중소기업의 집적, 기업 서비스 산업의 발달, 벤처 캐피털의 발전, 기반 시설의 우수성, 쾌적한 환경과 위락시설 등을 제시하고 이들 요소들이 실리콘 밸리의 기업들이 창업·성장할 수 있는 토대로서 생산 네트워크를 구성하고 있음을 주장한다. 따라서 대개 성과영향 요인 논의의 출발점으로 집적과 네트워크 측면에 주목하고 있음을 알 수 있다.

스웨덴의 수도 스톡홀름의 북서쪽 20km 지역에 자리잡고 있는 시스타(Kista) 사이언스 파크는 대학-연구소-기업을 잇는 R&D 중심의 클러스터이다. 그리고 핀란드의 오울루(Oulu) 테크노파크는 1990년대의 정보통신 혁명에 힘입어 급성장한 IT 클러스터인데 정부와 지자체, 그리고 노키아(Nokia)라는 기업에 의해 만들어진 유연한 네트워크 조직이다. 핀란드 정부는 조성 초기부터 정책 수립에 적극 개입해서 주도적인 역할을 수행하고 있다(복득규 외, 2003). 실리콘 밸리를 비롯한 세계 주요 사이언스 파크의 성공 요인에서 살펴본 바와 같이 집적과 산-학-관 네트워크가 강조됨을 알 수 있다.

이런 측면에서 여기서는 한국 테크노파크의 성과영향 요인을 산업입지 측면에서 집적이론과 네트워크 이론을 중심으로 살펴보고자 한다. 테크노파크는 첨단기술 기업 내지 벤처기업 등이 집적한 곳이며, 대학 및 연구기관과의 협력이 중요하다는 점에서도 집적 및 네트워크 관련 논의가 필요하다. 산업 입지의 집적을 설명하려면 전통적 입지이론과 포드주의(Fordism) 이후의 유연생산 체제하의 집적이론으로 나누어 살펴볼 수 있다. 전통적 입지이론은 집적 요인을 수송비 최소화, 수요의 극대화, 수익의 극대화 등 경제적 요인에 따른 집적을 설명하고 있으며, 집적에 따른 기업 간의 거래 비용의 최소화를 강조하고 있다.

유연생산 체제를 바탕으로 하는 신산업공간 이론, 지구 이론, 혁신적 환경론 등은 다품종 소량 생산 체제하에서는 기업 간 네트워크를 통한 생산의 외부화뿐만 아니라 사회문화적 측면의 네트워크가 중요하다는 점을 지적하고 있다. 1980년대 이후 성공적인 사이언스 파크를 연구한 이들 논의들 가운데 먼저 신산업공간(new industrial spaces) 이론은 1980년대 초반 스콧(A. J. Scott)과 스토퍼(M. Storper) 등의 경제지리학자들이 각 산업은 해당 산업의 기술 및 공간 요구에 따라 그에 적합한 공간 환경을 형성시켜 나간다고 주장하며(Lagendijk, 1997: 5, 황주성·이명호, 2001: 7에서 재인용), 전문화된 집적지의 성장 역시 산업조직 간 거래 비용을 최소화시켜 나가는 과정임을 지적하고 있다.

혁신환경(milieux innovateur) 이론은 유럽 내 첨단산업지구의 혁신 메커니즘을 연구하기 위해서 결성된 연구집단인 GREMI(European Research Group on Innovation Milieux) 연구자들에 의해 주창된 개념으로 기본적으로 학습과 혁신의 중요성을 강조한다. GREMI 그룹의 일원인 카마그니(R. Camagni)에 따르면, 집적지 입지의 환경적 요인으로서 집단적 학습 과정, 공통적인 규범의 존재, 비공식적인 거래 관행, 기업의 조직 관행, 행위자의 지각 능력, 외부와의 연계를 형성할 수 있는 지역의 개방성 정도, 혁신적 네트워크, 정부의 정책 등을 들고 있다(Camagni, 1991; Camagni, 1995; 양승철, 1998: 26에서 재인용).

클러스터 이론은 기업의 혁신과 경쟁력 제고를 위해서는 지역의 경쟁력 요소인 투입 요소, 경쟁 여건, 수요 조건, 관련/지원 산업의 구비와 이들 간의 네트워크와 상호 보완을 통한 시너지 창출을 강조한다. 지역혁신 체계 이론은 지역 차원의 혁신을 위해 혁신 주체 간의 상호 학습과 이를 위한 네트워크의 제도화를 주장하고 있다. 국가혁신 체계 및 지역혁신 체계의 구축을 위한 필수적 하위 개념으로 자리잡고 있는 산학관 네트워크, 산-학-연 네트워크 등의 용어는 그 동안 산학 협동이란 표현으로 포괄적으로 사용되고 있다. 산학 협동이란 일반적으로 대학과 기업, 연구기관, 그리고 유관 기관이 상호 협력 활동을 통해 상호 이익을 증진하는 관계와 활동을 의미하나, 연구의 내용과 범위에 따라서 개념적 정의는 매우 다양하다고 할 수 있다. 산-학-관 네트워크에 대한 관심의 증대는 기술혁신을 위한 보완적 자산의 보유 주체로서 대학과 공공연구소의 중요성이 확대되고 있다는 점과 이들 주체가 정부정책의 대상으로 기술혁신을 촉진하는 데 크게 기여할 수 있다는 인식에서 비롯된다(권업 외, 2000). 이 연구에서는 산-학-관 네트워크의 개념을 산업계, 학계, 연구기관, 그리고 정부의 참여를 포괄하는 개념으로 정의하고자 하며, 산-학-관 네트워크의 내용으로는 테크노파

〈표 9-1〉 기업 입지의 집적 및 네트워크 관련 이론의 요약

<table>
<tr><th colspan="2">구 분</th><th>집적 요인</th><th>산-학-관 네트워크</th></tr>
<tr><td colspan="2">전통적 입지이론</td><td>• 특정 장소에 유사한 성격을 가진 많은 기업들이 집중함에 따라 생산 비용 절감 등 외부 효과로 인해 산업의 국지화</td><td>• 수송비, 통신비 등 거래 비용 관계 중시</td></tr>
<tr><td rowspan="5">유연 생산 체제 이론</td><td>신산업 공간론</td><td>• 유연생산 체제 바탕
• 산업조직간 거래비용의 최소화</td><td>• 기업 생산의 외부화 증가에 따른 산산(産産) 네트워크 중시</td></tr>
<tr><td>혁신적 환경론</td><td>• 학습과 혁신이 촉진될 수 있도록 네트워크가 구축된 지역이 집적을 촉진</td><td>• 지역 차원의 상호 학습을 촉진할 수 있는 사회혁신 네트워크 강조</td></tr>
<tr><td>클러스터 이론</td><td>• 집적이 기업의 혁신 수행력에 영향을 주기 때문에 집적이 촉진
• 경쟁력 있는 집적지는 투입 요소, 경쟁 여건, 수요 조건, 지원 산업 등의 조건이 갖추어져야 하며, 집적은 이들 요인들을 보완하며 강화</td><td>• 클러스터의 지리적 근접성은 클러스터 경쟁력 요인 간의 네트워크와 보완성을 강화해 생산성 향상에 기여</td></tr>
<tr><td>지역혁신 체계이론</td><td>• 집적화와 네트워크를 활성화하는 데 필요한 제도적 환경 구축</td><td>• 지역 혁신의 주체인 기업, 대학, 연구기관, 정부, 협회 간의 유형, 무형의 네트워크를 중시하며, 이를 위한 제도적 환경을 강조</td></tr>
<tr><td>학습 지역론</td><td>• 혁신 과정으로서 상호 학습을 중시하며, 상호 학습에는 지리적 근접성과 집적이 중요</td><td>• 상호 학습과 혁신이 실현되는 네트워크 지역 중시</td></tr>
</table>

크 조성 주체로서의 산업계와 학계, 정부의 참여 문제를 검토하고자 한다. 학습지역론 역시 혁신 과정으로서 상호 학습을 중시하며, 상호 학습에는 지리적 근접성과 집적이 중요하다고 설명하고 있다.

이들 이론이 테크노파크 조성과 관련해 집적 형성과 네트워크 구축에 주는 시사점은 <표 9-1>과 같이 요약할 수 있다. 이들 이론을 통해 지식 기반경제와 유연생산 체제 흐름 속에서 산업 입지 전략으로서 집적과 네트워크가 강조됨을 알 수 있다. 또 기업의 집적 요인으로는 고전적 집적경제론의 국지화 경제, 도시화 경제뿐만 아니라 혁신적 환경으로서 기업과 혁신 주체 간의 네트워크, 혁신 주체 간의 상호 학습, 그리고 지역의 사회문화의 개방성 등이 중요한 요인임을 알 수 있다. 나아가 기업 입지에서 집적과 네트워크는 별개로 작동하는 것이 아니라 복합적이고 긴밀한 상호 작용을 통해 보완적인 기능을 하는 요소임을 알 수 있다. 이러한 집적과 네트워크에 대한 논의는 첨단기술 기업 내지 벤처기업의 집적지 형태인 테크노파크 조성의 기본 원리로 적용될 수 있을 것이다.

이상에서 살펴본 기업 입지의 집적과 네트워크 구축의 중요성을 감안해 한국 테크노파크의 집적과 네트워크 실태를 실증적으로 분석하고자 한다. 아울러 한국 테크노파크의 집적과 네트워크 구축이 테크노파크 조성 성과에 미치는 영향 요인을 분석함으로써 테크노파크 조성의 시사점을 살펴보고자 한다.

제 3 절 테크노파크의 성과영향 요인 분석

1 분석모형 및 자료의 수집

테크노파크의 성과영향 요인으로서 집적과 네트워크 측면을 분석하는 과정에서 집적지 조성 측면에서는 주체의 성격이 분명하고 산-학-관 네트워크의 공간화가 이루어지고 있는 우리 나라 6개 시범 테크노파크를 대상으로 했다. 부산 테크노파크와 포항 테크노파크는 설립 초기 단계이므로 테크노파크 성과와 집적 및 네트워크가 미약하므로 분석 대상에서 제외하고자 한다. 우리 나라 6개 시범 테크노파크 조성사업의 현황을 간략히 살펴보면, 1997년 말 산업자원부가 국가 및 지역혁신 체계의 거점 형성을 위해 경기, 송도, 충남, 광주·전남, 대구, 경북 등의 6개 시범 테크노파크를 지정함으로써 출발했다. 시범 테크노파크는 2004년 8월 말까지 6년간을 시범사업 기간으로 정해 추진했으며, 그 이후는 정부 지원을 축소하고 재정 자립에 바탕을 둔 독립적인 운영 시스템의 확보를 계획했다.

한국의 테크노파크는 조성 및 운영 주체 측면에서 중앙정부의 적극적인 발의와 지원에 의해 이루어졌다. 그런데 실제적인 운영의 주도권은 대학 주도형과 지방정부 주도형으로 구분할 수 있다. 법적인 측면에서는 6개 테크노파크가 모두 중앙정부의 자금 출연, 지방정부의 자금 및 부지 출연, 대학의 자금 및 부지 출연을 통해 재단법인을 결성함으로써 제3섹터 형태라고 할 수 있다.

한국 테크노파크 조성의 대학 참여의 특성으로는 다수 대학이 공동으로 참여하는 형태이다. 송도 테크노파크는 인천대, 인하대, 생산기술연구원이 참여하고, 경기 테크노파크는 한양대 등 6개 대학이 참여하고 있다. 대구 테크노파크는 경북대 등 3개 대학, 경북 테크노파크는 영남대 등 5개 대학과 경산상공회의소, 광주전남 테크노파크는 조선대 등 6개 대학과 광주과학기술원, 충남 테크노파크는 호서대 등 11개 대학과 금융기관이 참여하고 있다(산업자원부, 2003). 한국 테크노파크는 다수 대학이 참여함으로써 출연금의 규모를 확대하고 사업 추진에 다양성과 활성화를 기대하고 있으나 대학 간의 이해 관계의 충돌 때문에 사업 추진 방향이 왜곡되고 사업 추진이 지체되는 등의 부작용도 발생하고 있다(김계수, 2002).

한국 테크노파크의 주요 사업은 단지 조성, 기업 지원, 지역혁신 체계 구축 등이다. 먼저 단지조성 사업은 대학 및 연구기관의 원천 기술을 상업화할 수 있도록 벤처기업을 창업 보육하고 연구개발을 수행할 수 있는 부지를 확보하고 시설물을 조성하는 사업이다. 기업지원 사업은 벤처기업의 창업 촉진과 기술혁신을 지원하기 위한 사업으로서 구체적으로는 창업보육, 교육훈련, 공동 연구개발, 정보 유통, 장비 활용 및 시험 생산 지원 등으로 구분할 수 있다. 지역 기술혁신 체계 구축은 지역 내 지방정부, 대학, 연구기관, 금융기관, 협회 등 기업 지원이 가능한 조직 및 기업의 기술혁신 지원사업들을 참여시키고 연계해 기업 지원 체계를 구축하는 사업이다(권영섭, 2001: 49).

여기서는 변수의 측정을 테크노파크 성과, 집적 요인, 산-학-관 네트워크 측면에서 살펴보고자 한다.

테크노파크 조성의 성과 측정과 관련된 논의로 아미라마디와 사프(Amirahmadi & Saff, 1993)는 사이언스 파크 운영의 성과 지표를 두 가지 측면에서 제시했다. 하나는 개별 사이언스 파크의 성공 정도를 측정하는 것으로, 그 성공은 사이언스 파크 내 기업과 종업원의 수, 공실률 정도, 이윤 등이다. 다른 하나는 외부적인 형태로서 지역의 고용 증가율, 지역의 수출 증가율 등이다. 우리 나라에서 시범 테크노파크 연차별 평가에 사용되고 있는 성과 지표는 테크노파크의 전반적인 계획 대비 목표 달성도, 벤처기업 창출 및 육성 성과, 지역혁신 체계 구축의 거점으로서의 기능 등에 관한 것이다. 아미라마디와 사프의 논의는 우리 나라 테크노파크 성과 지표로서 내부적인 성과와 외부적인 성과로 구분해 측정하는 데 원용이 가능할 것으로 보인다.

여기에서 우리 나라 테크노파크 조성의 성과는 시범 테크노파크 연차별 평가에 사용되고 있는 성과 지표를 원용해 우선적으로 목표 달성도로 측정하고자 한다. 테크노파크 조성 주체들은 기본적으로 직접 참여하고 있는 해당 테크노파크의 사업 목표를 인식하고 있으며, 현재의 목표 달성도에 대해 주관적으로 평가할 수 있는 잣대를 가졌다고 볼 수 있기 때문이다. 다음으로 우리 나라 테크노파크 조성사업의 기본적인 성과 지표로 설정되어 있는 것이 벤처기업의 창출과 육성, 그리고 지역혁신 체계 구축의 거점 기능 수행이므로 관련 자료를 성과 지표로 이용한다. 즉 테크노파크 조성사업의 혁신 성과는 계획 대비 목표 달성도, 신규 벤처 창출 및 육성 효과, 지역혁신 체계 구축 성과로 측정한다.

다음으로 여기서는 우리 나라 테크노파크 성과의 중요한 영향 요인으로서 이론적 논의와 한국 테크노파크의 운영 실태를 감안해 테크노파크의 집적과 테크노파크 조성사업 참여 주체의 산-학-관 네트워크를 설정하고자 한다. 우리 나라 테크노파크는 정부 및 대학이 적극적으로 참여하는 인위적 벤처기업 집적지 조성정책이므로 테크노파크의 집적 측면은 테크노파크의 성과와 직접적인 관련이 있을 것으로 예상할 수 있다. 변수의 정의에서 집적 측면은 벤처기업의 테크노파크 입지의 만족도로 측정한다.

또 테크노파크 조성 사업 참여 주체의 산-학-관 네트워크 측면이 테크노파크 조성의 성과에 직접적인 영향을 줄 수 있을 것으로 예상할 수 있다. 우리 나라 테크노파크 조성은 조성 참여 주체의 의지와 참여 및 협력의 방식이 테크노파크의 사업 규모와 형태, 그리고 운영 방식에 영향을 줄 수 있기 때문이다. 그리고 테크노파크 조성의 산-학-관 네트워크 참여 주체를 중앙정부, 지방정부, 대학, 유관 기관, 대/중기업, 벤처기업으로 구분해 설정한다. 이들 기관은 현재 우리 나라 테크노파크 조성에 직접적으로 현금 및

[그림 9-1] 테크노파크 성과영향 요인 실증 연구의 분석틀

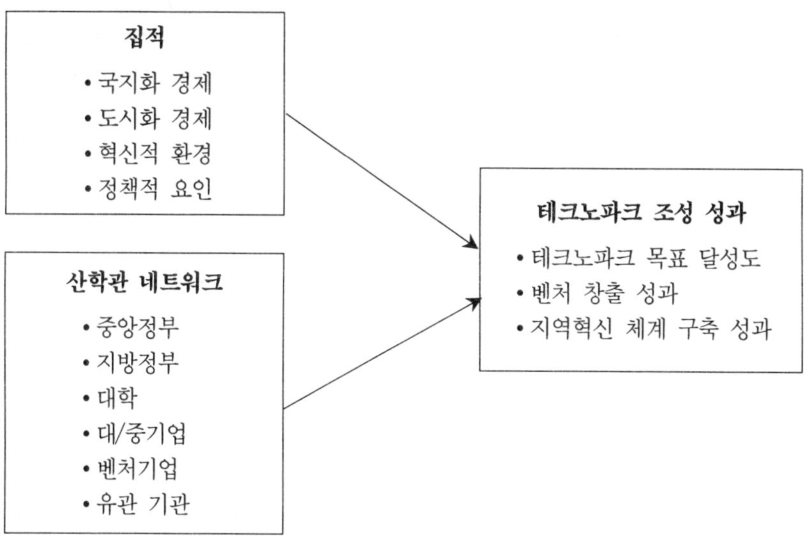

현물을 출연했거나 사업 추진시에 긴밀한 협력이 필요한 관계 기관들이기 때문이다.

여기서는 모든 설문조사의 응답에서 평균값 비교가 필요한 문항에 대해서는 리커트의 5점 척도 방식을 사용하며, 분석 방법은 SPSS 10.0 프로그램을 이용한 빈도분석, 교차분석, 요인분석, 신뢰성분석, 독립표본 t검정, 일원배치 분산분석(One-Way ANOVA), 상관관계분석, 다중회귀분석 등을 실시한다.

이와 같은 내용의 분석을 위해 여기서는 [그림 9-1]과 같은 분석틀을 설정하고 테크노파크 조성사업의 혁신 성과 요인으로서 집적과 산-학-관 네트워크를 분석한다. 그리고 이들과 테크노파크 조성의 혁신 성과 간의 관계에 대한 실증 연구를 수행한다.

우리 나라 테크노파크의 집적과 네트워크 특성을 밝히기 위한 본 설문조사는 2003년 3월 20일부터 4월 12일까지 23일간 조사했으며, 유효하게 회수되어 최종 분석에 사용된 설문지는 131부였다. 조사 대상은 한국의 시범 테크노파크로 지정된 6개 테크노파크의 주요 조성기관 참여자를 대상으로 했다.

〈표 9-2〉 테크노파크 실증 연구 분석 수집

구 분		빈도(명)	구성비(%)
전 체		131	100
테크노파크명	송 도	26	19.8
	경 기	19	14.5
	충 남	12	9.2
	대 구	34	26.0
	경 북	20	15.3
	광주 · 전남	20	15.3
응답자 소속	대학교	16	12.2
	지방정부	18	13.7
	전임 직원	47	35.9
	입주 기업	50	38.2

자료: 설문조사.

조사 응답자의 소속을 테크노파크별로 보면 송도 테크노파크가 26명, 경기 테크노파크가 19명, 충남 테크노파크가 12명, 대구 테크노파크가 34명, 경북 테크노파크가 20명, 광주전남 테크노파크가 20명이다. 응답자를 신분별로 살펴보면 테크노파크 조성사업의 대학교 관계자가 16명, 지방정부 관계자가 18명, 테크노파크 전임 운영자가 47명, 그리고 입주 기업 대표자가 50명이다.

2 테크노파크의 성과

테크노파크 조성사업의 혁신 성과의 측정 지표로서 테크노파크의 전반적인 계획 대비 목표 달성도, 벤처기업 창출 및 육성 성과, 그리고 지역혁신 체계 구축의 거점으로서의 성과를 이용했다. 혁신 성과 지표로서 테크노파크 조성사업의 계획 대비 목표 달성도는 3.28, 신규 벤처 창출 및 육성 효과는 3.24, 지역혁신 체계 구축 성과는 3.47로 나타나서 전반적인 혁신 성과는 보통을 조금 상회하는 수준이라고 평가할 수 있었다. 테크노파크 조성사업의 주요 양대 실천적 목표를 벤처기업의 창출 및 육성, 그리고 지역혁신 체계 구축의 거점 기능 수행으로 보았을 때 지역혁신 체계 구축의 목표 달성도가 벤처 창출의 목표 달성도보다 조금 더 높게 나타났다.

테크노파크 조성사업의 혁신 성과의 테크노파크별 차이를 분석하고자 일원배치 분산분석(One-Way ANOVA)을 실시했다. 테크노파크별로 살펴본 결과 테크노파크 사업의 계획 대비 목표 달성도와 신규 벤처 창출 및 육

〈표 9-3〉 테크노파크 혁신 성과 기술 통계량

구 분		빈도	평균	표준편차
혁신 성과	계획 대비 목표 달성도	130	3.28	.76
	신규 벤처 창출 및 육성 효과	130	3.24	.76
	지역혁신 체계 구축 성과	131	3.47	.91

자료: 설문조사.

성 효과에서 유의한 차이를 나타내고 있었으며, 지역혁신 체계 구축 성과는 유의한 차이가 발견되지 않았다. 테크노파크 사업의 계획 대비 목표 달성도에 대해서는 경북 테크노파크가 평균값 3.65로 가장 높았으며, 다음으로 충남 테크노파크가 3.55, 경기 테크노파크가 3.32 순이며, 그리고 대구 테크노파크가 평균값 3.06으로 가장 낮게 평가하고 있었다.

신규 벤처 창출 및 육성 효과에 대해서는 경북 테크노파크가 평균값 3.70으로 가장 높았으며, 다음으로 경기 테크노파크 3.26, 대구 테크노파크 3.24 순이며, 광주·전남 테크노파크가 3.05로 가장 낮았다.

3 테크노파크의 집적과 성과

1) 집적 측면의 분석

여기서는 테크노파크의 집적 측면에 대한 요인분석을 실시했다. 요인분석은 배리맥스(varimax) 방법에 따른 주성분 분석을 통해서 요인을 추출했고, 고유값(Eigenvalues) 1.0을 기준으로 했다. 또한 요인 적재량(factor loading)이 ±0.5 미만인 항목은 제거함으로써 요인의 구성 타당도를 높이고자 했다.[2)]

신뢰도 검정은 측정 도구의 항목 간 내적 일관성을 측정하는 것이다. 여기서는 너낼리(Nunnally, 1978)가 제시한 크론바흐 알파(Cronbach's alpha) 값에 의해 신뢰성을 검증했다. 크론바흐 알파의 절사율은 학자 및 연구목적에 따라 다르다. 여기서와 같이 성격상 탐색적 수준에서 크게 벗어나지 않는 경우 알파 계수의 기준치가 0.6 이상이면 합당한 수준으로 보고 있다.

<표 9-4>는 테크노파크의 집적 측면에 대한 요인분석 결과이다. 요인 1

---

2) 요인 적재량이 어느 정도 커야 하는지에 대한 일반적인 기준은 보통 ±0.3 이상이면 유의하다고 보지만 보수적인 기준은 ±0.4 이상이다. 그리고 ±0.5 이상인 경우는 매우 높은 유의성을 가진 것으로 본다(Hair et al., 1995; 정충영·최이규, 1997: 157에서 재인용).

〈표 9-4〉 테크노파크 집적에 관한 요인분석

항 목	요인 1 (국지화 경제)	요인 2 (혁신환경)	요인 3 (도시화 경제)	요인 4 (정책)	신뢰도 (alpha)
이종 업체와의 정보 교류	.755	.184	.039	.005	.8515
이종 업체와의 협력	.750	.125	.094	.098	
전문 노동력 구득	.729	.115	.117	.106	
동종 업체 공동의 전문 서비스 이용	.659	.213	.295	.156	
다양한 노동력 확보 용이	.645	.021	.173	.114	
동종 업체와의 정보 교류	.596	.478	.066	.107	
동종 업체와의 협력	.533	.397	-.046	.041	
타기업 혁신 모방 용이	.115	.724	.158	.117	.8021
대학 등과의 산학 협력	.209	.625	.157	.346	
타기관과의 상호 학습	.240	.607	.104	.447	
최신 경영정보 획득	.182	.582	.467	.185	
서울 및 수도권 접근성	.112	.575	.125	-.178	
타기업과의 상호 학습	.278	.566	.015	.423	
주거 및 교육환경의 편리	.193	.125	.801	.102	.7956
통신시설의 편리	.078	.246	.756	.047	
교통의 편리	.166	.055	.737	.041	
쾌적한 환경	.105	.084	.665	.203	
정부의 경영 지원	.133	.214	.133	.855	.7876
정부의 임대료 지원	.073	-.161	.385	.753	
정부의 기술 지원	.197	.370	.015	.692	
Eigenvalues	4.218	3.562	3.296	2.872	
% of Variance	16.870	14.247	13.185	11.486	
Cumulative %	16.870	31.117	44.302	55.788	

자료: 설문조사.

은 벤처기업의 동종 및 관련 업체 간의 협력의 용이 개념을 의미하는 일곱 문항에서 요인 적재량이 높게 나타났다. 따라서 요인 1은 국지화 경제 개념을 의미한다. 요인 2는 대학과의 산학 협력, 타기업 및 타기관과의 상호 학습 용이 등 산학 협력과 상호 학습을 의미하는 여섯 문항에서 요인 적재량이 높게 나타났다. 따라서 요인 2는 혁신환경 개념을 의미한다. 요인 3은 대도시가 갖추고 있는 서비스적 요소를 의미하는 네 문항이 요인 적재량이 높게 나타났다. 따라서 요인 3은 도시화 경제 개념을 의미한다. 요인 4는 정부의 지원을 의미하는 세 문항에서 요인 적재량이 높게 나타났다. 따라서 요인 4는 정책 개념을 의미한다.

요인 적재량이 ±0.5 미만으로 나타나 구성 타당도가 낮아서 제거된 항목은 '다양한 시장의 확보', '집적지의 명성', '혁신 지원 문화', '다양한 서비스 기관 이용', '생산 공간의 확보' 등의 항목이다.

자료의 신뢰성을 검토하기 위해 주요 변수에 대한 크론바흐 알파값을 구한 결과 요인 1은 .8515, 요인 2는 .8021, 요인 3은 .7956, 요인 4는 .7876으로 나타나 높은 신뢰성을 보여 준다.

2) 집적 측면의 특성

테크노파크의 입지 만족도로 측정한 테크노파크 집적에 관한 요인분석 결과는 도시화 경제 요인이 3.33으로 가장 높으며, 다음으로 혁신환경 요인이 3.24였다. 그리고 정책적 요인은 2.94, 국지화 경제 요인은 2.93으로서 다소 낮은 측면이 있다. 이러한 결과는 혁신적인 집적지로서 테크노파크의 입지 환경이 아직까지 충분치 못함을 나타내는 것이다. 주거 및 교육 환경의 편리, 통신과 교통의 편리 등으로 측정한 도시화 경제와 대학과의 산학 협력, 타기업 및 타기관과의 상호 학습 용이 등으로 측정한 혁신환경에 대해서 상대적으로 높은 평가를 했으며, 정부의 지원은 상대적으로 미흡한 수준으로 평가하고 있는 것이다.

테크노파크 집적 요인에 대해 테크노파크별로 통계적 차별성을 살펴본 결과 4개 요인 모두 유의한 차이가 발견되지 않았다.

3) 집적과 성과 간의 상관 관계 분석

테크노파크의 집적과 테크노파크 조성의 성과를 구성하는 변수들 간의 관계의 정도를 파악하고자 상관 관계 분석을 실시했다. 그의 결과를 종합적으로 살펴보면 테크노파크의 성과와 집적 요인들과의 상관 관계는 전반적으로 다소 미약한 정(+)의 상관 관계를 나타내고 있다.

혁신환경 요인과 목표 달성도 간의 상관 관계, 그리고 혁신환경 요인과 벤처 창출 간의 상관 관계는 거의 중간 정도의 강도로 정(+)의 상관 관계를 나타내고 있다. 그리고 테크노파크의 성과 항목 모두와 집적 요인 모두

〈표 9-5〉 테크노파크 집적 요인별 기술 통계량

구분		빈도	평균	표준편차
집적	국지화 경제 요인	127	2.93	.54
	도시화 경제 요인	127	3.33	.78
	혁신환경 요인	127	3.24	.60
	정책적 요인	125	2.94	.72

자료: 설문조사.

〈표 9-6〉 전체 변수의 상관 관계 분석

구 분		목표 달성도	벤처 창출	혁신 체계 구축	국지화 경제	도시화 경제	혁신 환경	정책적 요인
테크노파크 조성 성과	목표 달성도	1.000						
	벤처 창출	.554***	1.000					
	지역혁신 체계 구축	.551***	.542***	1.000				
집적	국지화 경제 요인	.322***	.365***	.281***	1.000			
	도시화 경제 요인	.232***	.348***	.219**	.366***	1.000		
	혁신환경 요인	.455***	.420***	.340***	.546***	.458***	1.000	
	정책적 요인	.354***	.171*	.217**	.306***	.366***	.491***	1.000

주: * p<.10, ** p<.05, *** p<.01
자료: 설문조사.

간의 개별적 상관 관계가 예외 없이 정(+)의 상관 관계를 보여 주는데, 이는 테크노파크의 성과에 집적화가 긍정적인 영향을 미칠 수 있음을 나타내는 것이다.

4) 집적과 테크노파크 성과 간 회귀분석

테크노파크의 집적 요인들이 테크노파크 조성의 성과에 미치는 영향을 검정하기 위해서 각 변수의 유의성 및 상대적 중요도를 구분할 수 있는 회귀분석을 실시했다. 이를 위해서 테크노파크 조성사업의 계획 대비 목표 달성도, 벤처기업 창출 및 육성 성과, 지역혁신 체계(RIS) 구축 성과를 종속 변수로 하고 집적 요인들을 독립 변수로 하여 회귀분석을 했다.

분석의 결과는 <표 9-7>과 같이 요약되는데, 혁신 성과 변수 중 테크노파크 목표 달성도에 대한 집적 요인들은 혁신환경 요인과 정책적 요인이 정(+)의 유의한 영향을 미치는 것으로 나타났다. 특히 혁신환경 요인이 테크노파크 목표 달성도에 가장 큰 영향을 미치는 것으로 나타났다 (β=.332). 혁신 성과 변수 중 벤처기업의 창출 및 육성 성과에 대한 집적 요인들은 국지화 경제 요인, 도시화 경제 요인, 그리고 혁신환경 요인이 정(+)의 유의한 영향을 미치는 것으로 나타났다. 특히 혁신환경 요인이 테크노파크의

〈표 9-7〉 테크노파크 성과와 집적 요인 간의 관계 분석

독립 변수 \ 종속 변수		TP 목표 달성도		벤처 창출 및 육성		RIS 구축	
		BETA	t값	BETA	t값	BETA	t값
집적	국지화 경제 요인	.098	1.014	.165	1.711*	.140	1.356
	도시화 경제 요인	-.011	-.115	.196	2.124**	.038	.391
	혁신환경 요인	.332	3.100***	.299	2.789***	.217	1.907*
	정책적 요인	.164	1.756*	-.102	-1.085	.054	.541
R^2		.241		.239		.133	
조정 R^2		.215		.214		.104	
F		9.442***		9.368***		4.616***	

주: * p<.10, ** p<.05, *** p<.01
자료: 설문조사.

벤처 창출 및 육성 성과에 가장 큰 영향을 미치는 것으로 나타났다(β =.299). 혁신 성과 변수 중 지역혁신 체계(RIS) 구축 성과에 대한 집적 요인들은 혁신환경 요인이 정(+)의 유의한 영향을 미치는 것으로 나타났다.

혁신환경 요인은 테크노파크의 전반적인 목표 달성도, 벤처기업의 창출 및 육성 성과, 지역혁신 체계(RIS) 구축 성과 모두에 정(+)의 유의한 영향을 미치는 것으로 나타남으로써 집적 요인들 가운데 혁신환경 요인이 매우 중요한 요소가 됨을 알 수 있다.

4 테크노파크의 산-학-관 네트워크와 성과

1) 산-학-관 네트워크의 특성

테크노파크와 테크노파크 참여 기관과의 협력의 정도로 측정한 산-학-관 네트워크는 전반적으로 보통 정도의 수준을 나타내고 있다. 테크노파크와 지방정부와의 협력이 3.53으로서 가장 높으며, 다음으로 벤처기업과의 협력이 3.22, 대학과의 협력이 3.16, 중앙정부와의 협력이 3.15이다. 그리고 유관 기관과의 협력이 2.85이며, 대/중기업과의 협력이 2.48로서 가장 낮은 것으로 나타났다. 이러한 결과는 테크노파크 사업이 지역의 산-학-관의 혁신자원을 결집해 벤처기업을 창출하고 지역의 산업을 첨단산업 구조로 고

〈표 9-8〉 테크노파크 산-학-관 네트워크의 기술 통계량

구 분		빈도	평균	표준편차
산-학-관 네트워크	중앙정부와의 협력	129	3.15	.90
	지방정부와의 협력	129	3.53	.81
	대학과의 협력	129	3.16	.93
	대/중기업과의 협력	128	2.48	.86
	벤처기업과의 협력	129	3.22	.78
	유관 기관과의 협력	129	2.85	.81

자료: 설문조사.

도화시킨다는 설립 취지에 비추어 산-학-관의 협력 체계가 다소 미흡한 수준이라고 평가할 수 있다. 우리 나라의 대표적인 혁신 집적지인 테크노파크의 조성 및 운영 측면에서 산-학-관 네트워크가 취약하므로 네트워크 강화 방안 모색에 지속적인 노력을 기울여야 함을 시사한다.

테크노파크의 산-학-관 네트워크 요인에 대해 테크노파크별로 통계적 차별성을 살펴본 결과 6개 요인 모두 유의한 차이가 발견되지 않았다.

2) 테크노파크 성과와 산-학-관 네트워크 간의 상관 관계 분석

테크노파크의 산-학-관 네트워크와 테크노파크 조성의 성과를 구성하는 변수들 간의 관계의 정도를 파악하고자 상관 관계 분석을 실시했다. 상관 관계 분석의 결과를 종합적으로 살펴보면 테크노파크의 성과와 산-학-관 네트워크 간의 상관 관계는 전반적으로 다소 미약한 정(+)의 약한 상관 관계를 나타내고 있다.

지방정부와의 네트워크와 목표 달성도 간의 상관 관계, 벤처기업과의 네

〈표 9-9〉 전체 변수의 상관 관계 분석

구 분		목표 달성도	벤처 창출	RIS 구축	중앙 정부	지방 정부	대학	대/중 기업	벤처 기업	유관 기관
테크노 파크 성과	목표 달성도	1.000								
	벤처 창출	.554**	1.000							
	지역혁신 체계 구축	.551**	.542**	1.000						
산-학-관 네트워크	중앙정부	.304**	.227**	.202*	1.000					
	지방정부	.466**	.382**	.367**	.661**	1.000				
	대학	.313**	.349**	.366**	.345**	.435**	1.000			
	대/중기업	.247**	.268**	.364**	.059	.153	.300**	1.000		
	벤처기업	.424**	.568**	.475**	.333**	.379**	.323**	.471**	1.000	
	유관 기관	.321**	.393**	.427**	.297**	.335**	.365**	.348**	.534**	1.000

주: * p<.05, ** p<.01
자료: 설문조사.

트워크와 목표 달성도 간의 상관 관계, 벤처기업과의 네트워크와 벤처 창출 간의 상관 관계, 벤처기업과의 네트워크와 RIS 구축 간의 상관 관계, 그리고 유관 기관과의 네트워크와 RIS 구축 간의 상관 관계는 거의 중간 정도의 강도로 정(+)의 상관 관계를 나타내고 있다. 그리고 테크노파크의 성과 항목 모두와 산-학-관 네트워크 구성 요인 모두 간의 개별적인 상관 관계가 예외 없이 정(+)의 상관 관계를 보여 주고 있는데, 이는 테크노파크 조성의 성과에 산-학-관 네트워크가 긍정적인 영향을 미칠 수 있음을 나타내는 것이다.

3) 테크노파크 성과와 산-학-관 네트워크 간의 회귀분석

테크노파크의 산-학-관 네트워크 구축이 테크노파크 조성의 성과에 미치는 영향을 검정하기 위해서 각 변수의 유의성 및 상대적 중요도를 구분할 수 있는 회귀분석을 실시했다. 이를 위해서 테크노파크 조성사업의 계획 대비 목표 달성도, 벤처기업 창출 및 육성 성과, 지역혁신 체계 구축 성과를 종속 변수로 하고 산-학-관 네트워크 구성 요인을 독립 변수로 하여 회귀분석을 했다.

분석의 결과는 <표 9-10>과 같이 요약되는데, 성과 변수 중 테크노파크 목표 달성도에 대한 산-학-관 네트워크 요인과의 관계에서는 지방정부와의 협력, 그리고 벤처기업과의 협력이 정(+)의 유의한 영향을 미치는 것으로 나타났다. 이 중 테크노파크 목표 달성도에 가장 높은 영향력을 미치는 요인은 테크노파크와 지방정부와의 협력인 것으로 나타났다 (β=.354). 이러한 결과는 테크노파크의 조성 성과에 지방정부의 역할이 매우 중요함을 나타낸다. 실제로 지방 분권이 가속화되면서 지방정부의 기술혁신 사업에 대한 관심과 투자가 증가하고 있으며, 테크노파크 사업을 지방정부의 혁신거점 사업으로 인식하게 됨에 따라 각 지방정부별로 테크노파크 사업에 대한 신규 지정이 확대되고 있다. 또 테크노파크 사업의 목표 달성도에는 산-학-관 네트워크 요인 가운데서 테크노파크와 벤처기업과의 협력이 중요하게 작용하는 것으로 나타남에 따라, 혁신적인 집적지로서 테크노파크를 조성할 때 벤처기업의 수요를 파악하고 이에 부응하는 지원 정책이 이루어질

〈표 9-10〉 테크노파크 성과와 산-학-관 협력 간의 관계 분석

독립 변수 \ 종속 변수		TP 목표 달성도		벤처 창출		RIS 구축	
		BETA	t값	BETA	t값	BETA	t값
산-학-관 네트워크	중앙정부	-.051	-.490	-.137	-1.394	-.134	-1.322
	지방정부	.354	3.271***	.194	1.880*	.238	2.254**
	대학	.069	.767	.148	1.719*	.132	1.509
	대/중기업	.046	.513	-.047	-.550	.131	1.500
	벤처기업	.233	2.319**	.450	4.648***	.224	2.283**
	유관 기관	.055	.591	1.075	0.849	.170	1.857*
R^2		.299		.372		.333	
조정 R^2		.264		.340		.300	
F		8.603***		11.824***		10.064***	

주: * p<.10, ** p<.05, *** p<.01
자료: 설문조사.

수 있는 네트워크 구축이 필요함을 시사한다.

테크노파크 조성 성과 변수 중 벤처기업의 창출 및 육성 성과에 대한 산-학-관 네트워크 요인과의 관계에서는 지방정부와의 협력, 대학과의 협력, 그리고 벤처기업과의 협력이 정(+)의 유의한 영향을 미치는 것으로 나타났다. 이 중 벤처기업 창출 및 육성 성과에 가장 높은 영향력을 미치는 요인은 테크노파크와 벤처기업과의 협력인 것으로 나타났다(β=.450). 이러한 결과는 우리 나라 테크노파크의 중요한 기능인 벤처기업 창출과 육성의 성과 제고를 위해서는 무엇보다도 테크노파크와 벤처기업 간의 긴밀한 네트워크가 구축되어 기업의 수요가 정책에 반영될 수 있어야 함을 시사한다.

혁신 성과 변수 중 지역혁신 체계(RIS) 구축 성과에 대한 산-학-관 네트워크 구성 요인과의 관계에서는 지방정부와의 협력, 벤처기업과의 협력, 그리고 유관 기관과의 협력이 정(+)의 유의한 영향을 미치는 것으로 나타났다. 이 중 지역혁신 체계 구축 성과에 가장 높은 영향력을 미치는 요인은 테크노파크와 지방정부와의 협력인 것으로 나타났다(β=.238). 이러한 결과는 테크노파크 조성사업을 통해 지역혁신 체계 구축의 성과를 제고하기 위

해서는 테크노파크와 지방정부 간의 협력이 특히 중요하며, 그 외 테크노파크와 벤처기업 및 유관 기관과의 협력을 더욱 활발히 할 수 있어야 한다는 것을 나타낸다.

제 4 절 테크노파크에서 집적 및 산-학-관 네트워크의 특성

1 집적의 특성

우리 나라의 테크노파크는 중앙정부, 지방정부, 대학이 공동 출연해 설립한 제3섹터형 조직이며, 사업 추진 과정에서 대/중기업, 벤처기업, 유관 기관 등과 밀접한 상호 관계를 갖게 된다. 또 우리 나라의 테크노파크는 대학과 연구기관을 중심으로 벤처기업과 지원기관의 집적화를 도모하는 대표적인 혁신 집적지 조성사업이라고 할 수 있다. 이런 측면에서 우리 나라의 테크노파크 조성사업의 성과에는 기업 입지의 집적환경과 조성 주체의 산-학-관 네트워크가 중요한 영향 요인이 될 것으로 생각할 수 있으며, 이러한 논의를 바탕으로 실증 분석을 수행했다.

우리 나라 테크노파크의 집적 특성을 입지 만족도로 살펴보았는데, 테크노파크 집적 측면은 국지화 경제 요인, 도시화 경제 요인, 혁신환경 요인, 정책적 요인으로 분석되었다. 이러한 요인분석의 결과는 테크노파크 입지에서 전통적으로 강조되어 온 입지 요인인 국지화 경제와 도시화 경제가 변함없이 중요한 입지 요인이 되고 있음을 나타낸다. 그리고 유연생산 체제하의 입지 요인으로 강조되어 온 혁신환경 요인과 정책적 요인이 중요한 집적 입지 요인들이 되고 있음을 밝혀 준다. 이러한 집적 요인들에 대한 입지 만족도는 도시화 경제 요인이 3.33으로 가장 높으며, 다음으로 혁신환경 요인이 3.24, 정책적 요인이 2.94이며, 국지화 경제 요인이 2.93으로 가장 낮았다. 이러한 결과는 혁신적인 집적지로서 테크노파크의 입지 환경에서

도시화 경제와 혁신환경은 다소 양호하나 정책적 지원과 국지화 경제 요소는 다소 취약함을 나타내고 있는 것이다.

이 논의에서 테크노파크 성과의 지표로 설정한 계획 대비 목표 달성도, 신규 벤처 창출 및 육성 효과, 지역혁신 체계 구축 성과에 집적 요인들이 다소 차별성 있는 영향을 미치고 있음을 다중회귀분석을 통해 살펴볼 수 있었다.

먼저 성과 변수 중 테크노파크 목표 달성도에 대한 집적 요인들은 혁신환경 요인과 정책적 요인이 정(+)의 유의한 영향을 미치는 것으로 나타났다. 집적 요인들 중 목표 달성도에 가장 높은 영향력을 미치는 요인은 혁신환경 요인으로 나타났다.

혁신 성과 변수 중 벤처기업 창출 및 육성 성과에 대한 집적 요인들은 국지화 경제 요인, 도시화 경제 요인, 혁신환경 요인이 정(+)의 유의한 영향을 미치는 것으로 나타났다. 이러한 결과는 우리 나라 테크노파크의 중요한 기능인 벤처기업 창출과 육성에 집적 입지 요인으로서 혁신환경 요인, 즉 신뢰를 바탕으로 한 기업과 대학, 연구기관과의 네트워크가 원활하고 상호 학습이 이루어질 수 있는 개방적인 문화가 중요함을 시사하는 것이다. 또 국지화 경제 요인 및 도시화 경제 요인들인 동종 및 관련 기업과의 협력, 도시 서비스적인 입지 환경이 모두 벤처기업 창출 및 육성 성과에 중요한 영향을 미치므로 테크노파크 입지 선정시 고려해야 할 사항임을 알 수 있다.

〈표 9-11〉 테크노파크의 혁신 성과와 집적 요인들 간의 관계 분석 요약

독립 변수 \ 종속 변수		**계획 대비 목표 달성도**	**신규 벤처 창출 및 육성 효과**	**지역혁신 체계 구축 성과**
집적	• 국지화 경제 요인 • 도시화 경제 요인 • 혁신환경 요인 • 정책적 요인	• 혁신환경 요인과 정책적 요인이 정(+)의 영향	• 국지화 경제 요인, 도시화 경제 요인, 혁신환경 요인이 정(+)의 영향	• 혁신환경 요인이 정(+)의 영향

테크노파크 성과 변수 중 지역혁신 체계 구축 성과에 대한 집적 요인들은 혁신환경이 정(+)의 유의한 영향을 미치는 것으로 나타났다. 이러한 결과는 우리 나라 테크노파크가 지역혁신의 거점 기능을 원활히 수행하기 위해서는 혁신환경, 즉 테크노파크의 상호 학습 기능과 산-학-관 네트워크의 활성화에 주력해야 함을 시사하는 것이다.

2 산-학-관 네트워크의 특성

우리 나라 테크노파크 조성사업에서 테크노파크가 구축해야 할 중요한 네트워크는 중앙정부와의 협력, 지방정부와의 협력, 대학과의 협력, 대/중기업과의 협력, 벤처기업과의 협력, 유관 기관과의 협력으로 분석되었다. 이러한 결과는 우리 나라 테크노파크 조성사업이 중앙정부 및 지방정부, 대학이 참여하는 제3섹터형을 기본으로 하면서 다양한 산-학-관 협력 형태가 가능할 수 있음을 시사한다. 우리 나라 테크노파크는 중앙정부의 주도하에 지방정부와 지역 대학을 중심으로 설립되었으며, 이에 따라 테크노파크의 네트워크는 중앙정부, 지방정부, 대학을 중심으로 이루어지게 된다.

실증 연구에서 테크노파크 법인 조직과 테크노파크 조성 참여 기관과의 협력 정도로 측정한 산-학-관 네트워크는 전반적으로 보통 정도의 수준을 나타내고 있다. 테크노파크와 지방정부와의 협력이 3.53으로서 가장 높고, 다음으로 벤처기업과의 협력이 3.22, 대학과의 협력이 3.16, 중앙정부와의 협력이 3.15, 유관 기관과의 협력이 2.85이며, 그리고 대/중기업과의 협력이 2.48로서 가장 낮은 것으로 나타났다. 이러한 결과는 테크노파크 사업이 지역 산-학-관의 혁신자원을 결집해 벤처기업을 창출하고 지역산업을 첨단산업 구조로 혁신시킨다는 설립 취지에 비추어 볼 때 산-학-관의 협력 체계가 다소 미흡한 수준이라고 평가할 수 있다. 우리 나라의 대표적인 혁신집적지인 테크노파크의 조성 및 운영 측면에서 산-학-관 네트워크가 취약하므로 테크노파크 운영시에 산-학-관 간의 협력 체계 강화 방안 모색에 지속적인 노력을 기울여야 함을 시사한다.

여기서는 테크노파크 성과의 지표로 설정한 계획 대비 목표 달성도, 신규 벤처 창출 및 육성 효과, 지역혁신 체계 구축 성과에 산-학-관 네트워크 요인이 다소 차별성 있는 영향을 미치고 있음을 다중회귀분석을 통해 살펴볼 수 있었다.

먼저 성과 변수 중 테크노파크 목표 달성도에 대한 산-학-관 협력 요인과의 관계에서는 지방정부와의 협력, 그리고 벤처기업과의 협력이 정(+)의 유의한 영향을 미치는 것으로 나타났다. 이 중 목표 달성도에 가장 높은 영향력을 미치는 요인은 지방정부와의 협력으로 테크노파크의 성과에 지방정부의 역할이 매우 중요함을 나타내고 있다. 실제로 지방 분권이 가속화되면서 지방정부 주도의 기술혁신 사업의 영향은 높아지고 있으며, 지방정부의 테크노파크 사업에 대한 지원 의지와 신산업 창출에 대한 투자가 테크노파크 성과에 중요한 영향을 미치고 있다.

혁신 성과 변수 중 벤처기업 창출 및 육성 성과에 대한 산-학-관 네트워크 요인과의 관계에서는 벤처기업과의 협력이 정(+)의 유의한 영향을 미치는 것으로 나타났다. 테크노파크 사업을 통한 벤처기업 창출 및 육성이 활성화되기 위해서는 테크노파크 운영시에 벤처기업의 수요를 상시적으로 파악하고 벤처기업의 성장 단계별 수요에 부합하는 지원 서비스 프로그램을 지속적으로 개발하고 시행하는 노력이 필요하다.

테크노파크 성과 변수 중 지역혁신 체계 구축 성과에 대한 산-학-관 협

〈표 9-12〉 테크노파크의 혁신 성과와 산-학-관 네트워크 요인 간의 관계 분석 요약

종속 변수 / 독립 변수		계획 대비 목표 달성도	신규 벤처 창출 및 육성 효과	지역혁신 체계 구축 성과
산-학-관 네트워크	• 중앙정부와의 협력 • 지방정부와의 협력 • 대학과의 협력 • 대/중기업과의 협력 • 벤처기업과의 협력 • 유관 기관과의 협력	• 지방정부 및 벤처기업이 정(+)의 영향	• 지방정부, 대학, 벤처기업이 정(+)의 영향	• 지방정부, 벤처기업 및 유관 기관이 정(+)의 영향

력 요인과의 관계에서는 지방정부와의 협력, 벤처기업과의 협력, 그리고 유관 기관과의 협력이 정(+)의 유의한 영향을 미치는 것으로 나타났다. 이 중 지역혁신 체계 구축 성과에 가장 높은 영향력을 미치는 요인은 지방정부와의 협력인 것으로 나타났다. 이러한 결과는 지역혁신 체계의 특성이 지역의 혁신 창출 기관의 혁신 역량을 제고하고 혁신기관 간의 네트워크 강화가 요체이므로, 테크노파크의 지역혁신 거점 기관으로서의 역량 강화를 위해서는 신산업 창출 측면에서 정부, 기업, 유관 기관과의 교류 활성화에 주력해야 함을 시사하는 것이다.

제 5 절 맺음말

2003년 출범한 참여정부에서는 자립형 지방화를 통한 국가 균형 발전을 촉진하기 위해 다양한 지방 기술혁신 정책을 추진하고 있다. 국가균형발전특별법에 의한 지역혁신 5개년계획의 수립과 지역혁신협의회의 설치, 산업집적활성화법에 의한 지역산업 진흥사업의 추진과 지식기반 산업지구의 조성 등 지역의 자치 역량을 강화하기 위한 정책이 추진되고 있다. 이러한 정책의 근저를 이루는 논리에는 국가혁신 체계 및 지역혁신 체계의 구축, 그리고 산업 클러스터의 활성화를 통한 신산업의 창출과 기존 주력산업의 경쟁력 강화 전략이 중심을 이루고 있다.

우리 나라의 테크노파크는 지역의 기술 개발 및 신기술의 사업화를 촉진하기 위해 산-학-연-관(産-學-硏-官)이 공동 참여하여 연구개발 시설, 창업보육 시설, 시험생산 시설, 교육훈련 시설, 정보 시설, 행정지원 시설 등을 집적시킨 기술혁신 거점단지로서 벤처기업 창출에 상당 부분 기여해 왔다. 이러한 테크노파크의 성과를 지속적으로 향상시키기 위해서는 조성과 운영 측면에서 기본적인 성과영향 요인에 대한 좀더 면밀한 분석이 필요하다. 성과영향 요인은 여러 가지 측면에서 접근이 가능하나, 국외 사례와 선행 연구, 그리고 조성 취지 등을 감안해 집적과 산-학-관 네트워크 측면을 기본적인 성과영향 요인으로 파악하고 좀더 세밀한 분석을 시도했다.

전통적 입지이론에서는 집적을 통한 동종 및 관련 업종 간의 거래 비용의 감소를 가져오는 국지화 경제 효과를 강조했다. 유연생산 체제 이론이라고 할 수 있는 신산업공간 이론, 지구이론, 혁신적 환경론, 클러스터 이론, 지역혁신 체계 이론, 학습지역론 등에서는 국지화 경제뿐만 아니라 기업과 사회 기관 간의 네트워크, 제도적 환경, 혁신문화와 집단학습을 강조하고 있다. 그리고 유연생산 체제 이론에서는 이러한 생산 요소들과 혁신 자원들 간의 네트워크 구축의 용이성을 위해 집적을 강조하고 있음을 살펴보았다.

여기서는 세계의 성공적인 벤처기업 집적지의 사례에서 보아온 벤처기업의 집적화와 산-학-관 네트워크의 중요성을 출발점으로 해서 우리 나라 벤처기업 창출 및 육성 정책인 테크노파크 조성사업의 집적과 네트워크 특성을 분석했다. 기업 입지의 집적과 네트워크에 관한 이론 연구를 바탕으로 실증 분석의 모형을 설정하고 테크노파크 입주 기업 및 조성사업 관계자를 대상으로 실증 분석을 수행했다. 테크노파크 조성사업의 집적 요인들과 산-학-관 네트워크 요인들을 분석하고, 이들 요인들과 테크노파크 조성사업 성과 간의 관계 분석에 초점을 맞추었다.

분석 결과 우리 나라 테크노파크 조성사업의 전반적인 성과는 보통을 조금 상회하는 수준에 머물고 있어서 향후 발전을 위한 과제가 적지 않음이 드러났다. 테크노파크 입지의 집적 측면은 국지화 경제 요인, 도시화 경제 요인, 혁신환경 요인, 정책적 요인으로 분석되었다. 테크노파크의 입지 만족도는 보통 정도의 수준에 머물러 혁신적인 집적지로서 테크노파크의 입지 환경이 아직까지 제대로 충족되고 있지 못하다는 것을 알 수 있었다.

테크노파크 조성사업의 산-학-관 네트워크는 중앙정부와의 협력, 지방정부와의 협력, 대학과의 협력, 대/중기업과의 협력, 벤처기업과의 협력, 유관 기관과의 협력으로 분석되었다. 그리고 산-학-관 네트워크가 보통 정도의 수준에 머물렀는데 이는 테크노파크 조성사업에 대기업 및 중견기업의 참여가 전무하다시피 하며, 유관 기관이 테크노파크 조성사업에 제도적으로 참여하지 못한 결과로 인식할 수 있었다.

테크노파크 조성의 성과와 영향 요인에 대한 관계성을 분석했다. 테크노파크 조성사업의 목표 달성도에는 집적 요인들로서 혁신환경 요인과 정책적 요인이, 그리고 산-학-관 네트워크 요인으로서는 지방정부 및 벤처기업이 정(+)의 영향을 미치는 것으로 분석되었다. 신규 벤처기업 창출 및 육성에는 집적 요인들로서 국지화 경제 요인, 도시화 경제 요인, 혁신환경 요인이, 그리고 산-학-관 네트워크 요인들로서는 지방정부 및 대학이 정(+)의 영향을 미치는 것으로 분석되었다. 지역혁신 체계 구축 성과에는 집적 요인으로서 혁신환경이 정(+)의 영향을 미치며, 산-학-관 네트워크 요인으로서는 지방정부와의 네트워크, 벤처기업과의 네트워크, 유관 기관과의 네트워크가 정(+)의 영향을 미치는 것으로 분석되었다. 이러한 결과는 테크노파크 조성사업의 성과에 집적 요인으로서 유연생산 체제 이론에서 강조되고 있는 혁신환경 요인이 공통적으로 매우 중요한 요인임을 시사하는 것이다. 그리고 테크노파크 조성사업의 성과에 산-학-관 네트워크 요인들로서는 지방정부와의 네트워크와 벤처기업과의 네트워크가 매우 중요한 요인임을 나타내는 것이다.

제10장 산업 클러스터 발전의 결정 요인: 두 도시의 사례*

제1절 머리말

세계화와 지방화의 흐름 속에서 지역의 경쟁력이 주목받고 있다. 지역의 경쟁력은 다양한 구성 요소로 이루어져 있지만 지역의 취업 기회나 소비 수준과 연계성이 높은 지역산업 경쟁력이 특히 주목받고 있다. 지역의 산업 경쟁력을 높이기 위해서 국내외로부터 신규 투자의 유치, 기술과 인력의 유치, 지역 단위의 자생적인 산-학-관 협력, 그리고 혁신적인 산업지구의 조성 등이 주목받고 있다. 게다가 지식기반 사회로의 전이와 유연생산 체제의 확대 보편화 추세 등으로 지역 단위의 연관 및 지원 산업, 관련 기관 등의 결집체 내지 산업 클러스터가 최근 유행처럼 언급되고 있다.

이와 같은 흐름은 선진 산업 사회를 중심으로 지역정책의 의미나 범위, 그리고 대상이 1980년대와 1990년대를 기점으로 급격하게 변화하고 있는 현상과 직·간접적으로 연계되어 있는 것으로 보인다. 선진 산업 사회의 경우 그 이전에는 문제 지역의 문제를 찾아서 어떤 것이든 정책적으로 해결해 주는 지역 정책적 문제 해결이 강조되다가, 대략 1980년대와 1990년

* 이 장은 박종화·이기철(2006). 산업 클러스터 발전의 결정 요인: 두 도시의 사례, 「사회과학연구」, 22(1): 37-62를 재정리한 것임.

대를 거치면서 지역 스스로 문제를 해결할 수 있는 상황을 조성하고 문제가 내생적인 요인들에 의해서 저절로 풀려가는 자생적인 해결 전략이 강조되고 있기 때문이다(Nijkamp et al., 1994).

서로 경쟁 및 협력을 하는 특정 산업 부문의 기업 및 관련 기관들의 지리적 결집체인 산업 클러스터 관련 연구는 특히 포터(M. E. Porter)의 국가 경쟁 우위에 관한 연구(1990) 이후 두드러지게 증가하고 있다.[1] 관련 국내 연구는 최근 몇 년간 다수 나타나고 있다.

황주성·이명호(2001)는 지식기반 경제하에서 산업 클러스터의 원리와 유형, 그리고 정부 정책적 측면을 분석하고 있다. 권영섭(2001)은 대구의 섬유산업과 구미의 전자산업을 대상으로 지역 전략산업에서의 전후방 연계, 지식 이전 메커니즘, 혁신지원 구조, 협력과 신뢰 측면에서 지역혁신 체계 분석을 시도하고 개별 도시별 혁신 체계 강화 방안을 제시하고 있다. 김동주 외(2002)는 산업 유형과 입지 유형을 고려해서 구미 전자산업, 대전 ICT산업, 그리고 경기도 남부 의약품 산업 등을 사례 지역으로 선정하고 우리 나라 지역 산업군집의 형성과 발전에 관한 연구를 시도하고 있다. 박삼옥과 남기범(2000)은 설문조사와 면담조사 자료를 이용해 IMF 금융 지원 체제 이후의 우리 나라 중소기업의 구조조정 내용 및 적응 과정, 기술 이전 및 기술 개발 네트워크, 그리고 관련 산업지구의 개발 방향을 제시하고 있다. 복득규 외(2003: 337-344, 350-360)는 해외 성공 클러스터의 작동원리로서 구성 주체 간 역할 구분, 분업형 네트워크의 형성, 그리고 환경 변화 대응과 조직문화 공유를 지적하고 있다. 그리고 국내 클러스터의 발전 전략으로서 산업 클러스터 지도의 작성, 스타 클러스터의 시범 육성, 클러스터 브랜딩, 클러스터의 국제화와 연계 강화, 그리고 대학과 연구소의 역할 제고를 강조하고 있다.

국외 연구로서 그 기원은 오래 전 마셜(Marshall, 1920)이 동종 산업의 국지적 집적과 그 발전 과정을 기술한 것이 흔히 언급되고 있다. 베버(Weber,

1) 문헌 검색 결과 1990년 이전 영어권 주요 일간지에서 '산업 클러스터'라는 기사가 언급된 것은 4건에 불과한 것으로 알려져 있다(Linde, 2003: 130).

1929)는 집적경제의 형성과 입지 결정 과정에서의 그 영향을 언급한 바 있다. 니즈캠프 등(Nijkamp et al., 1994)은 지식 네트워크 형성 및 지역 개발 과정에서 과학단지의 의미와 역할을 지적하고, 그 핵심적 성공 요인을 전략적 계획, 조직, 재원 조달, 설계와 건축, 관리 그리고 외부 환경 측면에서 제시하고 있다. 메일랏과 르코크(Maillat & Lecoq, 1992)는 유럽에서의 지역 구조 변형 과정에서 신기술과 혁신의 영향을 지적하고, 지역의 내생적 요인의 역동성 및 지역적 환경(endogenous innovative milieu or territorial dynamism)의 중요성을 지적하고 있다.

카펠로(Capello, 1999)는 산업지구의 발전을 단계적으로 접근하면서[2] 그 결정 요인으로 국지화, 착근성/제도화, 네트워킹, 집합적 학습, 그리고 혁신 시너지를 언급하고 있다. 엔라이트(Enright, 2003)는 지역 경제개발 과정에서 지역 클러스터의 성격과 중요성, 그리고 정책적 측면에서 지역 클러스터 개발 전략을 포괄적으로 제시하고 있다. 그리고 린드(Linde, 2003)는 클러스터 관련 기존 연구 결과들에 대한 분석(Cluster Meta-Study)을 특히 산업 클러스터의 입지적 · 경제적 · 경쟁적 특징 측면에서 분석을 시도하고 있다. 산업 클러스터 관련 가장 포괄적인 연구자로 알려져 있는 포터는 다양한 관련 저술을 통해 글로벌 경제의 흐름 속에서 지역 경쟁력 제고를 위해 산업 클러스터의 구성 요소에 주목하고 클러스터의 장점 및 성장 단계별 특징, 그리고 관련 역할 주체들에 대한 분석 등을 시도하고 있다.

최근의 국내외 연구 결과들을 보면 지역 경제 발전 과정에서 산업 클러스터의 중요성을 강조하고 있다. 경쟁 우위가 지역적 요소에 토대하고 있다는 점과 글로벌 경제 흐름에 역설적인 관계가 나타나고 있다는 점 등이 강조되고 있다. 따라서 많은 연구들은 클러스터의 연계 구조, 형성 과정 및 발전 방향, 그리고 클러스터가 형성되기 쉬운 지역적 환경 측면 등을 집중적으로 다루고 있다.

이 장의 목적은 지역의 자생적 성장전략 형태인 산업 클러스터 발전의

2) 단순집적지가 혁신지구로 나아가는 과정에서 전문화지구, 산업지구, 학습지구를 거치는 것으로 언급하고 있다. 그런데 특정 산업지구가 발전 과정에서 이와 같은 발전 단계를 순차적으로 반드시 거치는 것은 아닐 것으로 보인다.

결정 요인을 분석하는 것이다. 산업 클러스터 발전의 결정 요인은 다양한 측면에서 접근 가능하지만 크게 역할 주체적 측면, 관리 운영적 측면, 그리고 일반 체제적 측면에서 접근할 수 있다. 역할 주체적 측면의 접근은 클러스터의 발전 과정에서 핵심적 주체가 누구인지를 파악하는 데는 장점이 있지만 전체적인 틀을 파악하는 데는 한계가 있다. 그리고 관리 운영적 측면의 접근은 실무적 차원의 적용성은 높지만 역시 전체적인 구조를 파악하는 데는 제약점이 있다. 따라서 여기서는 클러스터 발전의 결정 요인을 포터(Porter, 1998, 2000)와 같이 일반 체제적인 차원에서 접근하되 그 정책적 적용성의 제약점을 고려해 특정 지역, 특정 산업 클러스터를 대상으로 발전 요인별 차등 분석을 시도하고자 한다. 이와 같은 과정을 통해서 좀더 구체화된 분석이 가능해질 수 있을 것으로 보인다.

결과적으로 이 논의는 크게 두 단계 접근 방식을 택하고자 한다. 우선 기존 선행 연구나 관련 이론적 논의를 통해서 산업 클러스터의 특성 및 발전 요인을 개괄적으로 고찰한다. 그리고 포터의 다이아몬드 모형을 토대로 구체적인 산업 클러스터를 대상으로 한 발전 결정 요인의 계층화된 차별 분석을 시도한다. 특히 대구와 구미의 대표적인 산업 클러스터 발전의 결정 요인을 산업별 및 발전 단계별로 조사 분석하고자 한다. 구체적으로 크게 다음 두 가지의 연구 문제를 설정하고 이를 밝혀가는 방식으로 논의를 진행한다.

첫째, 산업 클러스터 발전의 결정 요인은 다양하게 나타날 수 있다.

둘째, 산업 클러스터 발전 결정 요인의 상대적인 중요도는 산업별, 발전 단계별, 지역별로 차이가 나타날 수 있다.

산업 클러스터 발전의 결정 요인에 대한 산업별·발전 단계별·지역별 분석은 여러 형태로 접근 가능하지만 여기서는 조사 내용의 성격상 선행 연구 분석 및 전문가 설문조사 형태를 병행하고자 한다. 사례 분석의 특성상 규범적인 기준을 제시할 수는 없지만, 상황에 대해 비교적 잘 파악하고 있는 전문가 집단을 대상으로 공통적인 인식을 추출함으로써 실천적인 기준 제시에 기여할 수 있을 것으로 보인다.

제 2 절 입지, 경쟁 그리고 클러스터

산업 클러스터 발전의 결정 요인에 대한 논의는 지역산업과 산업 클러스터의 발전 논의와 직결되어 있다. 그리고 제반 환경 변화와 함께 산업의 경쟁력이 입지에 토대를 두고 있고, 산업 입지의 클러스터링(clustering) 추세와 연계되어 있는 것으로 보인다. 따라서 여기서는 산업 클러스터의 발전 논리와 연계된 범위 내에서 글로벌 경제하의 산업 입지의 특성, 그리고 산업 경쟁력의 원천으로서의 클러스터링을 이론적 측면에서 논의한다.

1 글로벌 경제하의 산업 입지

기업의 입지 결정 과정에서 전통적인 베버리안(Weberian) 입지이론은 비용 최소화 측면에 논의의 초점을 두었지만 입지 결정 과정에서 비용 최소화는 그 의미를 점점 더 상실해 가고 있는 것으로 보인다. 개방화와 글로벌 경제라는 동태적인 환경 속에서 기업은 다양한 불확실성에 직면하게 된다. 카마그니(Camagni, 1991)에 따르면, 기업은 다음의 다섯 가지 유형의 불확실성에 직면하고 있는 것으로 알려지고 있다.

- 현실 세계의 복잡성에 의해 초래되는 정보 격차
- 사전 질적 정보의 결여에 의해 초래되는 평가 격차
- 의사결정자의 불충분한 정보 처리 능력에 의해 초래되는 능력 격차
- 미래의 전략적 가능성에 대해서 제대로 내다보지 못함으로써 초래되는 능력/결정의 격차
- 새로운 행동에서 통제 및 권한의 결여에 의해 초래되는 통제력의 격차

그리고 이와 같은 다양한 불확실성에 대처하는 과정에서 기업들은 탐색 기능, 검토 기능, 신호 변환 기능, 선택 기능, 통제 기능 등을 통해 부정확한 의사 결정을 최소화하려고 노력하게 된다. 그리고 그 과정에서 기업들은

그 기업이 입지하고 있는 지역적 환경에 의존할 수밖에 없는데 그 지역적 환경이 기업들의 불확실성 대처 기능별로 각각 집합적 정보 수집 및 검토 기능 지원, 신호 기능 지원, 집합적 학습 과정 지원, 관리 유형 및 의사 결정 방식을 발전시키는 집합적 과정 지원, 그리고 비공식적 의사 결정 조정 기능 지원 등을 제공할 수 있는 것으로 알려져 있다(Nijkamp et al., 1994).

따라서 글로벌 경제 흐름에 따른 불확실성 대처 과정은 지역적 환경에 상당 부분 의존할 수밖에 없고, 그 지역적 환경은 산업 입지상의 집적화 경향에 의해서 크게 영향받는 것으로 보인다. 메일랏과 르코크(Maillat & Lecoq, 1992)는 산업의 집적화 경향을 크게 두 가지로 구분한다. 하나는 이동성의 논리(mobility logic)로서 특정 경제적 활동이 한 장소에서 또 다른 장소로 움직여 가기 때문이라는 것이다. 빈 공간 가설(vacant space hypothesis), 생산비 가설(production costs hypothesis), 노동의 공간적 분할 가설(spatial division of labour hypothesis) 등이 여기에 속한다. 다른 하나는 지역의 내생적 요인에 토대를 둔 환경 논리(milieu-based logic)로서 특정 지역의 내생적 역동성의 반영으로 집적이 초래된다는 것이다. 지역 다이너미즘 가설(hypothesis of local dynamism), 생활의 질 가설(quality of life hypothesis), 특정 형태의 지역조직 쇠퇴의 가설(hypothesis of the obsolescence of certain forms of territorial organization) 등이 여기에 속한다.

그런데 메일랏과 르코크는 1970년대 이후 유럽의 지역구조 변형 과정에 대한 연구 결과를 토대로 산업 입지의 집적화 경향에 더해 지역의 내생적 요인에 토대를 둔 환경 역동성(milieux dynamics)에 주목하고 있다. 이는 글로벌 경제 흐름 속의 동태적인 지역 현실 속에서 유연한 상황 대처, 역할 주체 간 네트워크의 형성 및 기술 혁신 등의 과정에서 지역의 환경 역동성이 중요한 역할을 수행하기 때문이다.

여기서 메일랏과 르코크(Maillat & Lecoq, 1992: 15-16)가 글로벌 경제하의 지역경쟁력의 원천으로 주목하는 지역 환경은 다음과 같이 정의될 수 있다.

> 지역 환경은 이미 형성되어 있는 일단의 네트워크를 일컫는다. 지역 환경은 지역 생산 시스템, 기술 문화, 그리고 역할 주체들 간의 연결 상태 전체를 말한다. 다양한 역할 주체들 간의 일치성은 처해 있는 상황, 문제점, 그리고 기회를 공통적으로 인지하는 형태로 이루어져 있다. 기업 정신, 조직 형태, 기업 행태 패턴, 기술 이용 방식, 시장과 노하우의 파악 등은 모두 지역 환경의 통합적인 부분이고 또한 구성적인 부분이다. …… 지역 환경은 형성되는 것이고 역할 주체들의 네트워크를 따라서 형태가 부여된다.

결과적으로 글로벌 경제하에서 기업은 그 경쟁력을 높이기 위해 지역의 집적 환경과 네트워크에 크게 의존하고 있는 것으로 보인다.

2 산업 경쟁력의 원천으로서의 클러스터링

지역 경제 성장은 지역의 기술 개발 역량과 점점 더 복잡하게 서로 엉켜져서 나타나고 있는 것으로 보인다. 기술적으로 진보한 상품이나 서비스를 생산하는 지역은 국내외적으로 높은 소득과 경쟁력을 보여 준다. 지역의 의사 결정 주체들은 이와 같은 관계성을 인지하고 지역 단위의 기술혁신 환경의 조성 및 네트워크 형성을 위해 다각도로 노력하고 있다. 지역 단위의 산-학-관 협력 또는 산-학-연-관 협력의 형태인 테크노파크에 대한 높은 관심이나 첨단기술 산업의 지역 내 유치에 자치단체별로 높은 관심을 보여 주는 것은 그 예로 볼 수 있다.

마셜(A. Marshall)이 산업지구론(industrial districts theory)에서 강조한 일단의 중소기업들이 공간적으로 집중해 있는 형태의 산업화 유형은 중소기업들의 지역적 네트워크(territorial networks of SMEs)를 강조하는 것이다. 베카티니(Becattini, 1989: 132)에 따르면, 이와 같은 기업 체제 내지 네트워크는 외부 경제와 외부 불경제, 결합 비용과 연계 비용, 역사적 측면과 문화적 측면의 복잡한 그리고 서로 엉켜 있는 망을 일컫는 것이다. 그리고 그 관계는 기업 간 관계뿐만 아니라 개인 간 관계를 포괄하는 것이다.

버논(Vernon, 1966)이 제시한 상품수명 주기이론(product life-cycle

theory)은 개별 상품, 즉 그 상품을 생산하는 기업들과 산업들은 혁신 단계(innovation stage), 성장 단계(growth stage), 그리고 성숙 단계(maturity stage)라는 하나의 주기를 겪게 된다고 주장한다. 이 주기의 각 단계는 성장률, 수익성의 수준, 특정 형태의 생산조직, 어떤 수준의 산업 집중, 그리고 궁극적으로 특정 입지 선택을 나타내게 된다(Maillat & Lecoq, 1992: 11).

혁신 단계는 시작 단계이므로 높은 비율의 숙련 노동력이 필요하다. 따라서 혁신기업은 그 공급자, 고객, 연구센터에 대한 접근성이 중요하다. 그리고 성장 단계는 고도의 자본집약적인 대량 생산 단계이므로 숙련도가 낮은 노동력을 고용하고 주변 지역으로 재입지하게 될 것이다. 주변 지역으로 옮겨가는 과정은 최종 성숙 단계에서 강화될 것이다. 그리고 최종 성숙 단계는 표준화된 생산 비율이 높아지게 될 것이고 결국 자본집약적이 될 것이다. 따라서 생산주기의 개별 단계는 생산 요소들에 대한 특정의 수요 형태를 보여 주게 될 것이다. 따라서 기업은 그 입지 행태를 수정함으로써 그 조건을 충족시켜 가게 될 것이다. 혁신 단계의 산업은 의사 결정상의 강한 집권성과 지역적인 집중성 등으로 도시화 경제를 추구하게 될 것이고, 이는 성장과 성숙 단계의 분권과 분산 형태로 이어지게 될 것이다.[3]

산업 클러스터는 부가가치 생산망에 서로 연계된 전문화된 공급자들을 포함하는 독립기업들의 생산 네트워크 형태이다. 즉 산업 클러스터는 생산 네트워크 내에서 이업종(異業種)과 보완 업종 간 상호 연계와 지식의 흐름을 중요시하며, 결합 시너지에 토대한 공생적인 상호 의존성을 중시한다(Roelandt & Hertog, 1999). 따라서 산업 클러스터는 네트워크를 통한 시너지 발휘를 목표로 특정 분야의 관련 기업, 기관, 그리고 지원 서비스 기업들의 지리적 결집체로 정의할 수 있다(Porter, 2000).

산업지구에서 기업들은 수직적 연계, 수평적 연계, 그리고 대각선적 연계 등 크게 세 가지 방식의 연계를 맺는 것으로 알려져 있다(Bellandi, 1989: 137). OECD(1997, 1999)에서는 클러스터를 지식 생산 기관들, 연계 기관

3) 마커슨 등(Markusen et al., 1986)은 상품수명주기 이론을 응용해 첨단기술 활동의 입지 형태를 혁신(innovation) 단계, 시장 침투(market penetration) 단계, 시장 포화(market saturation) 단계, 안정화(rationalization) 단계의 네 단계로 제시하고 있다.

들, 그리고 부가가치를 창출하는 생산 체인에 연결된 관련자들의 네트워크라고 정의하고 있다. 글로벌 경제하의 혁신 및 전략적 차별화 추구 과정에서 클러스터는 구성 기업 및 산업의 생산성 증대를 통해서, 생산성 증대의 근간이 되는 혁신 역량의 향상을 통해서, 그리고 혁신을 촉진하고 클러스터의 확장에 도움이 되는 신규 사업을 통해서 경쟁력에 영향을 미치는 것으로 알려져 있다. 클러스터와 생산성은 전문화된 요소 및 종업원에 대한 접근성, 정보접근성, 보완성, 기관 및 공공재에 대한 접근성, 동기와 실적의 측정성 등이 지적된다(Porter, 2000).

그리고 혁신은 과학, 기술, 학습, 생산, 정책 및 수요를 포함한 복잡한 피드백 메커니즘과 상호 작용 과정으로 파악할 수 있다. 그리고 이 과정에서 많은 요인들에 의해 영향을 받는다. 이러한 혁신 과정의 복합성 때문에 기업들은 고립된 상태 속에서 거의 혁신하지 못하는 것으로 알려져 있다(Landabaso, Oughton, & Morgan, 1999; 권영섭, 2001: 71 재인용). 혁신의 특성 중 과정의 복합성뿐만 아니라 혁신의 불규칙성과 위험성 등으로 인해 클러스터와 네트워크의 이점이 확대될 수 있다. 클러스터와 네트워크에 속해 있을 경우에는 적시(適時)에 혁신을 위한 적합한 정보나 지식을 쉽게 얻을 수 있기 때문이다.

3 산업 클러스터의 발전 논리

산업 클러스터는 그 정의상 특정 분야의 관련 기업, 기관, 그리고 지원 서비스 기업들의 지리적으로 인접해 있는 결집체로서 결합 시너지에 바탕을 둔 공생적인 상호 의존 관계를 중시한다. 따라서 산업 클러스터는 각양각색의 조직 규합으로서의 역할을 수행할 수 있을 뿐만 아니라 경쟁 과정에서 큰 영향력을 행사할 수 있다.

포터(Porter, 1998, 2000)의 일관된 주장 역시 글로벌 경제 등 새로운 경제 환경에서 지역이든 국가든 경제 발전의 요체는 경쟁력의 확보이고, 경쟁력의 확보는 입지적 요인이 중요하다는 것이다. 그 중에서도 특히 지역 역동성(local dynamism)에 논의의 초점을 맞추고 있다. 메일랏과 르코크(Maillat & Lecoq, 1992)가 유럽의 지역구조 변형 과정에서 지역 내생적 요인 내지 지역 환경적 특성(role of the milieu)을 강조하는 것은 포터(Porter, 1998, 2000)의 주장과 맥락을 같이하고 있는 것으로 보인다.

그런데 산업 클러스터가 경쟁력을 가지는 것은 기본적으로 해당 기업의 경쟁력뿐만 아니라 관련 기업 및 기관 간에 발생하는 외부경제 효과 내지 긍정적인 파급 효과 때문이다. 따라서 산업 클러스터는 구성 요소들의 단순 집적효과 이상을 기대하는 구성 요소들 간의 가치 사슬 연계 시스템의 속성을 가지고 있다. 이런 맥락에서 산업 클러스터의 발전 논리로 포터(Porter, 1998, 2000)는 소위 다이아몬드 모형에서 투입 요소 조건, 수요 조건, 연관 및 지원 산업, 그리고 기업 전략 및 경쟁 여건 간의 상호 작용 메커니즘을 강조하고 있다.

니즈캠프 등(Nijkamp et al., 1994)의 오각형 모형의 경우 지역 경쟁력의 원천으로서 하드웨어(H/W), 소프트웨어(S/W), 오르지웨어(orgware), 에코웨어(ecoware), 그리고 핀웨어(finware) 요소를 언급하면서, 그 성공적 작동 요인으로서 지역 네트워크, 집합적 학습과 지역문화, 신뢰와 공감대, 제도적 환경, 사회적 환경, 그리고 외부 관계 요인을 지적하고 있다.[4)]

복득규 외(2003: 337-344)의 삼각형 모형을 보면, 해외 성공 클러스터의 작동 원리로서 구성 주체 간 역할 구분, 분업형 네트워크의 형성, 그리고 환경 변화 대응과 조직·문화 공유 등을 언급하며, 비전 제시자(VP: vision provider), 시스템 통합자(SO: system organizer), 그리고 전문요소 공급자(SS: specialized supplier)들 간의 상호 작용과 환경 변수의 역할을 강조하고 있다.

엔라이트(Enright, 2003: 118)는 클러스터 개발 전략으로서 일반적 비즈

4) 하드웨어(H/W)는 양호한 교통 및 통신 체계의 존재 그리고 토지의 이용 가능성 등을 말한다. 소프트웨어(S/W)는 숙련되고 헌신적인 노동력의 이용 가능성, 기술적 진보를 수용할 수 있는 인구, 그리고 연구소·최종 이용자·시장에의 접근성 등을 말한다. 오르지웨어(orgware)는 지원 서비스의 존재 및 기업가 정신을 선호하는 정부정책 등을 말한다. 에코웨어(ecoware)는 주거 및 문화 쾌적성 등을 말한다. 핀웨어(finware)는 씨앗 자본 및 벤처 캐피털의 이용 가능성 등을 말한다.

니스 환경을 개선하기 위한 노력, 클러스터 관련 정보 및 데이터를 제공하는 노력, 기본 인프라, 교육 및 훈련 제공, 비즈니스 네트워킹과 기업 간 협력을 촉진하는 다양한 수단을 활용, 비즈니스 서비스를 제공할 수 있는 정부의 투자, 지역사회 형성(community building), 정부정책 및 프로그램의 평가 및 개선 등을 언급하고 있다.

지역혁신 체계 이론에서는 지역산업 클러스터를 포함한 금융 환경, 제도적 환경, 지식 하부구조, 생산의 특화 구조(정보통신산업, 전자산업 등 한 지역이나 국가의 특화 산업구조), 수요와 경쟁(생산자-사용자 관계), 그리고 신뢰와 협력 등 지역에서 혁신 체계를 뿌리내리게 하는 집합적 시스템을 강조한다(Gregerson & Johnson, 1997; 권영섭, 2001: 72 재인용). 그리고 이러한 집합적 시스템에서는 전후방 연계, 상호작용 메커니즘, 혁신 지원구조, 협력과 신뢰, 리더십, 집단학습, 정부 지원과 제도 등을 중시한다.

신동호(1999: 183-194)의 연구는 실리콘 밸리의 성공 요인 분석에서 네트워크의 착근성(着根性, embedded networks)에 주목하고 있다. 그는 실리콘 밸리에서 네트워크의 착근성이 발달한 이유로서 개인주의 문화, 금융 경영 기술 등 각종 생산자 서비스의 발달, 각종 지원 네트워크의 발달, 철저한 직업정신, 대학과 연구소의 높은 기술 개발 능력과 실용주의적 학문 풍토, 합리적인 사고 방식 등을 지적하고 있다. 결과적으로 그는 토착화된 네트워크가 발전하지 못했기 때문에 대부분의 첨단과학단지 조성이 실패했다고 보고 있다.

그 외 도요타 자동차 클러스터의 발전 이유로서 본사와 조립 부품 업체 간 거리의 근접성, 다양한 지식 교류 네트워크의 형성 등을 지적한 흥미로운 연구 결과가 있다. 그리고 인구 수로는 대구시 규모 정도인 미국 캘리포니아 샌디에이고 시는 시스코, 하니웰, 퀄컴 등 세계적인 기업 35개의 본사가 입지한 이유로서 기후, 국방, 연구기관 등의 3요인(온화한 기후 및 태평양에 접한 지리적 환경, 미국 해군의 존재, 지역 내에 위치한 우수한 생명과학 연구기관들의 존재)이 언급되고 있다(복득규 외, 2003: 31-54, 102-106).

그런데 이와 같은 산업 클러스터의 발전 논리들은 공통적으로 지역 환경적 특성과 내부 구성 요소들의 가치 사슬 연계 시스템을 강조하고 있음을 알 수 있다. 인프라, 네트워킹과 착근성, 그리고 집합적 학습과 혁신 시너지 등은 특정 환경 속에서 구성 요소들 간의 연계성, 상호 작용성, 그리고 지역성 등에 토대하고 있기 때문이다. 따라서 이 연구는 산업 클러스터 발전의 다양한 요인이 존재한다는 근거하에 이를 포괄적으로 조명하기 위해 포터(Porter, 1998, 2000)의 논의와 같이 일반 체제적 차원에서 발전 결정 요인을 투입 요소 조건, 수요 조건, 연관 및 지원 산업, 기업 전략 및 경쟁 여건으로 파악하되 우연적 요인을 동시에 고려하고자 한다. 그리고 일반 체제적 접근의 경우 구체성이 떨어질 수 있으므로 이를 보완하기 위해 결정 요인별 차등분석을 실시하고자 한다.

제 3 절 사례 및 분석 방법

여기서는 전문가 설문조사를 이용한 사례분석으로 사례분석 대상 및 방법, 그리고 사례분석의 지표 및 내용순으로 살펴본다.

1 사례분석 대상 및 방법

이 논의의 목적을 달성하기 위해서는 적어도 이질적인 두 개의 지역과 두 곳의 산업 집적지가 필요하다. 그리고 산업별 및 산업 발전 단계별 특성 차이를 분석하기 위해서는 산업 집적지의 수가 세 곳 이상이 바람직할 것으로 보인다. 따라서 여기서는 대구와 구미의 산업 클러스터들 중 대구의 섬유, 기계금속, 그리고 전기전자 산업 클러스터와 구미의 전기전자 산업 클러스터를 분석 대상으로 선정했다. 해당 도시의 산업들 중 집적도가 높은 산업들과 발전 잠재력의 측면(기술 인력 배출 및 R&D 능력 등)을 고려한 것이다.[5)]

산업의 단순 집적도가 높다고 해서 해당 산업 클러스터가 발전되어 있다는 것은 아니지만, 특정 지역 특정 산업의 클러스터가 어느 정도 발전했는지, 그리고 그 요인은 무엇인지를 분석하기 위한 출발점으로서는 집적도 기준이 중요하다. 그리고 현재의 집적도 수준은 낮지만 발전 잠재력이 높은 대구의 전기전자 산업 클러스터는 엔라이트(Enright, 2003: 104)의 언급에 따르면, 작동중인 클러스터(working cluster)가 아니고 잠재적인 클러스터(potential cluster)에 속한다. 대구와 구미는 행정적으로 대구광역시와 경상북도 구미시로 별개의 자치단체이지만 기능적으로는 상당 부분 연결되어 있다.[6] 두 도시는 고속도로나 고속열차를 이용할 경우 반 시간 내에 접근할 수 있는 곳으로서 여러 측면에서 상당 부분 보완 관계에 있다. 구미 소재 전자산업체 중 일부는 매일 출퇴근 버스를 대구광역시까지 운용하고 있으며, 전국 최대의 전기전자 특성화 대학인 경북대학교는 대구에 위치한다.

여기서는 전문가들의 직관과 통찰력을 토대로 산업 클러스터 발전 요인별 차등 분석을 실시하기 위해 분석적 계층화(AHP: analytical hierarchy process) 기법을 활용한다. 분석적 계층화 기법은 이해 관계자의 다양한 경험, 지식 등을 이원 비교(pairwise comparison)와 고유치 계산을 통해 정량화함으로써 기존의 정량적 요소와 함께 의사 결정 내지 정책 결정에 반영하기 위한 모델로 개발된 것이다(Saaty, 1980).

이 기법은 다수의 속성들을 계층적으로 분류하고 이원 비교를 통해 그 속성의 중요도를 식별함으로써 우선 순위를 판단할 수 있다. 그리고 비교 대상에 정량적 또는 정성적 기준이 섞여 있는 경우에도 판단이 가능한 이

---

5) 고용자 수를 이용한 입지상(LQ) 값과 생산액 등의 측면에서 대구에서는 섬유와 기계금속, 그리고 구미에서는 전기전자가 대표적인 산업으로 인식되고 있다(박종화 외, 2003). 대구의 전기전자의 경우는 고용자 수를 이용한 입지상(LQ) 값이 1에 미치지 못하지만 관련 R&D 능력이나 기술 인력 배출 측면에서 발전 잠재력이 높은 산업으로 지적되고 있다(박종화 외, 2003).

6) 결절 지역(nodal region) 개념을 적용하면 대구와 구미는 상당 부분 동일한 지역권으로 볼 수도 있다. 하지만 여기서는 행정적인 구역 경계 기준을 적용해 대구와 구미를 별개의 지역에 속하는 도시로 간주한다.

점이 있다. 그리고 특히 설문 등을 통해 다양한 전문가 및 관계자들의 축적된 경험과 지식을 비교적 용이하게 수렴할 수 있다는 장점이 지적된다.

산업 클러스터 발전의 결정 요인에 대한 전문가 설문 조사는 등기우편 및 이메일(E-mail)을 이용해 2005년 4월 1일부터 5월 15일까지 실시했다. 전문가의 선정은 대구 경북권에 소재하는 대학 및 연구소에서 관련 주제에 대한 연구 실적이 있는 교수와 연구원, 그리고 대구광역시와 경상북도에서 관련 정책 결정을 담당한 경험이 있는 고급 공무원들을 대상으로 했다. 20부의 설문지가 배포되어 총 17부(교수 7부, 연구원 6부, 공무원 4부)를 회수했다. 회수된 17부 모두가 일관성 비율 20% 이내에서 문제가 없어 17부 모두를 분석 대상으로 했다.7)

2 사례분석의 지표 및 내용

여기서는 산업 클러스터 발전의 결정 요인을 산업별·발전 단계별·지역별로 차등 분석하기 위해 [그림 10-1]과 같이 산업 클러스터 발전의 결정 요인 계층구조를 도출했다. 계층구조 도출 과정에서 세부 요소 항목들의 설정은 기존 선행 연구 결과들, 특히 포터(Porter, 1998, 2000)와 린드(Linde, 2003)의 연구 결과를 참조했다. 포터는 지역경쟁력 결정 요인으로서의 다이아몬드 모형의 제시자이고, 린드는 포터의 다이아몬드 모형을 이용해 클러스터 관련 기존 연구 결과들에 대한 글로벌한 분석을 시도하고 있기 때문이다.

산업 클러스터 발전의 결정 요인 계층 구조에서 우선 발전 단계별 분석을 위해 산업 클러스터별로 생성 단계, 성장 단계, 성숙 단계, 그리고 쇠퇴 단계로 구분했다. 그리고 개별 산업 클러스터별로 투입 조건, 수요 조건, 연

7) 일관성 비율(CI: consistency ratio)은 응답의 신뢰성을 평가하기 위한 것으로 통상 10% 이하이면 무난한 것으로 간주하고 있다. 그런데 사티와 컨스(Saaty & Kearnes, 1985: 34)에서는 일관성 비율이 20% 이하이면 크게 무리 없이 해석할 수 있는 정도로 간주하고 있다. 노화준 등(1996)에서도 일관성 비율이 20% 이하인 경우에는 전문가 의견 조사에 의해 설정된 가중치 사이에는 대체로 일관성이 유지되는 것으로 파악하고 있다.

[그림 10-1] AHP 기법의 적용을 위한 산업 클러스터 발전 결정 요인 계층구조

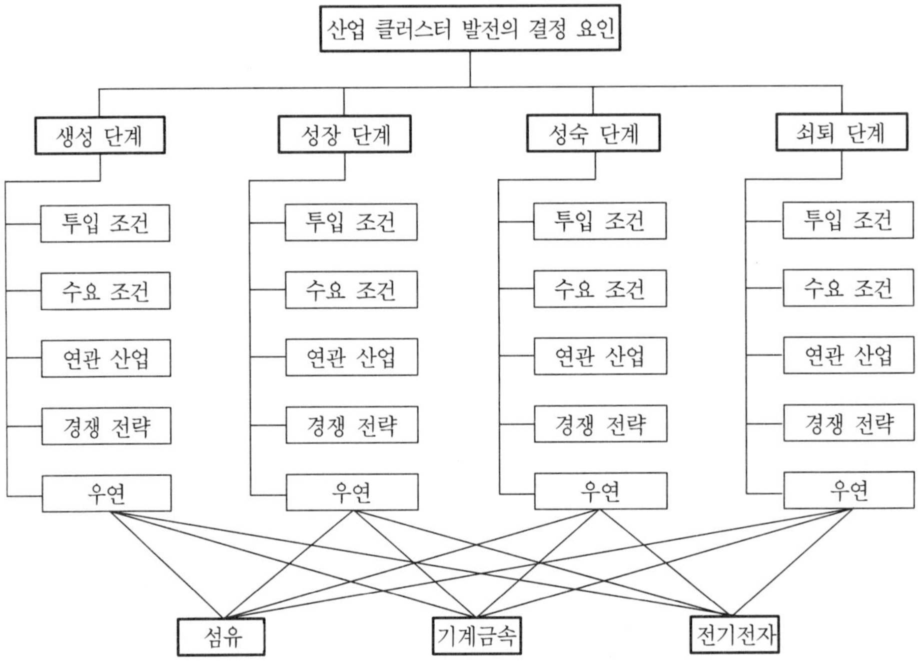

관 산업, 경쟁 전략, 그리고 우연 요소로 구분해 결정 요인의 차등 분석을 시도했다. 그리고 산업별 차이 분석을 위해 섬유, 기계금속, 전기전자 클러스터로 구분했다. 다만 구미 지역의 경우는 전기전자 산업 클러스터만 분석했다. 그리고 개별 설문 항목은 모두 9점 척도로 구성했다.

산업 클러스터 발전 단계에서 생성 단계는 특정 지역에 형성되는 산업 클러스터의 기원 단계를 말한다. 성장 단계는 특정 지역에 형성된 산업 클러스터가 생성 단계를 지나 인간의 반사 행동과 같이 스스로 발전해 가는 단계를 나타낸다. 성숙 단계는 산업 클러스터가 질적으로 성숙하고 실질적인 경쟁 우위를 갖추게 되는 단계를 의미한다. 쇠퇴 단계는 지역 내외적 요인에 의해 특정 산업 클러스터의 생산성과 혁신의 저하가 초래되고 발전에 실패하거나 변화에 제대로 적응하지 못하게 되는 단계를 지칭한다.

산업 클러스터 발전의 결정 요인별 세부 내용으로 투입 조건은 산업 클러스터의 경쟁력 관련 투입 요소의 구성과 수준을 말한다. 좀더 구체적으로 천연자원·인적자원·금융자원, 물적 인프라·관리 인프라, 과학 및 기술 인프라, 그리고 투입 요소의 질적 수준 및 전문화의 정도 등을 의미한다. 수요 조건은 산업 클러스터의 경쟁력 관련 지역 수요 특성으로서 소비자의 질적 수준, 취향(기호) 변화, 그리고 시장의 규모 등을 포함한다. 연관 산업은 산업 클러스터의 경쟁력 관련 연관 및 지원 산업의 존재 및 수준을 말한다. 좀더 구체적으로 전후방 연계 산업의 존재, 지원 서비스 및 관련 기술의 존재, 그리고 경쟁력이 있는 지역 공급업자의 존재 등을 말한다. 경쟁 전략은 산업 클러스터의 경쟁력 관련 기업 전략 및 경쟁 여건을 말한다. 좀더 구체적으로 구성 주체 간 네트워크 구축(예: 정보·지식 교류를 통한 암묵지의 교환 등), 저작권 및 지적 재산권 보호 환경, 전문 인력 양성 프로그램, 그리고 정부의 정책적 지원 및 규제 프로그램 등을 지칭한다. 우연 요소는 산업 클러스터의 경쟁력 관련 제반 우연적 상황의 존재 및 특성으로서 갑작스런 정책적 결정(예: 대덕연구단지의 최초 조성 결정 등), 특정 기업가의 고향, 그리고 외부적인 돌발 상황의 발생(예: 지진이나 전쟁 등) 등을 의미한다.

제 4 절 산업 클러스터 발전의 결정 요인 사례분석 결과

분석적 계층화(AHP) 기법을 이용해 전문가 조사 대상집단인 교수, 연구원, 그리고 공무원의 구분 없이 전체 전문가 의견을 산업별·발전 단계별·지역별로 분석한다. 전문가 집단의 직종별로 차별화된 분석이 가능하겠지만, 전문성이라는 특성의 유사성과 표본 규모의 제약 등으로 여기서는 통합분석을 실시한다.[8]

---

8) 분석적 계층화 기법 이용시 조사 대상집단의 규모에 대해 일반화된 기준은 없는 것으로

1 분석적 계층화(AHP) 분석 결과

전문가 집단의 전체적 인식을 산업별·발전 단계별·지역별로 살펴보면 <표 10-1>에서 <표 10-4>까지 나타낼 수 있다.

<표 10-1>에 의하면, 대구 섬유산업 클러스터의 경우 생성 단계에서 투입 조건, 연관 산업, 경쟁 전략, 수요 조건, 그리고 우연순으로 그 중요성이 부각된다. 성장 단계에서는 연관 산업, 투입 조건, 경쟁 전략, 수요 조건, 그리고 우연순으로 그 중요성이 드러나고 있다. 성숙 단계에서는 연관 산업, 경쟁 전략, 수요 조건, 투입 조건, 그리고 우연순으로 그 중요성이 나타나고 있다. 그리고 쇠퇴 단계에서는 경쟁 전략, 수요 조건, 연관 산업, 투입 조건, 그리고 우연순으로 그 중요성을 평가하고 있다. 생성 단계에서는 투입 조건이, 성장과 성숙 단계에서는 연관 산업이, 그리고 쇠퇴 단계에서는 경쟁 전략이 핵심적 결정 요인으로 지적되고 있다. 섬유산업의 특성상 성장과 성숙 단계에서는 전후방 연계 산업 및 관련 기술의 존재 등이 중요한 역할을 수행하지만, 위기관리 측면에서는 정책적 대응과 산업 간 네트워킹 등

〈표 10-1〉 대구 섬유산업 클러스터에 대한 AHP 분석 결과

결정 요인 \ 발전 단계	생성 단계		성장 단계		성숙 단계		쇠퇴 단계	
	중요도	순위	중요도	순위	중요도	순위	중요도	순위
투입 조건	0.322	1	0.255	2	0.168	4	0.146	4
수요 조건	0.157	4	0.195	4	0.180	3	0.243	2
연관 산업	0.265	2	0.272	1	0.315	1	0.205	3
경쟁 전략	0.179	3	0.225	3	0.280	2	0.331	1
우연	0.077	5	0.052	5	0.057	5	0.075	5

알려져 있다(최영출, 2004: 36). 하지만 일부 표본 단위(sample unit)의 특이성 등으로 전체 분석 결과가 좌우될 수 있는 극단적인 소규모 표본(표본 단위 수 5개 이하)은 분석 결과 해석에 특히 유의해야 할 것으로 보인다.

〈표 10-2〉 대구 기계금속 산업 클러스터에 대한 AHP 분석 결과

발전 단계 / 결정 요인	생성 단계		성장 단계		성숙 단계		쇠퇴 단계	
	중요도	순위	중요도	순위	중요도	순위	중요도	순위
투입 조건	0.269	2	0.228	2	0.169	4	0.095	4
수요 조건	0.126	4	0.148	4	0.176	3	0.231	3
연관 산업	0.382	1	0.364	1	0.297	1	0.297	2
경쟁 전략	0.166	3	0.189	3	0.292	2	0.309	1
우연	0.057	5	0.071	5	0.066	5	0.068	5

이 주목받고 있음을 나타낸다. 결과적으로 발전 단계별 핵심 결정 요인에서 차이가 나타나지만 우연적인 요인의 경우는 모두 그 중요성을 가장 낮게 평가하고 있음을 알 수 있다.

<표 10-2>에 의하면, 대구 기계금속 산업 클러스터의 경우 생성 단계에서 연관 산업, 투입 조건, 경쟁 전략, 수요 조건, 그리고 우연순으로 그 중요성이 부각된다. 성장 단계에서는 연관 산업, 투입 조건, 경쟁 전략, 수요 조건, 그리고 우연순으로 그 중요성이 드러나고 있다. 성숙 단계에서는 연관 산업, 경쟁 전략, 수요 조건, 투입 조건, 그리고 우연순으로 그 중요성이 나타나고 있다. 그리고 쇠퇴 단계에서는 경쟁 전략, 연관 산업, 수요 조건, 투입 조건, 그리고 우연순으로 그 중요성을 평가하고 있다. 결과적으로 발전 단계별로 큰 차이 없이 연관 산업의 중요성이 지적되고 있으며, 경쟁 전략은 성숙·쇠퇴 단계에서 그 중요성이 부각된다. 그리고 전 단계에서 우연적인 요인의 중요성이 가장 낮게 평가되고 있다. 대구의 기계금속 산업은 부품산업의 비중이 높은데(박종화 외, 2003), 결국 산업 특성상 전후방 연계 산업 및 관련 기술의 존재 등이 강조되고 있는 것으로 보인다. 하지만 산업의 성숙한 구조 전환이나 위기관리 차원에서는 정책적 대응이나 산업 간 네트워킹이 중요한 것으로 강조되고 있다.

<표 10-3>에 의하면, 대구 전기전자 산업 클러스터의 경우 생성 단계에서 투입 조건, 연관 산업, 경쟁 전략, 수요 조건, 그리고 우연순으로 그 중요성이 부각된다. 성장 단계에서는 연관 산업, 투입 조건, 경쟁 전략, 수요 조

〈표 10-3〉 대구 전기전자 산업 클러스터에 대한 AHP 분석 결과

결정 요인 \ 발전 단계	생성 단계		성장 단계		성숙 단계		쇠퇴 단계	
	중요도	순위	중요도	순위	중요도	순위	중요도	순위
투입 조건	0.357	1	0.226	2	0.244	3	0.247	2
수요 조건	0.149	4	0.194	4	0.199	4	0.162	4
연관 산업	0.210	2	0.318	1	0.256	1	0.279	1
경쟁 전략	0.151	3	0.203	3	0.246	2	0.241	3
우연	0.132	5	0.059	5	0.054	5	0.071	5

건, 그리고 우연순으로 그 중요성이 드러난다. 성숙 단계에서는 연관 산업, 경쟁 전략, 투입 조건, 수요 조건, 그리고 우연순으로 그 중요성이 나타난다. 그리고 쇠퇴 단계에서는 연관 산업, 투입 조건, 경쟁 전략, 수요 조건, 그리고 우연순으로 그 중요성을 평가하고 있다. 기계금속 산업 클러스터와 마찬가지로 발전 단계별로 큰 차이 없이 연관 산업의 중요성이 높게 평가된다. 그런데 수요 요인과 우연적인 요인의 경우는 전 단계에서 낮게 평가되고 있다. 이는 대구의 전기전자 산업이 우연적인 요인은 물론이고 지역 수요 요인과도 별로 상관 없는 산업으로 인식되고 있다는 것이다.

<표 10-4>에 의하면, 구미 전기전자 산업 클러스터의 경우 생성 단계에서 우연, 투입 조건, 경쟁 전략, 연관 산업, 그리고 수요 조건순으로 그 중요성이 부각된다. 성장 단계에서는 경쟁 전략, 연관 산업, 투입 조건, 수요 조

〈표 10-4〉 구미 전기전자 산업 클러스터에 대한 AHP 분석 결과

결정 요인 \ 발전 단계	생성 단계		성장 단계		성숙 단계		쇠퇴 단계	
	중요도	순위	중요도	순위	중요도	순위	중요도	순위
투입 조건	0.261	2	0.157	3	0.213	3	0.151	4
수요 조건	0.106	5	0.136	4	0.123	4	0.215	3
연관 산업	0.151	4	0.272	2	0.287	1	0.239	2
경쟁 전략	0.190	3	0.341	1	0.279	2	0.295	1
우연	0.292	1	0.084	5	0.099	5	0.100	5

건, 그리고 우연순으로 그 중요성이 드러난다. 성숙 단계에서는 연관 산업, 경쟁 전략, 투입 조건, 수요 조건, 그리고 우연순으로 그 중요성이 나타난다. 그리고 쇠퇴 단계에서는 경쟁 전략, 연관 산업, 수요 조건, 투입 조건, 그리고 우연순으로 그 중요성이 평가되고 있다. 생성 단계를 제외하고는 경쟁 전략과 연관 산업의 중요성이 강조되고 있다. 산업의 특성상 성장 및 위기관리 측면에서 정책적 대응, 산업 간 네트워킹, 그리고 전후방 연계 산업의 존재 등이 주목받고 있는 것이다. 그리고 생성 단계에서 우연적인 요인이 가장 중요한 요인으로 지적되는 것은 전기전자 산업에 대한 토대가 미약했던 구미 지역에 국가 정책적 결정에 따른 초기 결과를 높이 평가하고 있기 때문으로 보인다. 그런데 생성 단계를 제외하고는 모든 발전 단계에서 우연적인 요인의 중요성을 최하위로 평가하고 있다.

2 분석 결과의 종합 및 정책적 함의

분석적 계층화(AHP) 기법을 이용한 분석 결과 우선 산업 클러스터 발전의 결정 요인은 적어도 다섯 가지 요인으로 분류 가능하고, 그 상대적인 중요성 역시 산업별 · 발전 단계별 · 지역별로 상당 부분 차이가 있음을 알 수 있다. 이와 같은 결과는 산업 클러스터 발전 결정 요인의 다양성 측면에서 기존 선행 연구 결과 분석과 일치한다. 그런데 산업 클러스터 발전의 결정 요인이 다양하게 존재한다는 것은 그 자체로서는 별로 중요한 의미를 가지고 있는 것이 아니다. 다양한 요인들 중 어느 요인이 어떤 산업 클러스터, 어떤 발전 단계, 그리고 어떤 지역에서 더 중요한지 여부를 판별하는 것이 정책적 함의 도출 측면에서 더 큰 의미를 가지게 된다.

여기서 산업 클러스터 경쟁력의 결정 인자를 포터의 다이아몬드 모형에 의존해 단순비율모형(simple ratio model) 형태로 분석한 린드(Linde, 2003: 142-145)의 연구 결과를 참조할 필요가 있다. 린드는 글로벌한 차원에서 158개 클러스터를 사례분석한 결과 산업 클러스터 경쟁력 결정 인자로서 투입 조건이 가장 중요한 결정 인자라는 응답이 43.0%, 수요 조건이 가장 중요한 결정 인자라는 응답이 24.7%, 연관 및 지원 산업이 가장 중요한 결정 인자라는 응답이 13.3%, 기업 전략 및 경쟁 여건이 가장 중요한 결정 인자라는 응답이 13.3%, 그리고 우연 등 기타 요인이 가장 중요한 결정 인자라는 응답이 5.7%로 나타나고 있다고 한다. 이와 같은 결과는 이 연구에서 전문가를 대상으로 분석적 계층화(AHP) 기법을 이용한 분석 결과와 적지 않은 차이가 있다. 다시 말하면, 린드의 연구 결과를 산업별 · 발전 단계별 · 지역별로 분석하면 산업 클러스터 발전 결정 요인의 상대적 중요성의 우선 순위가 상당 부분 달라질 수 있다는 것이다.

한 예로 여기 사례분석에서 대구 섬유와 전기전자 산업 클러스터의 생성 단계에서 투입 조건이 그 상대적 중요도가 32.2%와 35.7%로 가장 높게 나타나고 있지만, 이는 투입 조건이 중요성에서 1위가 될 수 있는 총 경우의 수인 16번 중 2번에 불과하다. 결과적으로 린드 등의 개괄적 분석 결과를 산업별 · 발전 단계별 · 지역별로 분석하지 않고 일률적으로 적용하게 되면 상황 판단 오류를 범할 수 있다는 점을 시사하는 것이다.

분석 결과 거의 대부분의 경우에 산업 클러스터 발전 결정 요인 중 연관 산업의 중요성이 높게 평가되고 있고 우연적 요인의 중요성이 아주 낮게 평가되고 있다. 거의 대부분의 경우에 연관 산업의 중요성이 높게 평가되고 있는 것은 산업의 종류 및 발전 단계, 그리고 지역적 요인의 차이에도 불구하고 산업 발전 과정에서 전후방 연계 산업 및 관련 기술의 존재 등이 핵심적 요소로 부각되고 있음을 나타낸다. 이는 개방화 및 지식기반 경제로의 이행 흐름 속에서 유연생산 체제가 주요 생산구조로 부상하고 있는 흐름과 일치하는 것으로 보인다. 유연생산 체제에서는 핵심적 생산 기술 및 생산품을 제외하고는 많은 생산 과정을 아웃소싱하고 있는데 이 과정에서 전후방 연계 산업 및 관련 기술의 존재 등은 필수적인 요건이기 때문이다.

다만 구미의 전기전자 산업 클러스터의 경우와 같이 클러스터의 형성 단계에서 국가의 개입이 두드러진 경우에서는 생성 단계에서 우연적 요인의 중요성이 높게 평가되고 있다. 이를 통해서 발전도상 국가들의 경우 산업 클러스터 형성 및 발전 과정에서 국가 개입의 정도가 높은 경우가 흔히 나타나고 있으므로 포터의 경쟁력 모형을 단순 적용하기에는 한계가 있을 것임을 짐작할 수 있다. 또한 우연 요인과 같이 동일 결정 요인의 경우에도 발전 단계별로 그 중요성이 현저하게 다른 경우가 나타나고 있으므로, 발전 결정 요인 분석시 발전 단계별 분석이 의의가 있을 것으로 판단된다.

발전 단계에서 성숙 단계 이후에는 거의 대부분의 경우 경쟁 전략의 중요성이 높게 평가된다. 양 산업 부문에서 정부의 정책적 대응과 산업 간 네트워킹 등이 성숙 단계 이후 중요 변수로 평가되고 있는 것이다. 이와 같은 분석 결과 역시 발전 단계별 정책적 대응 전략에서 차별성이 필요하다는 것을 시사하는 것으로 보인다. 엔라이트(Enright, 1991)의 연구 결과 역시 어떤 특정 장소에 특정 산업 클러스터의 최초 입지의 이유는 그 클러스터의 이후 성장과 발전을 촉진하는 사유들과 상이할지 모른다는 것을 지적한다. 즉 어떤 산업이 발전해 감에 따라 특정 형태의 지식의 창조, 그리고 그 기업의 역량을 개선할 수 있는 압력과 유인 등이 흔히 그 기업의 계속적인 성공에 긴요하게 작용하게 될 것으로 판단되기 때문이다.

대구의 전기전자 산업 클러스터는 발전 단계에서 생성 단계의 경우 투입 조건의 중요성이 가장 높게 평가되고, 그 이후의 발전 단계에서는 연관 산업의 중요성이 가장 높게 인식되고 있다. 반면에 구미의 전기전자 산업 클러스터의 경우에는 생성 단계에서는 우연적 요인의 중요성이, 그리고 그 이후의 발전 단계에서는 연관 산업 요인과 경쟁 전략 요인의 중요성이 강조되고 있다. 상당 부분 지역별 차이가 반영되었기 때문으로 판단된다.

제 5 절 맺음말

지역산업 경쟁력을 높여가는 과정에서 특정 분야의 연관 및 지원 산업, 그리고 관련 기관들의 지리적 결집체인 산업 클러스터가 주목받고 있다. 따라서 이 연구는 산업 클러스터 발전의 결정 요인을 분석하기 위해서 관련 선행 연구의 검토와 함께 두 개 도시의 대표적인 산업 집적지를 대상으로 전문가 설문조사를 실시했다. 분석 기법으로는 분석 결과의 구체성을 제고하기 위해 분석적 계층화(AHP) 기법을 이용했다. 분석 결과, 문헌 연구와 사례분석 결과를 막론하고 우선 산업 클러스터 발전 결정 요인의 다양성을 지적하고 있다.

사례분석 결과는 거의 대부분의 경우에 발전 결정 요인으로서 연관 산업의 중요성을 높게 평가하고 우연적 요인의 중요성을 낮게 평가하고 있다. 산업별 · 발전 단계별 · 지역별 차이에도 불구하고 연관 산업 요인의 중요성이 높게 평가되는 것은 흥미롭다. 이는 여러 가지 다양성 속에서도 현대 산업의 성장 과정에서 전후방 연계 산업 및 관련 기술의 존재 등이 공통적으로 핵심 요인으로 인식되고 있다는 것이다. 이와 같은 결과는 산업 클러스터의 형성 및 발전 과정에서 전후방 연계 산업 및 관련 기술의 존재 등에 대한 파악을 우선시할 필요가 있음을 시사하는 것이다. 그리고 특수한 경우를 제외하고는 산업 클러스터의 형성 및 발전 과정에서 우연적 요인의 중요성이 낮게 평가되고 있음을 알 수 있다. 이는 현대 산업의 경우 그 종류가 무엇이든 산업 클러스터를 이루고 발전해 가는 과정에서 우연적 요인이 가지고 있는 내재적 한계가 적지 않음이 나타난 결과로 보인다.

결과적으로, 공통적으로 적용 가능한 산업 클러스터 발전 결정 요인의 구체화는 연관 산업 요인 정도를 제외하고는 용이하지 않은 것으로 보인다. 산업 클러스터 발전의 결정 요인은 다양할 뿐만 아니라 산업별 · 발전 단계별 · 지역별로 차이가 적지 않음이 나타나고 있기 때문이다. 따라서 산업 클러스터 발전 결정 요인 분석의 정책적인 적용을 위해서는 개괄적인 틀의 범위 내에서 적어도 산업별 · 발전 단계별 · 지역별 접근이 필요할 것으로 판단된다.

제 11 장 벤처기업의 집적지 입지 요인과 기술혁신 성과*

제 1 절 머리말

지식기반 경제구조하의 국가 경쟁력 제고를 위해 벤처산업의 육성이 선진 산업 사회를 중심으로 경쟁적으로 추진되고 있다. 고위험과 고수익을 특징으로 하며 신기술을 사업화하고자 창업한 벤처기업은 다품종 소량 생산 체제의 시장 수요에 적합성이 높은 것으로 알려져 있다. 그리고 벤처기업은 연구개발(R&D) 투자 비율과 인력 자원의 기술 집약도가 높으며, 불안정성이 높은 시장 상황에서 기존 대기업에 비해 훨씬 탄력적으로 대처하고 있는 것으로 지적되고 있다. 미국 실리콘 밸리의 사례에서 보는 것처럼 벤처산업의 활성화 과정에서 집적화 형태가 매우 효과가 높은 것으로 인식되고 있다. 따라서 각국에서 다양한 형태의 집적화 정책이 현재 추진되고 있다. OECD에서도 국가혁신 체계의 동인에 관한 연구 과정에서 혁신 클러스터에 대해 주목하고 혁신 클러스터가 기업의 기술 경쟁력 향상과 지역의 경제 성장 과정에 핵심적인 방안이 될 수 있음을 밝히고 있다(OECD, 1999, 2001).

---

* 이 장은 황우익 · 박종화(2002). 벤처기업의 집적지 입지 요인과 기술혁신 성과, 「국토계획」, 37(7): 85-101을 재정리한 것임.

우리 나라에서도 벤처산업의 활성화를 통한 산업구조의 개선을 위해 집적지 조성 정책을 중심으로 한 다양한 벤처기업 육성 정책을 추진하고 있다. 테크노파크 조성, 창업보육센터 설립, 2001년부터 시작된 벤처기업 육성촉진지구 조성이 대표적인 집적지 조성정책이다. 그러나 국내외적으로 실리콘 밸리를 지향하며 다양하게 추진되고 있는 벤처기업 집적지 조성 정책은 성공 사례뿐만 아니라 실패 사례도 적지 않은 것으로 지적된다. 따라서 향후 변화하는 산업경제 환경 속에서 벤처산업의 발전을 위한 집적지 조성정책은 벤처기업의 입지 특성에 대한 좀더 면밀한 연구를 바탕으로 추진되어야 할 것으로 보인다.

여기서는 벤처기업의 창업 및 육성 과정에서 집적화의 중요성을 인식하고 벤처기업 집적지 조성 정책 과정상의 유의점을 밝히고자 한다. 이를 위해 벤처기업의 집적지가 갖추어야 할 요인에 대한 이론적 검토와 실증 연구를 통해 벤처기업의 집적지 입지 요인을 좀더 종합적으로 분석하고자 한다. 그리고 입지 요인과 '동전의 다른 면'에 해당하는 입지 성과를 벤처기업의 기술 혁신력을 지표로 해 측정하고 집적지 입지 요인과의 관계 분석을 시도하고자 한다. 끝으로 벤처기업의 집적지 입지 요인을 업종별, 성장 단계별, 지역별로 구분해 분석함으로써 집적지 조성의 차별화 및 전문화 전략의 필요성을 제시하고자 한다.

제 2 절 이론적 고찰 및 분석의 틀

1 벤처기업 집적지의 성격

집적지는 지리적으로 기업이 집중된 지역을 의미하는데, 동종(同種) 또는 이종(異種)의 독립기업이 공간적으로 단순히 모여 있는 단순 산업 집적지(industrial agglomeration)에서부터 산업 클러스터(industrial cluster)

개념까지 다양한 형태가 있다. 산업 클러스터는 단순 집적지가 소수의 주력 기업 또는 다수의 중소기업을 중심으로 발전해 제품 및 서비스 생산 업체, 부품 공급 업체, 지원 서비스 업체, 협회, 연구소 및 대학 등이 서로 물자, 인력, 정보 또는 기술을 교류함으로써 상호 보완적 활동으로 부가가치를 창출해 가는 지리적 집중체를 의미한다(김동주 외, 2001). 산업 클러스터의 공간적 범위는 집적지의 형성 배경이나 산업 유형 등에 따라서 다양한 규모로 나타나고, 대부분의 벤처기업 집적지는 대도시 및 지방 중심도시의 도심지나 인근 주변부에 형성되는 것으로 알려져 있다(박용규 외, 2001: 107-108).

이러한 벤처기업의 집적지는 여러 가지 기준에 의해 분류가 가능한데 먼저 의도성에 따라 자연적 발생형과 인위적 조성형으로 구분할 수 있다. 다음으로 조성 주체에 따라 정부 주도형, 대학 주도형, 기업 주도형, 산-학-관 컨소시엄 형태 등이 있다. 또 산학 협동과 연구개발이 강조될 경우 리서치 파크(Rearch Park), 사이언스 파크(Science Park), 테크노폴리스(Technopolis) 등으로 다양하게 불리고 있으나 실질적 의미의 차이는 크지 않다(박종화 외, 2001).

국외 주요 벤처기업 집적지로서 먼저 실리콘 밸리는 자연 발생형 집적지로서 현재 8,000여개에 이르는 중견 벤처기업들이 입주해 있고, 고용 15만명, 매출액 1,200억 달러에 이르는 규모이다. 프랑스의 대표적인 벤처기업 집적지인 소피아 앙티폴리스는 정부 주도의 인위적 조성형으로 주된 유치 업종은 정보, 통신, 전자 분야이다. 대만 신주단지(新竹科學工業園區) 역시 정부 주도의 산업단지로서 현재 200여 만 평의 부지에 1,500여 개의 기업들이 입주해 있으며, 주요 업종은 반도체, 컴퓨터 등의 첨단산업이다(박용규 외, 2001). 이 밖에도 북유럽, 일본, 중국, 인도를 비롯한 각국에 세계적인 벤처기업 집적지가 형성되고 있다.

우리 나라의 벤처기업은 역사가 매우 일천해 집적지의 형성이 미약하며 수도권 집중 현상을 보이고 있다. 정부가 지정한 벤처기업의 2001년 말 기준의 지역별 구성비는 서울 지역이 전체 11,392개 업체 가운데 5,345개 업체로서 46.92%, 경기가 21.29%, 인천이 5.08%로서 수도권의 비중이 매우 높다.[1] 반면 지방의 경우 부산·울산이 4.82%, 대구·경북이 5.07%, 광주·전남이 2.36%, 대전·충남이 6.69%, 강원 0.90%, 충북 2.19%, 전북 1.24%, 경남 3.23%, 제주 0.21%의 구성비를 보여 벤처기업의 비중이 비교적 낮은 편이다(http://venture.smba.go.kr).

대도시 내에서도 벤처기업은 특정한 구역에 집중하는 경향이 있는데 서울특별시의 경우 전체 25개 구 가운데 강남구에 서울시 전체 벤처기업의 33.1%에 달하는 1,768개의 벤처 지정 기업이 입지해 있으며, 인접 서초구를 포함할 경우 50%에 달한다. 이들 2개 구 지역은 소위 테헤란 밸리 지역으로서 IMF 외환 위기 이후 비교적 빠른 속도로 자연 발생적인 집적이 이루어졌다. 그리고 도심형 벤처기업 집적지로서 정보통신 서비스업체의 비중이 대단히 높다. 대전광역시의 경우도 대덕 밸리로 불리는 대덕구와 유성구 지역에 대전시 전체 벤처 지정 기업의 72.8%가 밀집해 있다. 대덕 밸리는 대덕연구단지를 중심으로 IMF 외환 위기 이후 연구원 출신의 창업 증가와 창업보육센터의 설치 확대로 집적지의 형성이 시작되었으며, 정보통신과 생명공학을 중심으로 하는 연구개발형 기업의 비중이 높다. 대구 지역의 벤처기업 집적지는 전통산업의 공업단지 지역과 일치하고 있으며 업종 역시 제조업의 비중이 높다.

국내외 벤처기업 집적지 사례를 통해 벤처기업 집적지가 특정 지역에 형성되는 이유와 기업의 집적지 입지 요인에 대한 연구가 신규 집적지의 조성과 기존 집적지의 지속적 발전을 위해 중요한 과제가 될 것임을 알 수 있다.

2 집적지 입지 요인

벤처기업의 역사가 짧은 만큼 벤처기업을 구체적 대상으로 하는 집적지 입지에 관한 연구도 제대로 되어 있지 못한 상태이다. 따라서 여기서는 기

1) 서울의 경우 1998년에 벤처기업의 전국 비중이 35.2%였음을 감안할 경우 벤처기업의 집중도가 계속 높아지고 있음을 알 수 있다. 또한 중소기업 수에서 서울의 전국 비중이 24.2%(2000년 기준)인 점과 비교한다면 벤처기업의 집중도가 대단히 높다고 할 수 있다.

업의 집적지 입지에 대한 기존 이론으로서 집적경제론과 신산업지구론을 검토함으로써 벤처기업의 집적지 입지 요인에 대한 시사점을 도출하고자 한다.

벤처기업의 집적지 입지 요인은 다양한 형태로 설명할 수 있다. 우선 동질적이든 이질적이든 다양한 산업의 지리적 집중으로 인한 집적경제(agglomeration economies) 요인을 지적할 수 있다. 집적경제 논의는 베버(A. Weber)의 입지이론에서 시작했으며, 후버(E. M. Hoover)의 논의를 거치면서 국지화 경제(localization economies)와 도시화 경제(urbanization economies) 논의로 구분되어 흔히 이용되고 있다.

후버가 주장하는 국지화 경제란 어떤 한 장소에서 어떤 한 산업 내의 모든 기업들에 의한 그 산업의 총 산출물이 증가함으로써 발생하는 것으로서 특정한 한 가지 분야 산업 내에서의 문제이다. 도시화 경제란 어떤 한 장소에서 모든 산업들 내의 모든 기업들에 의해 총 경제 규모(인구, 소득, 산출물, 부) 확대의 결과로서 발생하는 것이다(Isard, 1956).

이들과 다른 학자들의 논의를 종합하면, 국지화 경제는 동일 위계의 동일 산업이 동일 지역 또는 인근 지역에 집중함으로써 얻게 되는 외부성을 일컫는 것으로서, 운송비 절약, 특정 시설의 규모의 경제, 업체 간 정보 교류의 이점, 동일 노동력의 구득 용이, 상권의 형성, 기능의 분화 등을 얻는 것이다. 반면 도시화 경제는 다양한 위계 또는 다양한 산업이 동일 지역에 집중됨으로써 얻어지는 외부성을 말한다. 이는 다양한 산업의 집중으로 이들 간의 정보 교류와 산업 간 연계로 인한 이익, 교통·통신 등의 인프라 구축으로 인한 이점, 다양한 노동 시장, 협회·대학·연구소의 근접에 따른 이점을 누리는 것을 말하는 것이다(Hoover, 1968; Isard, 1954; Harrison, 1992; Berry, 1989; Harrison et al., 1996; 박상우, 1995; 양승철, 1998: 23-24에서 재인용).

집적경제론의 주요 요인인 국지화 경제와 도시화 경제에 대한 문제점이 제기되고 있다. 도시라는 공간상의 집적은 국지화 경제 또는 도시화 경제에 기인한 결과인 것은 누구도 부정할 수 없다. 그러나 공간상의 집적이 국지화 경제나 도시화 경제에만 기인한 결과라는 문제에 대해서는 어느 누구도 명확한 해답을 제시하기는 힘들며, 국지화 경제와 도시화 경제의 두 요인의 구분이 명확하지 않다는 문제점이 제기되고 있다(김상욱, 1997; 양승철, 1998).

집적경제 논의와는 달리 기업의 집적지 입지 요인에 대해 집적을 형성한 지역의 사회·문화적 요인, 지역의 이미지, 지역의 역사적 전통 등과 같은 비경제적인 측면을 강조하는 이론들이 있다. 이러한 이론들로는 신산업공간(new industrial spaces) 이론, 혁신환경(milieux innovateur) 이론, 클러스터(clustering) 이론, 지역혁신 체계(regional innovation system) 이론, 학습지역(learning region) 이론 등을 들 수 있다. 이들 이론은 전통적 공업단지 개념과 대비되게 특정 산업 분야의 전문 중소기업들의 집적, 기업들 간의 발달된 네트워크, 그리고 다양한 도시 산업 활동들과의 혼합이라는 특징을 강조한다는 측면에서 넓은 의미로 신산업지구론이라고 볼 수 있으며(권오혁, 1995), 모두 입지 요인으로서 혁신적 환경을 중요하게 여기고 있다.

먼저 신산업공간 이론은 1980년대 초반 스콧(A. J. Scott)과 스토퍼(M. Storper) 등의 경제지리학자들이 각 산업은 해당 산업의 기술 및 공간 요구에 따라 그에 적합한 공간환경을 형성시켜 나간다고 주장하며(Lagendijk, 1997: 5, 황주성·이명호, 2001: 7에서 재인용), 전문화된 집적지의 성장 역시 산업조직 간 거래 비용을 최소화시켜 나가는 과정임을 지적하고 있다.

혁신환경 이론은 유럽 내 첨단산업지구의 혁신 메커니즘을 연구하기 위해 결성된 연구집단인 GREMI(European Research Group on Innovation Milieux) 연구자들에 의해 주창된 개념으로 기본적으로 학습과 혁신의 중요성을 강조한다. GREMI 그룹의 일원인 카마그니(R. Camagni)에 따르면, 집적지 입지의 환경적 요인으로서 집단적 학습 과정, 공통적인 규범의 존재, 비공식적인 거래 관행, 기업의 조직 관행, 행위자의 지각 능력, 외부와의 연계를 형성할 수 있는 지역의 개방성 정도, 혁신적 네트워크, 정부의 정책 등을 들고 있다(Camagni, 1991; Camagni, 1995; 양승철, 1998: 26에서 재인용)

클러스터 이론은 포터(M. E. Porter)와 엔라이트(M. J. Enright) 등이 주창한 이론으로 집적이 기업의 혁신 수행력에 중요한 영향을 미친다는 내용이다(문미성, 2000: 33). 포터(Porter, 2000)는 국가 및 지역의 경쟁 우위(competitive advantage)는 주어지는 것이 아니라 개발되고 창조될 수 있다는 점을 강조한다. 그리고 지역의 경쟁 우위 확보 과정에서 산업 클러스터의 중요성을 지적하며, 관련 분석 모형으로 네 가지 상호 관련된 변수들(투입 요소 조건, 기업 전략 및 경쟁의 맥락, 수요 조건, 관련 산업 및 지원 산업들)의 입지 효과를 강조하는 다이아몬드 모형(diamond model)을 제시하고 있다.

지역혁신 체계는 산업 클러스터와 네트워크를 활성화하는 데 필요한 제도적 환경을 구축하는 것이며 내생적 지역 발전을 목표로 한다. 이러한 지역혁신 체계는 지역 내 다양한 경제 주체들이 지역의 생산 과정이나 새로운 기술과 지식의 창출, 도입, 교류, 수정, 확산 과정에서 역동적으로 상호작용하고 협력함으로써 형성되는 일정 지역 내의 연결망을 의미한다(주현 외, 2001).

니즈캠프 등(Nijkamp et al., 1994)은 지역은 잔잔한 바다에 떠 있는 섬이 아니고 여러 가지 경쟁적인 힘들에 의해 지배되는 공간 경제 네트워크의 한 부분이라는 점을 지적하면서, 혁신적 지역 네트워크는 지방의 시너지를 통해 지방의 창조성 및 기술성을 자극하는 집합적 학습 과정을 제공할 뿐만 아니라 기술 개발 및 혁신 과정에 내재하는 동태적 불확실성의 감소를 가져올 수 있다고 주장한다.

학습지역론은 근접성 이론에 기초한 지식기반 경제이론으로서 혁신 과정의 토대로서 상호 작용 학습(learning by interacting)과 암묵적 지식(implicit knowledge)의 중요성을 강조한다. 이 때 물리적·사회적 근접성은 이러한 지식을 효과적으로 전달하고 학습을 유발하는 데 중요한 역할을 하므로 집적이 긴요하다는 주장이다(Lundvall, 1993; 문미성, 2000: 36에서 재인용).

벤처기업의 집적지 입지와 관련된 최근의 국내 선행 연구를 살펴보면 박종화와 황우익(2002)은 대구·경북 지역 소재 벤처기업을 대상으로 업종별 및 성장 단계별 실증 연구를 하고, 벤처기업 입지의 대도시 및 집적 지향성이 매우 높음을 밝히고 있다. 강현수(1999)는 벤처기업은 인력, 기술, 정보, 연구 기반 등의 입지 요인이 일반 기업보다 더 중시되는 특성으로 인해 대체로 대도시나 첨단산업단지에 대한 입지 선호도가 매우 높다고 한다. 따라서 벤처기업의 입지 적지는 혁신적 기업가 정신을 고양하는 지역적 분위기가 조성되어 있는 곳, 신생 기업의 창업을 지원하는 각종 사회적 제도가 갖추어져 있는 곳, 첨단산업 발전 및 기술 습득에 유리한 곳이 되는 것이다. 권오혁(1999)은 실리콘 밸리의 성장 요인으로 대학과 기업의 산학 협동, 산업 전문화, 전문 중소기업의 집적, 기업 서비스산업의 발달, 인프라의 우수성, 쾌적한 환경과 위락시설, 개방적인 기업문화 등을 들고, 이러한 요인들이 효율적인 생산 네트워크를 형성하고 있음을 주장한다.

3 집적지 입지 성과

집적지에 입지한 기업의 성과가 높아지게 되면 다른 기업의 지속적인 집적이 이루어지고 집적지가 계속해서 성장할 수 있다. 여기서는 집적지 입지에 따른 성과를 측정하고 입지 요인과의 관계 분석을 시도하고자 한다. 집적지의 성과는 집적지 전체의 성과와 개별 입지 기업의 성과로 나누어 볼 수 있다. 집적지 전체의 성과는 일반적으로 기업 수의 증가, 총 고용자 수의 증가, 집적지 전체 매출액 및 수출액 등으로 판별할 수 있다.

집적지 입지 벤처기업 개개의 성과를 측정하는 데도 여러 가지 기준이 있을 수 있으며, 성과 변수는 단일 지표로는 측정이 어렵다는 것이 일반적인 학자들의 주장이다. 화이트와 해머메시(White & Hamermesh, 1981)는 사업 전략의 연구에서 중요하게 채택되어야 할 성과 변수로는 수익성과 재무적인 지표가 필요하다고 주장했으며, 본마와 클라크(Bonma & Clark, 1988)는 성과측정에 수익성, 매출액, 시장 점유율, 조직의 유효성 등에 대해 종합적으로 고려할 필요성이 있다고 한다(나중덕 외, 2001: 123에서 재인용).

여기서는 입지 성과를 벤처기업의 기술 혁신력 측면에서만 측정했다. 수익성이나 매출액 등 다른 변수에 비해 기술 혁신력은 훨씬 안정적인 측면이 있고, 벤처기업의 속성상 기술 혁신력 변수가 다른 변수들을 포괄적으로 대변할 수 있다고 보았기 때문이다. 또한 벤처기업의 집적지 조성은 기업의 성장과 기술혁신 전략으로서의 의미가 크기 때문이다.

이러한 기술혁신은 공정 개선 기술과 제품 개발 기술로 대분할 수 있는데, 공정 개선 기술력(process capability)은 제품 도입이나 개발의 운용상에 새로운 요소를 도입하는 것이며, 제품 개발 기술력(product capability)은 해당 벤처기업이 새로운 제품을 도입하거나 개발하는 것을 의미한다(Knigt, 1967; Utterback & Abernathy, 1975, 나중덕 외, 2001: 123에서 재인용).

4 기존 논의의 평가와 실증분석 틀의 설정

벤처기업의 집적지 입지 요인을 살펴보고자 경제적 측면에 초점을 둔 집적경제 이론과 사회문화적 요인에 초점을 둔 신산업지구론 등을 살펴보았다. 집적경제론은 기업의 집적지 입지 요인을 국지화 경제와 도시화 경제 등 주로 경제적인 측면에서 집적이 기업의 성장에 미치는 효과를 설명하고 있다. 그러나 기업의 집적지 입지는 경제적인 요인뿐만 아니라 비경제적인 요인에 의해서도 상당 부분 영향을 받을 것으로 보인다.

신산업지구론은 지식기반 경제와 기술혁신을 바탕으로 하는 새로운 경제 패러다임에 부응하는 첨단기업 집적지의 설명 모형이다. 이들 논의는 네트워크 구축과 집단학습이 활발히 이루어지는 혁신적인 환경을 입지 요인으로서 중요하게 여기고 있다. 기업의 입장에서 혁신적 환경이 가지는 의미를 실증적으로 검증해 볼 필요성이 있다.

국내에서의 선행 연구들은 다수 연구자 모두 벤처기업의 집적지 입지의 중요성을 강조하며 다양한 입지 요인을 제시하고 있으나, 병렬적인 제시에 치우침으로써 입지 요인에 대한 종합화와 체계화가 미흡한 실정이다. 또한 지금까지의 국내외 집적지 입지 요인에 대한 논의들은 집적지 입지 요

[그림 11-1] 분석틀

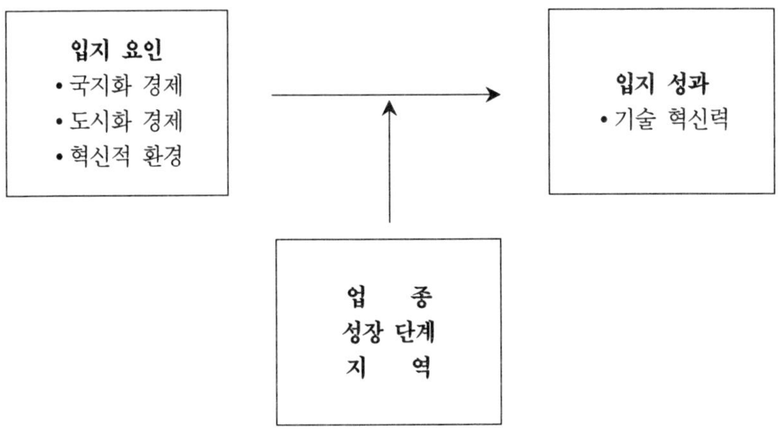

인과 집적지 입지 성과 간의 관계성에 대한 계량적인 분석을 시도하지 못했다.

이에 여기서는 이론적 논의를 바탕으로 [그림 11-1]과 같은 분석틀을 설정하고 우리 나라 주요 벤처기업 집적지 입지 기업을 대상으로 집적지 입지 요인과 기술혁신 성과에 대한 실증 분석을 수행하고자 한다. 실증 분석을 통해 집적지 입지 요인과 기술혁신 성과 요인을 도출할 수 있으며, 집적지 입지 요인과 기술혁신 성과 간의 관계를 분석함으로써 벤처기업의 기술혁신에 어떠한 요인들이 더 많은 영향력을 미치고 있는지를 파악할 수 있을 것이다.

아울러 벤처기업의 집적지 입지 요인과 기술혁신 성과 간의 관계를 업종, 성장 단계 및 지역별로 세분화해 심층적인 분석을 시도함으로써 벤처기업 입지 지원 정책과 집적지 조성의 시사점을 도출하고자 한다.

제 3 절 벤처기업의 집적지 입지 요인과 성과에 대한 실증분석

1 조사분석의 개요 및 표본의 특성

1) 자료 수집 및 방법

조사 대상 지역으로는 우리 나라의 대표적인 벤처기업 집적지인 서울의 테헤란 밸리와 대전의 대덕 밸리를 우선적으로 선정했다. 그리고 지방 대도시를 대표해 대구광역시와 광주광역시 소재 벤처기업을 선정했다. 비수도권 지역의 지방 중소도시로서 테크노파크가 소재하는 경북 경산시 및 경북 포항시 소재 벤처기업을 조사 대상으로 했다.[2)]

조사의 방법으로는 2001년 12월 말 현재 중소기업청에 등록되어 있는 벤처기업을 대상으로 우편에 의한 해당 지역 전수조사를 하고 전화 독려 및 응답 내용 보완 작업을 했다.[3)] 다만 대구 지역은 연고지라는 조사의 편의성 때문에 벤처기업 확인을 받지는 못했지만 창업보육센터에 입주한 기업에게도 설문조사를 수행했다.[4)] 설문 도구는 구조화된 설문지를 이용했으며, 조사 기간은 2002년 3월 20일부터 5월 10일까지 50일간이었다. 유효하게 회수되어 최종 분석에 사용된 설문지는 324부였다.

설문에 대한 응답에서 평균값 비교가 필요한 문항에 대해서는 리커트의 5점 척도 방식을 사용했다. 응답 업체는 업종, 성장 단계, 지역별로 구분해 분석했으며, 분석 방법은 SPSS 10.0 프로그램을 이용한 빈도분석, 요인분석, 신뢰성분석, t검정, 일원배치 분산분석, 상관 관계분석, 다중회귀분석 등

---

2) 2002년 현재 우리 나라에는 중앙정부의 지원을 받는 6개의 시범 테크노파크와 중앙정부 지원을 받지 않는 2개의 테크노파크가 지정되어 있다.

3) 서울 테헤란 밸리 지역에 1,969부, 대전 대덕 밸리 지역에 504부, 대구 지역에 412부, 광주 지역에 168부, 경북 경산시 지역에 50부, 경북 포항시 지역에 36부를 우송했다.

4) 창업보육센터에 입주하기 위해서는 기술성과 사업성을 평가받기 때문에 이 연구의 광의의 벤처기업에 속한다고 볼 수 있다.

을 실시했다.

2) 변수의 조작적 정의와 측정

벤처기업의 집적지 입지 고려 요인을 측정하기 위해 이론적 논의에서 살펴본 집적경제론의 국지화 경제 요소와 도시화 경제 요소, 그리고 신산업지구론의 혁신적 환경을 설명할 수 있는 설문 항목들을 기존 논의들을 바탕으로 개발했다.

국지화 경제(localization economies)란 동종 산업이 공간적으로 특정 지역에 집중 입지함으로써 생산 비용을 절감하고 생산성을 높이게 되는 경제 효과를 말하는데, 동종 업체와의 협력 용이, 동종 업체와의 정보 교류 용이, 전문 노동력 구득 용이, 동종 업체 공동의 전문적 서비스 이용 용이 등의 4개 항목을 개발해 측정했다. 또 도시화 경제(urbanization economies)란 한 지역에 다양한 산업이 입지하고 도시가 제공하는 공공 서비스를 활용함으로써 생산 비용이 절감되고 생산성이 증대되는 경제 효과를 말한다. 도시화 경제의 측정 항목으로는 이종 업체와의 협력(원청, 하청 관계) 용이, 이종 업체와의 정보 교류 용이, 다양한 노동력 확보 용이, 다양한 원자재 구입 및 제품 판매 시장의 존재로 인한 편익, 다양한 전문 서비스 기관(금융 등) 이용 편리, 교통(도로, 항공, 철도, 고속도로)의 편리, 통신시설의 편리, 주거 및 교육환경의 편리, 최신 경영정보 획득 용이, 서울 및 수도권 지역과의 접근성 등의 10개 항목으로 측정했다.

신산업지구론이 중요하게 여기고 있는 입지 요인으로서 혁신적 환경 요인을 측정하고자 다른 기업 혁신의 모방으로 인한 기업혁신 용이, 대학 및 연구기관 인접으로 인한 산학 협력 용이, 다른 기업과의 집단적 상호 학습(세미나 등) 용이, 다른 기관(대학, 연구기관, 정부, 유관 기관 등)과의 집단적 상호 학습 용이, 집적지의 산업 명성에 대한 대외 이미지 효과, 기업혁신을 지원하는 지역의 개방적 문화 향유, 쾌적한 주변 환경, 정부의 임대료 지원 효과, 정부의 경영 지원 효과, 정부의 기술 지원 효과, 생산 기반이 완비된 생산 공간의 확보 용이 등 11개 항목을 개발해 측정했다.

벤처기업의 입지 성과를 분석하기 위해 이론적 논의를 바탕으로 기술 혁신력을 측정했다. 기술 혁신력의 측정 방법으로 설문조사를 통해 해당 벤처기업이 속한 산업에서 동일 제품 기술 수준 비교를 통한 기술 우위를 측정했다. 먼저 공정 혁신력을 측정하기 위해 생산성 증대, 새로운 공정의 도입, 불량률 감소, 생산 공정 개선 기술 수준 등의 4개 항목으로 측정했다. 제품 혁신력을 측정하기 위해 신제품 개발 기술 수준, 특허 출원 및 등록 건수, 기존 제품 개선 기술 수준 등의 3개 항목으로 측정했다.

입지 요인과 입지 성과를 측정하기 위한 설문의 응답 방법은 리커트의 5점 척도(매우 고려: 5점, 고려: 4점, 보통: 3점, 고려하지 않음: 2점, 전혀 고려하지 않음: 1점) 방식을 사용했다.

벤처기업의 업종은 연구 목적에 따라 다양한 기준으로 분류되고 있으나, 여기서는 벤처기업의 업종을 우리 나라 표준산업분류표에 의거, 제조업과 정보통신 서비스업으로 대분해 분석했다.[5]

벤처기업의 성장 단계 역시 다양한 기준에 의거해 구분할 수 있다. 벤처기업의 성장 단계에 대한 기존 연구로 카잔지안(Kazanjian, 1988: 257-259)은 벤처기업의 성장 단계를 창업 단계, 상업화 단계, 성장 단계, 성숙 단계의 4단계로 구분하고 있고, 김영배(1998)는 회사를 창업하고 기회를 상업화하는 단계인 창업기, 성공적인 제품 출하로 매출이 발생하는 초기 성장기, 사업 영역의 확대로 성장하는 고도 성장기, 안정적인 수익을 바탕으로 기업이 지속되는 성숙기의 4단계로 구분하고 있다. 여기서도 벤처기업의 성장 단계를 김영배의 논의를 바탕으로 4단계로 구분했다.

분석 대상 지역은 우리 나라의 대표적인 벤처기업 집적지인 서울의 테헤란 밸리 지역, 대전의 대덕 밸리 지역, 대구 지역, 그리고 광주와 중소도시를 대표하는 경산과 포항을 기타 지방으로 묶어 모두 4개의 지역으로 분석했다.

5) 우리 나라 벤처기업의 업종별 현황을 살펴보면, 2001년 12월 말 현재 정부로부터 벤처기업 확인을 받은 업체 수는 11,392개이며, 이 중 제조업이 60.5%이며, 정보처리·소프트웨어 개발 등 정보통신 서비스업이 32.6%로서 주종을 이루며, 기타 업종(연구개발 서비스, 건설운수업, 도소매업, 농·어·임·광업 등)이 6.9%이다.

3) 표본의 특성

표본기업의 창업 연도는 1998년 이후 기업이 73%를 차지하고 있으며, 1995년 이전에 창업했다고 응답한 기업은 15.2%에 불과했다. 업종은 섬유, 기계, 전기, 전자 등 표준산업 분류표상 제조 업종 벤처기업이 58%를 차지하고, 정보통신, 소프트웨어 개발, 인터넷 서비스 등 정보통신 서비스 업종 벤처기업이 42%를 차지한다. 기업 성장 단계는 창업 단계에 해당하는 기업이 19.1%, 초기 성장 단계가 54.3%, 고도 성장 단계가 21.3%, 성숙 단계에 해당하는 기업이 5.2%의 구성비를 보이고 있다. 지역별로는 서울의 강남구와 서초구 지역이 80부(24.7%), 대전 지역이 59부(18.2%), 대구 지역이 148부(45.7%), 기타 지방도시가 37부(11.5%)이다.[6] 상시 종업원 수는 1인에서 10인 사이가 52.7%로 가장 높은 비중을 나타내고, 20인 이하가 74.5%를 차지하고 있다. 최근 3년간 평균 매출액 규모는 1억 미만이 23.3%, 1억에서 10억 미만이 42.6%, 10억 이상이 34.1%를 나타내었다. 최근 3년간 평균 매출액 대비 연구개발 투자 비율은 5% 미만이 22.1%, 5%에서 10% 미만이 11.6%, 10%에서 50% 미만이 43.9%, 50% 이상이 22.5%를 나타내고 있다. 이러한 결과는 고기술의 신생 창업기업으로서의 벤처기업의 특성을 잘 반영하고 있는 것으로 보여진다.

2 변수의 타당성 및 신뢰성

1) 집적지 입지 요인

타당성은 측정하고자 하는 개념이나 속성을 정확히 측정했는가를 나타내는 개념이다. 일반적으로 타당성 검정은 요인분석을 통해 구성 타당도(construct validity)를 검정하게 된다. 벤처기업의 집적지 입지 요인에 대한 응답 결과를 단순화해서 몇 가지 대표적 요인을 추출하기 위해 입지 고

6) 기타 지방도시는 광주 지역이 22부, 경북 경산시가 9부, 경북 포항시가 6부이다.

〈표 11-1〉 벤처기업의 집적지 입지에 관한 요인분석

항 목	요인 1 (도시 서비스)	요인 2 (산업 협력)	요인 3 (정부 지원)	요인 4 (혁신 환경)	신뢰도 (alpha)
다양한 서비스 기관 이용 용이	.731	.159	.141	-.055	.7341
교통의 편리	.701	.029	.001	.049	
서울 및 수도권과의 접근성	.650	.080	-.160	.000	
다양한 시장의 확보 용이	.574	.177	-.117	.187	
타기업 혁신 모방 용이	.550	.215	.177	.333	
통신시설의 편리	.547	.117	.230	.138	
동종 업체와의 협력 용이	.044	.822	-.009	.024	.7776
동종 업체와의 정보 교류 용이	-.028	.822	.004	.026	
동종 업체 공동의 전문 서비스 이용 용이	.230	.614	.060	.200	
이종 업체와의 협력 용이	.293	.599	.137	.080	
이종 업체와의 정보 교류 용이	.307	.529	.172	.129	
정부의 경영 지원	.073	.050	.918	.177	.8836
정부의 기술 지원	.110	.078	.875	.252	
정부의 임대료 지원	-.073	.109	.835	.052	
타기관과의 상호 학습 용이	.122	.115	.163	.847	.8189
대학 및 연구기관과의 산학 협력 용이	-.005	-.009	.204	.825	
타기업과의 상호 학습 용이	.228	.249	.074	.779	
고유치	2.704	2.587	2.576	2.338	
% 분산	15.906	15.216	15.154	13.751	
% 누적	15.906	31.122	46.276	60.027	

려 항목에 대해 요인분석(factor analysis)을 했다. 집적지 입지 고려 요인 항목으로는 조작적 정의에서 밝힌 국지화 경제를 설명하는 4개 항목, 도시화 경제를 설명하는 10개 항목, 혁신적 환경을 설명하는 11개 항목 등 모두 25개 항목으로 측정했다.

요인분석 방법으로는 주성분 분석을 통해서 요인을 추출했고, 고유값(Eigenvalues) 1.0을 기준으로 했다. 간명한 요인의 추출을 위해 배리맥스(varimax) 방법에 따른 직각 회전법을 아울러 사용했다. 일반적으로 요인 적재량(factor loading)이 ±0.5 이상이면 의미가 있다고 보고 이에 따라 회전 후 각 요인 행렬에 의미 있는 부하량을 가진 문항들의 구성 내용을 고려해 각 요인의 성격을 파악하고 있다. 따라서 여기서는 요인 적재량이 ±0.5 미만인 항목은 제거함으로써 요인의 신뢰성을 높이고자 했다.[7]

<표 11-1>에서 보면 요인 1은 대도시가 갖추고 있는 서비스적 요소를 의미하는 여섯 문항에서 요인 적재량이 높게 나타났다. 따라서 요인 1은 벤처기업의 집적지 입지 요인에서 도시 서비스적인 개념을 의미한다고 볼 수 있다. 요인 2는 벤처기업의 동종 및 이종 업체 간 산업적인 측면에서의 협력 개념을 의미하는 다섯 문항에서 요인 적재량이 높게 나타났다. 따라서 요인 2는 산업 협력 개념을 의미한다고 볼 수 있다. 요인 3은 정부의 지원을 의미하는 세 문항이 요인 적재량이 높게 나타났다. 따라서 요인 3은 정부 지원 개념을 의미한다고 할 수 있다. 요인 4는 기업의 다른 유관 기관, 대학 및 연구기관, 그리고 다른 기업과의 산학 협력을 의미하는 세 문항에서 요인 적재량이 높게 나타났다. 따라서 요인 4는 혁신환경 개념을 의미한다고 볼 수 있다.

신뢰성은 측정 도구의 정확성이나 정밀성을 나타내는 것으로서, 신뢰성 검정은 측정도구의 항목 간 내적 일관성을 측정하는 것이다. 이 연구에서는 너낼리(Nunnally, 1978)가 제시한 크론바흐 알파에 의해 신뢰성을 측정했다. 자료의 신뢰성을 검토하기 위해 위의 문항들에 대한 크론바흐 알파값을 구한 결과 요인 1은 .7341, 요인 2는 .7776, 요인 3은 .8836, 요인 4는 .8189로 나타나 모두 신뢰할 수 있는 수준이었다.[8]

---

7) 요인 적재량이 ±0.5 미만이어서 제거된 항목은 전문 노동력 구득 용이, 다양한 노동력 확보 용이, 주거 및 교육환경의 편리, 최신 경영정보 획득 용이, 집적지의 산업 명성에 대한 대외 이미지 효과, 기업혁신을 지원하는 지역의 개방적 문화 향유, 쾌적한 주변 환경, 생산 기반이 완비된 생산 공간의 확보 용이 항목 등이다.

8) 너낼리(Nunnally, 1978)는 탐색적인 연구 분야에서는 크론바흐 알파값이 0.6 이상이면 충분하다고 한다.

2) 벤처기업의 기술혁신 성과 요인

기존 연구를 바탕으로 집적지 입지 벤처기업의 입지 성과로서 기술혁신 수준을 파악하기 위해 변수의 조작적 정의에서 밝힌 것처럼 기술혁신 수준을 나타낼 수 있는 7개 항목을 이용해 다른 기업과의 기술 수준을 비교했다.

응답 내용을 분석한 결과 생산성 증대(3.57), 새로운 공정의 도입(3.46), 불량률 감소(3.45), 생산 공정 개선 기술 수준(3.54), 신제품 개발 기술 수준(4.15), 특허 출원 및 등록 건수(3.29), 기존 제품 개선 기술 수준(4.08)으로서 기술 혁신력을 '보통 이상' 또는 '높음' 수준으로 스스로 평가하고 있는 것으로 나타났다.

자료의 구성 타당도를 검토하기 위해 배리맥스 방법에 따른 직각 회전법을 사용한 주성분 요인분석의 결과 <표 11-2>와 같이 두 개의 요인으로 변수를 축소할 수 있었다.

<표 11-2>에서 보면 요인 1은 공정의 개선과 관련된 기술 요소 네 문항의 요인 적재량이 높게 나타났다. 따라서 요인 1은 공정 과정상의 기술혁신

〈표 11-2〉 벤처기업의 기술혁신 성과에 관한 요인분석

항 목	요인 1 (공정 혁신력)	요인 2 (제품 혁신력)	신뢰도 (alpha)
생산성 증대	.848	.177	.8233
새로운 공정의 도입	.800	.191	
불량률 감소	.774	.114	
생산 공정 개선 기술 수준	.694	.373	
신제품 개발 기술 수준	.212	.834	.6179
특허 출원 및 등록 건수	.068	.717	
기존 제품 개선 기술 수준	.341	.687	
고유치	2.605	1.901	
% 분산	37.217	27.162	
% 누적	37.217	64.379	

과 관련된 공정 혁신력 개념을 의미한다고 볼 수 있다. 이에 반해 요인 2는 신제품 개발과 관련된 기술 요소 세 문항에서 요인 적재량이 높게 나타났다. 따라서 요인 2는 제품 개발 기술과 관련된 제품 혁신력 개념을 의미한다고 볼 수 있다.

자료의 신뢰성을 검토하기 위해 위의 문항들에 대한 크론바흐 알파값을 구한 결과 요인 1은 .8233, 요인 2는 .6179로 나타나 신뢰할 수 있는 수준이었다.

3 집적지 입지 요인과 입지 성과 간의 관계 분석

벤처기업의 집적지 입지 요인과 벤처기업의 입지 성과로서 기술 혁신력 변수들 간의 관계의 정도를 파악하고자 상관 관계 분석을 실시했다.

분석 결과 <표 11-3>에서 보는 것처럼 공정 혁신력은 제품 혁신력, 도시 서비스와 정(+)의 상관 관계, 그리고 정부 지원과는 부(−)의 상관 관계가 있는 것으로 나타났다. 제품 혁신력은 도시 서비스 및 혁신환경과 정(+)의 상관 관계가 있는 것으로 나타났다.

벤처기업의 집적지 입지 요인이 기업 입지 성과에 미치는 영향을 검정하기 위해서 각 변수의 유의성 및 상대적 중요도를 구분할 수 있는 회귀분석

〈표 11-3〉 각 변수의 기술 통계치 및 상관 관계 분석

구 분	평균	표준 편차	공정 혁신력	제품 혁신력	도시 서비스	산업 간 협력	정부 지원	혁신 환경
공정 혁신력	3.50	.69	1.000					
제품 혁신력	3.86	.69	.451**	1.000				
도시 서비스	3.40	.58	.154*	.162**	1.000			
산업 간 협력	3.39	.68	.045	.060	.539**	1.000		
정부 지원	3.15	.99	−.131*	.059	.209**	.199**	1.000	
혁신환경	3.26	.79	.108	.161**	.385**	.309**	.361**	1.000

주: * $p<.05$, ** $p<.01$

〈표 11-4〉 벤처기업의 집적지 입지 요인과 입지 성과에 대한 회귀분석

종속 변수 / 독립 변수	공정 혁신력		제품 혁신력	
	BETA	t값	BETA	t값
도시 서비스	.150	2.031**	.142	1.967*
산업 간 협력	.006	.080	-.025	-.354
정부 지원	-.206	-3.224***	-.012	-.190
혁신환경	.123	1.823*	.138	2.117**
R^2	.066		.047	
F	4.605***		3.578***	

주: * p<.10, ** p<.05, *** p<.01

을 실시했다. 이를 위해서 매출액, 공정 혁신력, 제품 혁신력을 종속 변수로, 입지 요인을 독립 변수로 한 회귀분석의 결과는 <표 11-4>와 같이 요약된다.

입지 성과 변수 중 공정 혁신력에 대해서는 도시 서비스, 정부 지원, 혁신환경이 유의한 영향을 미치는 것으로 나타났다. 도시 서비스와 혁신환경은 정(+)의 유의한 영향을 미치는 것으로, 정부 지원은 부(−)의 유의한 영향을 미치는 것으로 밝혀졌다. 즉 공정 혁신력은 도시 서비스와 혁신환경이 높을수록, 그리고 정부 지원이 낮을수록 높아지는 것을 보여 주고 있다. 특히 정부 지원이 공정 혁신력에 미치는 상대적인 영향력이 가장 높은 것으로 나타났다(β=-.206). 한편 산업 간 협력은 유의한 관련성이 나타나지 않았다.

제품 혁신력에 대해서는 도시 서비스와 혁신환경이 정(+)의 유의한 영향을 미치는 것으로 밝혀졌다. 제품 혁신력은 도시 서비스와 혁신환경이 높을수록 높아지는 것을 보여 주고 있다. 특히 도시 서비스가 공정 혁신력에 미치는 상대적인 영향력이 높은 것으로 나타났다(β=.142). 한편 산업 간 협력과 정부 지원은 유의한 관련성이 나타나지 않았다.

종합적으로 보면, 벤처기업의 집적지 입지 요인 가운데 도시 서비스 요인은 공정 혁신력, 제품 혁신력 모두에 정(+)의 유의한 상관 관계를 보임

으로써 매우 중요한 입지 요인임을 알 수 있다. 입지시 고려 정도의 평균값에서도 도시 서비스 요인이 3.40으로 가장 높았으며, 다음으로 산업 간 협력 요인이 3.39, 혁신환경 요인이 3.26, 그리고 정부 지원 요인이 3.15로 가장 낮았다. 정부 지원 요인은 공정 혁신력에 부(−)의 상관 관계를 보여 공정 혁신력의 수준이 높아짐에 따라 정부 지원에 대한 의존이 감소했다. 따라서 정부 지원은 초기 단계 기업에 더 많은 영향을 미칠 수 있는 것으로 생각할 수 있다. 그리고 혁신환경 요인은 공정 혁신력과 제품 혁신력 모두에 정(+)의 유의한 상관 관계를 보임으로써 벤처기업이 다른 기업, 대학 및 연구기관, 그리고 유관 기관과의 협력 관계가 용이한 지역적 여건이 기술혁신에 중요한 요소가 됨을 알 수 있다.

4 입지 요인과 입지 성과의 업종, 성장 단계, 지역별 차이 분석

벤처기업의 집적지 입지 요인과 기술혁신을 지표로 이용한 입지 성과의 업종별, 성장 단계별, 지역별 차이를 분석하고자 t검정 및 일원배치 분산분석을 실시했다. <표 11-5>에서 보는 것처럼 업종별 차이에서 산업 간 협력 입지 요인과 제품 혁신력이 유의한 차이를 나타내고 있다. 이는 벤처기업이 집적지에 입지시 산업 간 협력을 고려하는 정도는 정보통신 서비스 업종이 평균값 3.48로서 제조업종 3.33보다 더 많이 고려하고 있는 결과이다. 그리고 제품 혁신력은 제조 업종이 평균값 3.99로서 정보통신 서비스 업종 3.68보다 더 높은 결과이다.

성장 단계별 차이를 분석한 결과 각 입지 요인에 대해서는 유의한 차이를 나타내지 않고 있으나, 공정 혁신력과 제품 혁신력은 유의한 차이를 나타내었다. 공정 혁신력과 제품 혁신력 모두 기업이 성장함에 따라 혁신력의 수준이 높아지는 결과를 보여 주고 있다.

지역별 차이를 분석한 결과 도시 서비스 요인, 정부 지원 요인, 혁신환경 요인은 유의한 차이를 나타내었다. 그러나 산업 간 협력 요인과 공정혁신 및 제품 혁신에서는 유의한 차이를 나타내지 않았다. 도시 서비스 요인에 대해서는 서울 테헤란 밸리 지역이 평균값 3.58로 가장 높았으며, 기타 지방이 3.18로 가장 낮았다. 정부 지원 요인에 대해서는 대전 대덕 밸리가 평균값 3.32로 가장 높았으며, 서울 테헤란 밸리가 2.82로 가장 낮았다. 혁신환경 요인에 대해서는 대전 대덕 밸리가 평균값 3.53으로 가장 높았으며, 서울 테헤란 밸리가 3.04로 가장 낮았다. 이러한 결과는 서울 테헤란 밸리

〈표 11-5〉 벤처기업의 특성에 따른 입지 요인과 입지 성과의 차이 분석

변수명	세부 내용	평균/표준편차	입지 요인				입지 성과	
			도시 서비스	산업 간 협력	정부 지원	혁신환경	공정혁신	제품혁신
업종	제조업	평균	3.37	3.33	3.07	3.29	3.55	3.99
		표준편차	.57	.67	.98	.78	.65	.62
	정보통신 서비스업	평균	3.43	3.48	3.24	3.22	3.43	3.68
		표준편차	.60	.70	1.01	.81	.74	.74
	t값		-.932	-1.912*	-1.453	.710	1.365	3.987***
성장 단계	창업 단계	평균	3.25	3.33	3.24	3.16	3.26	3.52
		표준편차	.53	.68	1.01	.80	.81	.84
	초기 성장 단계	평균	3.40	3.38	3.19	3.35	3.47	3.88
		표준편차	.60	.68	1.04	.74	.66	.65
	고도 성장 단계	평균	3.51	3.48	3.02	3.15	3.67	4.05
		표준편차	.54	.64	.85	.80	.58	.60
	성숙 단계	평균	3.36	3.39	2.91	3.16	3.87	4.05
		표준편차	.76	.86	1.06	1.09	.58	.53
	F값		2.002	.539	.883	1.439	5.45***	7.044***
지역	서울	평균	3.58	3.52	2.82	3.04	3.41	3.83
		표준편차	.65	.68	1.12	.88	.74	.71
	대전	평균	3.50	3.44	3.32	3.53	3.56	3.92
		표준편차	.50	.71	.95	.66	.58	.59
	대구	평균	3.30	3.33	3.27	3.27	3.53	3.84
		표준편차	.57	.66	.91	.77	.71	.73
	기타 지방	평균	3.18	3.30	3.10	3.25	3.50	3.93
		표준편차	.45	.69	.92	.76	.62	.65
	F값		6.338***	1.643	4.191***	4.394***	.627	.390

주: * p<.10, ** p<.05, *** p<.01

입지 기업은 서울의 도시 서비스 요인을 다른 지역에 비해 입지 선택 요인으로 가장 중시하며, 반면 정부 지원에 대해서는 다른 지역에 비해 상대적으로 낮게 평가하고 있음을 시사한다. 대전 대덕 밸리 입지 기업은 정부 지원과 혁신적 환경에 대해 다른 지역에 비해 상대적으로 높게 평가하고 있음을 알 수 있다.

제 4 절 맺음말

벤처기업이 왜 집적지에 입지하는가에 대한 질문은 기본적으로 벤처기업의 경우 집적지에 입지함으로써 기대할 수 있는 순편익이 개별적으로 입지할 경우에 비해 크기 때문이라고 답할 수 있다. 이와 같은 현상에 대한 원인으로 집적경제론인 국지화 경제와 도시화 경제가 오랫동안 논의되고 있으며, 산업환경의 변화와 함께 신산업공간 이론, 혁신환경 이론, 클러스터 이론, 지역혁신 체계 이론, 학습지역론 등으로 논의가 발전되고 있다.

여기서는 이와 같은 이론적 논의에서 흔히 언급되는 집적지 입지 요인들이 구체적으로 우리 나라의 다양한 벤처기업에 어떻게 적용되는지를 살펴보고자 실증분석을 시도했다. 실증분석을 통해 밝혀진 집적지 입지 요인은 도시 서비스 요인, 산업 간 협력 요인, 정부 지원 요인, 혁신적 환경 요인으로 요약할 수 있다. 도시 서비스 요인은 도시가 제공하는 사회간접자본 시설, 다양한 시장, 다양한 기업 지원 서비스의 이용 용이 등을 주요 내용으로 한다. 산업 간 협력 요인은 동종 또는 이종의 관련 산업 전반의 정보 교류와 협력 관계 구축 용이 등을 주요 내용으로 한다. 정부 지원 요인은 정부의 경영 및 기술 지원 정책의 적극성 등을 주요 내용으로 한다. 혁신적 환경 요인은 대학, 연구기관, 유관 기관과의 협력이 용이하고 집단적 상호 학습이 용이한 개방적인 사회적 분위기의 형성 등을 주요 내용으로 한다.

여기서는 입지 요인에 대한 재구조화 및 종합화를 통해 집적지 입지 요인으로서 도시 서비스와 산업 간 협력이라는 새로운 측면을 부각시킬 수 있었다. 그리고 집적경제 효과를 국지화 경제와 도시화 경제로 양분해서 설명하는 기존의 논의는 우리 나라 벤처기업에 대한 적용성이 낮음을 알 수 있었다. 집적지 입지 요인으로서 혁신적 환경의 한 부분으로 설명되어 온 정부의 지원 또는 제도적 지원 요인은 하나의 독립적인 집적지 입지 요인으로 자리잡을 만큼 중요한 요인이 되고 있음도 밝혀졌다.

벤처기업의 입지 요인은 입지 성과로서 벤처기업의 공정 혁신력 및 제품 혁신력과 통계적으로 유의한 상관 관계가 있는 것으로 나타났다. 입지 요인별로 살펴보면 도시 서비스 요인은 공정 혁신력, 제품 혁신력 모두에 정(+)의 유의한 상관 관계를 보임으로써 매우 중요한 입지 요인임을 알 수 있다. 입지시 고려 정도의 평균에서도 도시 서비스 요인이 3.40으로 가장 높았으며, 다음으로 산업 간 협력 요인이 3.39, 혁신환경 요인이 3.26, 그리고 정부 지원 요인이 3.15로 가장 낮았다. 정부의 직접적인 지원이 벤처기업의 입지 고려 요인으로서 가장 낮은 중요도를 보였을 뿐만 아니라, 정부 지원 요인은 공정 혁신력에 부(-)의 상관 관계를 보여 특징적이다. 이러한 결과는 공정 혁신력의 수준이 높아짐에 따라 정부 지원에 대한 의존이 감소하는 것으로서, 공정 혁신력을 제고하기 위한 정부 지원은 공정 혁신 수준이 일반적으로 낮은 초기 단계 기업에 더 많은 영향을 미칠 수 있는 것으로 생각할 수 있다. 이 점은 또한 정부의 지원이 공정 혁신력의 제고에는 도움이 되지 못한다는 해석도 가능하게 한다. 그리고 혁신환경 요인은 공정 혁신력과 제품 혁신력 모두에 정(+)의 유의한 상관 관계를 보임으로써 벤처기업이 다른 기업, 대학 및 연구기관, 그리고 유관 기관과의 협력 관계가 용이한 지역적 여건이 기술혁신에 중요한 요소가 됨을 알 수 있다.

입지 요인의 업종별 차이점에서 산업 간 협력 요인을 정보통신 서비스 업종이 제조 업종에 비해 더 많이 고려하고 있는 것으로 분석되었으며, 입지 요인의 성장 단계별 차이는 통계적으로 유의할 정도는 아니었다. 지역별 분석에서 서울 테헤란 밸리에 소재한 벤처기업은 도시 서비스 요인을 다른 지역에 비해 상대적으로 높게 평가하고 있었다. 혁신적 환경과 정부 지원 측면에서는 대전의 대덕 밸리에 소재한 벤처기업이 다른 지역에 비해 상대적으로 높게 평가하고 있었고, 서울 테헤란 밸리 소재 벤처기업이 다른 지역에 비해 상대적으로 가장 낮게 평가하고 있었다.

업종별, 성장 단계별, 지역별 분석을 통해 정보통신 서비스 업종 벤처기업을 위해 동종 또는 이종 업종 간 산업 간 협력이 활성화될 수 있는 입지적 여건을 마련하는 것이 제조 업종에 비해 더욱 중요함을 알 수 있다. 또한 서울의 테헤란 밸리 입지 벤처기업은 도시 서비스 요인을 상대적으로 많이 고려하는 것으로 나타남으로써 테헤란 밸리가 도시 서비스 활용이라는 측면에서 비교 우위가 있는 지역임이 입증되었다. 또한 대전의 대덕 밸리는 혁신적 환경과 정부 지원이라는 측면에서 비교 우위가 있는 지역임을 알 수 있다. 이러한 결과는 벤처기업의 집적지 조성에서 대도시적인 서비스를 용이하게 제공할 수 있는 지역이 매우 바람직하며, 아울러 대전의 대덕 밸리처럼 비록 대도시의 서비스 제공 여건을 갖추지 못했다 하더라도 다른 기관과의 교류와 학습이 활발하게 이루어지는 혁신적 환경과 적극적인 정부 지원은 집적지의 성공적 조성에 중요하게 기여할 수 있음을 시사한다.

제12장 도심공단 산업 입지 특성*

제1절 머리말

공간경제나 개발의 영역에서 산업의 분포나 이동 패턴은 오래 전부터 논의되어 왔고 또 관련 학자들의 지속적인 관심의 대상이 되어 왔다. 대량 생산 체제의 경제적 효율성이 강조되던 시기에는 토지 이용의 효율성 제고와 환경 문제 등으로 산업 입지 과정에서 공단 입지가 주목받아 왔다.

공간적 차원에서 공단 개발 및 입주 현황은 크게 두 가지 형태로 나타난다. 하나는 국가적 차원의 개발 전략의 일환으로 특정 지역의 특정 공간 영역이 국가공단, 지방공단, 또는 농공단지라는 명칭으로 개발되고 입주가 진행되는 것이다. 다른 한 형태는 도시화의 진전 과정에서 도시 외곽에 지방공단이든 임의공단이든 개발을 진행하고 도심에 자연 발생적으로 산재하는, 특히 공해성의 산업체들을 의도적으로 도시 외곽 공단에 입주시키는 형태이다. 그런데 이 후자의 경우에 도시화가 점점 더 진전되어 대도시 내지 거대도시화하는 경우에 도시 외곽에 자리잡고 있던 공단이 점점 더 도심공단으로 바뀌게 된다.

---

* 이 장은 박종화·윤대식(2002). 도심공단 산업 입지 특성: 대구 3공단 사례분석, 「지역연구」, 18(2): 71-92를 재정리한 것임.

도시화의 진전으로 도심공단으로 변화된 공단에 입주하고 있거나 입주할 예정인 산업체들의 경우 현재 여러 가지 내외적 도전 내지 변화에 직면하고 있는 것으로 보인다. 우선, 도심공단으로서 갖추어야 할 환경 기준의 충족이라는 측면에서 해당 입주 업체들에게 좀더 엄격한 규제나 요구가 부과될 수 있다. 둘째, 도심공단은 상대적으로 지가(地價) 내지 임대료가 높기 때문에 입주 업체들은 생산 과정에서 더 높은 부가가치를 창출해야 한다. 셋째, 입주 업체들의 경우 기존의 부지를 도심 입지가 고려된 가격에 매각하고 새로운 도시 외곽 공단으로 이전하는 것이 용이하지 않다.

대구 3공단의 초기 조성 목적은 대구시 외곽에 입지해 도심에 흩어져 있던 공해성 업체들이나 신규 업체들을 수용하는 것이었다. 그런데 대구광역시의 외연적 확산으로 현재는 사실상 도심공단의 하나로서 기능하고 있다. 그런데 대구광역시는 현재 2016년 대구광역시 도시기본계획에서 위천공단의 조성을 전제로 3공단 지역을 주거지역으로 용도 변경할 것을 밝히고 있다. 그리고 산업의 생산 과정이나 수요의 변화라는 측면에서 포드식의 소품종 대량 생산 방식에서 유연생산 체제의 다품종 소량 생산 방식이 최근 주목받고 있다. 따라서 대구 3공단의 산업 입지 특성은 대도시 도심공단의 산업 입지가 도시화의 진전 과정에서 어떤 특성을 나타내는지에 대한 좋은 검토 사례가 될 것으로 보인다.

여기서는 도심공단 관련 산업 입지에 대한 기존 이론에 대한 검토와 함께 사회경제적 자료를 이용한 3공단의 현황 분석, 그리고 대구 3공단의 입주 업체들을 대상으로 한 설문조사를 병행했다. 이와 같은 분석 과정을 통해 이 논의는 우선 도시화의 진전 과정에서 도심공단이 된 지구의 산업체들이 어떤 입지 행태를 보이는지, 그 산업체들이 새로운 도시 외곽 공단으로 이전하는 것이 용이한지, 그리고 도시 외곽 공단을 조성해서 도심공단 산업체들을 이전시키는 것이 실천성이 있는지 또는 바람직한지 하는 점들을 밝히고자 한다. 그리고 더 나아가서 대구 제3공단 지역을 주거지역으로 용도 변경하는 것이 바람직한지, 아니면 바람직한 다른 대안이 있는지에 대한 사항들을 검토하고자 한다.

제 2 절 도심공단 산업 입지 관련 기존 논의

입지이론의 오랜 연원에서 추론할 수 있듯이 산업 입지 패턴이나 특성에 대한 다양한 연구 결과가 제시되어 있다. 하지만 도심공단 내부의 산업 입지나 패턴, 특히 급속한 대도시화 과정에서 새롭게 형성된 도심 공단의 산업 입지 패턴이나 특성에 대한 분석은 흔하지 않다. 인구밀도가 높은 우리나라나 일본의 경우 산업 입지는 부지 면적 기준 약 50%에서 60% 정도가 계획 입지 형태인 공단 입지 경향을 나타내고 있다(유영휘 · 류승한, 1994: 5). 현재나 가까운 미래에 공단입지의 불가피성을 고려한다면 공단의 산업 입지 특성, 특히 도심공단의 산업 입지 특성에 대한 분석은 큰 의의를 가질 것으로 보인다.

도심공단 관련 산업 입지에 대한 기존 이론적 논의는 크게 두 가지 측면에 대한 분석으로 구분할 수 있다. 하나는 산업체의 공간상의 이동 성향에 초점을 맞춘 논의로서 대도시 지향형과 탈대도시 지향형으로 구분할 수 있다. 그리고 다른 하나는 산업지구의 집적과 분산 형태에 초점을 맞춘 논의로서 산업집적이론과 산업분산이론을 들 수 있다. 물론 이 두 가지의 구분이나 각각의 논의가 완전히 분리되어서 상관 없는 그런 것은 아니다. 상당 부분 논의의 중첩성이 내재한다고 보아야 할 것이다.

1 공간상의 이동 성향에 초점을 둔 논의

대도시는 이미 개발되어 있는 각종 물리적 인프라가 존재하고 재화나 서비스의 수요 실체인 소비자들이 다수 존재하며 소비자의 기호 변화나 새로운 아이디어에 대한 접근 가능성이 높다. 그리고 금융이나 설계, 컨설팅 등 생산자 서비스의 이용이 용이하며 숙련된 노동력에 대한 접근 용이성 등으로 인해 제조업에서부터 첨단산업에 이르기까지 그 지향성이 높은 것으로 알려져 있다.

대도시 지향 형태의 입지이론에 대한 반론으로서 이도향농 가설(urban to rural migration hypothesis), 빈 공간 가설(vacant space hypothesis), 생산비 가설(production costs hypothesis), 그리고 더 나아가서 노동의 공간적 분할 가설(spatial division of labor hypothesis) 등이 있다. 쾌적한 삶의 질을 확보하기 위해 전원 같은 곳에서 생산 및 주거 활동을 추구한다는 이도향농 가설, 포화된 도시에 비해 개발의 여지가 높은 도시 주변 및 외곽으로 산업이 이동해 간다고 보는 빈 공간 가설, 도심에 비해 노동비가 상대적으로 저렴한 도시 주변 및 외곽에 초점을 두는 생산비 가설, 그리고 생산 과정 중 기획·연구개발 등 중추 관리 기능은 도심에 계속 남아 있겠지만 나머지 대부분의 활동은 도시를 벗어날 것으로 보는 노동의 공간적 분할 가설들이 선진 산업 사회를 중심으로 제기되고 있다.

정보통신 기술의 급속한 발전은 생산 과정에서 '장소의 제약성'을 크게 완화시키고 있다. 특히 소프트웨어 산업의 경우에는 생산 과정을 분절시켜 생산 단계별로 경쟁력이 있는 세계 각국의 각처에서 생산을 하고 전체적인 통합 관리만 본사에서 하는 경우가 적지 않다. 기업 전체가 입지 자유적인 행태를 나타내는 경우도 있고 생산 단계별로 입지 자유적인 행태를 나타내는 경우도 있다.

2 산업지구의 집적과 분산 현상에 초점을 둔 논의

집적경제(agglomeration economies)의 이점을 활용하기 위해 산업집적이 일어난다는 것이다. 동질적 또는 이질적 산업들이 일정한 공간적 범위 내에 집적함으로써 내부 경제(internal economies), 국지화 경제(localization economies), 도시화 경제(urbanization economies), 연계성의 경제(economies of linkage), 그리고 쇼핑상의 경제(shopping economies) 등 집적경제를 가져오는데, 그 이점을 향유하기 위해 산업들이 일정한 장소에 모이게 된다는 것이다(Maki & Lichty, 2000: 72-75).

산업 입지 형태가 분산형을 나타낼 것이라는 주장은 일부 정보화론자들에 의해 제기되었다. 1970년대와 1980년대를 거치면서 정보통신 기술의 급속한 발전은 통신 방법의 개선과 통신 비용의 급격한 하락을 초래했다. 이와 같은 추세는 산업 입지 형태의 공간적 분산을 가져올 것이라는 주장이다.

3 기존 논의의 평가

산업의 입지 패턴에서 대도시 지향성이나 집적 이슈는 계속적인 논의의 대상이다. 산업 입지에서 대도시 지향성 사안은 일률적으로 판단할 사안은 아니고 업종별 그리고 동일한 업종에서도 성장 단계에 따라서 차이가 날 것으로 보인다. 정보통신 기술의 급속한 발전, 그리고 다양한 부문에서 세계화 추세의 보편화 등으로 앞으로 이와 같은 경향은 더욱 두드러질 것으로 보인다. 집적성 사안 역시 일률적으로 판단할 사안은 아니나, 새로운 환경 변수의 변화는 집적성의 이점을 업종과 크게 상관 없이 강화하고 있는 것으로 보인다.

그런데 대구 3공단과 같은 도심공단은 도시화의 진전 과정에서 도시 외곽 공단에서 도심공단으로 진전되었고, 도시기본계획의 결정과 같은 정책적 결단에 의해 공공 부문의 인위적인 개발이 유보된 특수한 산업지구이다. 결과적으로 대구 3공단의 입지 패턴은 한편으로는 무계획적인 산업 입지 패턴이고, 또 다른 한편으로는 민간 부문의 자생적인 산업 입지 패턴이라고 볼 수 있다.

따라서 제3절과 제4절에서는 실증적인 자료를 이용해 대구 3공단 산업체들의 입지 행태, 새로운 도시외곽 공단이 조성되었을 때의 기존 업체들의 입지 이동 성향, 그리고 더 나아가서 정보화의 흐름과 지식기반 경제로의 이행 등의 새로운 환경 변화를 감안했을 때 도시 외곽 공단 조성을 통한 기존 중소형 업체들의 일괄적 도시 외곽 이전이 바람직한지 여부 등을 검토한다.

제 3 절 도심공단 산업 입지 실태

도심공단 산업 입지 실태분석의 사례로서 대구 3공단을 이용한다. 대구 3공단은 도시화의 과정에서 도시 외곽 공단이 도심공단으로 진전된 것이고, 또 다른 도시 외곽 공단 조성을 통한 용도 변경이 예정되어 있는 산업지구이므로 현재 시점에서의 도심공단 산업 입지 실태분석의 적절한 예로 판단된다. 먼저 사회경제적 자료 등을 활용해 일반적 현황을 검토하고, 이어서 설문 분석 결과를 활용해 구체적 연구 과제에 대해서 분석해 보고자 한다.

1 일반적 현황

1) 공단의 입지와 토지 이용 현황

대구 3공단은 대구광역시 북구 노원 3동 일원의 약 33만 평의 단지이다. 1965년 2월 건설부 고시 1378호로 지방 공업단지로 지정되어 1967년 8월~1968년 12월에 조성된 노후화가 심한 공업지역이다. 원래 3공단의 조성 목적은 대구광역시에 흩어져 있던 경공업 제조업체를 집단화함으로써 공해 방지를 통해 도시환경을 개선하려는 데 있었다. 하지만 시가지가 확대됨에 따라 도심 기능과의 부조화 및 도시 이미지의 저해 요소로 지적되고 있다. 한편 현재 3공단은 금호강을 건너 경부고속도로의 북대구 인터체인지, 반경 4km 거리에 대구광역시청, 대구역, 그리고 종합유통단지가 위치하며, 5km 거리에 동대구역과 대구공항이 위치하고 있는 도심공단이다.

1996년 대구시 도시기본계획에서 시가지 내부의 공업단지들(3공단, 서대구 공단, 염색공단)을 공업지역에서 주거지역으로 변경하기로 결정했다. 다만 이와 같은 변화는 위천공업단지를 국가지정 공업단지로의 개발을 전제

[그림 12-1] 연구 대상 지역

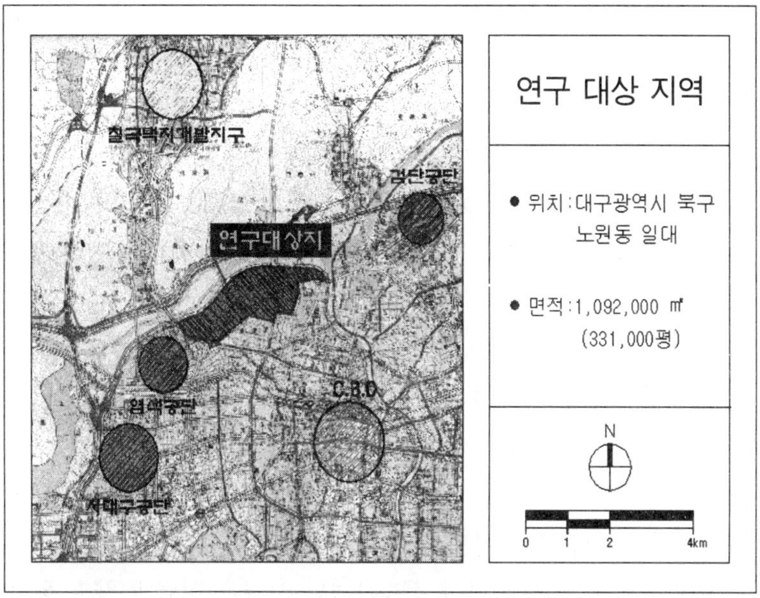

로 한 도시공간의 기본 구상이기 때문에 도시계획으로서 용도지역이 변경된 것은 아니다. 1993년 도시계획재정비계획에서 3공단 주변 침산동과 노원동 일대 142ha(약 43만 평)의 준공업지역에 대해 65ha(약 20만 평)를 일반 주거지역으로, 그리고 77ha(약 23만 평)는 준주거지역으로 용도를 변경했으며, 1999년에도 3ha(약 9,000평)의 일반 공업지역을 준주거지역으로 용도 변경했다.

3공단 주변 공업지역이 주거지역으로 용도 변경됨으로써 기존의 대규모 공장이 입지해 있던 부지는 아파트 단지로 개발될 가능성이 높아졌다. 이와 같은 외부적인 여파와 함께 3공단의 경우에도 용도 변경이 예정되어 있음으로 해서 규모가 큰 신규 공장의 입주를 어렵게 하고 기존의 공장도 퇴거 압력을 받게 된다. 결과적으로 3공단 내 대규모 공장 이전 부지에는 현재 소규모 업체들이 자연 발생적 또는 무질서하게 입주하고 있다.

3공단 관리사무소 내부 자료에 의하면, 3공단 내 입주 업체의 규모가 축소되면서 필지도 소규모로 필지 분할이 진행되고 있다. 1991년의 217필지가 2000년에는 726필지로 증가했고, 필지의 평균 크기도 4,446m^{2}에서 1,329m^{2}로 크게 축소되었다. 필지 분할로 인한 필지의 소규모화 추세로 1991년에는 1,000m^2 미만의 소규모 필지가 단 한 필지도 없었으나 2000년이 되면 이들이 전체 필지에서 차지하는 비중이 필지 단위 수로 75%에 이른다.

필지 분할 후 점유한 업종을 살펴보면, 기계금속 업종이 76.5%로 대부분을 차지하고, 서비스업을 위한 분할도 5.8%를 차지하고 있다. 대규모 필지의 분할은 분양이 목적이므로 대개 소규모화를 선호하고 있다. 그런데 최소 대지 면적 기준과 접도 도로의 최소 폭원 기준을 만족하면 개별 필지 단위에서 필지 분할이 시행되므로 영세 필지와 부적절한 도로 조건의 부지를 양산함으로써 단지 전체의 시가지 불량화를 초래하고 있다. 그리고 대형 필지가 중심이었던 최초의 단지 내 필지가 소규모 필지로 전환되어 가로망의 재배치 등 3공단의 시가지 정비가 필요하나, 필지가 세분되어 권리 관계가 복잡하므로 향후 시가지 정비사업의 시행을 어렵게 함과 동시에 각 필지 내 주차공간, 녹지공간, 하역공간의 확보가 어려워 접근 도로에의 혼잡을 초래하고 있다.

단지 내 평균 건폐율은 34.8%, 평균 용적률은 44.9%로 저층 건물의 저밀도 개발 실태이다. 단지 내 건축 현황을 보면 1990년 이후 건축된 필지가 45.4%에 달하고 2001년에 건축된 필지가 26%에 달하는 등 최근 소규모 업체 위주의 건축 활동이 활발한 편이다. 단지 내 업종별 토지 면적 구성비를 보면 기계금속업이 전체의 44.5%로 가장 높고, 섬유업이 29.6%, 그리고 서비스업도 13.7%를 차지한다.

2) 입주 업체의 경제 활동 현황

3공단의 생산액과 수출액은 1995년까지는 증가했으나 이후는 감소하고 있다. 3공단 관리사무소 내부 자료에 의하면 1992년 3공단의 생산액은 5,285억 원, 1995년도에는 9,822억 원이었다가 1998년도에는 6,942억 원으로 떨어지고 있다. 2001년 1월 현재 3공단에는 850개의 입주 업체가 있으며, 종업원 수는 7,425명에 이른다. 입주 업체 850개의 업종별 분포는 조립금속제품 486개(57.2%), 제1차 금속산업 85개(10%), 섬유제품 79개(9.3%) 순으로 비중이 높다. 종업원 수 7,425명의 업종별 분포는 조립금속제품 2,609명(35.2%), 섬유제품 1,936명(26.0%), 제1차 금속산업 839명(11.3%)의 순이며 입주 업체의 업종별 분포와 유사하다.

1998년 제3공단에 입주한 업체 수는 총 538개에서 2001년에는 총 850개로 58%가 증가했으며 종업원 수는 8,895명에서 7,425명으로 16.5%가 감소했다. 종업원 수는 감소했지만 업체 수는 급격하게 증가하고 있는 것을 알 수 있다. 동기간에 업종별 업체 수 변화율을 보면 조립금속제품이 263개에서 486개로 223개나 증가했고, 기계장비도 6개에서 94개로 88개나 증가했다.

〈표 12-1〉 사업체 수 및 종업원 수 증감

(단위 : 개, 명)

구 분	입주 업체 수			종업원 수		
	1998.12	2001.1	증감	1998.12	2001.1	증감
음식료품	10	7	▼3	315	315	—
섬유제품	86	79	▼7	2,226	1,936	▼290
펄프·종이 및 종이제품	5	9	▲4	80	80	—
출판·인쇄	5	5	—	66	66	—
화합물 및 화학제품	4	11	▲7	72	72	—
고무 및 플라스틱제품	16	14	▼2	122	122	—
비금속 광물제품	30	30	—	629	629	—
제1차 금속산업	76	85	▲9	839	839	—
조립 금속제품	263	486	▲223	3,809	2,609	▼1,200
전기기계 및 전기 변환장치	20	16	▼4	231	251	▲20
기계장비	6	94	▲88	424	424	—
기 타	17	14	▲94	82	82	—
계	538	850	▲312	8,895	7,425	▼1,470

자료: 제3공단 관리사무소(1998, 2001).

〈표 12-2〉 제3공단 제조업체의 규모 변화

(단위: 개, %)

	1991년	1994년	2001년	1991년/2001년
영세기업	25(15.0)	198(58.6)	526(61.8)	21.0
소 기 업	62(37.1)	85(25.1)	291(34.2)	4.7
중 기 업	74(44.3)	51(15.1)	32(3.8)	0.4
대 기 업	6(3.6)	4(1.2)	1(0.2)	0.17
계	167(100)	338(100)	850(100)	5.1

자료: 제3공단 관리사무소.

<표 12-2>에 의하면, 2001년 현재 3공단의 규모별 입주 업체 수를 보면 영세 업체(5인 이하) 수가 526개로 총 업체 수의 61.8%를 차지하고 있고, 소기업(6~50명)은 291개로 34.2%, 중기업(50~300명)은 32개로 3.8%의 비중을 각각 점하고 있으며, 300인 이상을 고용하는 대기업은 1개뿐으로, 95%에 해당하는 기업이 영세기업 및 소기업이다.

3) 관련 계획 규정

3공단 관련 상위계획으로 제4차 국토종합개발계획, 2016년 대구도시기본계획, 대구도시계획(제7차 재정비) 등이 있다.

제4차 국토종합계획에서는 대구를 지역 특화산업 육성을 통한 산업거점 도시로서의 기능 제고에 중점을 두고, 이를 실현하기 위해 섬유 패션산업의 고부가가치화, 그리고 21세기형 연구개발형 정보산업의 육성을 통한 대구테크노폴리스 건설을 제시하고 있다. 2016년 대구도시기본계획은 도심공단을 폐지해 기존의 공단 입주 기업에 대해서는 위천공단 등 낙동강변의 신설 공단으로의 이전을 유도하고, 기존의 도심공단은 주거용지로 용도를 전환하는 것을 기본적인 골격으로 하고 있다. 대구도시계획(제7차 재정비) 역시 대구도시기본계획의 정책을 수용해 도심공단의 폐지와 외곽 이전을 근본적인 계획의 방향으로 설정하고 있다. 다만 대체 공단의 개발이 완료될 때까지 용도 변경을 유보할 것임을 밝히고 있다. 그런데 4차 국토종합계획의 경우 대구를 벤처기업의 창업환경 조성을 통한 테크노폴리스화하고 중소기업 발전 기반의 구축을 강조하면서도, 첨단산업의 입지 선호 지역인 도심 산업단지의 폐지와 이전을 통한 도시 정비 방안을 제시하는 모순을 지니고 있다.

3공단 등 도심공단을 전면 폐지하고 주거용지로 전환한다는 2016년 대구 도시기본계획과 그에 따른 대구도시계획(제7차 재정비)의 기본 구상은, 위천공단 조성의 장기간 지연과 향후 추진에도 난항이 예상된다는 점에서 새로운 검토가 필요할 것으로 보인다.

2 설문조사 결과

이 설문조사는 도심공단의 산업 입지 특성 분석을 위해 입주 업체 경영자의 현실 여건과 입지 요인, 그리고 향후 개발 방향에 대한 의견을 수렴한 것이다. 설문조사 기간은 2001년 9월 14일부터 9월 21일까지 8일간이며, 구조화된 설문지를 이용해 훈련된 조사원이 직접 방문조사를 실시했다. 설문조사의 모집단은 대구광역시 북구 노원3동 일원의 대구 3공단 지정 구역에 입주해 가동 중인 업체 중 사실상 접촉 가능한 525개 업체를 대상으로 했고, 그 중 140개 업체로부터 유효한 응답을 얻을 수 있었다.

1) 일반 현황과 경영 실태

3공단 입주 업체의 기업 규모 등 일반적인 특성을 분석하고자 입주 연도, 종업원 수, 매출액 규모 등을 조사했다. 3공단 현 입주 업체의 입주 연도는 1996년 이후 입주했다는 응답이 68.2%를 차지하고 있었다. 특히 1999년에 22.7%, 2000년에 13.6%, 2001년에 10.6%를 차지해 IMF 외환 위기 이후 대규모 공장의 부도와 공장 이전 후의 부지를 소규모 분할 매각 또는 임대함에 따른 다수의 소규모 공장의 입주 결과라고 보인다. 기존 통계 자료와 유사하게 입주 기업의 상시 종업원 수는 5인 이하가 51.6%를 차지할 만큼 영세한 규모의 기업이 주종을 이루고 있었다. 2000년도 매출액 규모는 5억 원 미만이 56.8%를 차지해 전반적으로 기업 규모가 영세한 상태였다. 입주 업체의 경영 상태에 대해서는 보통이라는 응답이 47.1%, 어렵다는 응답이 33.3%로서 경영 여건이 어려운 업체들의 비중이 전체의 1/3 정도로 나타났다.

<표 12-3>에 나타나듯이 3공단 입주 기업의 원자재 주요 구입처는 3공단 내가 50.4%, 3공단을 비롯한 북구 내가 67.8%로서 근거리의 물품 구매 관계가 이루어지고 있음을 알 수 있다. 그리고 제품 주요 납품 및 판매처는 3공단 내가 26.5%, 3공단을 비롯한 대구시 내가 60.2%로서 대구 지역 내에서 대부분의 판매가 이루어지고 있는 것으로 나타났다(표 12-4 참조).

〈표 12-3〉 원자재 주요 구입처

(단위: 개사, %)

구분	3공단 내	3공단 제외 북구 내	대구시 타 구	경북	서울 및 수도권	타 시도	해외	총계
계	58(50.4)	20(17.4)	17(14.8)	6(5.2)	8(7.0)	6(5.2)		115(100.0)

자료: 설문조사 결과.

〈표 12-4〉 제품 주요 납품 및 판매처

(단위: 개사, %)

구분	3공단 내	3공단 제외 북구 내	대구시 타 구	경북	서울 및 수도권	타 시도	해외	총계
계	26(26.5)	6(6.1)	27(27.6)	15(15.3)	7(7.1)	14(14.3)	3(3.1)	98(100.0)

자료: 설문조사 결과.

종업원의 거주지는 북구 내가 30.5%, 대구시 타구가 68.7%를 차지해 직장과 인접한 주거 비율이 높게 나타났다.

2) 입지 요인

3공단에 입지함으로써 느끼는 만족도에 대해 질문한 결과, <표 12-5>에서 나타난 바와 같이 전반적으로 보통 정도이거나 불만스럽다는 의견이 지

〈표 12-5〉 입주 업체의 입지 만족도

(단위: 개사, %)

구 분	매우 불만	불만	보통	만족	매우 만족	총 계
쾌적한 공단 환경	21(15.1)	64(46.0)	48(34.5)	6(4.3)		139(100.0)
임직원 출퇴근 편리	4(2.9)	31(22.5)	78(56.5)	22(15.9)	3(2.2)	138(100.0)
지가 및 임대료 저렴	10(7.9)	37(29.1)	76(59.8)	3(2.4)	1(0.8)	127(100.0)
교통(항공, 철도, 고속도로)의 편리	9(6.6)	41(29.9)	65(47.4)	20(14.6)	2(1.5)	137(100.0)
행정, 금융기관 서비스 이용 용이	7(5.1)	39(28.5)	70(51.1)	20(14.6)	1(0.7)	137(100.0)
생산·기능직 인력 확보 용이	9(6.4)	56(40.0)	58(41.4)	17(12.1)		140(100.0)
원자재 구입 및 제품 판매 용이	2(1.5)	28(20.4)	80(58.4)	26(19.0)	1(0.7)	137(100.0)
생산 공간 확보 및 확대 용이	3(2.2)	51(37.0)	70(50.7)	13(9.4)	1(0.7)	138(100.0)
관련 기업 간 협력 관계 구축 용이	1(0.8)	31(23.5)	74(56.1)	25(18.9)	1(0.8)	132(100.0)
생산기반 시설(도로, 상하수도, 통신)의 완비	8(5.8)	36(26.1)	75(54.3)	18(13.0)	1(0.7)	138(100.0)
대학 및 연구기관 접근 용이	18(13.8)	59(45.4)	48(36.9)	5(3.8)		130(100.0)
지방정부의 정책적 지원	28(21.4)	66(50.4)	33(25.2)	4(3.1)		131(100.0)

자료: 설문조사 결과.

배적이었다. 상대적으로 만족의 정도가 높은 입지 요인으로는 임직원 출퇴근 편리, 교통(항공, 철도, 고속도로)의 편리, 행정기관 및 금융기관 서비스 이용 용이, 원자재 구입 및 제품 판매 용이, 관련 기업 간 협력 관계 구축 용이 등이다. 이는 도심공단으로서의 교통 여건과 공단 내에서의 집적 효과에 의한 긴밀한 생산과 판매의 협력 관계가 구축되어 있음을 나타낸다. 3공단에 입지함으로써 느끼는 입지 만족도 조사에서 상대적으로 불만의 정도가 높은 항목은 공단 환경의 쾌적성 측면, 생산·기능직 인력 확보 용이 측면, 대학 및 연구기관 접근용이 측면, 지방정부의 정책적 지원 측면 등이다. 특히 지방정부의 정책 지원에 대해서는 불만도가 가장 높게 나타나고 있었다.

3공단을 벗어나 이전 의사가 "있다" 또는 "매우 있다"라고 응답한 경우, 이전을 희망하는 가장 큰 이유로는 "3공단의 노후성 때문에"라는 응답이

〈표 12-6〉 3공단에 계속 남아 있기를 원하는 이유 1순위

(단위: 개사, %)

구 분	인력 확보의 용이성	기존 거래처와의 지속적인 관계 유지	교통의 편리성	물류비, 정보 수집비 등 기업 비용의 감소	적절한 이전 부지의 부재	기타	총 계
계	7(11.1)	41(65.1)	2(3.2)	3(4.8)	10(15.9)		63(100.0)

자료: 설문조사 결과.

35.3%로 가장 높았으며, 다음으로는 "지가 또는 임대료 부담 때문에"라는 응답이 26.5%, 그리고 "공장 부지 확대를 위해"라는 응답이 22.1%로 나타났다. 이러한 응답은 3공단의 노후성이 높고 도심공단으로서 지가 또는 임대료 부담도 적지 않음을 시사하는 것이다.

3공단으로부터 이전 의사가 "전혀 없다" 또는 "없다"라고 응답한 경우, 3공단에 계속 남아 있기를 원하는 이유 1순위로는 "기존 거래처와의 지속적인 관계 유지를 위해"라는 응답이 65.1%를 차지했으며, 다음으로 "적절한 이전 부지가 없기 때문에"가 15.9%, "인력 확보가 용이함"이 11.1%를 차지하고 있었다. 이러한 응답을 통해 3공단 입주 업체들은 주변의 업체들과의 거래 관계가 대단히 밀접하다는 것을 알 수 있다. 도심공단으로서의 입지적 장점 때문에 인력 확보에서 외곽 공단보다도 상대적으로 유리한 위치에 있음을 알 수 있다.

〈표 12-7〉 가장 이전하고 싶은 지역

(단위: 개사, %)

구 분	도심공단 (서대구 공단, 검단공단 등)	성서 공단	구지공단 (조성 완료 가정)	대구 교외 공단(경산, 칠곡 등)	여타 경북 지역 공단	수도권 지역 공단	기타	총계
계	16(21.1)	39(51.3)	3(3.9)	12(15.8)	1(1.3)	1(1.3)	4(5.3)	76(100.0)

자료: 설문조사 결과.

3공단으로부터 이전을 희망하는 업체의 가장 이전하고 싶은 지역은 성서공단이 51.3%로 가장 높은 비중을 차지했으며, 다음으로 도심공단(21.1%)과 대구 교외공단(15.8)을 희망하고 있는 것으로 나타났다. 이러한 응답은 3공단 입주 업체들은 기존의 거래 관계의 유지 등을 위해 대구 근교에 입지하고자 하는 특성을 지닌 업체들임을 나타내 주는 것으로 보인다.

<표 12-8>에서 보는 바와 같이 3공단 입주 업체의 다른 업체와의 협력 네트워크 구축 정도를 묻는 질문에서 보통이라는 응답이 64%로 가장 높았으며, 다음으로 높다는 응답이 18%를 차지한다. 반면 대학, 연구기관, 경제단체, 행정기관 등과의 협력 관계를 묻는 질문에 대해서는 낮다는 응답이 47.8%로 가장 높았으며, 다음으로 보통이라는 응답이 30.6%로 나타났다. 이러한 응답은 3공단 입주 업체들이 3공단 입주 다른 기업과의 협력 관계에 비해 대학, 연구기관, 경제단체, 행정기관 등과의 협력 관계 구축 정도가 대단히 낮음을 나타내는 것이다.

〈표 12-8〉 3공단 입주 업체와 다른 업체 및 다른 기관과의 협력 관계의 밀접 정도

(단위: 개사, %)

구 분	매우 낮다	낮다	보통	높다	매우 높다	총계
귀 업체와 3공단에 입주한 다른 기업과의 협력 관계	5(3.6)	19 (13.7)	89 (64.0)	25 (18.0)	1(0.7)	139 (100.0)
귀 업체와 대학, 연구기관, 경제단체, 행정기관 등과의 협력 관계	25 (18.7)	64 (47.8)	41 (30.6)	2(1.5)	2(1.5)	134 (100.0)

자료: 설문조사 결과.

3) 발전 방향과 재정비 전략

3공단 재정비의 필요성에 대한 질문에서 필요 또는 매우 필요라는 응답이 77.7%를 차지해 필요성에 대해 대부분이 공감하고 있음을 알 수 있었다. 그렇다면 3공단의 가장 바람직한 재정비의 형태에 대한 질문에 대해서는 "기존 및 첨단산업 공존형 산업단지 전용으로 재개발"이 50%, "기존·첨단산업 공존, 주거, 유통이 혼합된 복합단지로 재개발"이 23.9%로서 3공

단 입주 업체들은 3공단이 공업 전용단지 또는 복합단지로 재개발되기를 상당히 바란다는 것을 알 수 있었다. 반면 주거단지로의 재개발에 대해서는 상당히 낮은 비율을 보이고 있었다. 또한 "첨단산업단지 전용으로 재개발"에 대해서도 매우 낮은 응답을 보였는데, 이는 기존 입주 업체들이 부가가치가 낮은 비첨단 업종이 주류를 이루고 있음에 따른 의견이 표출된 것으로 보인다.

〈표 12-9〉 3공단의 가장 바람직한 재정비 형태

(단위: 개사, %)

구 분	첨단산업단지 전용으로 재개발	주거전용 단지로 재개발	기존 및 첨단산업 공존형 산업단지 전용으로 재개발	기존·첨단산업 공존, 주거, 유통이 혼합된 복합단지로 재개발	기 타	총 계
계	13(9.4)	21(15.2)	69(50.0)	33(23.9)	2(1.4)	138(100.0)

자료: 설문조사 결과.

가장 바람직한 재개발 방법으로는 "공단을 여러 구역으로 나누어 순차적으로 재개발"이 47.1%로 가장 높은 비중을 나타냈으며, 다음으로 "공단 기반시설 및 지원시설 위주로 재개발"이 22.5%, "이전 공장과 노후 공장에 대해서만 재개발"이 18.8%를 나타내고 있었다. 반면 "기존 공장의 전면 철거 재개발"에 대해서는 선호도가 11.6%에 불과했다.

제 4 절 도심공단 산업 입지 특성과 정책적 함의

여기서는 제3절의 실태분석 결과를 토대로 도심공단의 산업 입지 특성과 그 정책적 함의를 제시한다.

1 산업 입지 특성

3공단은 전형적 도심공단으로서 다양한 규모의 다양한 업체들이 밀집해 입지하고 있다. 3공단 입주 기업은 기계금속 가공 및 조립업과 섬유제조업이 주종을 이루는데, 섬유 업종은 섬유산업의 침체와 계속되는 경기 부진으로 부도를 맞는 업체가 증가하고 있으며, 외곽 이전 또는 분할 매각을 실시하는 업체가 늘고 있다. 반면에 기계금속 업종은 대부분 종업원 수가 5인 미만인 영세한 업체가 주류를 이루고 있다. 이들 업체는 단순 임가공 업체가 대부분으로 전통적인 생산 방식을 유지함으로써 부가가치가 상대적으로 낮다. 따라서 3공단 전체가 부가가치가 낮은 영세기업 및 소기업이 집적한 전형적인 노후 도심공단의 형태를 지니고 있다. 기업 규모가 영세화하면서 단지 내 부지도 영세 규모로 분할이 진행되고 있다. 이로 인해 개별 필지 내 주차공간, 녹지공간 및 하역공간 등의 서비스 공간을 확보하기 어렵고, 이 기능들이 도로상에서 이루어지고 있어 도로 혼잡은 물론이고 지구의 가로환경을 열악하게 하고 있다.

설문 분석 결과에 의하면, 3공단 입주 업체의 주요 원자재 구입처는 3공단 내가 50.4%, 3공단을 비롯한 북구 내가 67.8%로서 근거리의 물품 구매 관계가 이루어지고 있다. 그리고 제품의 주요 납품 및 판매처는 3공단 내가 26.5%, 3공단을 포함한 대구시 내가 60.2%로서 주로 대구 지역에서 판매가 이루어지고 있다. 그리고 3공단에 계속 남아 있기를 원하는 첫 번째 이유로서 "기존 거래처와의 지속적인 관계 유지"가 65.1%에 이른다. 이와 같은 결과는 3공단 내 입주 업체들이 대구 지역 내 입주 업체들과의 산업 간 연계가 높음을 나타내는 것이다. 결과적으로 3공단 내 입주 업체들의 대다수는 원거리 이전이 용이하지 않을 것이라는 것, 도심 지향성이 높다는 것, 그리고 집적 지향성이 높다는 것을 시사하고 있다.

입지 만족도에 대한 조사에서도 도심공단으로서의 교통 여건과 공단 내에서의 집적 효과에 의한 긴밀한 생산과 판매의 협력 관계가 구축되어 있음을 시사한다. 다만 지방정부의 정책 지원에 대해서는 불만도가 다른 어떤 요인보다도 높게 나타났는데, 이는 3공단에 대한 '정책적 방기(放棄)' 형태에 대한 불만으로 추정된다.

3공단으로부터 이전을 희망하는 가장 큰 이유로서 3공단의 노후성, 지가 또는 임대료 부담, 그리고 공장 부지 확대 등이 지적되고 있다. 3공단에 대한 발전적 정비가 이루어지면 부가가치가 낮은 업종은 자연적인 교체 내지 이탈이 이루어지게 되리라는 것을 시사한다. 3공단에 계속 남아 있기를 원하는 이유로서 기존 거래처와의 지속적인 관계 유지가 65.1%로 매우 높게 나타나고 있고, 이전의 경우에도 근거리 이전을 대부분 원하고 있으며, 그리고 공단 내 다른 업체와의 협력 네트워크 구축 정도를 비교적 높게 평가하고 있다. 이는 원자재의 구입 및 제품 판매 과정에서 근거리 관계가 매우 중요하다는 것을 시사하는 것으로 판단된다. 그런데 공단 내 다른 업체가 아닌 대학, 연구기관, 경제단체, 행정기관 등과의 협력 관계 구축 정도에 대해서는 부정적인 응답이 높게 나타났다. 이는 아직 산업의 성격 자체가 지식 기반형의 속성을 제대로 갖추고 있지 못하기 때문이 아닌가 판단된다.

3공단의 바람직한 재정비 형태에 대해서는 공업 전용단지 또는 복합단지로 재개발되기를 원하고 있다. 이는 아직 기술 수준이 낮은 전통형의 산업이 사실상 다수 존재하지만 앞으로 부가가치를 높이기 위해 첨단산업 형태로 나아가고 싶다는 욕구가 반영된 것으로 보인다.

2 정책적 함의

3공단의 노후화와 무질서한 개발 행위는 도심공단 그 자체의 속성으로 볼 수도 있지만, 좀더 근본적으로는 '궁극적으로는 주거 용도로 전환되지만 당분간은 공업용지로 사용되도록 방치하는' 어정쩡한 계획과 정책 결정의 결과로 보인다. 따라서 가능한 한 빠른 시간 내에 실천 가능한 장래 비전을 제시하고 집행하는 것이 필요할 것이다. 그리고 3공단을 주거지역으로 용도 변경하는 것은 실현성이 낮은 것으로 보인다. 왜냐하면 실태분석에서 잘 드러나듯이 현재 3공단의 경우 단지 내와 인접 지역에 개별 입지 형태의 소규모 공장들이 급격하게 증가하고 있으며, 이 공장들이 용도 변경 후에도 사라지지 않고 온존할 가능성이 크기 때문이다. 이 경우 3공단은 주거지역으로의 토지개발 가치가 크게 떨어질 수밖에 없다. 김타열 외(1999: 15)의 실태 조사에서도 조사 대상 입주 기업의 53.4%가 3공단이 폐지될 경우 대구시 내 공업지역으로 이전하고자 하며, 기업 간 거래 관계의 특성 등으로 그 대부분이 현재의 3공단 주변 지역에 입주할 가능성이 높다. 이 실태 조사에서도 조사 대상 업체의 48.6%가 이전할 의사가 없다고 응답하고 있고, 이전할 경우에도 72.4%가 성서공단이나 다른 도심공단으로 이전을 희망하고 있다.

대구의 경우 전통적인 직물 중심의 섬유 업종은 퇴조하고 조립금속과 기계 업종의 비중이 증대하고 있다(이진훈, 2002: 4). 그런데 조립금속과 기계업종은 대개 다수 공정 산업으로서 일부 공정에 전문화하는 수많은 소규모 기업들의 긴밀한 연계 네트워크가 중요하다. 그런데 3공단의 경우 최근 조립금속 및 기계 업종에 종사하는 소규모 영세기업의 수가 큰 폭으로 증가하고 있다. 그리고 이들 간에는 설문조사에서 나타나듯이 상호 거래 관계 등 긴밀한 네트워크가 형성되어 있다.

포스트포디즘하의 유연생산 체제하에서는 중소기업의 역할이 과거 어느 때보다 중요하다. 3공단 내 상호 연계성이 높은 소규모 업체들이 모여서 자생적으로 성장하는 그 과정을 중시하고 지원함으로써 3공단이 대구시 북구는 물론이고 대구 경제의 주요 생산 기능을 담당할 수 있을 것으로 보인다. 따라서 3공단의 폐지와 주거용도로의 전환계획은 도심공단 입주 업체의 기업 간 거래 관계와 소규모 업체들의 도시 지향성 입지를 제대로 고려하지 않은 정책으로 보인다. 결과적으로 3공단의 폐지는 기존 공장의 이전뿐만 아니라 신규 공장의 입주 여지의 축소 문제를 가져올 것으로 예측된다.

3공단은 도심공단으로서 교통 여건은 상당히 편리한 편이다. 하지만 도심공단이기 때문에 지가가 비교적 비싸고 주변 주거지역과의 인접성으로 인해 공해성이 높은 업종은 입주 제한을 받을 수밖에 없다. 따라서 향후 3공단을 공업지역으로 재정비한다면 오염성은 낮으면서 부가가치가 높은 업종의 유치지역으로 발전시켜 가야 할 것이다. 그리고 3공단과 같이 도심공단으로서 자생적인 재건축이 일어나고 있는 산업단지의 경우 철거재개발보다는 수복재개발(rehabilitation)이 바람직하다. 제4차 국토종합개발계획이나 입주 업체들의 선호를 고려하면 3공단은 기존 및 첨단산업 공존형 산업단지 전용으로 재개발해 나가되 지구별 점진적 첨단화와 업종 구조의 점진적 첨단화 추진이 필요할 것으로 보인다.

제 5 절 맺음말

도심공단은 계획 입지 형태로서 산업체들이 대개 밀집해 입지하고 있다. 도심공단은 지가와 임대료가 도시 외곽 공단에 비해 비싸기 때문에 부가가치가 높은 상품을 생산하거나 부지 면적을 최소한으로 사용하고자 한다. 대구 3공단은 도시화의 진전 과정에서 도심공단이 된 전형적인 예이다. 그런데 3공단은 2016년 대구도시기본계획과 대구도시계획(제7차 재정비) 등으로 궁극적으로 주거지역으로 바뀔 예정이지만 대체 공단이 조성될 때까지는 주거지역으로의 용도 변경이 유보된 공업지역이다. 이와 같은 경우에 산업체들이 어떤 입지 행태를 보이는지, 그 산업체들이 새로운 도시 외곽 공단으로 이전하는 것이 용이한지, 그리고 도시 외곽 공단을 조성해서 도심공단 산업체들을 이전시키는 것이 현재 실현성이 있는지 또는 바람직한지 하는 점들을 논의했다.

대구 3공단은 도심공단의 한 형태이지만 이 결과를 전국 모든 도심공단의 형태로 일반화하는 데는 한계가 있다. 지역적 속성도 있겠지만, 무엇보다도 '엉거주춤한 정책적 조치'가 장기화함으로써 정책적 방기 상태하에서 무질서한 개발이 이루어져 왔기 때문이다. 하지만 상당수의 도심공단들을 대상으로 도시 외곽 이전이 계획되고 있고 또 집행되고 있으며, 그리고 그 기본적인 속성은 유사한 경우가 많기 때문에 다른 사례에 참조의 여지가 적지 않을 것으로 판단된다.

참고 문헌

국내 문헌

강현수(1999). 벤처기업 입지이론 연구, 「산업기술연구지」, 3(1): 7-33.

과학기술처·한국토지개발공사(1987). 「고도기술산업 집적도시의 건설 방향과 운영 전략에 관한 연구」.

국가과학기술자문회의(1997). 「국가기술 혁신체제의 확립 방안」, 12월.

국토연구원(1997). 「국토」, 9월.

국토연구원(2000). 「국토」, 4월.

권업 외(2000). 「지식기반사회의 새로운 산학협동 패러다임」, 산학경영기술연구원.

권영섭(2001). 「시범 테크노파크 사업과 지역혁신 체제 구축」, 국토연구원.

권영섭(2001). 기업의 혁신 행태를 통해 본 지역혁신 체제 실증분석: 대구 섬유산업과 구미 전자산업을 중심으로, 「지역연구」, 17(1): 69-90.

권오혁(1995). 「연구개발 활동의 공간적 입지 연구」, 서울대학교 대학원 박사학위 논문.

권오혁(1995). R&D 입지 연구의 동향과 비판, 「지방행정연구」, 10(1): 149-175.

권오혁(1999). 벤처기업의 입지 성향 분석, 「국토계획」, 34(6): 187-202.

권오혁(1999). 실리콘 밸리의 성장 요인과 산업경쟁력, 「지방행정연구」, 13(2): 169-197.

기술과 진화의 경제학연구회 역(1999). 「지식자본주의 혁명」(원저 *The Knowledge Economy* by D. Neef, 1997, Butterworth-Heinemann), 21세기북스.

김갑수 외(2000). 「산학연 공동협력연구 관련 시책의 현황과 과제」, 연구보고 99-11, 과학기술정책연구원.

김경묵·김연성 공역(2002). 「경쟁론」[원저, *On Competition* by M. E. Porter(1998)], 세종연구원.

김경환 · 서승환(1994). 「도시경제론」, 홍문사.

김계수(2002). 「한국 테크노파크의 종합 경영관리시스템」, 과학기술정책연구원.

김동주 외(2001). 「지식정보화 시대의 산업입지 및 군집체계 연구」, 서울: 국토연구원.

김동주 외(2002). 우리 나라 지역산업군집의 형성과 발전에 관한 연구, 「지역연구」, 18(3): 49-74.

김미나(2006). 지방정부 주도적 연구개발지원산업의 구조와 성과: Y 지방의 지역협력연구센터(RRC) 사례를 중심으로, 「행정논총」, 44(1): 305-327.

김상욱(1997). 「생산활동의 공간집적과 지역화경제에 관한 연구」, 경북대학교 대학원 석사학위 논문.

김선배(2000). 지식기반경제와 지역산업 발전 방향, 「국토」, 4월: 6-11.

김선배(2001). 지역혁신체제 구축을 위한 산업정책 모형, 「지역연구」, 17(2): 79-97.

김선홍(2000). 수도권 지식기반산업의 육성과 과제, 「국토」, 4월: 26-31.

김영배(1998). 「벤처기업의 전략 변화: 기존 연구의 고찰 및 탐색적 사례 연구」, 한국전략경영학회 추계특별세미나 발표논문집.

김영배(1999). 「벤처기업의 창업 및 성장 과정에 따른 대학의 역할, 정부정책 방향에 관한 연구」, 과학기술정책연구원.

김용웅 · 차미숙(1997). 생산자 서비스업의 공간적 분포와 지방 육성 방안, 「국토정보」, 4월: 43-52.

김타열 · 장찬호(1999). 공업입지 행태에 근거한 대도시 내부지역 공업단지의 용도지역 변경에 대한 평가, 「환경연구」, 18(2).

김태환(2000). 지식기반산업 육성을 위한 산업집적 전략, 「국토」, 4월: 12-18.

김현숙(1995). 「협동 연구개발: 한국과 미국 사례를 중심으로」. STEPI 보고서, 11월.

김형국(1991). 「국토개발의 이론연구」, 박영사.

나중덕 · 권기대(2001). 「벤처기업-대기업의 성공적인 협력모델에 관한 연구」, 서울: (재)아산사회복지재단.

노화준 · 노시평 · 김태일(1996). 정부출연 연구기관 종합평가모형에 관한 연구: 평가 요소의 개발과 가중치 설정, 「한국정책학회보」, 5(1): 30-54.

대구전략산업기획단(2005a). 「대구전략산업기획단 사업실적 및 계획보고」, 2월 23일.

대구전략산업기획단(2005b). 「지역혁신 기반 구축을 위한 우수 연구공동체 운영모델 <지역연구 Cell Group>」.

류승한(1999). 「지역산업집적 촉진 방안 연구: 해외의 사례와 우리 나라의 시사점」, 국토연 99-11, 국토연구원.

문미성(2000). 「산업집적과 기업의 혁신수행력」, 서울대학교 대학원 박사학위 논문.

박삼옥(1987). 첨단산업과 입지, 「도시문제」, 8-20.
박삼옥(1999). 「현대경제지리학」, 아르케.
박삼옥(2000). 지식기반산업과 지역발전, 「국토」, 국토연구원, 4: 2-3.
박삼옥 · 남기범(2000). 중소기업 육성을 위한 지역혁신 체계 및 산업지구 개발 방향, 「국토계획」, 35(3): 121-140.
박삼옥 · 최지선(2000). 성장 촉진을 위한 지식기반산업의 발전: 이론과 정책과제, 「지역연구」, 16(2): 1-25.
박용규 · 강신겸(1997). 「벤처기업 육성을 위한 입지 지원 방안」, 삼성경제연구소.
박용규 외(2001). 「벤처생태계 – 실리콘 밸리에서 대덕까지」, 서울: 대한상공회의소.
박종화(2002). 「지역경제론」, 박영사.
박종화(2004). 산업 클러스터 논의의 쟁점, 「한국정책연구」, 4(1): 57-76.
박종화 · 김창수(2001). 지역경제 활성화 과정에서 산-학-관 협력의 쟁점, 「한국행정논집」, 13(4): 977-997.
박종화 · 윤대식(2002). 도심공단 산업입지 특성: 대구3공단 사례분석, 「지역연구」, 18(2): 71-92.
박종화 · 황우익(2002). 벤처기업의 대도시 및 집적 지향성, 「국토계획」, 37(1): 57-74.
박종화 · Han Sun Sheng(2000). 한국과 싱가포르의 테크노파크, 「테크노폴리스」, 대구 테크노파크.
박종화 · Han Sun Sheng(2001). 테크노파크 활성화 과정에서 지방정부의 역할과 한계, 「한국행정논집」, 13(1): 179-202.
박종화 외(2003). 「대구지역 산업 클러스터의 실체와 발전 방안」, 과학기술부 · 대구광역시.
배광선 외 4인(2000). 「벤처기업의 발전전략」, 산업연구원.
복득규 외(2003). 「클러스터」, 삼성경제연구소.
산업자원부(1999). 「21세기 한국산업의 비전과 발전전략: 지식기반산업 중심의 산업구조 고도화」.
산업자원부(2003). 「5차년도 테크노파크조성사업 보고서」.
산업자원부(2003). 「6차년도 테크노파크조성사업 총사업계획서」.
산학경영기술연구원(1999). 「세방화 환경에 대응한 산학협동의 전략과 과제」, 1월.
신동호(1999). 체화된 네트워크: 미국 실리콘 밸리의 성공 요인, 「국토계획」, 34(4): 183-194.
안재학 역(1995). 「도시학개론」, 새날. (원저, *Interpreting the City* by T. A. Hartshorn).
안준모(2005). 혁신의 선순환 구조 형성을 위한 촉매 - UCSD CONNECT 프로그램, 「산업입지」, 17: 8-13.
양승철(1998). 「의류업체의 집적경제에 대한 연구」, 서울대학교 환경계획학과 석사학위 논문.
오덕성 · 박천보(2000). 지방 주도형 첨단과학기술단지의 개발전략, 「국토계획」, 35(6): 201-13.
오덕성 외(1995). 과학기술도시와 지역개발(I): 영국의 과학단지(Science Park)를 중심으로, 「국토계획」, 30(6): 219-40.
오덕성 외(1997). 과학기술도시와 지역개발(II): 독일의 기술단지(Technologiepark)를 중심으로, 「국토계획」, 32(2): 135-58.
오상봉 · 김인중 외(1999). 「지식기반산업의 발전전략」, 산업연구원.
유영휘 · 류승한(1994). 공업용지 개발 제도 비교: 한국과 일본을 중심으로, 「국토정보」.
이근(2003). 기술체제, 조직선별, 그리고 지역혁신체제, 윤대식(2003) 편저, 「지역발전과 지역혁신」, 영남대학교출판부: 157-185.
이동우(2001). 지역경제의 현상과 전망, 「국토」, 국토연구원, 3: 6-13.
이석희(2003). 지역산업 클러스터 형성과 운용 방안, 경북테크노파크 법인 설립 5주년 기념 심포지엄: 지역혁신과 지방분권을 통한 지역경쟁력 강화 방안, 경북테크노파크: 56-112.
이선 외(2000). 「지식기반경제의 이론과 실제」, 을유문화사.
이성근(1999). 한국 국가 지원 시범 테크노파크의 정책 방향, 「테크노파크 조성과 지역 발전에 관한 국제학술 심포지엄 발표 자료」, 한국지역개발학회 외, 119-38.
이성근 · 박상철 · 이관률(2006). 지역전략산업의 육성과 지역혁신 체제의 구축, 「한국행정논집」, 18(1): 205-231.
이장우(2003). 「디지털 타임스」, 3월 25일.
이장우 외(2001). 벤처산업 집적화의 성공 요인: 미국, 대만, 그리고 이스라엘의 사례를 중심으로, 「중소기업연구」, 23(1).
이진훈(2002). 지역경제 발전정책의 방향과 과제, 「한국정부학회 관학포럼 시리즈 II」, 6월 27일, pp.1-14.
이철우(2003). 신산업환경과 지역혁신 체제. 윤대식 엮음, 「지역발전과 지역혁신」, 영남대학교출판부: 186-202.
이철우(2004). 지역혁신체제 구축과 지방정부의 과제, 「한국지역지리학회지」, 10(1): 9-22.
장수덕(2000). 「기업가 특성, 환경, 전략 및 조직 특성에 따른 벤처기업의 성과 변화」, 경북대학교 대학원 박사학위 논문.

전국테크노파크협의회(1999). 「전국테크노파크협의회 워크숍 자료」.

정명기(2001). 지식기반산업 발전을 위한 입지분석과 발전전략, 「한국정책과학학회보」, 5(2):147-167.

정인화(2005). 슈타인바이스 재단 기술 이전 프로그램, 「산업입지」, 18: 31-35.

정충영・최이규(1997). 「SPSSWIN을 이용한 통계분석」, 무역경영사.

제3공단 관리사무소 내부자료, 각 연도.

조규하(1995). 과학기술혁신과 지역경영, 「지방화시대에 대비한 지역과학기술혁신체제 구축 방안」, STEPI/조선일보 공동 심포지엄.

조혜영(1999). 「과학단지의 특성과 기업 연계: 영국 사례연구」, 서울대학교 지리학과 박사학위 논문.

주현 외(2001). 「지방 벤처기업 활성화 방안」, 산업연구원.

중소기업청(2000). 「벤처백서」.

최병호(2003). 입지 마케팅과 Cluster 기반 지역경제 발전정책에 대한 비교연구: 공간복점기업의 모형을 이용한 분석, 「지방정부연구」, 7(2):173-196.

최영출(2004). 로컬 거버넌스의 성공적 구현을 위한 정책과제: AHP 방법론의 적용, 「지방행정연구」, 18(1): 19-51.

최용호・황우익(2003). The Supporting System for Venture Firms at Korean Technoparks, 「벤처경영연구」, 6(2): 127-152.

통상산업부(1997). 「테크노파크형 연구단지의 촉진을 위한 법적・제도적 기반 형성에 관한 연구」.

한성안(2002). 개방경제하의 지역혁신체제 모형 연구, 「경제학연구」, 50(3): 5-57.

한세억(2004). 지식기반 지역혁신 시스템의 탐색과 실천, 「한국행정연구」, 13(2): 210-241.

한영환 외(1995). 「과학기술 혁신을 위한 지방자치단체의 역할」, 과학기술정책관리연구소.

현재호(1996). 「과학기술단지의 조성 동향과 향후 정책추진 방향」, 과학기술정책관리연구소.

홍형득(2006). 과학기술정보 및 지식의 생산과 흐름분석을 위한 네트워크 분석: 바이오 안전성 관련 정보의 하이퍼링크를 중심으로, 「한국행정학보」, 40(1): 199-223.

황명찬(1989). 「지역개발론」, 법문사.

황우익(2003). 「벤처기업의 집적과 산학관 네트워크」, 경북대학교 행정학과 박사학위 논문.

황우익・박종화(2002). 벤처기업의 집적지 입지 요인과 기술혁신 성과, 「국토계획」, 37(7): 85-101.

황주성(2000). '강남 · 서초지역'의 산업지구적 성격 규명을 위한 실증연구, 「지역연구」, 6: 1-22.

황주성 · 이명호(2001). 「지식기반경제에서 산업군집의 원리와 유형, 정부정책」, 11월, 정보통신정책연구원.

국외 문헌

Alic, J.(1990). Cooperation in R&D, *Technovation*, 10(5): 319-332.

Amin, A. & P. Cohendet(1999). Learning and Adaptation in Decentralized Business Networks, *Environment and Planning: Society and Space*, 7-104.

Amirahmadi, H. & G. Saff(1993). Science Parks: A Critical Assessment, *Journal of Planning Literature*, 8(2): 107-123.

Applebome, P.(1995). Study Ties Educational Gains to More Productivity Growth, *New York Times*, May.

Arthur, W. B.(1996). Increasing Returns and the New World of Business, *Harvard Business Review*, 74(4): 100-109.

Asheim, B. T.(1997). Industrial Districts as Learning Regions: A Condition for Prosperity, *European Planning Studies*, 4(4): 379-397.

Asheim, B. & P. Cooke(1999). Local Learning and Interactive Innovation Networks in a Global Economy, in E. Malecki & P. Oinas (eds.), *Making Connections: Technological Learning and Regional Economic Change*. Aldershot: Ashgate.

Aydalot, P.(1984). The Reversal of Spatial Trends in French Industry since 1974, in J. G. Lambooy(ed.), *New Spatial Dynamisms and Economic Crisis*. Tempere, pp. 41-62.

Bale, J.(1981). *The Location of Manufacturing Industry*, 2nd ed., Oliver & Boyd.

Bateman, M.(1985). *Office Development: A Geographical Analysis*. Beckenham: Croom Helm.

Batten, D. F., K. Koboyashi & A. E. Anderson(1989). Knowledge, Nodes and Networks: An Analytical Perspective, in A. E. Andersson et al.(eds.), *Knowledge and Industrial Organization*, Springer.

Becattini, G.(1989). Sectors and/or Districts: Some Remarks on the Conceptual Foundations of Industrial Economics, in Goodman, E. et al.(eds.), *Small Firms and Industrial Districts in Italy*. London: Routledge, 123-135.

Bellandi, M.(1989). The Industrial District in Marshall, in Goodman, E. et al.(eds.), *Small Firms and Industrial Districts in Italy*. London: Routledge, 136-152.

Berry, B. J.(1989). *Economic Geography: Resource Use, Localization and Regional Specialization in The Global Economy,* New Jersey: Prentice-Hall Inc.

Blakely, E. J.(2001). Competitive Advantage for the 21st-Century City, *JAPA*, Spring, 67(2): 133-141.

Boekholt, P. & B. Thuriaux(1999). Public Policies to Facilitate Clusters: Background, Rationale and Policy Practices in International Perspective, in OECD(ed.), *Boosting Innovation: The Cluster Approach*, Paris: OECD.

Bonma, T. V. & B. H. Clark(1988). *Marketing Performance Assessment,* Boston, MA: Havard Business Press.

Britton, J.(1967). *Regional Analysis and Economic Geography,* Bell.

Brockhoff, K.(1991). R&D Cooperation between Firms: A Classification by Structural Variables, *International Journal of Technology Management*, 6(3/4): 361-373.

Camagni, R.(1995). The Concept of Innovative Milieu and Its Relevance for Public Policies in European Lagging Regions, *Papers in Regional Science,* 74(4): 237-317.

Camagni, R. (ed.)(1991). *Innovation Networks: Spatial Perspectives,* London: Belhaven.

Capello, R.(1999). Spatial Transfer of Knowledge in High Technology Milieux: Learning Versus Collective Learning Processes, *Regional Studies,* 3(4), 353-365.

Carboni, R.(1992). *Planning and Managing Industry-University Research Collaboration,* Westport: Quorum Books.

Castells, H. & P. Hall(1994). *Technopoles of the World,* London: Routledge.

Christaller, W.(1966). *Central Places in Southern Germany*, Prentice Hall.

Clark, W. A. V.(1987). *Human Migration.* Scientific Geography Series, No.7. Sage Publications.

Clark, W. A. V. & J. Onaka(1983). Life Cycle and Housing Adjustment as Explanations of Residential Mobility, *Urban Studies*, 20: 47-57.

Cohen, W. & D. Levinthal(1990). Absorptive Capacity: A New Perspective on Learning and Innovation, *Administrative Science Quarterly*, 35: 1281-52.

Cooke, P. & K. Morgan(1993). The Network Paradigm: New Departures in Corporate and Regional Development, *Environment & Planning: Society and Space*, 11: 543-64.

Cooke, P., M. G. Uranga & G. Etxebarria(1997). Regional Innovation Systems: Institutional and Organizational Dimensions, *Research Policy*, 26: 475-491.

Coursey, D. & B. Bozeman(1989). A Typology of Industry-Government Cooperative Research: Implications for Government Laboratory Policies and Competitiveness, in Link, A. & G. Tassey(eds.), *Cooperative Research and Development*, Boston: Kluwer Academic Publishers, 1989.

Cyert, R. M. & P. S. Goodman(1997). Creating Effective University-Industry Alliances, *Organizational Dynamics*, Spring.

De La Mothe, J. & G. Paquet (eds.)(1998). *Local and Regional Systems of Innovation*. London: Kluwer Academic Publishers.

Dijk, M. P.(1994). The Interrelations Between Industrial Districts and Technological Capabilities Development: Concepts and Issues, in UNCTAD (ed.), *Technological Dynamism in Industrial Districts*, New York: United Nations.

Dyckman, J. W. & E. A. Swyngedouw(1988). Public and Private Technological Innovation Strategies in a Spatial Context: The Case of France, *Environment and Planning C: Government and Policy*, 6: 401-13.

Edquist, C.(ed.)(1997). *Systems of Innovation: Technologies, Institutions, and Organizations*. London: Pinter.

Enright, M. J.(1991). Geographic Concentration and Industrial Organization, Ph.D. Dissertation, Harvard University.

Enright, M. J.(1998). Regional Clusters and Firm Strategy, in A. Chandler, P. Hagstrom, & O. Solvell(eds.), *The Dynamic Firm: The Role of Technology, Strategy, Organization and Regions*, Oxford: Oxford University Press.

Enright, M. J. (2003). Regional Clusters: What We Know and What We Should Know, in J. Brocker et al.(eds), *Innovation Clusters and Interregional Competition,* Springer.

Fagerberg, J.(1988). Why Growth Rates Differ, in Giovanni Dosi et al.(eds.), *Technical Change and Economic Theory*, Pinter.

Fothergill, S. & G. Gudgin(1982). *Unequal Growth: Urban and Regional Employment Change in the UK,* London: Heinemann.

Freeman. C. (1987). *Technology Policy and Economic Performance: Lessons from Japan*. London: Pinter.

Fusfeld, H. & C. Kaklish(1987). Collaborative Industrial Research in US, *Technovation*, 5: 305-315.

Fusi, D. S.(1991). Major New Sites for Science Continue to Spring up around the World, *Site Selection*, 36(3): 610-15.

Geisler, E. & A. Rubenstein(1989). University-Industry Relations: A Review of Major Issues, in Link, A. & G. Tassey(eds.), *Cooperative Research and Development*, Boston: Kluwer Academic Publishers.

Glasmeier, A.(1991). Technological Discontinuities and Flexible Production Network: The Case of Switzerland and the World Watch Industry, *Research Policy*, 20(5): 469-485.

Goldstein, H. A. & M. I. Luger(1991). *Technology in the Garden: Research Parks and Regional Economic Development,* Chapel Hill: Univ. of North Carolina Press.

Goodall, B.(1987). *Dictionary of Human Geography,* Penguin.

Greenhut, M. L. & H. Ohta(1975). *Theory of Spatial Pricing and Market Areas,* Durham, NC: Duke University Press.

Greenhut, M. L. & M. R. Colberg(1962). *Factors in the Location of Florida Industry.* Tallahassee: Florida State Studies, No. 36.

Gregerson, B. & B. Johnson(1997). Learning Economics, Innovation System and European Integration, *Regional Studies,* 37(3), 513-532.

Hägerstrand, T.(1975). Space, Time and Human Conditions, in A. Karqvist et al.(eds.), *Dynamic Allocation of Urban Space,* Farnborough: Saxon House.

Hair, J. F. et al.(1995). *Multivariate Data Analysis with Reading,* Prentice Hall.

Heilbrun, J.(1981). *Urban Economics and Public Policy*, NY: St. Martin Press.

Henneberry, J. M.(1984). Property for High Technology Industry, *Land Development Studies*, 1: 145-168.

Hoover, E. M.(1968). *Location Theory and The Shoe and Leather Industries*. Cambridge Massachusetts: Johnson Reprint Co.

Isaksen, A.(1998). *Regionalization and Regional Clusters as Development Strategies in a Global Economy*, STEP Report-01/1998, Oslo: STEP Group.

Isard, W.(1956). *Location and Space Economy*, Cambridge, Mass.: MIT Press.

Kang, B. S. et al.(1997). Cooperative Strategies of Advanced Technology and Regional Development: With Relevance to Nurturing Venture Business in Taedok Science Town, *The Journal of Korea Planners Association*, 32(5): 351-72.

Kawashima, T. & W. Stöhr(1988). Decentralized Technology Policy: The Case of Japan, *Environment and Planning C: Government and Policy*, 6: 427-39.

Kazanjian, R. T.(1988). Relation of Dominant Problems to Stages of Growth in Technology-Based New Venture, *Academy of Management Journal*, 31(2): 257-279.

Kennelley, R. A.(1954/55). The Location of the Mexican Steel Industry, *Revista Geografica*, Venezuela.

Krugman, P.(1991). *Geography and Trade*, Cambridge: MIT Press.

Lagendijk, A.(1997). From New Industrial Spaces to Regional Innovation Systems and Beyond: How and from Whom Should Industrial Geography Learn?, *Eunit Discusion Paper 10*, Newcastle upon Tyne: CURDS.

Lagendijk, A.(1999), Good Practius in SME Cluster Initiatives: Lesson from the 'core' Regions and Beyond, *CURDS*, Univ of Newcastle, Upan Tyne.

Landabaso, M., C. Oughton & K. Morgan(1999). Learning Regions in Europe: The Theory, Policy and Practice through the RIS Experience, *3rd International Conference on Technology and Innovation Policy: Assessment, Commercialization and Application of Science and Technology and the Management of Knowledge*. Austin, USA(August 30-September 2).

Lawson, C. & E. Lorenz(1999). Collective Learning, Tacit Knowledge and

Regional Innovation Capacity, *Regional Studies*, 33(4): 295-304.

Linde, Claas van der(2003). The Demography of Clusters - Findings from the Cluster Meta-Study, in J. Brocker et al. (eds.), *Innovation Clusters and Interregional Competition*, Springer.

Link, A. & L. Bauer(1987). An Economic Analysis of Cooperative Research, *Technovation*, 6: 246-260.

List, F.(1904). *The National System of Political Economy*. English Edition. London: Longman.

Longhi, C.(2001), High Technology Locations and Economic Development: The Case of Sophia Antipolis, *Innovation, and Regional Development*. Songdo Technopark International Symposium: 101-130.

Lorenzen, M. & N. J. Foss(2003). Cognitive Coordination, Institutions and Clusters: An Exploratory Discussion, in D. Fornahl & T. Brenner (eds.), *Cooperation, Networks and Instutions in Regional Innovation Systems*. Edward Elgar.

Lösch, A.(1967). *The Economics of Location*, Wiley.

Luger, M. I. & H. A. Goldstein(1991). *Technology in the Garden*, Chapel Hill: University of North Carolina Press.

Lundvall, B.(1993). Explaining Interfirm Cooperation and Innovation: Limits of the Transaction-cost Approach, in G. Grabher(ed), *The Embedded Firm: On the Socioeconomics of Industrial Networks*, 52-64. London: Routledge.

Lundvall, B.(1996). The Social Dimension of Learning Economy, *DRUID Working Paper 96-1*, Danish Research Unit for Industrial Dynamics, Aalborg University.

Lundvall, B.(ed.)(1992). *National Sysems of Innovation: Towards a Theory of Innovation and Interactive Learning*. London: Pinter.

Maillat, D. & B. Lecoq(1992). New Technologies and Transformation of Regional Structures in Europe: The Role of the Milieu, *Entrepreneurship & Regional Development*, 4: 1-20.

Maki, W. R. & R. W. Lichty(2000) *Urban Regional Economics*, Iowa State University Press.

Malecki, E. J.(1991). *Technology and Economic Development: The Dynamics of Local, Regional and Rational Change*, Longman Scientific & Technical.

Malecki, E. J. & P. Nijkamp(1988). Technology and Regional Development: Some thoughts on Policy, *Environment and Planning C: Government and Policy*, 6: 383-99.

Markusen, A., P. Hall, & A. Glasmeier(1986). *High Tech America*. Boston: Allen & Unwin.

Markusen, A. et al.(1986). *High Tech America: The What, How, Where, and Why of the Sunrise Industries*, Allen and Unwin: Boston.

Marshall, A. (1920). *Principles of Economics*. 8th ed. Macmillan.

Massey, D.(1984). *Spatial Divisions of Labour*, Macmillan.

Massey, D., P. Quintas, & D. Wield(1992). *High Tech Fantacies*, London: Routledge.

Massey, D. & D. Wield(1992). Science Parks: A Concept in Science, Society, and 'Space' (a realist tale), *Environment and Planning D: Society and Space*, 10: 411-22.

McHenry, K. W.(1990). Five Myths of Industry/University Cooperative Research - And The Realities, *Research · Technology Management*, May-June, pp. 40-42.

Morgan, K.(1997). The Learning Region: Institutions, Innovation and Regional Renewal, *Regional Studies*, 31: 491-503.

Nelson, R. R.(ed.)(1993). *National Innovation Systems: A Comparative Analysis*. Oxford: Oxford University Press.

Nijkamp, P, G. van Oirschot, & A. Oosterman(1994). Knowledge Networks, Science Parks and Regional Development, in J. R. Cuadrado-Roura et al. (ed.), *Moving Frontiers: Economic Restructuring, Regional Development and Emerging Networks*. Arebury.

Nijkamp, P. G. & W. Stöhr(1988). Technology Policy at the Crossroads of Economic Policy and Physical Planning, *Environment and Planning C: Government and Policy*, 6: 371-74.

Nijkamp, P. G. et al.(1994). Knowledge Networks, Science Parks and Regional Development: An International Comparative Analysis of Critical Success Factors, in J. R. Cnadrado-Roura et al.(eds.), *Moving Frontiers: Economic Restructuring, Regional Development and Emerging Networks*, Avebury: 225-246.

Nonaka, I. & H. Takeuchi(1995). *The Knowledge-Creating Company, How Japanese Companies Create the Dynamics of Innovation*, Oxford:

Oxford University Press.

Nooteboom, B.(1999). Innovation, Learning and Industrial Organization, *Cambridge Journal of Economics,* 23: 127-150.

Nunnally, J. C.(1978). *Psychological Theory*, (2nd ed.), New York: McGraw-Hill.

OECD(1996). Special Theme: The Knowledge-Based Economy, OECD, ed., *Science, Technology and Industrial Outlook*, Paris: OECD.

OECD(1997). *National Innovation Systems.* Paris: OECD.

OECD(1998). *Technology, Productivity and Job Creation: Best Policy Practices,* Paris.

OECD(1999). *Boosting Innovation: The Cluster Approach.* Paris: OECD.

OECD(1999a). *The Knowledge-Based Economy: A Set of Facts and Figure,* Paris: OECD.

OECD(1999b). *OECD Science, Technology and Industry Scoreboard 1999: Benchmarking Knowledge-Based Economies*, Paris: OECD.

OECD(2001). *Innovative Clusters: Drivers of National Inovation Systems.*

Onida, F. & F. Malerba(1989). R&D Cooperation between Industry, Universities and Research Organization in Europe, *Technovation*, 9: 132-195.

Ontario Economic Council(1967). *Why, Where, How and Would They Do It Again?,* Toronto.

O'Sullivan, A.(1993). *Urban Economics*, Irwin: Homewood, IL.

Park, Sam Ock(2001). Knowledge-based Industry for Promoting Growth, in D. Felsenstein & M. Taylor, (ed.), *Promoting Local Growth*, Aldershot, UK: Ashigate.

Perrin, J. C.(1988). A Deconcentrated Technology Policy - Lessons from the Sophia-Antipolis Experience, *Environment and Planning C: Government and Policy*, 6: 415-25.

Pilon, S.(2000). Le Paradoxe de la localisation, *Selected Papers: Gestion de la technologie et de l'innovation.* ASAC-IFSAM (Montreal, July 2000), 21(25): 51-59.

Popper, K. R.(1972). *Objective Knowledge*, London: Oxford University Press.

Porter, M. E. (1990). *The Competitive Advantage of Nations.* Free Press.

Porter, M. E. (1998). Clusters and the New Economics of Competition, *Harvard Business Review*, Nov-Dec, 77-90.

Porter, M. E. (2000). Location, Competition, and Economic Development: Local Clusters in a Global Economy, *Economic Development Quarterly* 14(1), 15-34.

Premus, R.(1982). *Location of High Technology Firms and Regional Economic Development,* U.S. Government Printing Office, Washington, D. C.

Premus, R.(1988). US Technology Policies and Their Regional Effects, *Environment and Planning C: Government and Policy*, 6: 441-48.

Rea, D. G., H. Brooks, R. M. Burger, & R. LaScala(1997). The Semicinductor Industry Model for Industry/University/Government Cooperation, *Research · Technology Management*. July-Aug. pp. 46-54.

Reich, R. B.(1992). *The Work of Nations: Preparing Ourselves for 21C Capitalism,* Alfred K. Knopf, Inc.

Richardson, H. W.(1979). *Regional Economics,* Urbana: University of Illinois Press.

Roelandt, T. J. A. & P. den Hertog(1999). Cluster Analysis and Cluster-Based Policy Making in OECD Countries: An Introduction to the Theme, in *Boosting Innovation: The Cluster Approach*. Paris: OECD.

Saaty, T. L. (1980). *The Analytic Hierarchy Process: Planning, Priority Setting, Resource Allocation*. New York: McGraw-Hill.

Saaty, T. L. & K. P. Kearns(1985). *Analytical Planning: The Organization of Systems*. New York: Pergamon Press, Inc.

Saxenian, A. L.(1990). Regional Networks and Resurgence of Silicon Valley, *California Management Review*, 33(1): 89-112.

Scott, A. J.(1964). *New Industrial Spaces,* London, Pion.

Storper, M.(1992). The limits to globalization: technology districts and international trade, *Economic Geography*, 1: 60-93.

Susskind, L. & J. Cruishank(1987). *Breaking the Impasse: Consensual Approaches to Resolving Public Disputes*. NY: Basic Books.

Temple, M.(1994). *Regional Economics,* New York: St. Martin's Press.

Thompson, J. H.(1961). *Methods of Plant Site Selection Available to Small Manufacturing Firms,* Morgantown: West Virginia University Press.

Tiebout, C. M.(1957). Location Theory, Empirical Evidence and Economic Evaluation, *Papers and Proceedings, Regional Science Association,* 3: 74-86.

Tobin, J.(1958). Liquidity Preference as Attitude toward Risk, *Review of*

Economic Studies 25(Feb.): 65-86.

Todaro, M. P.(1969). *Internal Migration in Developing Countries.* Geneva: International Labour Office.

Tornqrist, G.(1977). The Geography and Economic Activities, *Economic Geography,* 53.

Townroe, P. M.(1969). Locational Choice and the Individual Firm, *Regional Studies,* 3: 15-24.

Vernon, R. (1966). International Investment and International Trade in the Product Cycle, *Quarterly Journal of Economics* 80, 190-207.

Weber, A. (1929). *Theory of the Location of Industries*, University of Chicago Press.

Westhead, P. & S. Batstone(1999). Perceived Benefits of a Managed Science Park Location, *Entrepreneurship & Regional Development,* 11: 129-154.

White, R. E. & R. H. Hamermesh(1981). Toward a Model of Business Unit Perfomance: An 41. Integrative Approach, *Academy of Management Review,* 6: 213-223.

Zegveld, W.(1988). Technology Policy under Changing Socioeconomic Conditions. *Environment and Planning C: Government and Policy,* 6: 375-81.

http://venture.smba.go.kr

찾아보기

ㄹ

ㅁ

ㅂ

ㅅ

ㅍ

ㅎ

저자 소개

박종화

저자는 미국 럿거스대학(Rutgers University)에서 도시계획 및 도시정책개발학 박사학위를 받았으며, 1990년부터 경북대학교 행정학과 교수로 재직하고 있다. 1998년에서 1999년 사이 싱가포르 국립대(National University of Singapore) 건물 및 부동산 학부 펠로십 교수로 근무하였다. 저서로 「지역경제론」, 「도시경영론」, 「도시행정론」(공저), 「지역개발론」(공저) 등이 있다. 각종 국가고시 출제위원을 역임하였다. 최근 산업클러스터 형성 및 활성화 측면에 연구의 초점을 두고 있다.

E-mail: hwapark@knu.ac.kr

현대입지론

펴낸날 / 제1판 제1쇄 2007년 1월 5일
지은이 / 박종화
펴낸이 / 임춘환
펴낸곳 / 도서출판 대영문화사
주소 / 서울 용산구 청파동 1가 178-2 ㉾ 140-869
등록 / 1975년 12월 26일 제3-16호
전화 / (02)716-3883, (02)714-3062
팩시밀리 / (02)703-3839
우체국 온라인 / 011353-02-009106

ISBN 89-7644-226-1

〔값 15,000원〕